Michael Ahlheim · Manfred Rose

Messung individueller Wohlfahrt

Zweite Auflage

Mit 53 Abbildungen

Springer-Verlag Berlin Heidelberg GmbH

Priv.-Doz. Dr. rer. pol. Michael Ahlheim
Prof. Dr. rer. pol. Manfred Rose

Alfred-Weber Institut für
Sozial- und Staatswissenschaften
Universität Heidelberg
Grabengasse 14
W-6900 Heidelberg

ISBN 978-3-540-56033-3   ISBN 978-3-642-58160-1 (eBook)
DOI 10.1007/978-3-642-58160-1

Dieses Werk ist urheberrechtlich geschützt. Die dadurch begründeten Rechte, insbesondere die der Übersetzung, des Nachdruckes, des Vortrags, der Entnahme von Abbildungen und Tabellen, der Funksendungen, der Mikroverfilmung oder der Vervielfältigung auf anderen Wegen und der Speicherung in Datenverarbeitungsanlagen, bleiben, auch bei nur auszugsweiser Verwertung, vorbehalten. Eine Vervielfältigung dieses Werkes oder von Teilen dieses Werkes ist auch im Einzelfall nur in den Grenzen der gesetzlichen Bestimmungen des Urheberrechtsgesetzes der Bundesrepublik Deutschland vom 9. September 1965 in der Fassung vom 24. Juni 1985 zulässig. Sie ist grundsätzlich vergütungspflichtig. Zuwiderhandlungen unterliegen den Strafbestimmungen des Urheberrechtsgesetzes.

© Springer-Verlag Berlin Heidelberg 1992
Ursprünglich erschienen bei Springer-Verlag Berlin Heidelberg New York 1992

Die Wiedergabe von Gebrauchsnamen, Handelsnamen, Warenbezeichnungen usw. in diesem Werk berechtigt auch ohne besondere Kennzeichnung nicht zu der Annahme, daß solche Namen im Sinne der Warenzeichen- und Markenschutz-Gesetzgebung als frei zu betrachten wären und daher von jedermann benutzt werden dürften.

Bindearbeiten: J. Schäffer GmbH u. Co. KG., Grünstadt
42/7130-543210 - Gedruckt auf säurefreiem Papier

INHALT

Teil I

Einführung 1

Kapitel 1
Bedeutung und Problematik individueller Wohlfahrtsmaße - Zur Zielsetzung dieses Buches 1

Teil II

Messung preis-/einkommensinduzierter Wohlfahrtsänderungen über Variationsmaße (Grundlagen) 9

Kapitel 2
Kriterien für die Zuverlässigkeit individueller Variationsmaße unter theoretischen und empirischen Aspekten 12

Kapitel 3
Die Steuerzahlung als Indikator einer Nutzeneinbuße und die Variationsmaße nach Laspeyres und Paasche 19

Kapitel 4
Das Konzept der Konsumentenrente (Dupuit, Marshall) 34

Kapitel 5
Verallgemeinerte Marshall-Maße 40
1. Ein Variationsmaß bei Preisunabhängigkeit des Grenznutzens des Einkommens 42
2. Ein Variationsmaß bei Abhängigkeit des Grenznutzens des Einkommens von nur einem Preis 53
3. Würdigung 56

Kapitel 6

Nutzeinkommensmaße (Samuelson, Hicks) 59

1. Darstellungen und Zuverlässigkeitsüberprüfungen im theoretischen Sinne 60

    A. Ein generelles Nutzeinkommen-Variationsmaß 60

    B. Die Kompensierende Variation 67

    C. Die Äquivalente Variation 72

2. Berechnungsverfahren 76

    A. Approximationen auf der Basis von Nutzeinkommenfunktionen 77

    B. Differentialgleichungsmethode 86

3. Würdigung 96

Kapitel 7

Steuerlastmaße 98

1. Steuerlasten als Wohlfahrtsverluste 98

2. Messung der steuerlichen Zusatzlast 104

    A. Die Zusatzlast eines Steuersystems 105

    B. Die Zusatzlast einer Steuersystemänderung 126

Teil III

Messung von Wohlfahrtsänderungen mit Hilfe von Indexmaßen 137

Kapitel 8

Allgemeine Eigenschaften von Indexmaßen 137

Kapitel 9

Mengenindizes 141

1. Kriterien für die Zuverlässigkeit von Mengenindizes als individuelle Wohlfahrtsmaße 141

2. Atomistische Mengenindizes 145

    A. Der Laspeyres-Mengenindex 146

    B. Der Paasche-Mengenindex 151

3. Funktionale Mengenindizes 155
   A. Funktionale Mengenindizes auf Basis der Ausgabenfunktion 156
      a. Der Deaton/Muellbauer-Mengenindex 156
      b. Der Allen-Index 159
      c. Der Pollak-Index 164
   B. Funktionale Mengenindizes auf Basis der Distanzfunktion 169
      a. Der Malmquist-Index 170
      b. Der Deaton-Index 176
   C. Berechnungsverfahren 181
      a. Differentialgleichungsmethode 182
      b. Taylor-Approximationen 189
4. Würdigung 194

Kapitel 10
Preisindizes 197
1. Allgemeine Eigenschaften von Preisindizes 198
2. Kriterien für die wohlfahrtstheoretische Bedeutsamkeit von Preisindizes 200
3. Atomistische Preisindizes 205
4. Funktionale Preisindizes 208
5. Würdigung 216

Abschließende Bemerkungen 218

Teil IV

Messung preis-/einkommensinduzierter Wohlfahrtsänderungen im intertemporalen Kontext 220

Kapitel 11
Wohlfahrtsmaße auf der Basis intertemporaler Nutzeinkommensfunktionen 221

Kapitel 12
Die Summe abdiskontierter periodischer Nutzeinkommensvariationen als Wohlfahrtsmaß 226

Teil V

Kapitel 13
Wohlfahrtsmessung bei rationierten Märkten 233

Anhang

Haushaltstheoretische Grundlagen 248
1. Die Präferenzordnung 248
2. Die direkte Nutzenfunktion 255
3. Die Ausgabenfunktion 263
4. Die indirekte Nutzenfunktion 273
5. Die Distanzfunktion 283
6. Eigenschaften empirisch ermittelter Nachfragesysteme 300
7. Haushaltsentscheidungen bei rationierten Märkten 301

Literaturverzeichnis 323

Sachverzeichnis 334

TEIL I

Einführung

KAPITEL 1

BEDEUTUNG UND PROBLEMATIK INDIVIDUELLER WOHLFAHRTSMASSE - ZUR ZIELSETZUNG DIESES BUCHES

In den entwickelten Volkswirtschaften gibt es heute fast keine wirtschaftliche Aktivität, die nicht in irgendeiner Weise mit dem Wirken des Staates verknüpft wäre, sei es nun mittelbar durch Steuern und Subventionen oder unmittelbar durch die staatliche Bereitstellung von Gütern und Dienstleistungen oder durch regulative Maßnahmen bis hin zur Rationierung oder zum Verbot bestimmter Güter. Der beträchtliche Anteil des Staates am wirtschaftlichen Leben einer modernen Gesellschaft und der damit verbundene Einfluß auf die Verwendung ihrer Resourcen verlangt natürlich einen verantwortungsvollen, d.h. vor allem auch ökonomisch rationalen Umgang mit dieser Macht. Darüber hinaus trifft die Wirkung staatlicher Maßnahmen auf zunehmendes öffentliches Interesse, sowohl im parlamentarischen als auch im außerparlamentarischen Raum, und Regierungen sehen sich immer öfter genötigt, die ökonomische Sinnhaftigkeit staatlicher Aktivitäten vor den Bürgern des Landes zu rechtfertigen. Die Grundfrage, die sich dabei immer wieder stellt, läßt sich auf die einfache und naive Form bringen: Geht es einer Gesellschaft nach Durchführung einer bestimmten staatlichen Maßnahme "besser" als zuvor oder nicht? Die Operationalisierung dieses "besser", d.h. seine Überführung in theoretisch und empirisch sinnvolle ökonomische Kategorien, steht im Mittelpunkt der ökonomischen Wohlfahrtstheorie.

Einer der wesentlichen Grundsätze der Wohlfahrtstheorie ist die Norm einer individualistischen Gesellschaftsauffassung, wonach das Wohl einer Gesellschaft nicht unabhängig von dem Wohl ihrer einzelnen Mitglieder sein kann. Das mit der Forderung nach "Individualismus" verbundene Werturteil verlangt also, daß die Wohlfahrt einer Gesellschaft mit der Wohlfahrt ihrer einzelnen Mitglieder positiv korreliert ist.

Ein Kriterium, mit dessen Hilfe man beurteilen will, ob sich die gesellschaftliche Wohlfahrt durch eine bestimmte staatliche Aktivität erhöht oder nicht, muß daher ebenfalls positiv mit der Wohlfahrt jedes einzelnen Gesellschaftsmitgliedes verknüpft sein. In seiner reinsten Form ist dieser Gedanke wohl in dem sogenannten (strengen) paretianischen Werturteil verwirklicht, das besagt: Ein neuer gesellschaftlicher Zustand ist dem ursprünglichen Zustand dann vorzuziehen, wenn mindestens ein Individuum den neuen Zustand dem alten vorzieht und wenn zugleich kein Individuum den alten Zustand dem neuen vorzieht. Drückt man die Wohlfahrt der einzelnen Gesellschaftsmitglieder $h \in \{1,2,...,H\}$ durch den von ihnen in der Ausgangssituation 0 bzw. in der jeweils neuen Situation $k \in \{1,2,...,K\}$ realisierten Nutzen U_h^0 bzw. U_h^k aus, so ist nach dem paretianischen Werturteil ein gesellschaftlicher Zustand k, der sich beispielsweise nach Durchführung eines bestimmten staatlichen Projekts einstellt, dem Ausgangszustand 0 dann vorzuziehen, wenn der Vektor $U^k = [U_1^k, U_2^k, ..., U_H^k]$ größer als der Vektor $U^0 = [U_1^0, U_2^0, ..., U_H^0]$ ist, in dem Sinne, daß mindestens ein Element von U^k größer und keines kleiner als das entsprechende Element von U^0 ist.

Obwohl das paretianische Werturteil inhaltlich sicherlich auf breite Zustimmung treffen dürfte, sind die Voraussetzungen für seine Anwendung in der Praxis nur äußerst selten erfüllt. Denn bei den meisten gesamtwirtschaftlichen Veränderungen, insbesondere wenn sie in der Folge staatlicher Aktivitäten wie Steuerreformen auftreten, gibt es sowohl Gewinner, die von diesen Maßnahmen profitieren, als auch Verlierer, deren Wohlfahrt sich vermindert. In allen diesen Fällen kann das paretianische Werturteil keine Auskunft darüber geben, ob die jeweilige Maßnahme nun gesellschaftlich wünschenswert ist oder nicht.

Einen Versuch zur Lösung dieses Problems stellt der sogenannte Kompensationsansatz dar. Bei diesem Ansatz ist man bestrebt, die Voraussetzungen für die Anwendung des Paretianischen Werturteils dadurch zu schaffen, daß die Gewinner eines Projekts sämtliche Verlierer durch eine entsprechende Güterumverteilung oder durch Pauschzahlungen so kompensieren, daß diese auch nach Durchführung des zu beurteilenden Projekts gegenüber der Ausgangssituation indifferent sind. Gelingt diese Kompensation, so erzeugt das Projekt offensichtlich gesellschaftliche "Netto-Vorteile" im Sinne des Pareto-Werturteils und sollte daher realisiert werden; gelingt die Kompensation nicht, so wird das Projekt abgelehnt. Der Vorteil dieses Kompensationskriteriums ist, daß es ebenso wie das reine Pareto-Kriterium ohne interpersonelle Nutzenvergleiche auskommt und somit auf dem Boden der ordinalen Haushaltstheorie steht. Sein Nachteil ist, daß solche Kompensationszahlungen de facto natürlich nicht zu realisieren sind, so daß die Geltung dieses Kriteriums im Sinne von Kaldor (1939) und Hicks (1939) auch auf hypothetische Kompensationszahlungen ausgeweitet werden müßte. Unglücklicherweise läßt sich jedoch auf der Basis hypothetischer Kompensationszahlungen mit Hilfe des Kompensationskriteriums keine vollständige und transitive Ordnung aller gesellschaftlichen Zustände aufstellen, wie z.B. Scitovsky (1941) und Boadway (1974) zeigen, so daß dieser Versuch, das theoretisch wie politisch sicherlich attraktive Pareto-Kriterium einem breiteren Anwendungsspektrum zu öffnen, als gescheitert betrachtet werden muß.

Um in Fällen, in denen ein zu beurteilendes Projekt sowohl Gewinner als auch Verlierer impliziert, dennoch zu einem Urteil über die gesellschaftliche Wünschbarkeit des entsprechenden Projekts zu gelangen, erscheint es notwendig, die Wohlfahrt sämtlicher Individuen einer Gesellschaft zu "aggregieren", um so zu einer "gesellschaftlichen Präferenzordnung" zu gelangen, die alle denkbaren Nutzenvektoren $U^k = [U_1^k, U_2^k,...,U_H^k]$ in Übereinstimmung mit den individuellen Präferenzordnungen ordnet. Die populärste Form einer solchen Aggregation ist die mit Hilfe der sogenannten "individualistischen gesellschaftlichen Wohlfahrtsfunktion", durch welche die gesellschaftliche Wohlfahrt W als Funktion der individuellen Nutzen U_h ausgedrückt wird, d.h., $W = W(U_1, U_2,...,U_H)$. Falls W streng monoton zunehmend in den individuellen Nutzenniveaus U_h ist, spricht man häufig auch von einer paretianischen Wohlfahrtsfunktion.

Das entscheidende Problem mit gesellschaftlichen Präferenzordnungen, die auf den individuellen Präferenzen der einzelnen Haushalte basieren, ist, daß sie unter unseren Annahmen bezüglich der individuellen Präferenzordnungen gar nicht existieren, zumindest nicht in einer akzeptablen Form. Dies ist das Ergebnis von Arrows berühmtem "Unmöglichkeitstheorem". Es besagt, daß unter der Annahme ordinaler individueller Präferenzordnungen, die folglich interpersonelle Nutzenvergleiche ausschließen, keine vollständige, stetige und transitive gesellschaftliche Präferenzordnung existiert, die ausschließlich auf der Menge aller (logisch möglichen) individuellen Nutzenniveaus definiert ist, das (strenge) paretianische Werturteil erfüllt und nichtdiktatorisch, d.h. nicht mit der Präferenzordnung eines einzelnen Individuums identisch ist [Arrow (1963, S.59)]. Es gibt nun eine ganze Reihe von Versuchen, entweder die Annahmen bezüglich der individuellen Präferenzordnungen im Hinblick auf bessere interpersonelle Vergleichbarkeit zu verschärfen oder die theoretischen Anforderungen an eine soziale Präferenzordnung herabzusetzen. Bislang haben jedoch diese Ansätze noch keinen erfolgversprechenden Weg eröffnet, um eine theoretisch akzeptable gesellschaftliche Präferenzordnung aus den individuellen Präferenzordnungen der Haushalte ableiten zu können. Damit ist erst recht eine dem Prinzip des Individualismus genügende gesellschaftliche Wohlfahrtsfunktion auf dieser Basis nicht konstruierbar.

In manchen Untersuchungen wird nun einfach die Existenz eines bestimmten sozialen Wohlfahrtsmaßes unterstellt, z.B. in der Form $\Delta W = \Sigma_h g_h \Delta W_h$, wobei ΔW_h die Änderung der in Geldeinheiten gemessenen Wohlfahrt des Individuums h und g_h das ihm beigemessene soziale Wohlfahrtsgewicht darstellt. Hiermit sind zwei Grundprobleme zu lösen. Zum einen müssen die individuellen Wohlfahrtseffekte ΔW_h^k aller zu bewertenden staatlichen Projekte für alle betroffenen Individuen ermittelt werden. Zum anderen gilt es, die sozialen Wohlfahrtsgewichte g_h zu fixieren, womit letztlich eine bestimmte Gerechtigkeitsvorstellung ihren operationalen Ausdruck findet. Bislang sind allerdings keine Wege erkennbar, wie man die Verteilungsgewichte g_h ohne Rückgriff auf spezielle und als willkürlich zu interpretierende A-priori-Spezifikationen empirisch bestimmen sollte. Dies geht auch aus den in diesem Kontext zu nennenden empirischen Arbeiten von Jorgenson und Slesnick (1984, 1987) und Jorgenson (1987) hervor. Berücksichtigt man weiterhin, daß es sich bei der Festlegung der Verteilungszielsetzung um eine politische Aufgabe handelt, die dementsprechend der politischen Diskussion bedarf, kommt man mit Hammond (1988) zu der Auffassung, die Festlegung der Wohlfahrtsgewichte jedem interessierten Betrachter selbst zu überlassen. Für die Zwecke der wohlfahrtsökonomischen Politikberatung verbleibt dann immer noch die anspruchsvolle Aufgabe, über adäquate individuelle Wohlfahrtsmaße festzustellen und offenzulegen, welche Haushalte sich verbessern und welche sich verschlechtern, wenn der Staat die zur Diskussion stehenden Projekte zur Durchführung brächte. Die Entscheidung darüber, wessen Präferenzen (und Interessen) nun letztlich gesellschaftlich stärker zu bewerten sind, bleibt u.a. somit den verantwortlichen Politikern überlassen. Aus diesem Grunde werden wir das Konzept der sozialen Wohlfahrtsfunktion in diesem Buch auch nicht weiter verfolgen und uns allein auf das Problem der Ermittlung individueller Wohlfahrtseffekte öffentlicher Projekte konzentrieren.

In Abbildung 1-1 ist ein typisches Beispiel für die von uns zu untersuchende Problematik für den Zwei-Güter-Fall dargestellt: In der durch die Budgetgerade AB gekennzeichneten Ausgangssituation 0 konsumiere der betrachtete Haushalt bei Gültigkeit des Preisvektors p^0 und des Pauscheinkommens I_0 das Güterbündel x^0. Infolge einer staatlichen Maßnahme erhöhe sich nun der Preis des zweiten Gutes und zugleich das Pauscheinkommen des Haushalts bei Konstanz des Preises des ersten Gutes, so daß seine neue Budgetbeschränkung durch die Gerade CD gegeben ist. In dieser neuen Situation wählt der Haushalt das Güterbündel x^k, und die von uns zu beantwortende Frage lautet nun: Hat sich die Wohlfahrt des Haushalts durch diese staatliche Maßnahme gegenüber der Ausgangssituation erhöht oder nicht? Aus der Änderung der Parameter p und I alleine läßt sich diese Frage nicht beantworten, da die Kombination aus einer Preiserhöhung und einer Einkommenssteigerung sowohl mit einem Wohlfahrtsgewinn als auch mit einem Wohlfahrtsverlust einhergehen kann. Auch die Beobachtung des von dem Konsumenten in den beiden Situationen jeweils konsumierten Güterbündels hilft hier nicht weiter, da das neue Güterbündel x^k von dem ersten Gut mehr und vom zweiten Gut weniger enthält als das ursprüngliche Güterbündel x^0 und somit weder eine Wohlfahrtserhöhung noch eine Wohlfahrtsverminderung zwangsläufig impliziert. Die Frage, ob das untersuchte Projekt nun zu einer Wohlfahrtserhöhung führt oder nicht, kann daher in einem solchen Fall nur auf der Basis der Präferenzordnung des betrachteten Haushalts beantwortet werden.

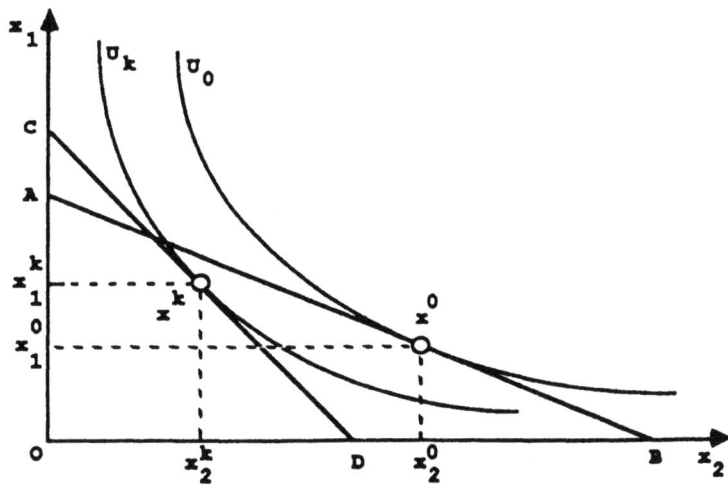

Abb. 1-1

Da die Präferenzordnung des Konsumenten dem außenstehenden Betrachter aber nicht bekannt ist und da sie auch nicht direkt beobachtet werden kann, versucht man im Rahmen der angewandten Wohlfahrtstheorie, von den beobachtbaren Markthandlungen des Konsumenten indirekt über seine Nachfragefunktionen auf seine Präferenzordnung und damit auf die durch ein bestimmtes Projekt verursachte Wohlfahrtsänderung zu schließen. Die Darstellung und kritische Analyse der verschiedenen Möglichkeiten zur Lösung dieses Problems sind das Thema des vorliegenden Buches.

Grundlegend ist hierbei die Idee, daß uns ein Wohlfahrtsmaß als empirisch meßbarer Indikator in Übereinstimmung mit der individuellen Präferenzordnung anzeigen muß, ob der betreffende Konsument eine bestimmte Konsumsituation einer anderen vorzieht oder nicht. Ein Wohlfahrtsmaß ist somit keine eigenständige Ausdrucksform für das Empfinden eines Konsumenten, sondern genau wie eine Nutzenfunktion nur eine Möglichkeit unter anderen zur Beschreibung seiner Präferenzordnung, die ja in der ordinalen Nutzentheorie die einzige "authentische" Darstellungsform für seine Präferenzen ist. Man darf daher von einem Wohlfahrtsmaß nicht mehr Informationen über die Präferenzen des Konsumenten erwarten als von seiner Präferenzordnung selbst, die bekanntlich keine Auskunft über die Intensität dieser Präferenzen geben kann. Insofern ist die theoretische Interpretationsfähigkeit eines Wohlfahrtsmaßes mit der einer Nutzenfunktion gleichzusetzen, mit der ja auch Nutzendifferenzen berechnet werden können, ohne daß diese als solche interpretiert werden dürfen. Der entscheidende Unterschied zwischen beiden Konzepten besteht somit nicht in ihrer theoretischen Bedeutung, sondern darin, daß ein Wohlfahrtsmaß auf der Basis empirisch beobachtbarer Handlungen des Konsumenten berechenbar sein muß, was von einer Nutzenfunktion üblicherweise nicht verlangt wird.

Historisch gesehen haben sich zwei große Klassen individueller Wohlfahrtsmaße herausgebildet: die in Teil II zu beschreibenden Variationsmaße und die Indexmaße, auf die in Teil III näher eingegangen wird. Beide Klassen unterscheiden sich in erster Linie dadurch, daß die Variationsmaße Wohlfahrtsänderungen als Differenzen zweier Werte einer Funktion zur Beschreibung der individuellen Präferenzordnung angeben, während die Indexmaße üblicherweise als Quotienten der entsprechenden Funktionswerte definiert sind. Beiden Klassen von Wohlfahrtsmaßen gemeinsam ist ihre Ordinalität im Sinne der oben erläuterten generellen Interpretationsmöglichkeit eines Wohlfahrtsmaßes, d.h., man kann mit ihrer Hilfe zwar die zu untersuchenden Projekte in

Übereinstimmung mit der Präferenzordnung des Konsumenten ordnen, aber man kann nicht etwa auch die Intensität messen, mit der sie jeweils gewünscht werden.

Während also in **Teil II** die theoretischen Eigenschaften und die empirische Berechenbarkeit einiger Variationsmaße untersucht werden, ist Teil III der Darstellung und kritischen Analyse der Indexmaße gewidmet. Hierbei wird nicht nur auf die für Wohlfahrtsuntersuchungen primär in Frage kommenden Mengenindizes eingegangen, sondern auch auf das Konzept des Preisindexes, dessen Eignung für die wohlfahrtstheoretische Anwendung ja weit weniger offensichtlich ist.

Im **Untersuchungsteil IV** wird der Standardproblembereich der individuellen Wohlfahrtsmessung durch die Berücksichtigung einer intertemporalen Nutzenfunktion erweitert. Über die Verwendung von Variationsmaßen gilt es hier zu zeigen, welche Problembereiche sich auftun, wenn staatliche Projekte zeitlich gesehen in Teilschritten durchgeführt werden und der Konsument zukünftige Konsummöglichkeiten bei seinen heutigen Entscheidungen mit einbezieht.

Bezüglich alternativer staatlicher Projekte betrachten wir in den Untersuchungsteilen II bis IV implizit nur solche finanzpolitischen Maßnahmen, die sich aus der Sicht des Konsumenten als eine Änderung der Güterpreise und/oder seines Pauscheinkommens darstellen.

Ein letzter zentraler Problembereich individueller Wohlfahrtsmessung wird in **Teil V** behandelt. Hier geht es um die Frage, ob und wie individuelle Nutzenänderungen transparent gemacht werden können, wenn die Haushalte ihre Entscheidungen unter der Restriktion fällen, daß ihnen bestimmte Mengen einiger Konsumgüter extern vorgegeben sind. Die Relevanz des hiermit angesprochenen Rationierungsproblems, bei dem der für die Berechnung der bisher besprochenen Wohlfahrtsmaße essentielle unmittelbare Zusammenhang zwischen dem Marktverhalten des Konsumenten und seiner Präferenzordnung nicht mehr besteht, erstreckt sich nicht etwa nur auf Kriegs- oder Krisenzeiten, sondern entsteht immer dann, wenn der Konsument bei gegebenen Preis-Einkommen-Verhältnissen von bestimmten Gütern gerne andere als die tatsächlich nachgefragten Mengen konsumieren würde. Dies betrifft beispielsweise privat angebotene Güter, die nur in bestimmten Mengen zu staatlich subventionierten Preisen abgegeben werden, wie Kleidung, Lebensmittel, Sozialwohnungen und ähnliche Vergünstigungen für Bedürftige, aber auch Güter, deren Verkauf generell staatlich reglementiert ist, wie z.B. Arzneimittel. Darüber hinaus wird natürlich das ganze Spektrum derjenigen staatlich bereitgestellten oder "verordneten" Güter erfaßt, auf deren Konsummengen der einzelne Haushalt überhaupt keinen Einfluß hat, wie zum Beispiel die Landesverteidigung. Der Rationierungsansatz umfaßt somit auch die Problematik der sogenannten "öffentlichen" Güter, obwohl wir in diesem Buch nicht explizit auf die einzelnen in der Literatur vorgeschlagenen Methoden zur Bewertung solcher Güter im Rahmen von Wohlfahrtsanalysen eingehen werden. Diese sogenannte Schattenpreisproblematik ist unseres Erachtens zu facettenreich, und die Verfahren zu ihrer Lösung sind zu speziell, um sie im Rahmen einer allgemeinen Untersuchung wie der vorliegenden abzuhandeln.

Den Abschluß des Buches bildet ein **Anhang**, der eine in sich geschlossene Darstellung der im Hauptteil verwendeten mikroökonomischen Beziehungen und Techniken gibt. Hierbei wird insbesondere auf die ausführliche Erläuterung dualitätstheoretischer Zusammenhänge Wert gelegt, da diese im Rahmen der angewandten Wohlfahrtstheorie eine wesentliche Rolle spielen.

Abschließend sei noch darauf hingewiesen, daß neben dem am Ende des Buches aufgeführten Gesamtliteraturverzeichnis auch am Ende eines jeden Teils einige Literaturstellen angegeben sind, die unserer Meinung nach besonders gut für vertiefende oder ergänzende Studien des in dem betreffenden Teil jeweils dargestellten Stoffs geeignet sind.

TEIL II

Messung preis-/einkommensinduzierter Wohlfahrtsänderungen über Variationsmaße (Grundlagen)

Variationsmaße sind zur Messung individueller Wohlfahrtseffekte entwickelt worden, um möglichst eindeutig interpretierbare Informationen über nicht direkt beobachtbare Nutzenänderungen zu gewinnen.

Sowohl in der theoretischen Diskussion wie auch in praktischen Anwendungen stehen jene Variationsmaße im Vordergrund, bei denen jeder relevanten, nutzenstiftenden gütermäßigen Versorgungslage eines Haushalts ein bestimmter Geldbetrag zugeordnet wird. Dieser läßt sich in der Regel als ein bestimmtes Einkommen interpretieren, womit man also projektinduzierte Nutzenänderungen meßtechnisch über entsprechende Einkommensänderungsäquivalente erfaßt. Vereinzelt finden sich auch Vorschläge, Nutzenänderungen durch die hier implizierten Änderungen der Menge oder des Preises eines einzelnen Konsumgutes auszudrücken[1]. Wir werden uns im folgenden auf eine Analyse geldlich dimensionierter Variationsmaße beschränken.

Zum Grundverständnis und der Erwünschtheit solcher Wohlfahrtsmaße erscheint die folgende Charakterisierung von Bergson (1975, S. 41) treffend: "...an ordinal ranking (staatlicher Projekte) is still all that is needed; but in arriving at such ranking, the public official might be greatly aided if the calculated economic gain or loss were expressed in terms of some cardinally scaled metric."

Allerdings sind solche monetären Wohlfahrtsmaße immer der Gefahr ausgesetzt, daß den projektbezogenen Maßwerten (= Einkommensänderungen) kardinale Bedeutung zugeordnet wird. Ein Maß zur Erfassung individueller Nutzenänderungen kann jedoch nicht mehr Informationen vermitteln als der Gegenstand der Messung, d.h. die Ordnung alternativer Güterbündel nach der Präferenz des Konsumenten im Sinne der traditionellen (ordinalen) Nutzentheorie.

---

[1] Zu den bekanntesten gütermengenorientierten Variationsmaßen gehören sicherlich die Hicksschen Surplusmaße. Vgl. hierzu die entsprechenden Ausführungen im Teil V. Ein preisorientiertes Variationsmaß hat z.B. Cleeton (1984) vorgeschlagen. Nutzenänderungen sollen hiernach über entsprechende Lohnsatzänderungsäquivalente erfaßt werden.

Unser Untersuchungsobjekt ist also, wie schon im Kapitel 1 erläutert, ein Konsument, der im Sinne der neoklassischen Haushaltstheorie auf der Grundlage einer gegebenen Preis-Einkommen-Situation [p,I], d.h. bei den Güterpreisen $p = [p_1, p_2, ..., p_N]$ und dem Pauscheinkommen I, seinen von den Gütermengen $x = [x_1, x_2, ..., x_N]$ abhängigen Nutzen U maximiert.

In der Ausgangssituation 0 wählt der Konsument auf der Grundlage des Preis-Einkommen-Vektors $[p^0, I^0]$ das Güterbündel x^0. Alternative finanzpolitische Aktivitäten $k = 1, 2, ..., K$ mögen nun alternative Preis-Einkommen-Situationen $[p^k, I_k]$ bewirken, die den Haushalt veranlassen, sich entsprechend seiner Nachfragefunktionen $x(p,I)$ für neue Güterbündel x^k zu entscheiden.

Wegen des bestehenden Zusammenhangs zwischen der Wahl eines bestimmten Konsumgüterbündels einerseits und der individuellen Preis-Einkommen-Situation andererseits, kann das Nutzenniveau des Konsumenten - wie im Anhang gezeigt wird - alternativ als Funktion des von ihm konsumierten Gütervektors x oder als Funktion des für ihn relevanten Preis-Einkommen-Vektors [p,I] dargestellt werden. Die durch ein Projekt k gegenüber der Ausgangssituation 0 verursachte Nutzenänderung kann daher mit Hilfe der direkten bzw. der indirekten Nutzenfunktion ausgedrückt werden als

$$\Delta_{0k} U = U_k - U_0 = U(x^k) - U(x^0) = V(p^k, I_k) - V(p^0, I_0) \quad .$$

Nun sind zwar die Güterbündel wie auch die Preis-Einkommen-Vektoren beobachtbar, jedoch nicht die Nutzenfunktionen U(x) und V(p,I). Ein Variationsmaß, das uns die gewünschten Informationen über die Wohlfahrtseffekte finanzpolitischer Projekte vermitteln soll, muß also ohne Kenntnis der Nutzenfunktion konstruierbar sein, aber dennoch deren Ordnungsstruktur besitzen.

Also muß ein solches Wohlfahrtsmaß dieselben theoretischen Konsistenzbedingungen erfüllen wie eine Nutzenfunktion und darüber hinaus empirisch berechenbar sein. Es ist dann zu fragen, welche speziellen Eigenschaften ein Variationsmaß im einzelnen aufweisen muß, damit es solchen Anforderungen genügen kann.

In dem folgenden Kapitel 2 werden wir uns dieser Aufgabe zuwenden und insgesamt vier grundlegende Spezialkriterien einer zuverlässigen Wohlfahrtsmessung über geldlich dimensionierte Variationsmaße postulieren.

Die Analysen im Untersuchungsteil II sind auf die wohlfahrtsmäßige Beurteilung solcher Maßnahmen der Finanzpolitik gerichtet, die für den betrachteten Konsumenten alternative Preis-Einkommen-Vektoren zur Konsequenz haben. Dabei werden wir in Hinblick auf eine auch praktisch-politisch orientierte Diskussion von Variationsmaßen insbesondere prüfen, ob man mittels hierauf basierender Messungen von Wohlfahrtseffekten alternativer Steuerprojekte Evaluierungsergebnisse erhält, die der jeweiligen Konsumentenpräferenz entsprechen. Alle sich in diesem Sinne als zuverlässig erweisenden Einkommen- bzw. Ausgaben-Variationsmaße sind dann auch für eine wohlfahrtsökonomisch orientierte Bewertung von Steuerreformvorhaben der Finanzpolitik geeignet.

Die sich auf Haushalte auswirkenden steuerpolitischen Maßnahmen des Staates implizieren u.a. Variationen der individuellen Nettoeinkommen. Damit liegt die Frage nahe, ob nicht schon die implizierte individuelle Steuerzahlung, also eine unmittelbar beobachtbare Ausgabengröße, einen akzeptablen Indikator steuerlich bedingter Nutzeneinbuße darstellt. Dieser Problemstellung wird im Kapitel 3 nachgegangen. Hierbei erweist es sich wegen maßtechnischer Verwandtschaften als sinnvoll, auch die Variationsmaße nach Laspeyres und Paasche zu behandeln.

Als bahnbrechend für die Entwicklung nutzenorientierter Variationsmaße kann wohl das von J. Dupuit und A. Marshall entwickelte Konzept der Konsumentenrente betrachtet werden. Im Kapitel 4 wird dieses Maß dargestellt und kritisch gewürdigt.

In der Literatur findet sich eine ganze Reihe von Verallgemeinerungen des Marshallschen Meßansatzes. Eine Präsentation und kritische Überprüfung dieser Vorschläge wird in Kapitel 5 vorgenommen.

Die Konzeption zuverlässiger Wohlfahrtsmaße verdanken wir jedoch erst J. Hicks. Seine Maßkonzeptionen gehören zu einer Klasse von Nutzeinkommenmaßen, die sowohl unter theoretischen wie auch empirischen Aspekten im Kapitel 6 behandelt werden.

Den Abschluß des Untersuchungsteils II bildet die kritische Analyse einiger bekannter Steuerlastmaße im Kapitel 7. Hier werden wir vor allem das Konzept der steuerlichen Zusatzlast diskutieren.

KAPITEL 2

KRITERIEN FÜR DIE ZUVERLÄSSIGKEIT INDIVIDUELLER VARIATIONSMASSE UNTER THEORETISCHEN UND EMPIRISCHEN ASPEKTEN

Ein Wohlfahrtsmaß ist ein Mittel, um von den beobachtbaren Markthandlungen des Konsumenten auf seine nicht beobachtbare Präferenzordnung zu schließen. Wie wir bereits oben betonten, sind Wohlfahrtsmaße deshalb auch nur als Ordnungsmaße interpretierbar. Folglich gibt es auch keinen Sinn, ein bestimmtes Wohlfahrtsmaß danach kritisch zu würdigen, inwieweit es hiermit möglich ist, den Nutzen im kardinalen Sinne und damit die Intensität der individuellen Nutzenempfindungen zu erfassen. Für die kritische Analyse alternativer Maße der individuellen Wohlfahrt sind somit allein jene Kriterien relevant, die auf die korrekte Erfassung der individuellen Präferenzordnung unter empirischen Aspekten Bezug nehmen.

Es symbolisiere nun W_{0k} das geldlich dimensionierte Variationsmaß für den Übergang von der Ausgangssituation 0 zu der Situation $k \in \{1,2,...,K\}$ nach Durchführung des k-ten Projektes.

Idealiter könnte man sich ein Wohlfahrtsmaß der Form

$$(2-1) \quad W_{0k} = W(U_k) - W(U_0) \quad , \quad k \in \{1,2,\ldots,K\} \quad ,$$

vorstellen, wobei W(U) streng monoton zunehmend in U sei und keiner auf die Situationen $k \in \{0,1,2,..,K\}$ bezogenen Parameteränderung unterliege. Die Ordinalität des Nutzens verlangt allerdings nicht die Existenz einer Funktion zu seiner Messung, obwohl man in der Praxis meistens mit solchen Konzepten arbeitet.

Unter theoretischen Aspekten sollte jedoch ein zuverlässiges Wohlfahrtsmaß der "Indikator- und der Ordnungs- bzw. der Zirkularitätsbedingung genügen.

Mit der Erfüllung der "**Indikatorbedingung**" wird verlangt, daß ein zuverlässiges Variationsmaß dann und nur dann eine Wohlfahrtserhöhung anzeigt, wenn der Nutzen des Konsumenten infolge eines staatlichen Projektes tatsächlich zugenommen hat. Formal ausgedrückt ist also

(2-2a) $W_{0k} > 0 \iff U_k > U_0$

und

(2-2b) $W_{0k} = 0 \iff U_k = U_0$, $k \in \{1, 2, \ldots, K\}$,

zu fordern.

Die Konstellation ($U_k \geq U_0$) ist nun äquivalent zu der Tatsache, daß der Konsument das in der Ausgangssituation konsumierte Güterbündel x^0 dem in der neuen Situation k konsumierten Güterbündel x^k nicht vorzieht, so daß (2-2) letztlich die Forderung beinhaltet, daß ein zuverlässiges Wohlfahrtsmaß nicht im Widerspruch zu der Präferenzordnung des Konsumenten stehen darf.

Zusammenfassend sei die Indikatorbedingung noch einmal wie folgt formuliert:

Ein zuverlässiges Variationsmaß muß in Übereinstimmung mit der Präferenzordnung des Konsumenten anzeigen, ob und wie ein bestimmtes Projekt die Wohlfahrt gegenüber der Ausgangssituation verändert. D.h., ein zuverlässiges Variationsmaß muß eine Wohlfahrtserhöhung genau dann anzeigen, wenn der Konsument das in der Situation nach Durchführung des Projektes konsumierte Güterbündel dem ursprünglich konsumierten Güterbündel vorzieht.

Mit der Erfüllung der "Ordnungsbedingung" verlangt man weiterhin, mehrere Projekte in Übereinstimmung mit der Präferenzordnung des Konsumenten simultan gegeneinander abwägen zu können. Formaliter muß also ein zuverlässiges Variationsmaß der Bedingung

(2-3) $W_{01} \geq W_{02} \geq \ldots \geq W_{0K} \iff U_1 \geq U_2 \geq \ldots \geq U_K$

genügen. Dieses Kriterium geht über (2-2) insofern hinaus, als es für die Messung der Wohlfahrtseffekte mehrerer Projekte, die von der gleichen Ausgangssituation ausgehen, einen gemeinsamen Maßstab bzw. eine gemeinsame "Skala" verlangt, was erst den simultanen Vergleich mehrerer Projekte ermöglicht. Mit der einmaligen Berechnung der Maßzahl für jede Alternative soll also auch deren Platz in der Rangordnung sämtlicher Alternativen bestimmt sein.

Zusammenfassend lautet also die Ordnungsbedingung:

Der Wert eines zuverlässigen Variationsmaßes muß für verschiedene Projekte bei gleicher Ausgangssituation um so größer sein, je höher das nach Durchführung des entsprechenden Projektes konsumierte Güterbündel von dem Konsumenten geschätzt wird. Ein zuverlässiges Variationsmaß muß somit in der Lage sein, eine beliebige Anzahl alternativer Projekte mit derselben Ausgangssituation simultan in Übereinstimmung mit der Präferenzordnung des Konsumenten unter dem Wohlfahrtsaspekt zu ordnen.

Das "Zirkularitätskriterium" erfordert die Konsistenz eines Wohlfahrtsmaßes auch in bezug auf eine zusammenhängende Folge einzelner Projekte. Der Zusammenhang sei hierbei dadurch gewährleistet, daß die Endsituation eines Projektes zugleich Ausgangssituation des nächsten ist. Jedes einzelne Projekt einer Projektfolge hat dabei also eine spezifische Ausgangssituation und eine spezifische Endsituation. Für zwei derartig verbundene Einzelprojekte ist dann formal betrachtet

$$(2-4) \quad W_{0j} + W_{jm} = W_{0m} \quad , \quad j,m \in \{0,1,2,\ldots,K\}$$

zu fordern[2].

Die Zirkularitätseigenschaft eines Variationsmaßes ist vor allem wichtig, wenn unter praktisch-finanzpolitischen Aspekten ein 'Großprojekt' - wie es z.B. im Falle einer 'großen Steuerreform' vorliegt - stufenweise, d.h. als Folge mehrerer nahtlos aneinander anknüpfender Teilprojekte realisiert wird. Zur Dokumentation des Zirkularitätskriteriums für derartige Projektkonstellationen nehmen wir beispielhaft an, ein Gesamtprojekt k wird zeitlich über zwei nahtlos verknüpfte Teilprojekte k1 und k2 realisiert. Dabei sei die aktuelle Ausgangssituation 0 zugleich die Ausgangssituation des ersten Teilprojektes, das die Zwischensituation k1 bewirkt. Diese ist dann Ausgangssituation für das zweite Teilprojekt, dessen Endsituation k2 gleichzeitig die Endsituation k des Gesamtprojektes darstellt.

---

[2] Das Zirkularitätskriterium ist hauptsächlich in der Literatur zu den Indexmaßen entwickelt und diskutiert worden. Vgl. hierzu die entsprechenden Ausführungen im ersten Teil des Kapitels 9.
Wie man leicht zeigen kann impliziert die Erfüllung der Indikator- und der Zirkularitätsbedingung, daß das entsprechende Wohlfahrtsmaß auch der Ordnungsbedingung genügt.

Ein Variationsmaß W gewährleistet in diesem Projektbeispiel Zirkularität, wenn

$$W_{0,k1} + W_{k1,k2} = W_{0k}$$

gilt. Hierauf bezogen wäre das Zirkularitätskriterium wie folgt zu spezifizieren:

Für ein zuverlässiges Variationsmaß darf es keinen Unterschied machen, ob der Übergang von der Ausgangssituation zu einer neuen Situation in einem einzigen Schritt oder in beliebig vielen Teilschritten erfolgt. D.h., die Summe der Wohlfahrtsänderungen aller nahtlos anschließenden Teilprojekte muß gleich der durch das gesamte Projekt verursachten Wohlfahrtsänderung sein.

Eine Projektfolge kann auch darin bestehen, daß der Staat eine bestimmte Maßnahme durchführt und diese anschließend wieder zurücknimmt. Ein Konsument würde diese beiden Vorgänge im Ergebnis so bewerten, wie wenn nichts passiert wäre. Im Sinne des durch (2-4) veranschaulichten Zirkularitätskriteriums müßte ein zuverlässiges Variationsmaß bei Durchführung eines Projektes und seiner anschließenden Rücknahme zu

(2-5) $W_{0k} + W_{k0} = W_{00} = 0$, $k \in \{1,2,\ldots,K\}$

führen. Damit wird auch verlangt:

Die durch ein zuverlässiges Variationsmaß für den Übergang von der Ausgangssituation zu einer neuen Situation nach Durchführung eines bestimmten Projektes angezeigte Wohlfahrtsänderung und die für die Rückkehr von der neuen Situation zur Ausgangssituation angezeigte Wohlfahrtsänderung müssen sich gegenseitig aufheben. D.h. ein zuverlässiges Variationsmaß darf keine Wohlfahrtsänderung anzeigen, wenn ein bestimmtes Projekt zunächst durchgeführt und dann wieder rückgängig gemacht wird.

Dieses vor allem in der Indexliteratur als "Zeitumkehrbedingung" bekannte Kriterium ist jedoch, wie gezeigt, im Grunde nur ein Spezialfall des gemäß (2-4) postulierten Zirkularitätskriteriums.

Die Spezialkriterien (2-2) bis (2-4) stellen die theoretische Konsistenz eines Wohlfahrtsmaßes sicher und werden alle durch ein Wohlfahrtsmaß gemäß (2-1) erfüllt.

In Abbildung 2-1 ist die hiermit geforderte Korrespondenz der Bewertungen nach der Präferenzordnung des Konsumenten mit den Positionen der entsprechenden Wohlfahrtsmaßwerte auf einer gemeinsamen Skala beispielhaft verdeutlicht.

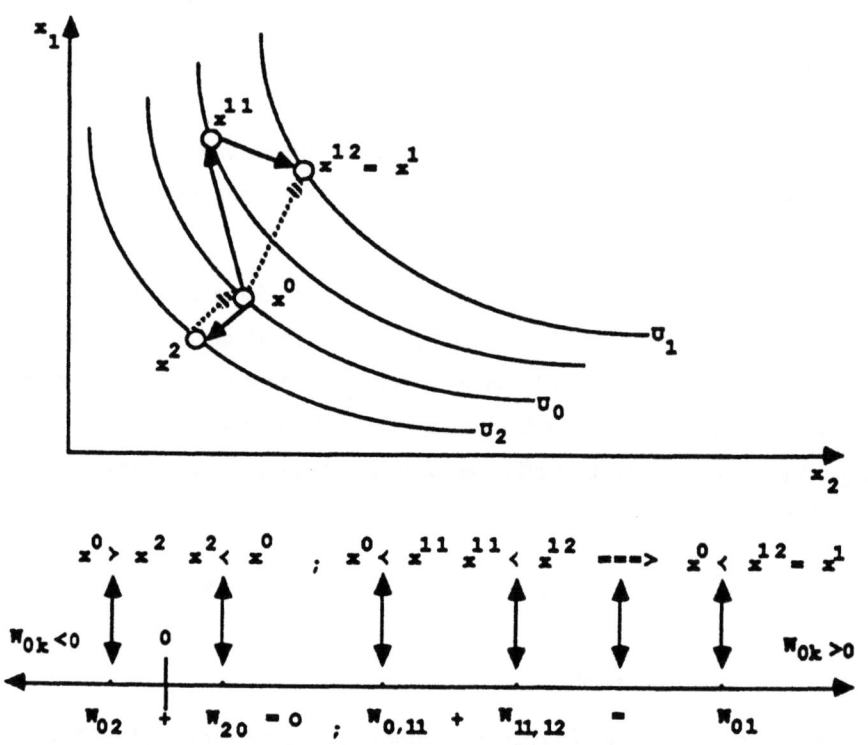

Abb. 2-1 Korrespondenz von Präferenzordnung und Wohlfahrtsmaß

Das erste Projekt wird über zwei nahtlos verknüpfte Teilmaßnahmen realisiert, so daß sich der Konsument aufgrund der neuen Preis-Einkommen-Vektoren zunächst für x^{11} und dann für x^{12} entscheidet. Nach seiner Präferenzordnung bewertet der Konsument jedes dieser projektinduzierten Güterbündel höher als das Güterbündel der Ausgangssituation x^0, wobei er jedoch die Endsituation x^{12} höher schätzt als die Zwischensituation x^{11}. Das Güterbündel $x^1 = x^{12}$ realisiert der Konsument auch, wenn man das Gesamtprojekt 1 in einem Schritt durchführen würde (in Abb. 2-1 gestrichelter Weg). Ein ideales Variationsmaß muß dann durch $W_{0,11} > 0$ und $W_{11,12} > 0$ anzeigen, daß die Teilprojekte 11 und 12 - sukzessive durchgeführt - jeweils zu einer Nutzensteigerung führen. Der Maßwert W_{01} für ein Projekt, das direkt zu $x^1 = x^{12}$ führt, muß kriteriumgerecht gleich der Summe der Maßwerte beider Teilprojekte sein.

Das zweite Projekt führe zu dem vom Konsumenten geringer als x^0 geschätzten Güterbündel x^2, was dann indikatoradäquat durch einen negativen Maßwert W_{02} zum Ausdruck kommen muß. Bei einer Zurücknahme dieser staatlichen Maßnahme erreicht der Konsument wieder seine Ursprungslage x^0, d.h., $W_{20} > 0$. Die Summe der Wohlfahrtsmaßwerte für beide Vorgänge ist gemäß dem Zirkularitätskriterium gleich Null.

Die Positionen aller Maßwerte auf einer gemeinsamen Skala garantieren, daß hiermit mögliche Schlüsse auf die Präferenzsituation des Konsumenten simultan erfolgen können, wie es die Ordnungsbedingung verlangt.

Damit wird nochmals klar, daß die auch in dem idealen Variationsmaß (2-1) implizierten drei Eigenschaften (2-2a,b), (2-3) und (2-4) von jeder Nutzenfunktion oder einer ihrer streng monoton zunehmenden Transformationen erfüllt werden. Somit lassen sich die im folgenden durchzuführenden Untersuchungen auch als Überprüfungen von Variationsmaßen bezüglich ihrer Nutzenfunktionscharakteristika interpretieren.

Die spezielle empirische Relevanz eines Variationsmaßes wird jedoch erst dadurch begründet, daß es - im Gegensatz zur Nutzenfunktion des Konsumenten - auf der Basis empirisch beobachtbarer Größen berechnet werden kann.

Präferenzen für bestimmte Güterbündel offenbart der Haushalt durch seine Kaufentscheidungen unter der ebenfalls beobachtbaren Restriktion gegebener Marktpreise und Einkommen. Die Menge aller präferierten Güterbündel bei alternativen Preis-Einkommen-Konstellationen wird durch das System der individuellen Güternachfragefunktionen beschrieben. Da diese alternative Entscheidungsresultate der Nutzenmaximierung bei gegebener Budgetrestriktion repräsentieren, müssen sie auch alle Informationen über die Bewertung der Güterbündel nach der Präferenzordnung des Haushalts enthalten. Gerade solche Informationen sind es, die man über ein Variationsmaß verarbeiten muß, um alternative staatliche Projekte gemäß der individuellen Präferenzordnung evaluieren zu können. Damit müßte die Berechnungsbasis für zuverlässige Variationsmaße aus den beobachtbaren Güternachfragefunktionen und den projektinduzierten alternativen Preis-Einkommen-Vektoren bestehen. Erst durch diese Eigenschaft unterscheidet sich überhaupt ein Wohlfahrtsmaß von einer Nutzenfunktion, denn letztere ist bei ordinaler Interpretation empirisch nicht berechenbar.

Ein zuverlässiges Variationsmaß sollte dann auch die Eigenschaft besitzen, daß sein Wert für ein bestimmtes Projekt nicht auf die Art der Datenverarbeitung - also z.B. nicht auf die Abfolge der zu berücksichtigenden Änderungen der Güterpreise - im Rahmen des jeweiligen Berechnungsverfahrens reagiert. Hiermit wird die Eindeutigkeit des einem Wohlfahrtsmaß zugehörigen Berechnungsverfahrens verlangt.

Zusammenfassend läßt sich unser viertes Zuverlässigkeitskriterium als "**Kriterium der empirischen Operationalität**" eines Variationsmaßes wie folgt formulieren:

Ein zuverlässiges Variationsmaß muß auf der Basis empirisch identifizierbarer Güternachfragefunktionen und der mit den betrachteten staatlichen Projekten verbundenen Preis-Einkommen-Vektoren eindeutig berechenbar sein.

In den folgenden Kapiteln werden wir nach einer Darstellung der Variationsmaße diese zunächst einmal bezüglich ihrer theoretischen Konsistenz überprüfen.
Hierzu gilt es nach den oben formulierten Kriterien erstens zu prüfen, ob das jeweilige Wohlfahrtsmaß den durch ein konkretes Projekt bewirkten Nutzenverlust oder Nutzengewinn für einen Konsumenten korrekt anzeigt (—> **Indikatorfunktion**).
Weiterhin geht es um die geforderte Eigenschaft eines Wohlfahrtsmaßes, die Rangfolge verschiedener alternativer Projekte unter dem Wohlfahrtsaspekt simultan, d.h. in einem Arbeitsgang aufstellen zu können (—> **Ordnungsfunktion**).
Ferner wird untersucht, ob das jeweilige Wohlfahrtsmaß Teilprojektfolgen der Präferenzordnung des Konsumenten adäquat evaluiert (—> **Zirkularitätsfunktion**).
Der Test auf **empirische Operationalität** der jeweiligen Variationsmaße bildet dann den vierten materiellen Analyseteil. Da in diesem Kontext oftmals mehrere alternative Berechnungsverfahren zu diskutieren sind, werden wir aus Übersichtlichkeitsgründen hierfür gegebenenfalls einen gesonderten Untersuchungsabschnitt einrichten.

Literatur

H. Mohring (1971, S. 349) ; G. W. McKenzie (1983, Kapitel 1)
M. Ahlheim / M. Rose (1984, S. 288-291) ; U. Ebert (1987, S. 15-19)

KAPITEL 3

DIE STEUERZAHLUNG ALS INDIKATOR EINER NUTZENEINBUSSE UND DIE VARIATIONSMASSE NACH LASPEYRES UND PAASCHE

Unser Interesse ist auf die Veränderungen der Wohlfahrt eines einzelnen Konsumenten gerichtet, wie sie finanzpolitische Projekte, beispielsweise die Reform der Besteuerung einzelner Güter, hervorrufen. Wird dem betrachteten Konsumenten im Rahmen eines solchen Gütersteuerreformprojektes eine neue Steuer - etwa in Form der Belastung des Konsums eines Gutes i mit einem Betrag je Mengeneinheit in Höhe von t_i - abverlangt, so liegt es zunächst nahe, eine Wohlfahrtseinbuße in Höhe der Steuerzahlung selbst zu vermuten. In diesem Umfang muß ja der Konsument seine Konsumausgaben einschränken. Bei einer Mengensteuer auf Gut i bestimmt sich der vom Konsumenten zu leistende Steuerbetrag gemäß $T_i = t_i x_i$. Wie folgendes Beispiel zeigt, erfaßt man hiermit den Wohlfahrtsverlust des Konsumenten jedoch höchst unvollständig.

Angenommen, ein Herr Müller trinke täglich einen Viertelliter Wein, für den er einen Preis von 2.50 DM zu zahlen habe. Der Fiskus führe nun eine Weinsteuer mit einem Betrag von 4.00 DM je Liter ein, was den Preis des Schoppens auf 3.50 DM steigen läßt. Auf diese Verteuerung des Weinkonsums reagiere Herr Müller mit dem Entschluß, überhaupt keinen Wein mehr zu trinken und den wöchentlich zum Kauf von Wein ausgegebenen Betrag in Höhe von 17.50 DM zum Kauf anderer Güter zu verwenden. Somit wird von Herrn Müller auch kein Weinsteuerbetrag erbracht, und es stellt sich die Frage, ob er dann durch die Einführung der Weinsteuer auch keine Wohlfahrtseinbuße erlitten hat. Vor Einführung der Weinsteuer bestand für Herrn Müller die Option, keinen Wein zu kaufen und zu konsumieren, jedoch entschied er sich für das offensichtlich höher geschätzte Güterbündel mit Wein. Die Weinsteuer hat ihn somit veranlaßt, bei unverändertem Konsumausgabenfonds ein weniger geschätztes Güterbündel (ohne Wein) zu konsumieren, das mit einem geringeren Grad an Wohlbefinden verbunden ist.

Dieses extreme Beispiel zeigt, daß eine Steuer zu Nutzeneinbußen führen kann, obwohl gar kein Steueraufkommen entsteht. Die Steuerzahlung eines Konsumenten ist also schon von daher kein zuverlässiger monetärer Indikator des steuerlich bewirkten Nutzenverlustes.

Die Idee, in der Steuerzahlung einen Ausdruck der fiskalisch verursachten Wohlfahrtseinbuße zu sehen, resultiert aus einem nutzentheoretischen Kalkül. Grundlegend ist die Einsicht, daß Preise die nutzenorientierte Zahlungsbereitschaft des Konsumenten für einzelne Güter zum Ausdruck bringen.

Erhöht sich der Preis von Wein p_i um t_i von p_i^0 auf p_i^1 - alle anderen Güterpreise seien unverändert -, so verliert der Konsument offensichtlich, auf seine neue Menge an Wein x_i^1 bezogen, in Höhe der Steuerzahlung $T_i = t_i x_i^1$ nutzenstiftende Güterwerte. Im Ergebnis wird hier die Nutzeneinbuße aus der Reduktion des besteuerten Konsums [= mit der Zahlungsbereitschaft pro Gutseinheit p_i^0 gewichtete Mengenänderung $x_i^1 - x_i^0$] gegen die Nutzenerhöhungen aus dem Mehrkonsum anderer Güter [= Summe der mit der Zahlungsbereitschaft pro Gutseinheit p_n^0 gewichteten Mengenänderungen $x_n^1 - x_n^0$, $n = 1, ..., N$, $n \neq i$] gegeneinander aufgerechnet. Damit wird der Wohlfahrtseffekt des oben skizzierten Projektes der Einführung einer Steuer auf Gut i gemäß der sogenannten Laspeyres-Variation

$$(3-1) \quad LaV_{01} = \sum_{n=1}^{N} p_n^0 [x_n^1 - x_n^0]$$

gemessen. Man erhält nämlich bei Konstanz aller übrigen Preise und des Pauscheinkommens[1]

---

[1] Wegen der Konstanz des Einkommens gilt

$$\sum_{n=1}^{N} p_n^0 x_n^0 = \sum_{n=1}^{N} p_n^1 x_n^1 = I_0 \quad .$$

Die Konstanz aller übrigen Preise und die Einführung einer Steuer auf Gut i impliziert

$$\sum_{\substack{n=1 \\ n \neq i}}^{N} [p_n^1 - p_n^0] x_n^1 = 0 \quad \text{sowie} \quad p_i^1 - p_i^0 = t_i \quad , \quad i \in \{1, ..., N\} \quad .$$

$$(3-2) \quad LaV_{01} = \sum_{n=1}^{N} p_n^0 x_n^1 - \sum_{n=1}^{N} p_n^0 x_n^0 = \sum_{n=1}^{N} p_n^0 x_n^1 - \sum_{n=1}^{N} p_n^1 x_n^1$$

$$= \sum_{n=1}^{N} [p_n^0 - p_n^1] x_n^1 = -t_i x_i^1 = -T_i \quad,$$

$$i \in \{1,2,\ldots,N\} \quad.$$

Grundsätzlich ist damit zu rechnen, daß finanzpolitische Projekte über den ökonomischen Systemzusammenhang auch die Preise anderer als der primär betroffenen Güter und das Pauscheinkommen des Konsumenten verändern. Unter Berücksichtigung solcher Effekte wird die Laspeyres-Variation einer neuen Steuer auf Gut i nicht mehr - wie in (3-2) angenommen - gleich dem Negativen des vom Konsumenten an den Fiskus geleisteten Steuerbetrages sein. Es leuchtet dann unmittelbar ein, daß die Steuerzahlung allein wohl kaum die definitive Nutzenveränderung des Konsumenten aus dem betrachteten Projekt indizieren wird. Es bietet sich jedoch an zu prüfen, ob und inwieweit unter solchen Konstellationen die **Laspeyres-Variation**

$$(3-3) \quad LaV_{0k} = \sum_{n=1}^{N} p_n^0 [x_n^k - x_n^0] \quad, \quad k \in \{1,2,\ldots,K\} \quad,$$

ein zuverlässiges Wohlfahrtsmaß im Sinne unserer vier Kriterien ist. Wie in (3-1) fungiert der Preisvektor der Ausgangssituation (vor einer Projektdurchführung) p^0 hier als Vektor der auf Gütermengeneinheiten bezogenen individuellen, nutzenorientierten Zahlungsbereitschaften.

Die Frage nach der empirischen Operationalität dieses Maßes ist schnell beantwortet, denn Preise und Mengen sind beobachtbare Größen. Die neuen Gütermengen erhält man mit den neuen Preisen und dem neuen Einkommen aus den beobachtbaren Marshall-Nachfragefunktionen. Damit ist die eindeutige Berechenbarkeit des Variationsmaßes (3-3) gewährleistet.

Zur vereinfachenden Überprüfung der Indikator- und Ordnungsfunktion der Laspeyres-Variation wählen wir vier Projekte mit Konsequenzen, wie sie in Abbildung 3-1 für den Zwei-Güter-Fall veranschaulicht werden. Hierbei wird Gut 1 mit $p_1=1$ als Numéraire betrachtet. Da das Geldeinkommen somit in Einheiten dieses Gutes gemessen wird, läßt sich die Laspeyres-Variation der zu betrachtenden Projekte an der Ordinate ablesen. Die Strecke OA entspricht dem Ausgangspauscheinkommen I_0.

Das erste Projekt der Einführung einer Steuer auf Gut 2 impliziert eine Erhöhung des Preises p_2 um den Steuerbetrag von t_2 DM je Produkteinheit, d.h., $p_2^1 = p_2^0 + t_2$. Der Haushalt realisiert das neue Konsumgüterbündel x^1 und das gegenüber U_0 geringere Befriedigungsniveau U_1.

Legt man dies berücksichtigend in Abbildung 3-1a eine Parallele zu der Budgetgeraden der Ausgangssituation AA' mit der Steigung $-p_2^0$ durch x^1, so entspricht die Strecke OB dem Einkommen, das der Konsument gerade benötigt, um das neue Güterbündel x^1 bei den Referenzpreisen p^0 kaufen zu können.

Unter Berücksichtigung von (3-3) sowie des Ausgabenäquivalents der Strecke OB gemäß $OB = p_1^0 x_1^1 + p_2^0 x_2^1$ erhält man

$$LaV_{01} = OB - OA$$

$$= - t_2 x_2^1 = - T_2 .$$

In diesem Falle zeigt also das Laspeyres-Maß korrekt an, daß der Konsument durch die steuerbedingte Erhöhung des Preises von Gut 2 eine Nutzeneinbuße erlitten hat.

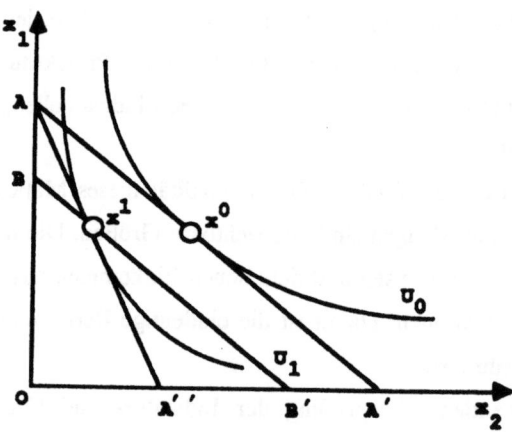

Abb. 3-1a

Im Rahmen eines zweiten Projektes erhebe der Fiskus eine Pauschsteuer T_I mit dem gleichen Aufkommen wie bei Projekt 1, d.h., $T_I = T_2$. Das neue Güterbündel x^2 liegt - wie in Abbildung 3-1b verdeutlicht - auf einer Indifferenzkurve mit $U_2 < U_0$, aber $U_2 > U_1$.

Als Laspeyres-Variation erhält man wie im Projekt 1

$$LaV_{02} = OB - OA$$
$$= -T_I$$
$$= LaV_{01} \ .$$

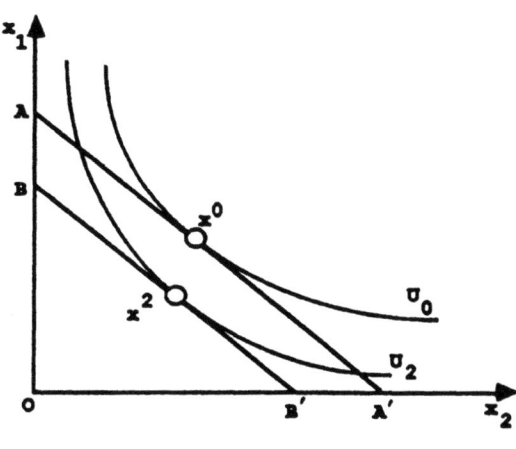

Abb. 3-1b

Also wird mit dem Laspeyres-Variationsmaß auch der durch das zweite Projekt bewirkte Nutzenverlust korrekt erfaßt.

Aus der Gleichheit der Maßwerte beider Projekte dürfte man jedoch nicht auf ihre gleiche Position nach der Präferenzordnung des Konsumenten schließen. Projekt 2 bewertet der Konsument höher als Projekt 1. Daraus folgt, daß das Laspeyres-Variationsmaß die Ordnungsfunktion nicht erfüllt.

Bei einem dritten Projekt werde die Besteuerung von Gut 2 mit t_2 von einer zusätzlichen staatlichen Transferzahlung begleitet, die betragsmäßig exakt der Konsumsteuerzahlung im neuen Gleichgewicht entsprechen möge. Der Haushalt realisiert dann das in Abbildung 3-1c markierte Güterbündel x^3 sowie das im Vergleich zu U_0 niedrigere Nutzenniveau U_3.

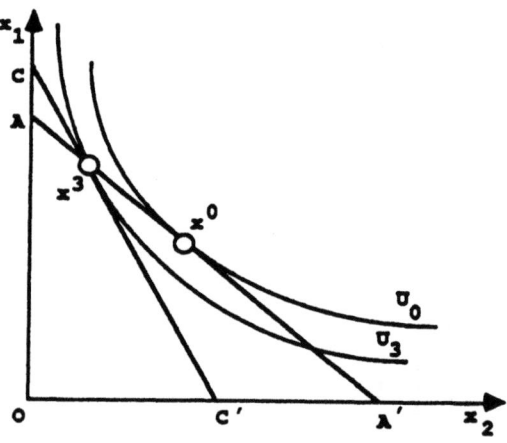

Abb. 3-1c

Zur graphischen Bestimmung von LaV_{03} muß die Budgetgerade mit der neuen Steigung $-p_2^3 = -[p_2^0 + t_2]$ eine Indifferenzkurve in einem Punkt tangieren, der gleichzeitig auf der ursprünglichen Budgetgeraden AA' mit der Steigung $-p_2^0$ liegt. Die Strecke OA gibt dann gerade jenes Pauscheinkommen an, über das der Haushalt mindestens verfügen muß, um das neue Güterbündel x^3 zu den alten Preisen p^0 kaufen zu können.

Als Laspeyres-Variation erhält man

$$LaV_{03} = OA - OA$$

$$= \Delta_{03} I - t_2 x_2^3 = 0 \quad ,$$

wobei die Erhöhung des Pauscheinkommens $\Delta_{03} I > 0$ durch die projektbedingte staatliche Transferzahlung bewirkt wurde.

Nach dem Variationsmaß (3-3) würde man also schließen, daß das dritte Projekt zu keiner Nutzenänderung gegenüber der Ausgangssituation führt. Richtig ist aber, daß die Erhebung einer Konsumsteuer bei anschließender Rückerstattung des gezahlten

Steuerbetrages in Form eines Pauschtransfers und Konstanz aller übrigen Preise immer einen Nutzenverlust zur Folge hat. Die Budgetgleichung des Haushalts wird nämlich im neuen Gleichgewicht gemäß $p^0 x^3 = I_0$ erfüllt, d.h., das neue Güterbündel liegt auf der alten Budgetgeraden. Da x^0 bei dem Preis-Einkommen-Vektor $[p^0, I_0]$ nutzenmaximal ist, muß jedes andere Güterbündel, das die Gleichung $p^0 x = I_0$ erfüllt, ein kleineres Befriedigungsniveau als U_0 bewirken[2].

Da somit $LaV_{03} = 0$ im Widerspruch zu $U_3 < U_0$ steht, erfüllt also das Laspeyres-Variationsmaß in diesem Falle nicht das strenge Indikatorkriterium (2-2b).

Ein viertes Projekt führe - wie in Abbildung 3-1d dargestellt - zu der Bilanzgeraden DD' und damit zur Wahl eines Güterbündels x^4, das oberhalb der ursprünglichen Budgetgeraden AA', aber unterhalb der zu U_0 gehörenden Indifferenzkurve liegt. Die Strecke OE entspricht jenem Einkommen, über das der Konsument verfügen muß, um das Güterbündel x^4 zu den Basispreisen p^0 kaufen zu können.
Damit ergibt sich die Laspeyres-Variation

$$LaV_{04} = OE - OA > 0 ,$$

obwohl der Haushalt eine Nutzeneinbuße erfährt.

Also bleibt zu beachten, daß wegen

(3-4) $\qquad LaV_{0k} > 0 \quad \not\Rightarrow \quad U_k > U_0$

die Indikatorbedingung nicht erfüllt ist.

Mit dem Laspeyres-Maß sind jedoch jene Projekte eindeutig interpretierbar, bei denen die neuen Güterbündel x^k unterhalb oder auf der ursprünglichen Budgetgeraden liegen. Konnte sich der Konsument sowohl x^k als auch x^0 bei p^0 und I_0 kaufen, und traf er eine Entscheidung für x^0, muß er dieses Güterbündel dem Güterbündel x^k offensichtlich streng vorgezogen haben.

---

[2] Dies folgt insbesondere aus unserer Annahme einer monotonen und streng konvexen Präferenzordnung, die zu streng konvexen Indifferenzkurven und einer streng monoton zunehmenden, streng quasikonkaven Nutzenfunktion führt.
Die obere Niveaumenge $U(U_0)$ hat mit der alten Budgetmenge OAA' in Abb. 3-1c nur den Punkt x^0 gemeinsam. Folglich bewirken alle anderen Güterbündel aus dieser Budgetmenge, wie z.B. auch x^3, ein geringeres Nutzenniveau.

Damit erhalten wir als zuverlässiges Informationsspektrum

(3-5) $LaV_{0k} \leq 0 \implies U_k < U_0$.

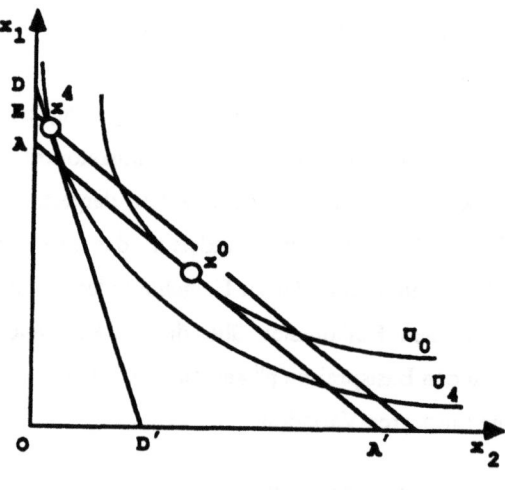

Abb. 3-1d

Haben zwei Projekte solche Konsequenzen, ist es jedoch nicht möglich, eine nutzenmäßige Rangordnung zu identifizieren. Also wird das Laspeyres-Variationsmaß auch in den durch (3-5) beschriebenen Fällen nicht der Ordnungsfunktion gerecht.

Abschließend verbleibt die Überprüfung der Zirkularitätsfunktion. Bei festem Referenzpreisvektor wird die Zerlegung eines Projektes in mehrere nahtlos verknüpfte Teilmaßnahmen zu jenem Laspeyres-Variationsmaßwert führen, der sich bei einer Durchführung in einem Schritt ergibt. So erhält man z.B. im Falle der Aufspaltung eines Projektes k in zwei Teilprojekte k1 und k2, wobei als Konsequenz $x^k = x^{k2}$ gilt,

$$
\begin{aligned}
(3\text{-}6)\ LaV_{0,k1} + LaV_{k1,k2} &= \sum_{n=1}^{N} p_n^0 [x_n^{k1} - x_n^0] + \sum_{n=1}^{N} p_n^0 [x_n^{k2} - x_n^{k1}] \\
&= \sum_{n=1}^{N} p_n^0 [x_n^{k2} - x_n^0] \\
&= \sum_{n=1}^{N} p_n^0 [x_n^k - x_n^0] = LaV_{0k} .
\end{aligned}
$$

Das Laspeyres-Variationsmaß erfüllt also das Zirkularitätskriterium. Letztlich folgt dies aus der Verwendung von p^0 als konstanter Referenzpreisvektor, d.h., auch bei einem Wechsel der Ausgangssituation wird immer der gleiche Basispreisvektor zugrunde gelegt. Damit kann man allerdings (3-5) nicht mehr als Informationsgrundlage auswerten, was sich mit den in Abbildung 3-2 beispielhaft dargestellten Projektalternativen verdeutlichen läßt. In der ersten Ausgangssituation entscheide sich der Konsument für x^0, das er dem mit Projekt 1 verbundenen Güterbündel x^1 streng vorzieht. Nun werde aber das zur Bilanzgeraden BB' führende Projekt 1 durchgeführt und von da aus erwogen, das Projekt 2 anzuschließen. Das zweite Projekt impliziere einen Preis-Einkommen-Vektor $[p^2,I_2]$ und eine Haushaltsentscheidung für x^2. Mit p^0 als Referenzpreisvektor erhalten wir dann die Laspeyres-Variation

$$LaV_{12} = \sum_{n=1}^{2} p_n^0 x_n^2 - p_n^0 x_n^1 = 0 \quad .$$

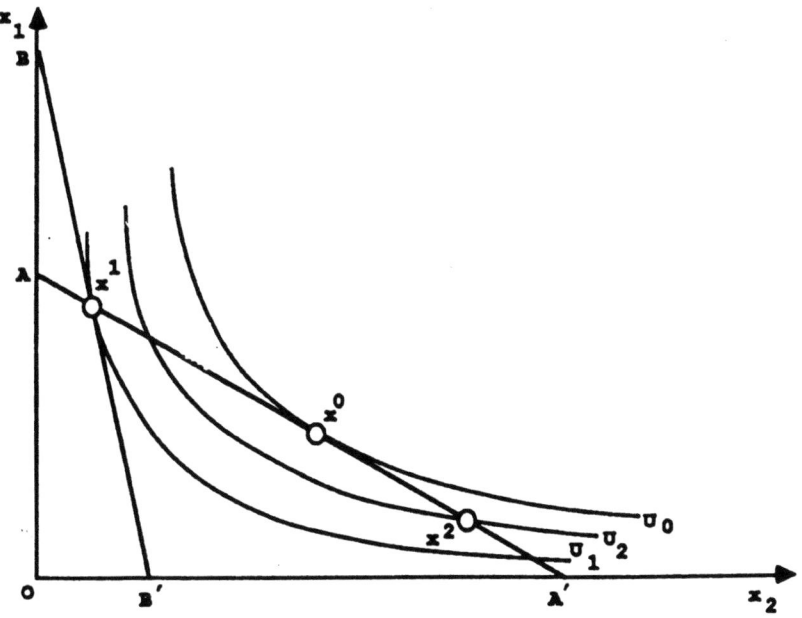

Abb. 3-2

Nach (3-5) würde man dann folgern, daß der Konsument das Güterbündel x^1 dem Güterbündel x^2 streng vorzieht. Wie aus Abbildung 3-2 zu entnehmen ist, präferiert der Konsument jedoch gerade umgekehrt x^2 gegenüber x^1.

Würde man nicht einen festen Referenzpreisvektor p^0, sondern maßentsprechend für jedes Teilprojekt den vor seiner Durchführung geltenden Preisvektor als Basis verwenden, so wäre das Zirkularitätskriterium nicht erfüllt.

Auf unser eingangs erläutertes Weinsteuerbeispiel zurückkommend erscheint es nun ebenfalls plausibel, die steuerlich induzierten Einschränkungen im Weinkonsum mit jenem Wert zu gewichten, den der Konsument der zuletzt konsumierten Einheit an Wein beimißt. In diesem Fall stellt jetzt $p_i^1 = p_i^0 + t_i$ die auf eine Einheit Wein bezogene höchste Wertschätzung (Zahlungsbereitschaft) des Konsumenten dar. Eine Mengenhomogenisierung durch Verwendung der aktuellen Preise als Gewichtungsfaktoren geht auf Paasche zurück. Wir erhalten dann analog zu der Umformung von (3-1) zu (3-2) die aus der Besteuerung von Gut i bei Konstanz des Pauscheinkommens und aller übrigen Preise resultierende Wohlfahrtsänderung als Paasche-Variation mit

$$(3-7) \quad PaV_{01} = \sum_{n=1}^{N} p_n^1 [x_n^1 - x_n^0] = \sum_{n=1}^{N} p_n^1 x_n^1 - \sum_{n=1}^{N} p_n^1 x_n^0$$

$$= \sum_{n=1}^{N} p_n^0 x_n^0 - \sum_{n=1}^{N} p_n^1 x_n^0 = \sum_{n=1}^{N} [p_n^0 - p_n^1] x_n^0$$

$$= - t_i x_i^0 = - T_i + t_i [x_i^1 - x_i^0] \;, \quad i \in \{1, 2, \ldots, N\}$$

Auch wenn der Konsument aufgrund der Weinbesteuerung seinen Weinkonsum einstellen sollte, würde man nach dem Paasche-Variationsmaß durch $PaV_{01} = -t_i x_i^0 < 0$ auf eine steuerlich bedingte Nutzeneinbuße hingewiesen werden. Nach dem Laspeyres-Variationsmaß erhielte man für diesen Fall $LaV_{01} = -T_i = 0$. Insofern scheint das Paasche-Maß zunächst der Indikatorfunktion besser zu entsprechen als das vorher betrachtete Laspeyres-Maß. Wie die folgende Überprüfung des allgemeinen **Paasche-Variationsmaßes**

(3-8) $PaV_{0k} = \sum_{n=1}^{N} p_n^k [x_n^k - x_n^0]$, $k\{1,2,\ldots,K\}$,

jedoch zeigt, ist ein solcher Intuitionsschluß nicht gerechtfertigt.

In Abbildung 3-3 sind die Güterkonsequenzen x^1 und x^2 zweier staatlicher Projekte veranschaulicht. Das Pauscheinkommen $I_1 = p^1 x^1$ beim Projekt 1 entspricht der Strecke OA in Abbildung 3-3a. Legt man durch x^0 eine Parallele zur Budgetgeraden mit der Steigung $-p_2^1$, so stellt die Strecke OB jenes Einkommen dar, das der Konsument benötigt, um das alte Güterbündel bei den neuen Preisen kaufen zu können. Als Paasche-Variationsmaßwert erhalten wir dann

$PaV_{01} = OA - OB < 0$,   obwohl $U_1 > U_0$.

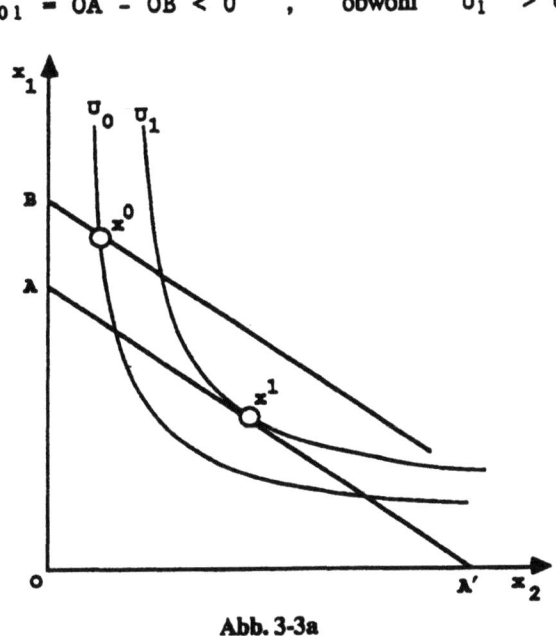

Abb. 3-3a

Also kann man aus negativen Paasche-Variationen nicht auf projektinduzierte Nutzeneinbußen schließen, d.h., da

(3-9) $PaV_{0k} < 0$ $\not\Rightarrow$ $U_k < U_0$,

ist die Indikatorfunktion entgegen einer ersten Intuition nicht gewährleistet.

Betrachten wir nun das zweite in Abbildung 3-3b veranschaulichte Projekt. Über die Parallele zu der Budgetgeraden mit der Steigung $-p_2^2$ durch x^0 findet man mit der Strecke OD jenes Mindesteinkommen, das dem Konsumenten noch erlaubt, das alte Güterbündel bei den neuen Preisen zu kaufen. Als Paasche-Variationsmaßwert erhalten wir dann

$$PaV_{02} = OC - OD > 0 \quad ,$$

was mit $U_2 > U_0$ korrespondiert. Ein positiver Maßwert bedeutet ja, daß sich der Konsument in der neuen Situation auch das Güterbündel x^0 hätte kaufen können, denn

$$PaV_{02} > 0 \iff I_2 > p^2 x^0 \quad .$$

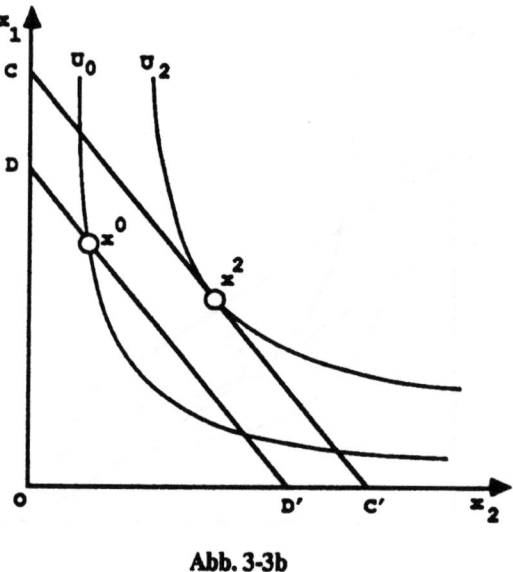

Abb. 3-3b

Da sich der Konsument jedoch für das Güterbündel x^2 entschied, muß er dieses wohl x^0 vorgezogen und damit seinen Nutzen gegenüber U_0 erhöht haben.

Aus diesen Konsequenzen folgt, daß die Paasche-Variation für positive Werte wohlfahrtstheoretisch korrekt interpretierbar ist.

Bestimmte staatliche Projekte können natürlich auch eine Paasche-Variation von Null bewirken. In diesen Fällen müßte bei Erfüllung der Indikatorbedingung (2-2b) der

Schluß auf $U(x^k) = U(x^0)$ richtig sein. Aus der Tatsache, daß sich der Konsument hier, d.h. bei $I_k = p^k x^0$, das alte Güterbündel x^0 hätte leisten können, aber für x^k entschied, folgt entgegen dieser Forderung $x^k > x^0$ und $U(x^k) > U(x^0)$.

Also gilt der zuverlässige Interpretationsbereich

(3-10) $\quad PaV_{0k} \geq 0 \; ---> \; U_k > U_0$.

Abschließend sei darauf hingewiesen, daß man analog zur Diskussion des Laspeyres-Maßes zeigen kann, daß das Paasche-Maß weder die Ordnungs- noch die Zirkularitätsbedingung erfüllt.

Insgesamt läßt sich aus den vorangegangenen Betrachtungen folgendes Ergebnis festhalten:

Die Steuerzahlung bzw. die Nettozahlungsposition eines Haushalts gegenüber dem Fiskus ist kein zuverlässiger Indikator von Nutzenänderungen aus Steueränderungsmaßnahmen allein oder aus Steuerreformen in Kombination mit einer Änderung staatlicher Transferzahlungen an Haushalte.

Auch die Idee, daß Marktpreise nutzenorientierte Zahlungsbereitschaften darstellen und sich somit als Gewichtungsfaktoren projektinduzierter Gütermengenänderungen anbieten, führt zu keinem befriedigenden Wohlfahrtsmaßkonzept. Die hierauf basierenden Variationsmaße nach der Laspeyres- und Paasche-Preisgewichtungsmethode sind keine generell zuverlässigen Wohlfahrtsmaße im Sinne der postulierten Kriterien.

Nachgewiesen wurde jedoch auch, daß beide Wohlfahrtsmaße bei bestimmten Projekten eine korrekte Auskunft bezüglich der hierdurch induzierten Nutzenänderung vermitteln. Dies insbesondere, wenn man sowohl das Laspeyres- als auch das Paasche-Variationsmaß berechnet und prüft, ob eine Interpretation nach (3-5) oder (3-10) möglich ist.

Der hiermit für eine gegebene Präferenzordnung und Ausgangssituation definierte Aussagenbereich ist beispielhaft in Abbildung 3-4 als schraffierte Fläche veranschaulicht. Die durch OAA' erfaßte Menge an Güterbündeln umfaßt Projektkonsequenzen mit Interpretationsmöglichkeiten nach dem Laspeyres-Maß gemäß (3-5). Diejenigen x^k, die nach (3-10) mit dem Paasche-Maß beurteilt werden können, lassen sich wie folgt abgrenzen: Dreht man die Bilanzgerade AA' um x^0 nach rechts und links, so gibt es Berührungspunkte mit Indifferenzkurven oberhalb derjenigen, die zu U_0 gehört. Solche Tangentialpunkte sind z.B. x^1 und x^2.

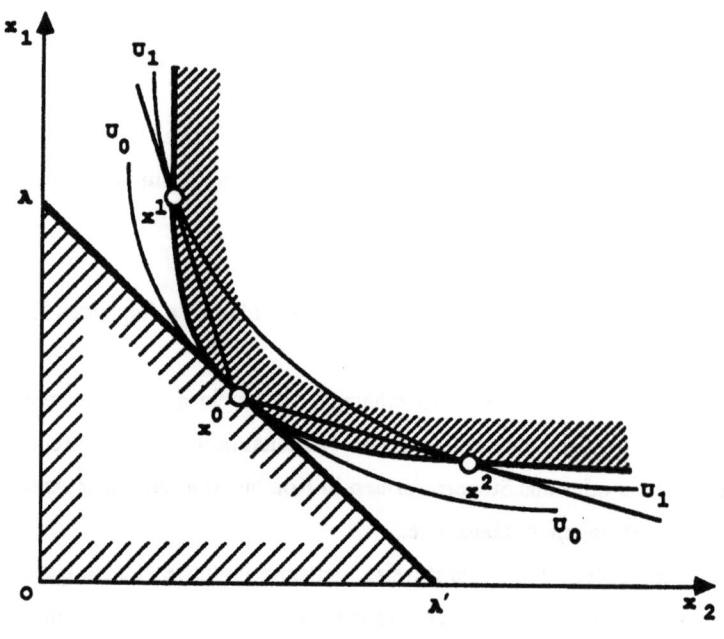

Abb. 3-4

Wir betrachten als erstes die zu x^1 gehörenden Bereichsabgrenzungen. Hierbei ist unmittelbar einsichtig, daß alle x^k, die rechts von oder auf der Strecke x^0x^1 und oberhalb von x^0 liegen, die Bedingung (3-10) erfüllen. Güterbündel in den Positionen links von oder auf der zu U_1 gehörenden Indifferenzkurve und oberhalb von x^1 führen zu negativen Paasche-Variationsmaßwerten, sind also nicht interpretierbar. Alle anderen Güterbündel oberhalb von x^1 lassen sich zunächst nicht beurteilen. Eine weitere kleine Rechtsdrehung der durch x^0 verlaufenden Bilanzgeraden führt jedoch zu einem Tangentialpunkt mit einer Indifferenzkurve, zu der ein Nutzenniveau größer als U_1 gehört. Dies ermöglicht eine weitere Abgrenzung von Gütermengen oberhalb von x^0, deren Wohlfahrtsimplikationen man nach (3-10) identifizieren kann.

Über eine Linksdrehung der Bilanzgeraden AA' in x^0 erhält man Berührungspunkte mit Indifferenzkurven, die unterhalb und rechts der Ausgangssituation liegen.

Ein solcher Tangentialpunkt ist z.B. x^2. Hierbei gilt, daß alle Güterbündel, die rechts von oder auf der Strecke x^0x^2 und unterhalb von x^0 liegen, eine Interpretation gemäß (3-10) ermöglichen. Weitere Aussagebereichsabgrenzungen erfolgen über sukzessive Linksdrehungen von AA'.

Verbindet man alle relevanten Tangentialpunkte der in x^0 gedrehten Bilanzgeraden, erhält man die in Abbildung 3-3 dick gezeichnete Hyperbel. Die durch diese Kurve nach unten begrenzte Fläche enthält alle Güterbündel, die durch (3-10) erfaßt werden.

Allerdings gibt es nun für jedes x^0 einen spezifischen Interpretationsbereich der aufgezeigten kombinierten Verwendung von Laspeyres- und Paasche-Variation.

Literatur

G. W. McKenzie (1983, S. 101-109)

R. W. Boadway / N. Bruce (1984, S. 213-215)

KAPITEL 4

DAS KONZEPT DER KONSUMENTENRENTE (DUPUIT, MARSHALL)

Die Theorie der Konsumentenrente zählt historisch gesehen unzweifelhaft zu jenen großen Ideen, die den Nutzen wirtschaftstheoretischer Forschungen für die Lösung wirtschaftspolitischer Probleme nachhaltigst begründet haben. In besonderem Maße hat dieses Meßkonzept bei der Bewertung finanzpolitischer Projekte Anwendung gefunden. Hierbei stand die Frage, in welchem Umfang neue Steuern oder auch Tarifänderungen alter Steuern die Konsumenten belasten, im Mittelpunkt des Interesses. Mit einer solchen Problemstellung wollen wir im folgenden die für die Entwicklung einer zuverlässigen Wohlfahrtsmessung grundlegende Idee der Konsumentenrente verdeutlichen.

Dieser Wohlfahrtsmeßansatz wurde exakt erstmals von dem französischen Ingenieur Jules Dupuit (1844) formuliert. Ausgangspunkt für seine Überlegungen war die Hypothese, daß die vom Konsumenten gezahlten Preise als deren nutzenorientierte Zahlungsbereitschaft pro Mengeneinheit interpretiert werden können. Dabei existiert, dem Nachfrageverhalten des Konsumenten entsprechend, für jede Nachfragemengeneinheit eine gesonderte und von allen anderen verschiedene Bewertung (= maximale monetäre Opferbereitschaft).

Zur Illustration der hieraus folgenden Konsequenzen für die Evaluierung projektinduzierter Nachfragemengenänderungen diene das in Abbildung 4-1 veranschaulichte Projektbeispiel der Einführung einer Steuer auf Gut i. Will man die aus der steuerlich induzierten Nachfrageverringerung $[x_i^1 - x_i^0]$ folgende Nutzeneinbuße erfassen, entspricht es dem Konzept von Dupuit, zunächst jene höchste Bewertung (= maximale Zahlungsbereitschaft) zu bestimmen, die der Konsument für die jeweilige Gütermenge offenbart. Gilt es jetzt, die Maximalbewertung der Menge x_i^0 zu ermitteln, so ist zu beachten, daß der Preis p_i^0 nur den Wert der vor Steuereinführung zuletzt gekauften Einheit an x_i ausdrückt. Für alle Konsumgütermengen vor x_i^0 würde der Konsument in Höhe des Abstandes zwischen der Mengenachse und der Nachfragekurve höhere Beträge als p_i^0 zu zahlen bereit sein. Er bewertet also alle zuvor gekauften Einheiten dieses Gutes höher. Die Nachfragekurve wird somit als Kurve marginaler Wertschätzungen (= Zahlungsbereitschaften) betrachtet. Dabei sinkt die Zahlungsbereitschaft pro Gutseinheit mit dem Erwerb weiterer Konsumeinheiten kontinuierlich. Im Rahmen eines vereinfachten partialanalytischen Nachfragemodells sei bei gegebenem Einkommen ($I = I_0$) somit die Existenz einer Funktion $p_i(x_i)$ postuliert, die das Einkommen als parametrische Konstante enthält. Aus Gründen einer vereinfachten graphischen Argumentation wird in Abbildung 4-1 weiterhin angenommen, daß die Kurve marginaler Zahlungsbereitschaften eine Gerade sei, die die Preisachse schneidet.

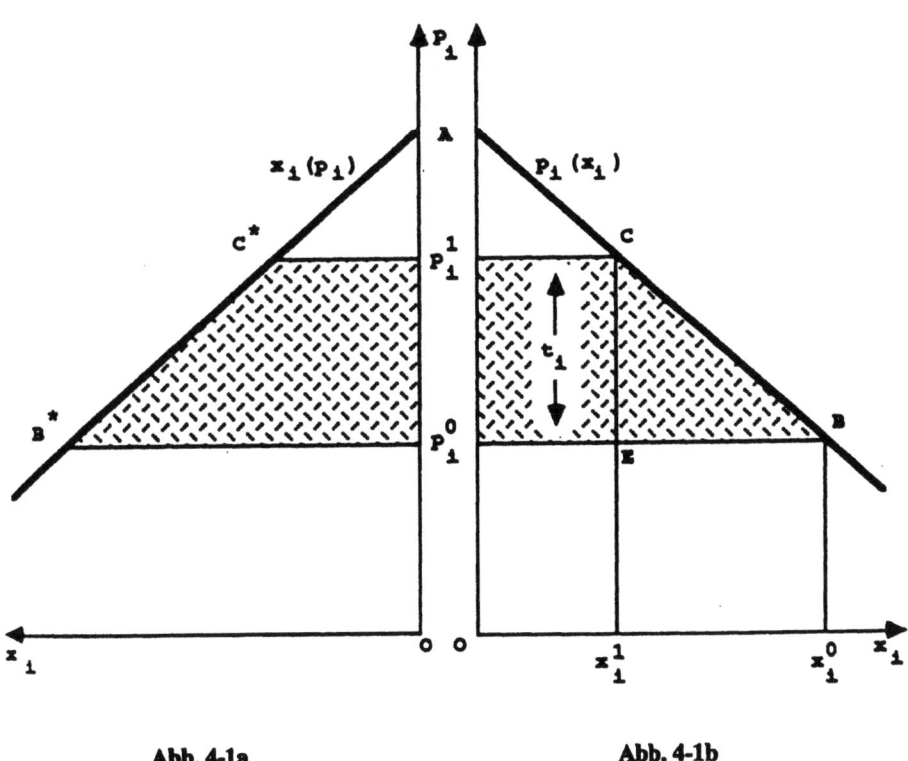

Abb. 4-1a   Abb. 4-1b

Auf dieser Grundlage ist die maximale Zahlungsbereitschaft für die Weinmenge x_i^0 und damit der Bruttobenefit aus dieser Menge - definiert nach Dupuit als Summe aller marginalen Zahlungsbereitschaften von $x_i = 0$ bis $x_i = x_i^0$ - gleich der Fläche $OABx_i^0$. Substrahiert man von dieser Fläche die aktuellen Ausgaben des Konsumenten für die Menge x_i^0, die der Fläche $Op_i^0Bx_i^0$ entsprechen, so realisiert der Konsument einen "surplus" in Höhe der Differenzfläche p_i^0AB.

Dieser Nutzenüberschuß ist in die Literatur als Konsumentenrente KR eingegangen und als Fläche unter der Nachfragekurve abzüglich der Konsumausgaben definiert.

Für eine auf dem Markt erworbene Gütermengeneinheit definierte Dupuit [1968(1844), S. 29] diesen "surplus" als "the difference between the sacrifice which the purchaser would be willing to make in order to get it and the purchase price he has to pay in exchange". Auch Alfred Marshall [1920 (1890), S. 124] folgerte in ähnlicher Weise, daß "the excess of the price which he would be willing to pay rather than go without the thing, over that which he actually does pay is the economic measure of this surplus satisfaction. It may be called consumer's surplus."

Für die Menge x_i^0 ist also die Gesamtkonsumentenrente als Summe der Konsumentenrenten aller von $x_i = 0$ bis $x_i = x_i^0$ erworbenen Gütermengeneinheiten gemäß

$$(4-1) \quad KR_0 = \int_0^{x_i^0} p_i(x_i)\,dx_i - p_i^0 x_i^0$$

bestimmt. Erhöht sich der Preis des Gutes i infolge einer Steuer auf p_i^1, so wird der Haushalt die Menge x_i^1 nachfragen, bei der die Konsumentenrente

$$(4-2) \quad KR_1 = \int_0^{x_i^1} p_i(x_i)\,dx_i - p_i^1 x_i^1$$

beträgt. Als steuerbedingte Veränderung der Konsumentenrente erhält man in diesem Fall

$$(4-3) \quad KRV_{01} = KR_1 - KR_0$$
$$= -T_i - p_i^0[x_i^1 - x_i^0] + \int_{x_i^0}^{x_i^1} p_i(x_i)\,dx_i \quad .$$

Absolut betrachtet ist dieser Verlust an Konsumentenrente gleich der schraffierten Fläche $p_i^0 p_i^1 CB$ in Abbildung 4-1b.

Den steuerbedingten Nutzenverlust gemäß (4-3) kann man auch, wie in Abbildung 4-1a verdeutlicht, als Fläche unter der Nachfragekurve $x_i(p_i)$ - es ist dies die Umkehrfunktion von $p_i(x_i)$ - darstellen. Es gilt nämlich $p_i^0 p_i^1 CB = p_i^0 p_i^1 C^* B^*$.

Der Wohlfahrtseffekt einer steuerbedingten Erhöhung des Preises p_i wird nach diesem Konzept gemäß

$$(4-4) \quad KRV_{01} = \int_{p_i^1}^{p_i^0} x_i(p_i) dp_i = - \int_{p_i^0}^{p_i^0 + t_i} x_i(p_i) dp_i$$

gemessen, wobei in der Nachfragefunktion $x_i(p_i)$ das als konstant betrachtete Einkommen des Konsumenten als Parameter enthalten sei.

Bei staatlichen Projekten muß grundsätzlich damit gerechnet werden, daß sich die Preise mehrerer Güter und das Einkommen ändern. Der betreffende Wohlfahrtseffekt wäre bei derartigen Konstellationen über eine Summe partieller Konsumentenrenten-Variationen zu bestimmen. Für eine Beschreibung und nutzentheoretische Überprüfung eines solchermaßen verallgemeinerten Konsumentenrenten-Maßes sei das Einkommen formal in Höhe von I_0 als konstant betrachtet und ein Nachfragesystem $x_n(p_n, I_0)$, $n=1,2,...,N$, unterstellt. Das aus Beweisgründen jetzt explizit aufgeführte Pauscheinkommen kann sich natürlich de facto durchaus ändern. Erfaßt wird die damit verbundene Veränderung der Entscheidungsgrundlage des Haushalts dann über eine äquivalente proportionale Änderung aller Güterpreise.

Auf dieser Grundlage kann man eine der partiellen Variation gemäß (4-4) entsprechende Version des allgemeinen **Konsumentenrenten-Variationsmaßes** gemäß

$$(4-5) \quad KRV_{0k} = - \sum_{n=1}^{N} \int_{p_n^0}^{p_n^k} x_n(p_n, I_0) dp_n$$

formulieren.

Alfred Marshall (1879, 1890) ist es zu verdanken, daß die für die theoretische Konsistenz dieses Konsumentenrentenmaßes erforderliche Nutzenaxiomatik spezifiziert wurde. Er ging davon aus, daß (a) die individuelle Nutzenfunktion streng separabel in den Konsumgütern ist, (b) der Grenznutzen aus dem Konsum eines jeden Gutes sinke und (c) der Grenznutzen des Einkommens als konstant in bezug auf sämtliche Preise betrachtet werden könne.

Damit wird letztlich eine streng separable und homothetische Nutzenfunktion postuliert[1]. Dies impliziert, daß auch die indirekte Nutzenfunktion V(p,I) streng separabel in den Preisen ist, so daß die Roy-Identiät - siehe hierzu (A-40) -

$$(4\text{-}6) \quad x_n(p_n, I_0) = - \frac{\frac{\partial V}{\partial p_n}(p_n, I_0)}{\lambda(I_0)} \quad , \quad \forall n \in \{1, 2, \ldots, N\} \quad ,$$

folgt. Hierin stellt λ den konstanten Grenznutzen des Einkommens dar, d.h., λ ist von allen Güterpreisen unabhängig. Weiterhin gilt, daß die Kreuzpreiseffekte der Güternachfrage bei einem solchen Nachfragesystem symmetrisch sind, so daß (4-5) wegen der damit verbundenen Erfüllung der Integrabilitätsbedingungen[2] auch als

$$(4\text{-}7) \quad KRV_{0k} = - \int_{p^0}^{p^k} \sum_{n=1}^{N} x_n(p_n, I_0) dp_n$$

geschrieben werden kann. Berücksichtigt man jetzt (4-6) in (4-7), folgt unmittelbar

$$(4\text{-}8) \quad KRV_{0k} = \frac{1}{\lambda(I_0)} \int_{p^0}^{p^k} \nabla_p V(p, I_0) dp \quad .$$

Nach dem zweiten Hauptsatz der Integralrechnung kann man (4-8) auch als

---

[1] Siehe hierzu die Ausführungen zu homothetischen Nutzenfunktionen in Teil 1 des folgenden Kapitels 5.

[2] Auch diese Zusammenhänge werden im Kapitel 5 auf einer allgemeinen Basis noch näher erläutert.

$$(4-9) \quad KRV_{0k} = \frac{1}{\lambda(I_0)} [V(p^k, I_0) - V(p^0, I_0)]$$

formulieren.

Bei einem positiven Grenznutzen des Einkommens ($\lambda(I_0) > 0$) ist die Konsumentenvariation also ein positives Vielfaches der projektbewirkten Nutzenänderung. Da sich weiterhin die Maßwertermittlung - wie aus (4-5) ersichtlich - als Berechnung voneinander unabhängiger Integrale über beobachtbare Nachfragefunktionen darstellt, sind somit alle für ein zuverlässiges Wohlfahrtsmaß postulierten Kriterien erfüllt.

Der Anwendungsbereich des KR-Maßes dürfte jedoch ziemlich begrenzt sein, da die Konstellation, daß sich die projektinduzierten Änderungen des Preises eines jeden Gutes nur auf dessen Nachfrage auswirken, also alle Kreuzpreiseffekte Null sind, wohl empirisch ziemlich bedeutungslos ist.

Literatur

J. M. Currie / J. A. Murphy / A. Schmitz (1971, S. 742-745)

R. E. Just / D. L. Hueth / A. Schmitz (1982, S. 70-73)

G. W. McKenzie (1983, S. 67-84)

P. C. Dooley (1983)

R. B. Ekelund / R. F. Hébert (1985, S. 419-439)

KAPITEL 5

VERALLGEMEINERTE MARSHALL-MASSE

Die Idee, Projektevaluierungen mit Wohlfahrtsmaßen durchzuführen, die sich als Integrale über direkte Nachfragefunktionen darstellen, soll in diesem Untersuchungsteil unter der Fragestellung weiterverfolgt werden, ob solche Maße noch unseren Kriterien genügen, wenn das eine oder andere Marshallsche Nutzenaxiom nicht erfüllt ist. Wie insbesondere Samuelson (1942) gezeigt hat, ist es in der Tat möglich, das der Konsumentenvariation zugrundeliegende Maßkonzept zu verallgemeinern und somit das Spektrum zulässiger Präferenzordnungen bzw. Nachfragesysteme zu erweitern.

Zur Entwicklung solcher erweiterter und verallgemeinerter Marshall-Maße nehmen wir Bezug auf die aus der Haushaltstheorie folgenden und in den Vorbemerkungen zu Teil II spezifizierte Gleichung, wonach eine projektinduzierte Nutzenänderung als Änderung des Funktionswertes der indirekten Nutzenfunktion darstellbar ist. Die Nutzendifferenz $V(p^k,I_k)-V(p^0,I_0)$ ist allerdings für die empirische Wohlfahrtsmessung insofern nicht geeignet, als die Nutzenfunktionen der Konsumenten ja nicht beobachtbar sind. Ein Zusammenhang zwischen der Nutzenänderung und den empirisch beobachtbaren Marshall-Nachfragefunktionen ergibt sich jedoch in Verbindung mit dem Zweiten Hauptsatz der Integralrechnung.

Hiernach folgt, daß eine (endliche) Nutzenänderung durch das Integral über die partiellen Ableitungen der Nutzenfunktion dargestellt werden kann. Diesen Zusammenhang konnten wir bereits im vorhergehenden Kapitel auswerten. Ändert sich - z.B: durch eine Variation des Steuersystems - die Preis-Einkommen-Situation des Konsumenten von $[p^0,I_0]$ auf $[p^k,I_k]$, so kann die entsprechende Nutzenänderung $V(p^k,I_k)-V(p^0,I_0)$ zu

$$(5\text{-}1) \quad \Delta_{0k}U = \int_{p^0,I_0}^{p^k,I_k} \nabla_p V(p,I)dp + \frac{\partial V}{\partial I}(p,I)dI$$

umformuliert werden. Mit der Roy-Identität (A-40) erhält man schließlich

$$(5\text{-}2) \quad \Delta_{0k}U = \int_{p^0, I_0}^{p^k, I_k} \lambda(p, I)[dI - x(p, I)dp] \quad ,$$

worin λ den Grenznutzen des Einkommens $\partial V/\partial I$ darstellt.

Damit hängt dieses Maß zwar von den beobachtbaren Marshallschen Nachfragefunktionen ab, aber ebenso von dem empirisch nicht identifizierbaren λ. Wäre λ jedoch eine Konstante in bezug auf p und I, so könnte man beide Seiten von (5-2) durch λ dividieren und erhielte ein vom Grenznutzen des Einkommens unabhängiges Wohlfahrtsmaß

$$(5\text{-}3) \quad W_{0k} = \frac{\Delta_{0k}U}{\lambda} = \int_{p^0, I_0}^{p^k, I_k} [dI - x(p, I)dp] \quad .$$

Da λ aufgrund der Annahme strenger Monotonie der Nutzenfunktion im Konsumentengleichgewicht stets positiv sein muß, ist das abgeleitete Wohlfahrtsmaß gleich einem positiven Vielfachen der Nutzenänderung selbst. Es erfüllt somit automatisch die von einem idealen Variationsmaß verlangte Indikator- und Ordnungsfunktion. Außerdem basiert das Berechnungsverfahren auf empirisch beobachtbaren Tatbeständen.

Voraussetzung für den Übergang von (5-2) zu (5-3) ist allerdings, daß λ sowohl von p als auch von I unabhängig ist. Als erste partielle Ableitung der indirekten Nutzenfunktion, die selbst homogen vom Grade Null in ihren Argumenten p und I ist, muß λ jedoch homogen vom Grade (-1) in p und I sein. Nach dem Euler-Theorem gilt also

$$(5\text{-}4) \quad p_1 \frac{\partial \lambda}{\partial p_1} + p_2 \frac{\partial \lambda}{\partial p_2} + \ldots + p_N \frac{\partial \lambda}{\partial p_N} + I \frac{\partial \lambda}{\partial I} = (-1)\lambda < 0 \quad .$$

Der Grenznutzen des Einkommens kann also nicht gleichzeitig von allen (N+1) Variablen p und I unabhängig sein, sondern höchstens von N dieser Variablen.

Allerdings sind unter Berücksichtigung dieser Beschränkung nur zwei charakteristische Konstellationen denkbar, die einerseits zu einer Konstanz von λ führen und andererseits ein zuverlässiges Wohlfahrtsmaß ergeben. Diese beiden Fälle wollen wir im folgenden näher analysieren und vor allem die hiermit konstruierbaren Variationsmaße diskutieren.

1. Ein Variationsmaß bei Preisunabhängigkeit des Grenznutzens des Einkommens

Der Grenznutzen des Einkommens sei von sämtlichen Güterpreisen unabhängig und das Einkommen mit seinem Niveau in einer Referenzsituation r konstant, d.h., $I = I_r$. In diesem Fall gilt also

(5-5) $\quad \nabla_p \lambda(p, I_r) = 0_N$

bzw.

(5-6) $\quad \lambda = \lambda(I_r)$,

und λ kann in dem Maß (5-3) vor das Integral gezogen werden.

Gleichzeitig wäre formal $dI = 0$ zu berücksichtigen, was auf den ersten Blick nachteilig erscheint, da ja staatliche Projekte mit Einkommensänderungen verbunden sein können. Wegen der Homogenität vom Grade Null der Nachfragefunktionen in p und I ist es jedoch ohne Einschränkung der Allgemeinheit möglich, eine Einkommensnormierung durchzuführen. Multipliziert man z.B. in der Budgetgleichung des Haushalts alle Preise und das Einkommen mit dem Verhältnis I_r/I, wird der Haushalt, seinen Nutzen unter der neuen Budgetrestriktion

(5-7) $\quad \tilde{p}^k x = I_r$

bei

(5-8) $\quad \tilde{p}^k = p^k \dfrac{I_r}{I_k}$, $\quad k \in \{0, 1, 2, \ldots, K\}$,

maximierend, das gleiche optimale Güterbündel x^0 bzw. x^k wählen wie bei der nichtnormierten Budgetgleichung.

Zur Gewährleistung eines konstanten Grenznutzens des Einkommens ist also die Bedingung (5-5) allein völlig ausreichend. Änderungen des formal konstantgesetzten Einkommens äußern sich in proportionalen Änderungen der normierten Preise.

Unter Berücksichtigung der transformierten Budgetgleichung (5-7) und der Konstanz des Grenznutzens des Einkommens gemäß (5-5) erhält man das Marshall-Maß

$$(5-9) \qquad MaV_{0k} = \frac{\Delta_{0k} U}{\lambda(I_r)} = -\int_{p^0}^{\bar{p}^k} x(p, I_r) dp \; .$$

Die Zuverlässigkeit dieses Wohlfahrtsmaßes im Sinne unserer drei theoretischen Kriterien ist offensichtlich. Die Einhaltung der Indikator- und Ordnungsfunktion wird durch die positivproportionale Beziehung zwischen der Wohlfahrtsvariation und der Nutzenänderung gesichert. Da sich der Proportionalitätsfaktor $1/\lambda(I_r)$ bei Projektzerlegungen bzw. einer Projektrealisierung und anschließender Rücknahme nicht ändert, wird auch dem Zirkularitätskriterium Genüge getan. Berechnungsgrundlage ist das beobachtbare Marshallsche Nachfragesystem.

Bevor auf die Eindeutigkeit des Berechnungsverfahrens eingegangen wird, sei zunächst noch eine andere Praktikabilitätsfrage gestellt. Entscheidend für die Zulässigkeit, eine Projektevaluierung mit dem Maß (5-9) durchzuführen, ist nämlich die empirische Validität der mit einer Preisunabhängigkeit des Grenznutzens des Einkommens involvierten Eigenschaften der Präferenzordnung und des Nachfragesystems. Einen Ansatzpunkt für die Überprüfung dieser Fragestellung bietet die Roy-Identität (A-40), deren partielle Differentiation nach p_m

$$(5-10) \qquad \lambda \frac{\partial x_n}{\partial p_m} + x_n \frac{\partial \lambda}{\partial p_m} = - \frac{\partial^2 V}{\partial p_n \partial p_m} \; , \quad \forall n, m \in \{1, 2, \ldots, N\} \; ,$$

ergibt. In Verbindung mit (5-5) folgt wegen der Symmetrie der Hesse-Matrix der indirekten Nutzenfunktion daraus

$$(5\text{-}11) \quad \frac{\partial x_n}{\partial p_m} = \frac{\partial x_m}{\partial p_n} \quad , \quad \forall n, m \in \{1, 2, \ldots, N\} \quad .$$

Die hiermit vorliegende Symmetrie der nicht-kompensierten Kreuzpreiseffekte ist eine notwendige und hinreichende Bedingung für die Homothetie der Präferenzordnung[1], aus der das entsprechende Nachfragesystem abgeleitet ist.

Die Annahme, daß der Grenznutzen des Einkommens unabhängig von allen Preisen ist, ist also äquivalent zu der einer homothetischen Präferenzordnung und impliziert zugleich die Übereinstimmung der Kreuzpreisnachfragereaktionen. Allerdings darf man daraus nicht schließen, daß jede Nutzenfunktion zur Beschreibung einer homothetischen Präferenzordnung auch zu einem λ führt, das von sämtlichen Preisen unabhängig ist. Es gibt jedoch zu jeder homothetischen Präferenzordnung stets eine homothetische Nutzenfunktion, die die Unabhängigkeit von λ bezüglich aller Preise impliziert.

Nach Samuelson (1974) existiert zu einer homothetischen Präferenzordnung eine indirekte Nutzenfunktion der allgemeinen Form

$$(5\text{-}12) \quad V(p, I) = a(p) \cdot I \quad ,$$

wobei a(p) monoton abnehmend, konvex und linear-homogen vom Grade (-1) ist. Mit den partiellen Ableitungen

$$(5\text{-}13) \quad \frac{\partial V}{\partial p_n} = \frac{\partial a}{\partial p_n}(p) \cdot I \quad ,$$

---

[1] Unter einer homothetischen Präferenzordnung verstehen wir eine Präferenzordnung, die sich durch eine homothetische Nutzenfunktion beschreiben läßt. Eine Funktion U ist homothetisch, wenn sie in der Form $U = F[f(x_1, \ldots, x_N)]$ geschrieben werden kann, wobei F stetig, streng monoton zunehmend und f homogen ist. Da eine Nutzenfunktion nur bis auf eine stetige, streng monoton zunehmende Transformation bestimmt ist, kann jede homothetische Nutzenfunktion in eine linear-homogene Nutzenfunktion überführt werden.

$$(5\text{-}14) \quad \frac{\partial V}{\partial I} = a(p) \quad , \quad \forall n \in \{1,2,\ldots,N\} \quad ,$$

in der Roy-Identität (A-40) folgen die direkten Güternachfragefunktionen

$$(5\text{-}15) \quad x_n(p,I) = \frac{-\frac{\partial a}{\partial p_n}(p) \cdot I}{a(p)} = h_n(p) \cdot I \quad ,$$

wobei $h_n(p)$ homogen vom Grade (-1) in p ist. Hierzu gehören die Slutsky-Gleichungen

$$(5\text{-}16) \quad S_{nm} = I[\frac{\partial h_n}{\partial p_m}(p) + h_m(p)h_n(p)] \quad , \quad \forall n,m \in \{1,2,\ldots,N\} \quad ,$$

so daß wegen der Symmetrie der Slutsky-Effekte das Nachfragesystem die Eigenschaft

$$(5\text{-}17) \quad \frac{\partial h_n}{\partial p_m}(p) = \frac{\partial h_m}{\partial p_n}(p)$$

besitzt, was wiederum mit (5-11) äquivalent ist.

Die aus homothetischen Nutzenfunktionen ableitbaren Nachfragefunktionen (5-15) haben zur Konsequenz, daß das Verhältnis zweier Gütermengen im Haushaltsoptimum gemäß

$$(5\text{-}18) \quad \frac{x_n}{x_m} = \frac{h_n(p)}{h_m(p)}$$

bestimmt ist. Differenziert man dieses Verhältnis nach dem Einkommen I, so folgt offensichtlich

$$(5\text{-}19) \quad \frac{\partial (x_n/x_m)}{\partial I} = 0 \quad .$$

Das Verhältnis, in dem jeweils zwei Güter nachgefragt werden, ist bei homothetischen Nutzenfunktionen also unabhängig vom Einkommen des Konsumenten (Linearität der Engel-Kurven). Die Höhe des Einkommens hat keinen Einfluß auf die Zusammensetzung (Struktur) des optimalen Güterbündels. Alle Einkommenszuwächse werden in gleichen Proportionen auf sämtliche Güter aufgeteilt.

Aus den Güternachfragefunktionen (5-15) folgt weiterhin

$$(5\text{-}20) \qquad \frac{\partial x_n}{\partial I}(p, I) \cdot I = x_n \quad ,$$

so daß

$$(5\text{-}21) \qquad \frac{\partial x_n}{\partial I} \frac{I}{x_n} = 1 \quad .$$

Bei homothetischen Nutzenfunktionen sind die Einkommenselastizitäten für sämtliche Güter x_n gleich "1".

Die Eigenschaften (5-11), (5-19) und (5-21) homothetischer Nutzenfunktionen sind völlig äquivalent und somit alternativ verwendbar.

Wie bereits oben erwähnt wurde, existiert zu jeder indirekten Nutzenfunktion gemäß (5-12) eine monotone Transformation $\tilde{V}(p,I) = \theta(V(p,I))$ mit $\partial \theta / \partial V > 0$, die einen Grenznutzen des Einkommens gemäß

$$(5\text{-}22) \qquad \frac{\partial \tilde{V}}{\partial I} = f(I) > 0$$

impliziert. Dies ist, wie Samuelson (1942) gezeigt hat, exakt die durch (5-6) postulierte Funktion, nach der sich der Grenznutzen des Einkommens bestimmt. Damit existiert also für jede der in (5-12) beschriebenen Nutzenfunktionen eine streng monotone Transformation, für die $\lambda = \lambda(I_r)$ gilt.

Für die Anwendung des Marshall-Maßes (5-9) hat sich die Konstanz von λ bezüglich sämtlicher Preise als essentiell erwiesen. Ein gegebenes Nachfragesystem kann man somit in bezug auf die Eigenschaften (5-11), (5-19) oder (5-21) untersuchen und feststellen, ob es für eine wohlfahrtstheoretisch zuverlässige Projektevaluierung mit Hilfe des Marshall-Maßes geeignet ist.

Aus den bisherigen Ausführungen geht hervor, daß die Annahme, der Grenznutzen des Einkommens sei konstant in bezug auf sämtliche Preise, zwar die Zuverlässigkeit des verallgemeinerten Marshall-Maßes (5-9) im Sinne unserer drei theoretischen Wohlfahrtsmaßkriterien garantiert, daß aber andererseits durch diese Annahme die Homothetie der Präferenzordnung impliziert wird, deren empirische Validität bezweifelt werden muß.

Für uns bleibt noch zu untersuchen, ob sich das Marshall-Maß (5-9) auch **eindeutig** berechnen läßt.

Grundsätzlich gilt, daß man sich zur Durchführung der Integration einer Funktion f(z) mit $z=[z_1,z_2,...,z_L]$ auf eine bestimmte Reihenfolge festlegen muß, nach der über die einzelnen Variablen z_j integriert wird. Jede Reihenfolge beschreibt einen besonderen Integrationsweg.

Soll ein nach (5-9) ermittelter Wohlfahrtsmaßwert eindeutig sein, darf er nicht vom Integrationsweg abhängen. Zur Verdeutlichung dieses Sachverhaltes sei der Güterraum vereinfacht auf Kombinationen von Mengen zweier Güter 1 und 2 beschränkt, womit nur Änderungen der Preise p_1 und p_2 zu berücksichtigen sind. Zur Darstellung eines Integrationsverfahrens wollen wir die Eigenschaft nutzen, daß man bei der Integration über vektorwertige Funktionen den gesamten Integrationsweg in verschiedene nahtlos verknüpfte Teilstrecken zerlegen kann. Die Integration kann also sukzessive durchgeführt werden, wobei der Wert der Variablen am Endpunkt eines Integrationsteilstücks ihrem Wert am Anfang des nächsten entspricht.

Zu den unendlich vielen Integrationswegen gehören beispielsweise auch die beiden folgenden: Beim Integrationsweg a werde zuerst über p_1 von $\tilde{p}_1^0$ zu $\tilde{p}_1^k$ bei gegebenem Anfangspreis des anderen Gutes $\tilde{p}_2^0$ und dann von $\tilde{p}_2^0$ zu $\tilde{p}_2^k$ bei $p_1 = \tilde{p}_1^k$ integriert.

Beim zweiten Integrationsweg b werde demgegenüber zuerst über p_2 und dann über p_1 integriert.

Auf die Berechnung des Marshall-Maßes gemäß (5-9) angewandt, haben wir dann folgende Integrale zu lösen:

Integrationsweg a

$$(5\text{-}23a) \quad MaV^a_{0k} = -\int_{p_1^0}^{\tilde{p}_1^k} x_1(p_1, \tilde{p}_2^0, I_r)\,dp_1 - \int_{p_2^0}^{\tilde{p}_2^k} x_2(\tilde{p}_1^k, p_2, I_r)\,dp_2$$

Integrationsweg b

$$(5\text{-}23b) \quad MaV^b_{0k} = -\int_{p_1^0}^{\tilde{p}_1^k} x_1(p_1, \tilde{p}_2^k, I_r)\,dp_1 - \int_{p_2^0}^{\tilde{p}_2^k} x_2(\tilde{p}_1^0, p_2, I_r)\,dp_2$$

In Abbildung 5-1 sind die beiden Integrationswege im rechten oberen Koordinatensystem dargestellt sowie die Ergebnisse der Integration durch die entsprechenden Flächen in der linken oberen und der rechten unteren p,x-Ebene markiert worden. Als flächenmäßigen Ausdruck erhält man also die Integrationswerte

$$(5\text{-}24a) \quad MaV^a_{0k} = -[F_1 + G_1 + G_2]$$

$$(5\text{-}24b) \quad MaV^b_{0k} = -[G_1 + F_1 + F_2] \quad .$$

Zur eindeutigen Berechenbarkeit des Marshall-Maßes, d.h. zur Gewährleistung der Pfadunabhängigkeit der Integration, muß dann

$$(5\text{-}25) \quad MaV^a_{0k} - MaV^b_{0k} = F_2 - G_2 = 0$$

sein.

Auf (5-23) angewandt, fordert das Eindeutigkeitskriterium

$$(5\text{-}26) \quad MaV^a_{0k} - MaV^b_{0k} = H(\tilde{p}_2^k) - H(\tilde{p}_2^0) - [J(\tilde{p}_1^k) - J(\tilde{p}_1^0)] = 0$$

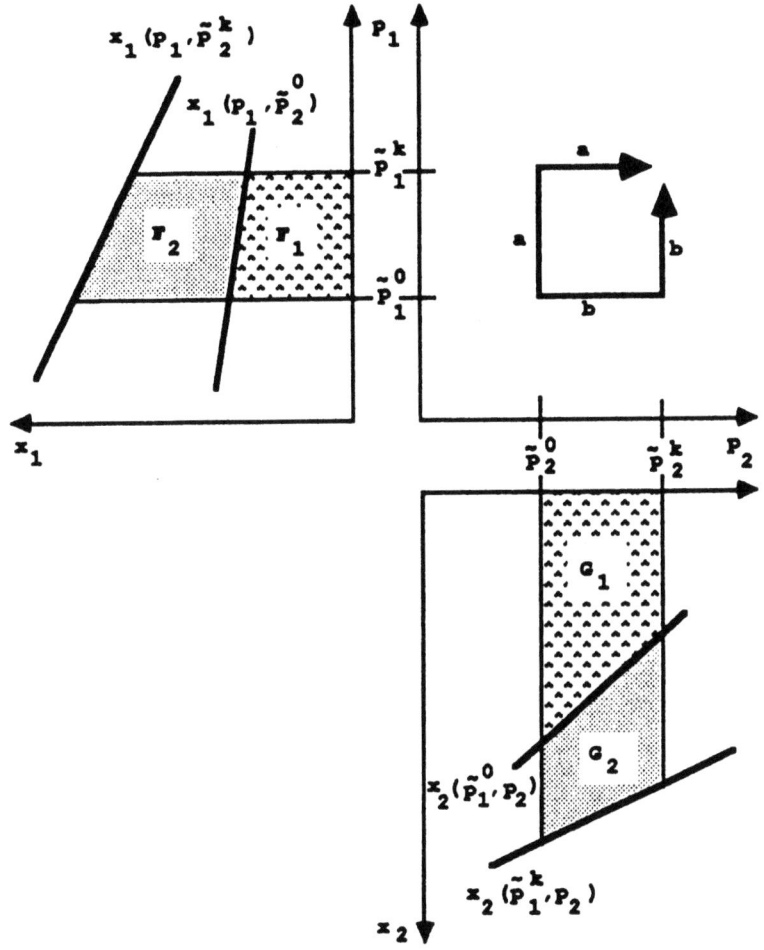

Abb. 5-1 Integrationspfade und Integrationsflächen koordinatenweiser Integration über Marshall-Nachfragefunktionen

wobei

(5-27a) $\quad H(p_2) := \int_{\tilde{p}_1^0}^{\tilde{p}_1^k} x_1(p_1, p_2) dp_1$,

$$(5\text{-}27\text{b}) \quad J(p_1) := \int_{p_2^0}^{\tilde{p}_2^k} x_2(p_1, p_2)\,dp_2 \quad .$$

Gemäß dem zweiten Hauptsatzes der Differential- und Integralrechnung gilt

$$(5\text{-}28\text{a}) \quad H(\tilde{p}_2^k) - H(\tilde{p}_2^0) = \int_{p_2^0}^{\tilde{p}_2^k} \frac{dH}{dp_2}\,dp_2 \quad ,$$

$$(5\text{-}28\text{b}) \quad J(\tilde{p}_1^k) - J(\tilde{p}_1^0) = \int_{p_1^0}^{\tilde{p}_1^k} \frac{dJ}{dp_1}\,dp_1$$

und wegen (5-27)

$$(5\text{-}29\text{a}) \quad \frac{dH}{dp_2} = \int_{p_1^0}^{\tilde{p}_1^k} \frac{\partial x_1}{\partial p_2}(p_1, p_2)\,dp_1 \quad ,$$

$$(5\text{-}29\text{b}) \quad \frac{dJ}{dp_1} = \int_{p_2^0}^{\tilde{p}_2^k} \frac{\partial x_2}{\partial p_1}(p_1, p_2)\,dp_2 \quad .$$

Mit (5-28) und (5-29) in (5-26) ist die eindeutige Berechenbarkeit des Marshall-Maßes gegeben, wenn

$$(5\text{-}30) \quad MaV_{0k}^a - MaV_{0k}^b = \int_{p_2^0}^{\tilde{p}_2^k} \int_{p_1^0}^{\tilde{p}_1^k} \frac{\partial x_1}{\partial p_2}(p_1, p_2)\,dp_1\,dp_2$$

$$-\int_{p_1^0}^{\bar{p}_1^k} \int_{p_2^0}^{\bar{p}_2^k} \frac{\partial x_2}{\partial p_1}(p_1, p_2) dp_2 dp_1 = 0 \ .$$

Notwendig und hinreichend hierfür ist die Symmetrie der nichtkompensierten Preiseffekte. Dies ist ganz allgemein auch die Bedingung für die Pfadunabhängigkeit des Integrals zur Berechnung des Marshall-Maßes (5-9)[2].

Wie gezeigt, ist seine theoretische Konsistenz nur dann gewährleistet, wenn das Nachfragesystem die Eigenschaft besitzt, daß die partiellen Kreuzableitungen $\partial x_n/\partial p_m$ und $\partial x_m/\partial p_n$, wie in (5-11) bzw. (5-17) dokumentiert, übereinstimmen.

Sollte also die zur Anwendung des Marshall-Maßes (5-9) durchzuführende Überprüfung der Eigenschaften eines empirischen Nachfragesystems x(p,I) die Gleichheit der Kreuzpreiseffekte ergeben, sind folglich sämtliche Zuverlässigkeitskriterien erfüllt.

Aus den bisherigen Ausführungen geht hervor, daß allein die Annahme, der Grenznutzen des Einkommens sei konstant in bezug auf sämtliche Preise, die

---

[2] Notwendig und hinreichend für die Pfadunabhängigkeit eines Integrals
$\int f(z)dz$ über eine stetig differenzierbare Vektorfunktion f: $\mathbf{A} \longrightarrow \mathbf{R}^L$ mit $\mathbf{A} \in \mathbf{R}^L$

ist die Symmetrie der Kreuzableitungen

$$\frac{\partial f_i}{\partial z_j} = \frac{\partial f_j}{\partial z_i} \ , \quad \forall i,j \in \{1,2,\ldots,L\} \ ,$$

über der Menge A, wobei A eine offene, einfach zusammenhängende Teilmenge des $\mathbf{R}^L$ ist (Vgl. Erwe (1962, S. 104)).

Die Reihenfolge, in der über die einzelnen Variablen z_j integriert wird, bestimmt den sog. Integrationspfad.

Bei Pfadunabhängigkeit des wie in den Gleichungen (5-23) bis (5-30) verwendeten Marshall-Maßes muß gelten

$$\frac{\partial x_1}{\partial p_2} = \frac{\partial x_2}{\partial p_1} \ .$$

Konstruktion eines Marshall-Maßes gestattet, das alle fixierten Wohlfahrtsmaßkriterien erfüllt. Gegenüber der Konsumentenrentenvariation ist es nicht erforderlich, die weiteren Marshallschen Axiome, d.h., die strenge Separabilität der Nutzenfunktion und eine für alle Güter sinkende Grenznutzenkurve - $\partial^2 U/(\partial x_n)^2 < 0$ bzw. $\partial^2 V/(\partial p_n)^2 > 0$ - zu verlangen.

Wie Samuelson (1942) gezeigt hat, würde die Kombination von Konstanz des Grenznutzens des Einkommens gemäß (5-5) und strenger Separabilität der Nutzenfunktion zur Folge haben, daß die Nachfrage nach einem Gut nur noch auf seinen eigenen Preis und das Pauscheinkommen reagiert, wodurch die Preiselastizitäten der Nachfrage gemäß

$$(5\text{-}31) \qquad \frac{\partial x_n}{\partial p_n} \frac{p_n}{x_n} = -1$$

übereinstimmen.

Damit vereinfachte sich das Maß (5-9) unter Berücksichtigung der Güternachfragefunktionen nach (5-15) letztlich zu

$$(5\text{-}32) \qquad MaV_{0k} = -I_r \sum_{n=1}^{N} \int_{p^0}^{\tilde{p}_n^k} h_n(p_n) dp_n \; .$$

Bei $I_r = I_0$ und $dI = 0$ ist dieses Maß mit der Konsumentenrentenvariation (4-5) identisch. Der Wohlfahrtseffekt von Güterpreisänderungen ist dann im Sinne des im Kapitel 4 erläuterten ursprünglichen Konzepts von Dupuit und Marshall gleich der Summe aller Veränderungen der Konsumentenrente.

Wie gezeigt wurde, ist es nicht notwendig, die restriktive, empirisch kaum zu rechtfertigende Annahme zu treffen, daß die Nachfrage nach einem Gut nur von seinem eigenen Preis und dem Einkommen bestimmt wird. Der Anwendungsbereich des Marshall-Maßes (5-9) ist zwar größer, aber unter praktischen Aspekten dennoch als gering zu veranschlagen, da homothetische Nutzenfunktionen eher äußerste Ausnahmen als erforderliche Normalitäten darstellen.

2. Ein Variationsmaß bei Abhängigkeit des Grenznutzens des Einkommens von nur einem Preis

Die vorangegangene Analyse hat gezeigt, daß Integrale über bestimmte Nachfragefunktionen eine zuverlässige Wohlfahrtsmessung erlauben, wenn eine Einkommensnormierung durchgeführt wird. Nun könnte es ja auch Nachfragesysteme geben, die sich als Basis eines Wohlfahrsmaßes im Sinne Marshalls dann eignen, wenn eine Preisnormierung durchgeführt wird. Außer dem Einkommen steht ja für Normierungszwecke auch jeder Güterpreis $p_n \in [p_1, p_2, ..., p_N]$ zur Disposition.

Für eine Analyse dieser Fragestellung wählen wir beispielhaft Gut 1 als Numéraire und führen folgende Notation ein: Der Vektor aller Güterpreise p sei gemäß

$$(5\text{-}33a) \qquad p_* = [p_2, p_3, ..., p_N]$$

$$(5\text{-}33b) \qquad p = [p_1, p_*]$$

und der Vektor aller Gütermengen x entsprechend

$$(5\text{-}34a) \qquad x_* = [x_2, x_3, ..., x_N]$$

$$(5\text{-}34b) \qquad x = [x_1, x_*]$$

separiert.

Der Grenznutzen des Einkommens möge nun konstant sein bezüglich einer Änderung von p_* und I, d.h.,

$$(5\text{-}35a) \qquad \frac{\partial \lambda}{\partial p_n} = 0 \quad, \quad n=2,...,N \quad,$$

$$(5\text{-}35b) \qquad \frac{\partial \lambda}{\partial I} = 0 \quad,$$

womit sich λ, wegen seiner Homogenität vom Grade (-1) in der allgemeinen Form

(5-35c) $\quad \lambda(p_1) = \dfrac{\alpha}{p_1} \quad , \quad \alpha > 0 \quad ,$

darstellen läßt.

Differenziert man die Roy-Identität (A-40) partiell nach I, so ergibt dies

(5-36) $\quad \lambda \dfrac{\partial x_n}{\partial I} + x_n \dfrac{\partial \lambda}{\partial I} = - \dfrac{\partial^2 V}{\partial p_n \partial I} = - \dfrac{\partial \lambda}{\partial p_n} \quad , \quad n = 1, 2, \ldots, N \quad .$

Mit den Hypothesen gemäß (5-35) folgt dann

(5-37) $\quad \dfrac{\partial x_n}{\partial I} = 0 \quad , \quad n = 2, \ldots, N \quad .$

Die Annahme, daß der Grenznutzen des Einkommens nur von p_1 abhängt, ist somit gleichbedeutend mit der Unterstellung eines Nachfragesystems, bei dem sich Einkommensänderungen nicht auf die Nachfrage der Güter 2 bis N, sondern allein auf die Nachfrage nach dem Numéraire-Gut 1 auswirken. Somit werden beispielsweise Einkommenszuwächse ausschließlich für Gut 1 ausgegeben. Ein solches Nachfragesystem ist in allgemeiner Form durch

(5-38) $\quad x_1 = \dfrac{1}{p_1} [I - p_* x_*(p)]$

$$x_* = x_*(p)$$

gegeben[3].

---

[3] Wie auch Samuelson (1942, S.84 ff.) nachwies, impliziert dies eine direkte Nutzenfunktion der allgemeinen Form

$$U = a + \alpha x_1 + f(x_*) \quad .$$

Differenziert man diese Nutzenfunktion nach x_1, erhält man $\partial U/\partial x_1 = \alpha$. Aus den Bedingungen erster Ordnung für ein Nutzenmaximum folgt $\partial U/\partial x_1 = \lambda p_1$, so daß (5-35c) gilt.

Wenn ein empirisch ermitteltes Nachfragesystem diese Struktur aufweisen sollte, hat man die Preis-Einkommen-Vektoren so zu normieren, daß der Preis des einkommensabhängig nachgefragten Gutes mit seinem in einer Referenzsituation r gegebenen Niveau p_1^r formaliter konstant ist. Nach (5-35c) wäre dann auch der Grenznutzen des Einkommens gemäß

(5-39) $\quad \lambda = \lambda(p_1^r)$

konstant, so daß sich wiederum ein der Form (5-3) entsprechendes Wohlfahrtsmaß bilden läßt.

Berücksichtigt man in diesem Sinne die Normierungen

(5-40) $\quad \bar{p}^k = \dfrac{p_1^r}{p_1^0} p^k$,

$\quad \bar{I}_k = \dfrac{p_1^r}{p_1^0} I_k$, $\quad k \in \{0,1,\ldots,K\}$,

und (5-39) in (5-3), erhält man das Marshall-Maß

(5-41) $\quad \text{MaV}_{0k} = \dfrac{\Delta_{0k} U}{\lambda(p_1^r)} = \displaystyle\int_{\bar{p}_*^0, \bar{I}_0}^{\bar{p}_*^k, \bar{I}_k} dI - x_*(p_1^r, p_*) dp_*$

bzw.

(5-42) $\quad \text{MaV}_{0k} = \dfrac{\Delta_{0k} U}{\lambda(p_1^r)} = \Delta_{0k} \bar{I} - \displaystyle\sum_{n=2}^{N} \int_{\bar{p}_n^0}^{\bar{p}_n^k} x_n(p_1^r, p_*) dp_n$.

Auch dieses Maß erfüllt ganz offensichtlich die Indikator-, Ordnungs- und Zirkularitätsfunktion. Berücksichtigt man weiterhin (5-35a) in (5-10), so folgt

$$(5\text{-}43) \quad \frac{\partial x_n}{\partial p_m} = \frac{\partial x_m}{\partial p_n} \quad , \quad \forall n, m \in \{2, 3, \ldots, N\} \quad .$$

Die Symmetrie aller Kreuzpreiseffekte in den Güternachfragefunktionen $x \cdot (p_1^f, p \cdot)$ sichert dann, daß das in (5-41) aufgeführte Integral pfadunabhängig ist und damit auch eindeutig berechnet werden kann, so daß der Übergang zu (5-42) zulässig ist.

Damit wird das Maß (5-41) allen postulierten Wohlfahrtsmaßkriterien gerecht. Interessant ist, daß hierfür die Marshallschen Axiome eines sinkenden Grenznutzens der Gütermengen, d.h. $\partial^2 U/(\partial x_n)^2 < 0$, sowie strenge Separabilität von U bezüglich aller x_n nicht erforderlich sind. Auf der anderen Seite muß das Nachfragesystem die Eigenschaft besitzen, daß auf Pauscheinkommensänderungen nur der Konsum des Numéraire-Gutes (in unserem Beispiel war dies Gut 1) reagiert. Eine solche Nachfragesystemcharakteristik dürfte unter empirischen Aspekten wohl äußerst selten vorzufinden sein.

3. Würdigung

Die Untersuchungen in diesem Kapitel waren der Frage gewidmet, unter welchen Bedingungen es ökonomisch sinnvoll ist, das Integral über die Marshallschen Nachfragefunktionen x(p,I) zu bilden, um z.B. steuerinduzierte Wohlfahrtsänderungen zu bestimmen. Es konnte gezeigt werden, daß nur dann eine ökonomisch sinnvolle Beziehung zwischen dem Integral über die Marshall-Nachfragefunktionen einerseits und der Nutzenfunktion bzw. Präferenzordnung des Konsumenten andererseits besteht, wenn das entsprechende Nachfragesystem die Eigenschaft besitzt, daß entweder

- die partiellen Kreuzpreiseffekte $\partial x_n / \partial p_m$ bei allen Gütern übereinstimmen
    (= Homothetie der Präferenzordnung)

oder

- die Nachfrage nach Nicht-Numéraire-Gütern vom Einkommen unabhängig ist.

In allen anderen Fällen kann für ein Variationsmaß, das auf der Integration über Marktnachfragefunktionen basiert, die Zuverlässigkeit im Sinne der theoretischen Konsistenz nicht nachgewiesen werden, denn der Grenznutzen des Einkommens ist dann nicht konstant. Auch die empirische Operationalität ist nicht gewährleistet, da die Pfadunabhängigkeit des relevanten Integrals allgemein nicht gewährleistet ist.

Welche analytische Vorgehensweise ist nun nach den durchgeführten Untersuchungen von Marshall-Maßen angezeigt, wenn man im Rahmen praktischer Nutzen-Kosten-Analysen auf dieser Basis ein konkretes Nachfragesystem vorfindet und die Vorteilhaftigkeit bestimmter Projekte ermitteln soll? Hierbei geht es um die Frage, wie sich der Konsumentennutzen von einer gegebenen Ausgangssituation 0 aus durch die zu begutachtenden staatlichen Maßnahmen verändert.

Zunächst wird man prüfen, ob sämtliche Kreuzpreisnachfrageeffekte symmetrisch sind. Falls eine derartige Nachfragekonstellation gegeben sein sollte, müßte über die Multiplikation der Vektoren $[p^k, I_k]$ mit I_r/I_k eine Einkommensnormierung durchgeführt werden und eine Wohlfahrtsmaßberechnung auf der Basis von (5-9) erfolgen.

Ergibt die Analyse des Nachfragesystems, daß die Kreuzpreiseffekte aller Güter mit Ausnahme eines Gutes $j \in \{1,2,...,N\}$, dessen Nachfrage als einzige vom Einkommen abhängt, übereinstimmen, so ist über die Multiplikation der Vektoren $[p^k, I_k]$ mit p_j^r/p_j^k eine Preisnormierung durchzuführen und eine Maßwertbestimmung entsprechend (5-42) vorzunehmen.

Nachdrücklichst sei an dieser Stelle nochmals darauf hingewiesen, daß die erforderlichen Normierungsmaßnahmen es überhaupt nicht ausschließen, daß sich durch ein staatliches Projekt die Normierungsgröße, d.h. das Einkommen oder der betreffende Güterpreis, tatsächlich ändert.

Wenn sich im Rahmen praktischer Nutzen-Kosten-Analysen allerdings herausstellt, daß das relevante individuelle Nachfragesystem nicht eine der beiden oben aufgeführten Eigenschaften aufweist, sollte auch nicht eine Projektevaluierung auf der Basis eines Marshall-Maßes durchgeführt werden. Wie im folgenden Kapitel gezeigt wird, gibt es Wohlfahrtsmaße, die ebenfalls nur beobachtbare Nachfragefunktionen auswerten, aber gegenüber jeder Version eines Marshallschen Variationsmaßes stets zuverlässig sind, sofern nur eine beliebige Nutzenfunktion mit den (im Abschnitt 2 des Anhangs) geforderten 'Normaleigenschaften' existiert.

Literatur

P. A. Samuelson (1942)
J. S. Chipman / J. C. Moore (1976)
R. E. Just / D. L. Hueth / A. Schmitz (1982, S. 359-369)
A. Takayama (1984)
M. Ahlheim / M. Rose (1984)

KAPITEL 6

NUTZEINKOMMENSMASSE (SAMUELSON, HICKS)

Folgt man der Deutung von Mishan (1981, S.64), so war Marshall der kardinalen Nutzentheorie verhaftet. Aber diese Interpretation ist strittig. Wie die Analyse des Marshallschen Maßes in den vorangegangenen Kapiteln zeigte, kann man die Bedingungen für ihre Zuverlässigkeit auch bei Annahme einer ordinalen Nutzenfunktion spezifizieren. Wie dem auch sei, J. R. Hicks (1943, 1945-46, 1956) wählte jedenfalls als Basis der Formulierung seiner Maße die ordinale Nutzentheorie.

Hiernach ist der Konsument nicht in der Lage, Nutzendifferenzen anzugeben, also auch keine Aussagen über den Grenznutzen des Einkommens zu treffen. Ohne seine Nutzenfunktion zu kennen, weiß der Konsument jedoch, welche Güterbündel ihm z.B. die gleiche Befriedigung wie ein gegebenes Güterbündel x^0 verschaffen. Er kennt also jene x, für die $U(x) = U(x^0)$ gilt. Ist ein anderes Güterbündel x^k mit x^0 zu vergleichen, so kennt der Konsument auch jene Güterbündel, die ihm gleich viel wie x^k wert sind, für die also $U(x) = U(x^k)$ gilt. Der Konsument trifft nach ordinaler Nutzentheorie seine Entscheidungen auf der Basis ihm bewußter Indifferenzmengen $I(x^0)$ und $I(x^k)$[1].

Nun geht es Hicks bei seiner Wohlfahrtsmaßabgrenzung letztlich darum, die Abstände zwischen den Indifferenzmengen $I(x^0)$ und $I(x^k)$ in Einkommenseinheiten zu messen. Dabei hat er alternative Meßvorschriften konzipiert, die sich als Spezialfälle einer grundsätzlichen Methode erweisen, den individuellen Nutzen U_k aus dem Konsum von Güterbündeln $x^k, k \in \{0,1,2,...,K\}$, einem beobachtbaren Wert in Geldeinheiten zuzuordnen. Dieser generelle Ansatz geht zurück auf Arbeiten von Hurwicz / Uzawa (1971) sowie L. McKenzie (1957) und ist insbesondere von Samuelson (1974) mit seinem Konzept des 'money-metric utility' popularisiert worden.

Im folgenden Untersuchungsabschnitt 1 werden wir zunächst ein hierauf basierendes Wohlfahrtsmaß unter theoretischen Aspekten diskutieren und dann anschließend die Hickssche Kompensierende sowie Äquivalente Variation als Spezialfälle desselben identifizieren. Aus Übersichtlichkeitsgründen erscheint es uns angezeigt, die Verfahren zur Berechnung der verschiedenen Variationsmaße in einem gesonderten Abschnitt 2 zu behandeln.

---

[1] Vgl. hierzu die entsprechenden Ausführungen im ersten Abschnitt des Anhangs.

1. Darstellungen und Zuverlässigkeitsüberprüfungen im theoretischen Sinne

A. Ein generelles Nutzeinkommen-Variationsmaß

Charakteristikum der 'money-metric utility'- Meßmethode ist, daß jeder Indifferenzmenge $I(x^k)$ eines Güterbündels x^k eine kardinale Größe M_k zugeordnet wird.

Die Zahl M_k ist in allgemeiner Form gleich jenem Einkommen, über das der Konsument bei den Preisen p^r einer Basis- bzw. Referenzperiode r mindestens verfügen muß, um den Nutzen U_k zu realisieren. M_k ist somit eine Art Einkommensäquivalent des Nutzens U_k und sei fortan "Nutzeinkommen" genannt.

Für den Zwei-Güter-Fall sind alternative Nutzeinkommen in Abbildung 6-1 graphisch verdeutlicht, wobei x_1 Numeraire-Gut ist, so daß Einkommens- bzw. Ausgabengrößen wie z.B. I_k und M_k an der x_1-Achse abgelesen werden können.

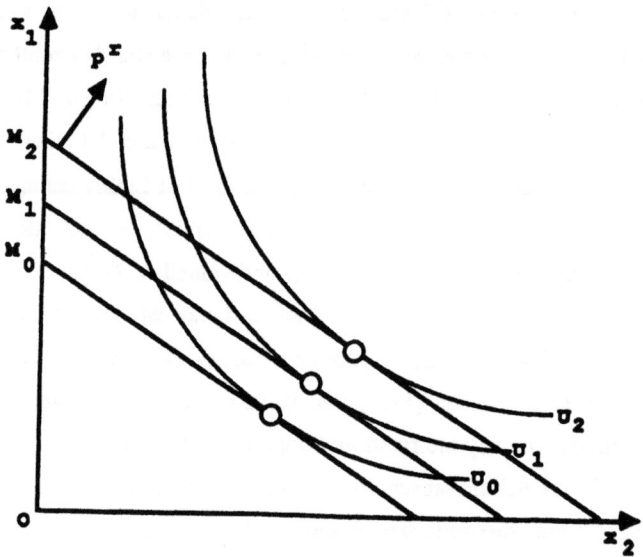

Abb. 6-1 Alternative Nutzeinkommen

Formal läßt sich das Nutzeinkommen einer Konsumsituation x^k über die Ausgabenfunktion E(p,U) als

(6-1) $\quad M_k = E(p^r, U_k)$

oder mit der indirekten Nutzenfunktion V(p,I) über

(6-2) $\quad V(p^r, M_k) = V(p^k, I_k)$

darstellen.

Mit dem Konzept des Nutzeinkommens kann man ein Wohlfahrtsmaß bilden, das eine verallgemeinerte Pauscheinkommensvariation darstellt:

Die Nutzeinkommensvariation einer staatlichen Maßnahme ist gleich dem Pauscheinkommensbetrag, um den man das Nutzeinkommen des Konsumenten in der Ausgangssituation M_0 erhöhen (MV > 0) bzw. senken (MV < 0) müßte, damit er gerade das Nutzeinkommen nach Projektdurchführung M_k realisiert.

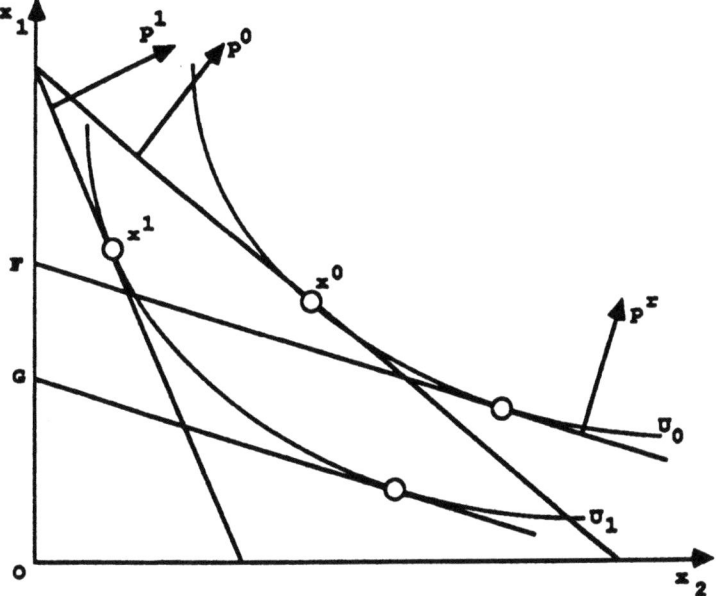

Abb. 6-2 Nutzeinkommensvariation einer speziellen Verbrauchsteuer

In Abbildung 6-2 ist dieses Maß für den Fall der Einführung einer Steuer auf Gut 2 verdeutlicht.

Dem Einkommensäquivalent des Nutzens der Ausgangssituation M_0 entspricht die Strecke OF. Offensichtlich ist dies gerade jener minimale Ausgabenfonds, über den der Konsument verfügen muß, um bei den Referenzpreisen p^r das ursprüngliche Nutzenniveau U_0 zu realisieren.

Von dem fiktiven Pauscheinkommen M_0 ausgehend, muß man dem Konsumenten - wiederum bei Gültigkeit des Referenzpreisvektors p^r - einen Geldbetrag in Höhe der Strecke GF entziehen, damit er das zu U_1 gehörende Nutzeinkommen M_1 verwirklicht.

Aus diesem Beispiel wird klar, daß die MV als Differenz zwischen zwei Mindest-Pauscheinkommen verstanden werden kann. Unter Berücksichtigung von (6-1) gilt also

$$(6\text{-}3) \qquad MV_{0k} = E(p^r, U_k) - E(p^r, U_0) \quad .$$

Wegen der grundlegenden Beziehung

$$(6\text{-}4) \qquad E(p^k, U_k) = E(p^k, V(p^k, I_k)) = I_k \quad , \quad k \in \{0, 1, 2, \ldots, K\},$$

läßt sich die Nutzeinkommensvariation auch als

$$(6\text{-}5) \qquad MV_{0k} = \Delta_{0k} I - [E(p^k, U_k) - E(p^r, U_k)]$$
$$+ [E(p^0, U_0) - E(p^r, U_0)]$$

definieren. Hierin bezeichnet $\Delta_{0k} I$ die Änderung des Pauscheinkommens von der Ausgangssituation 0 zur neuen Situation k. Mit dem zweiten Hauptsatz der Integralrechnung kann man (6-5) zu

$$(6\text{-}6) \qquad MV_{0k} = \Delta_{0k} I - \int_{p^r}^{p^k} \nabla_p E(p, U_k) dp + \int_{p^r}^{p^0} \nabla_p E(p, U_0) dp$$

bzw. wegen Sheppard's Lemma - siehe (A-20) - und der Pfadunabhängigkeit dieses Integrals zu

$$(6\text{-}7) \quad MV_{0k} = \Delta_{0k}I - \int_{p^r}^{p^k} \sum_{n=1}^{N} \xi_n(p,U_k)dp_n + \int_{p^r}^{p^0} \sum_{n=1}^{N} \xi_n(p,U_0)dp_n$$

umformulieren.

Für staatliche Projekte, die das Pauscheinkommen des Konsumenten konstant lassen, folgt aus (6-7), daß die Nutzeinkommensvariation MV gleich der Differenz zweier Summen von Flächen links der einkommenskompensierten Nachfragekurven ist. In Abbildung 6-3 ist diese Interpretation für das Beispiel einer Steuerreform verdeutlicht, bei der sich nur ein einziger Preis p_i von p_i^0 auf $p_i^1 = p_i^0 + t_i$ ändert und das Pauscheinkommen konstant bleibt. Die einkommenskompensierte Nachfragefunktion $\xi_i(p_i,U_k)$ schneidet die Marshall-Nachfragefunktion $x_i(p_i,I_0)$ im Punkte $[p_i^k, x_i^k]$ von oben. Einen entsprechenden Schnittpunkt $[p_i^0, x_i^0]$ gibt es auch für die kompensierte Nachfragefunktion $\xi_i(p_i,U_0)^2$.

Ist der Referenzpreis p_i^r annahmegemäß kleiner als p_i^0, so stellt sich der Wohlfahrtseffekt einer Besteuerung von Gut i nach (6-7) als

$$(6\text{-}8) \quad MV_{0k} = [F_2 + F_3] - [F_1 + F_2] = F_3 - F_1$$

dar.

Vergleichsweise hätte ein Marshall-Maß in diesem Falle mit

$$(6\text{-}9) \quad MaV_{0k} = -[F_1 + F_4]$$

einen größeren Wohlfahrtsverlust indiziert. Diese Relation gilt jedoch nicht grundsätzlich. Würde man zur Bewertung des betrachteten staatlichen Projektes z.B. einen Refe-

---

[2] Die Nachfragefunktionen $x_i(p_i,I_0)$, $\xi_i(p_i,U_k)$ und $\xi_i(p_i,U_0)$ enthalten alle übrigen Preise $p_n^k = p_n^0$, $n \neq i$, als parametrische Konstante. Ihre Lage wird unmittelbar aus folgendem Sachverhalt sichtbar. Im Haushaltsgleichgewicht stimmen x_i und ξ_i jeweils überein. Steigt jetzt z.B. der Güterpreis p_i, wird der Konsument weniger an x_i kaufen. Erhält er allerdings (fiktiv) einen zusätzlichen Einkommensbetrag, um jeweils sein altes Nutzenniveau beibehalten zu können, wird er seinen Mengenkonsum an Gut i weniger einschränken müssen als ohne eine derartige Kompensation. Folglich ergibt sich nach einer Preiserhöhung $x_i < \xi_i$ und nach einer Preissenkung - hier wird ihm im Kompensationsfall zusätzliches Einkommen entzogen - $x_i > \xi_i$, so daß - wie in Abbildung (6-3) verdeutlicht - $\partial x_i/\partial p_i < \partial \xi_i/\partial p_i$.

renzpreis $p_i^r > p_i^k$ wählen, wäre - was der Leser anhand von Abbildung 6-3 leicht selbst nachvollziehen kann - $MV_{0k} < MaV_{0k}$.

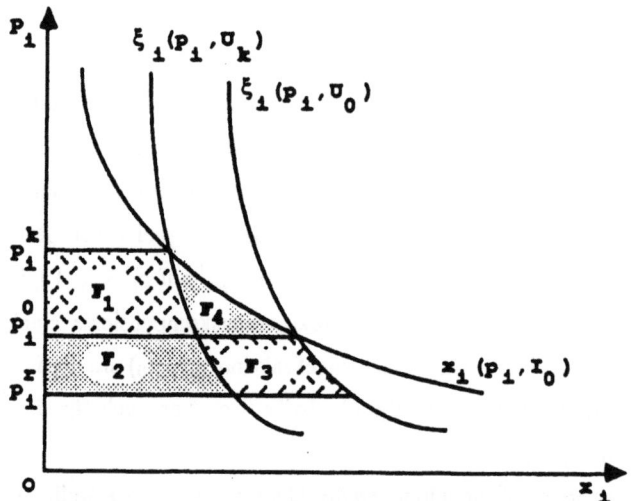

Abb. 6-3 Maßwerte der Nutzeinkommensvariation als Flächen unter einkommenskompensierten Nachfragekurven

Hinsichtlich der Eignung beider Wohlfahrtsmaße zur Projektevaluierung kommt es jedoch auf den Umfang des ausgewiesenen Wohlfahrtseffekts überhaupt nicht an. Entscheidend ist allein, ob ein Wohlfahrtsmaß zuverlässig im Sinne der in Kapitel 2 postulierten Kriterien ist. Somit gilt es zu prüfen, ob das generelle Nutzeinkommen-Variationsmaß MV_{0k} alle vier Wohlfahrtsmaßkriterien erfüllt.

Ausgangspunkt für die Überprüfung seiner theoretischen Konsistenz ist die Definitionsgleichung (6-3). Da die Ausgabenfunktion streng monoton zunehmend im Nutzen U ist, folgt unmittelbar

(6-10a) $MV_{0k} > 0 \iff U_k > U_0$

(6-10b) $MV_{0k} = 0 \iff U_k = U_0$, $k \in \{1,2,\ldots,K\}$.

Die Indikatorfunktion ist also erfüllt. Mit der MV wird zuverlässig angezeigt, ob ein bestimmtes staatliches Projekt die Wohlfahrt des Konsumenten erhöht, senkt oder unverändert läßt.

Zur Erfüllung des zweiten Kriteriums, der Ordnungsbedingung, müßte es darüber hinaus möglich sein, auf der Basis der Nutzeinkommensvariation für mehrere verschiedene Projekte zu entscheiden, welches von ihnen gegenüber der gemeinsamen Ausgangssituation 0 den größten Wohlfahrtsgewinn (bzw. den geringsten Wohlfahrtsverlust) erzeugt. Es müßte also gelten:

$$(6-11) \qquad MV_{01} \geq MV_{02} \geq \ldots \geq MV_{0K} \quad \Longleftrightarrow \quad U_1 \geq U_2 \geq \ldots \geq U_K \;.$$

Für den Fall zweier verschiedener Projekte k=1,2 ist diese Bedingung gleichbedeutend mit:

$$(6-12) \qquad MV_{01} - MV_{02} \geq 0 \quad \Longleftrightarrow \quad U_1 \geq U_2 \;.$$

Einsetzen von (6-3) ergibt

$$(6-13) \qquad MV_{01} - MV_{02} = E(p^r, U_1) - E(p^r, U_2) \geq 0 \quad \Longleftrightarrow \quad U_1 \geq U_2 \;.$$

Also erfüllt das Nutzeinkommen-Variationsmaß (6-3) auch die Ordnungsbedingung. Allen Güterbündeln x, die den Nutzen U_k bzw. U_0 bewirken, wird ja die gleiche Maßzahl M_k bzw. M_0 zugeordnet. Folglich erhalten alle Projekte $k \in \{1,2,\ldots,K\}$ bei einmaliger Berechnung ihrer Nutzeinkommen auch ihren definitiven Platz in einer Rangordnung, die der Rangordnung nach den Konsumentenpräferenzen exakt entspricht.

Die Variation MV_{0k} ist weiterhin invariant gegenüber einer schrittweisen Projektzerlegung von der Ausgangs- zur Endsituation. Beispielsweise sei ein Projekt k mit der Folge $p^0 \dashrightarrow p^k$ in zwei Teilprojekte k1,k2 mit der Folge $p^0 \dashrightarrow p^{k1} \dashrightarrow p^{k2}$ zerlegt. Dabei gelte

$$(6-14) \qquad p^k = p^{k2} \quad \Longleftrightarrow \quad U_k = U_{k2} \;.$$

Wir erhalten dann

(6-15a) $MV_{0,k1} = E(p^r, U_{k1}) - E(p^r, U_0)$,

(6-15b) $MV_{k1,k2} = E(p^r, U_{k2}) - E(p^r, U_{k1})$

und wegen (6-14) schließlich

(6-16) $MV_{0,k1} + MV_{k1,k2} = E(p^r, U_k) - E(p^r, U_0)$

$= MV_{0k}$.

Dieses Ergebnis läßt sich ganz offensichtlich für eine beliebige Anzahl von Teilprojekten erweitern. Also erfüllt das Variationsmaß (6-3) auch die Zirkularitätsbedingung. Dies garantiert gleichzeitig die Einhaltung der Zeitumkehrbedingung, denn man erhält

(6-17) $MV_{0k} + MV_{k0} = E(p^r, U_k) - E(p^r, U_0) + E(p^r, U_0) - E(p^r, U_k)$

$= 0$.

Auf die empirische Operationalität des allgemeinen Nutzeinkommen-Variationsmaßes wird im Teil 2 dieses Kapitels ausführlich eingegangen. An dieser Stelle kann, die Berechenbarkeit der in Gleichung (6-7) aufgeführten Integrale einmal vorausgesetzt, jedoch bereits schon die Frage der Eindeutigkeit geklärt werden. Die Pfadunabhängigkeitsbedingungen lauten nämlich

(6-18) $\dfrac{\partial \xi_n(p, U_k)}{\partial p_m} = \dfrac{\partial \xi_m(p, U_k)}{\partial p_n}$, $\begin{array}{l} n, m \in \{1, 2, \ldots, N\} \\ k \in \{0, 1, 2, \ldots, K\} \end{array}$.

Wegen der Symmetrie der Slutsky-Matrix und da ihre Elemente gerade die ersten partiellen Ableitungen der kompensierten Nachfragefunktionen sind, ist die Bedingung (6-18) und somit auch die Eindeutigkeit der Maßwerte garantiert. Die Reihenfolge, in der in (6-7) über die einzelnen Preise integriert wird, ist also beliebig wählbar.

Als Ergebnis ist zu beachten, daß wir mit der Nutzeinkommensvariation (6-3) über ein Wohlfahrtsmaß verfügen, das allen theoretischen Maßanforderungen entspricht, ohne daß bei seiner Anwendung irgendwelche besonderen Eigenschaften der zugrundeliegenden Nutzenfunktion bzw. Präferenzordnung des Konsumenten gegeben sein müssen.

Obwohl der Referenzpreisvektor p^r unter theoretischen Aspekten beliebig sein kann, muß natürlich seine Festlegung für alle potentiellen Projektvergleiche gewährleistet sein (Projekt- und Zeitinvarianz von p^r). Allerdings kann man für besondere Projektevaluierungen gegebenenfalls auch solche Preisvektoren als Referenzbasis wählen, die projekt- oder zeitbezogen sind. Will man z.B. lediglich prüfen, wie ein einzelnes Projekt den Nutzen des Konsumenten ändert, kann man durchaus auch den neuen, projektabhängigen Preisvektor p^k als p^r wählen. Wir wollen anschließend zeigen, daß man als Maß in diesem Falle die Hickssche Kompensierende Variation erhält.

Weiterhin kann man bei einem Vergleich mehrerer Projekte, die alle die gleiche Ausgangssituation 0 haben, den Preisvektor p^0 als Referenzpreisvektor wählen. Wie im Unterabschnitt C zu zeigen sein wird, ist die hiermit verbundene Nutzeinkommensvariation mit der Hicksschen Äquivalenten Variation identisch.

B. Die Kompensierende Variation

Für den Fall einer Preissenkung definierte Hicks (1966 (1943), S. 191) seine "compensating variation" (CV) als "Einkommensverminderung, welche die Preissenkung gerade ausgleichen würde, so daß der Konsument nicht günstiger gestellt ist als vorher". Nach der Kompensation realisiert der Konsument also ein Güterbündel, das ihm den gleichen Nutzen stiftet wie das vor der Preissenkung gekaufte Güterbündel. Zur Erreichung des ursprünglichen Nutzenniveaus wird das Pauscheinkommen des Konsumenten um den hierfür erforderlichen (positiven) Kompensationsbetrag reduziert, womit Hicks die Kompensierende Variation einer Preissenkung positiv definiert.

In verallgemeinerter Form läßt sich die Idee, die diesem Maß zugrunde liegt, folgendermaßen beschreiben: Der Staat führt eine bestimmte fiskalische Maßnahme, die eine Veränderung der Güterpreise (und eventuell auch des Pauscheinkommens) verursacht, durch und bewirkt damit, daß sich das von dem Konsumenten nachgefragte Güterbündel und auf diese Weise auch sein Nutzen ändert. Als Maß für diese Nutzenänderung schlägt Hicks jenen Geldbetrag vor, um den sich das Pauscheinkommen des Konsumenten ändern müßte, damit er wieder sein ursprüngliches Nutzenniveau realisiert. Dabei ist dieser Pauschbetrag im Falle einer Nutzenerhöhung positiv und im Falle einer Nutzensenkung negativ.

Die Hickssche Kompensierende Variation läßt sich hiernach wie folgt definieren:

Die Kompensierende Variation einer staatlichen Maßnahme ist gleich dem Pauscheinkommensbetrag, den man dem Konsumenten nach Durchführung dieser Maßnahme (also bei Gültigkeit der neuen Preise und des neuen Einkommens) mindestens entziehen müßte (CV > 0) bzw. höchstens geben dürfte (CV < 0), damit er nach dieser Kompensation wieder maximal das ursprüngliche Nutzenniveau realisieren kann.

Die Kompensation für die Durchführung der staatlichen Maßnahme ist also, unabhängig davon, ob sie positiv oder negativ ist, so bemessen, daß der Konsument nach Durchführung der Kompensation höchstens über das bei Gültigkeit der neuen Preise zur Erzielung des ursprünglichen Nutzenniveaus notwendige Minimaleinkommen verfügt.

Dies ist in Abbildung 6-4 für den Zwei-Güter-Fall am Beispiel einer Kombination aus einer partiellen Konsumsteuer auf Gut 2 und einer Pauschsteuer dargestellt. In der Ausgangssituation (vor Steuererhebung) gilt für den Konsumenten die Budgetgerade AA' mit dem Preis-Einkommen-Vektor $[p^0, I_0]$. Da Gut 1 als Numéraire fungiert, ist das Pauscheinkommen I_0 durch die Strecke OA gegeben. In dieser Situation wählt der Konsument das Güterbündel x^0 und realisiert damit das Nutzenniveau U_0. Der Staat erhebe nun eine partielle Konsumsteuer auf Gut 2, so daß die Steigung der Budgetgeraden zunimmt, und eine Pauschsteuer, die das Netto-Pauscheinkommen des Konsumenten auf die Strecke OB reduziert. Die neue Budgetgerade ist dann BB', und der Konsument realisiert in der Nach-Steuer-Situation mit dem Güterbündel x^1 das Nutzenniveau U_1.

Will man den Konsumenten ausschließlich durch Pauscheinkommensänderungen wieder in die Lage versetzen, das ursprüngliche Nutzenniveau U_0 maximal zu realisieren, so muß man ihm in diesem Beispiel einen Pauschtransfer entsprechend der Strecke BC gewähren, wonach seine neue Budgetrestriktion durch die Gerade CC' gegeben ist. Der Pauschtransfer BC setzt sich zusammen aus der Kompensationszahlung BA als Ausgleich für den durch die Pauschsteuer (deren Höhe ja der Strecke BA entspricht) verursachten Nutzenverlust und der Kompensationszahlung AC für die partielle Konsumsteuer auf Gut 2. Da die Steuereinführung zu einer Abnahme des

Nutzens führt, die durch einen negativen Einkommensentzug (d.h. durch eine Einkommenserhöhung) ausgeglichen werden muß, ist die Kompensierende Variation hier negativ und entspricht somit dem Negativen der Strecke BC.

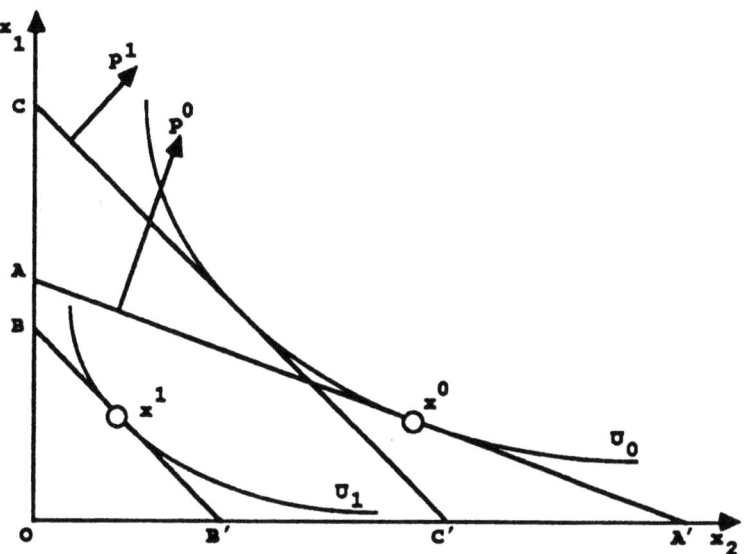

Abb. 6-4 Die Kompensierende Variation einer Pauschsteuer und einer partiellen Verbrauchsteuer

Aus dem Steuerprojektbeispiel wird weiterhin deutlich, daß die CV als Differenz zweier Mindest-Pauscheinkommen aufgefaßt werden kann, und zwar als Differenz zwischen dem Pauscheinkommen OB, das der Konsument mindestens benötigt, um bei Gültigkeit der neuen Preise p^1 das Nutzenniveau U_1 zu realisieren, und dem Pauscheinkommen OC, das er mindestens benötigt, um bei Gültigkeit derselben Preise p^1 das alte Nutzenniveau U_0 zu realisieren.

Mit der Ausgabenfunktion E(p,U) kann die Kompensierende Variation für eine staatliche Maßnahme k somit allgemein definiert werden als

(6-19) $\quad CV_{0k} = E(p^k, U_k) - E(p^k, U_0) \quad , \quad k \in \{1, 2, \ldots, K\}$.

Dieses Maß erhält man aber auch genau dann, wenn in der Nutzeinkommensvariation (6-3) als Referenzpreisvektor der projektbewirkte Preisvektor p^k gewählt wird. So betrachtet ist also die CV ein Sonderfall der MV.

Berücksichtigt man in diesem Sinne $p^r = p^k$ in MV_{0k} gemäß (6-7), folgt

$$(6\text{-}20) \quad CV_{0k} = \Delta_{0k} I - \int_{p^0}^{p^k} \sum_{n=1}^{N} \xi_n(p, U_0) dp_n \ .$$

Die Kompensierende Variation stellt sich hiernach als eine Summe von Flächen links der einkommenskompensierten Nachfragekurven für das Nutzenniveau U_0 dar.

Es stellt sich nun die Frage, inwieweit die Kompensierende Variation die in Kapitel 2 erläuterten Kriterien für zuverlässige Variationsmaße erfüllt.

Wie für die MV gilt, daß die Indikatorbedingung wegen der strengen Monotonie der Ausgabenfunktion im Nutzen U erfüllt ist, d.h.,

$(6\text{-}21a) \quad CV_{0k} > 0 \iff U_k > U_0 \ ,$

$(6\text{-}21b) \quad CV_{0k} = 0 \iff U_k = U_0 \ , \quad k \in \{1, 2, \ldots, K\} \ .$

Also kann man auch mit der CV feststellen, ob ein bestimmtes staatliches Projekt die Wohlfahrt des Konsumenten erhöht oder nicht.

Zur Überprüfung der Ordnungsbedingung ergibt sich im Falle zweier verschiedener Projekte

$$(6\text{-}22) \quad CV_{01} - CV_{02} = E(p^1, U_1) - E(p^2, U_2) + E(p^2, U_0) - E(p^1, U_0) \ .$$

Da in diesem Ausdruck nicht nur die Nutzenniveaus, sondern auch die Preise als Argumente der Ausgabenfunktion variieren, kann aus dem Vorzeichen der Differenz zweier verschiedener CVs nicht auf die tatsächliche Änderung des Nutzens des Konsumenten geschlossen werden. Damit kann man festhalten, daß die Hickssche Kompensierende Variation die Ordnungsbedingung nicht generell erfüllt.

In Abbildung 6-5 ist dies für den Zwei-Güter-Fall mit Gut 1 als Numéraire dokumentiert: In der Ausgangssituation 0 werde das Güterbündel x^0 konsumiert, nach Durchführung des Projektes 1 bei Gültigkeit der Budgetgeraden BB' das Güterbündel x^1 und nach Durchführung des Projektes 2 bei Gültigkeit der Budgetgeraden CC' das Güterbündel x^2. Beide Projekte verursachen den gleichen Nutzenverlust [U_0-U_1], und dennoch ist die CV für das Projekt 1 mit BD offensichtlich betragsmäßig größer (und damit im effektiven Wert kleiner) als die CV für das zweite Projekt mit dem Betragswert CE. Der Vergleich der Kompensierenden Variationen für diese beiden Projekte vermittelt hier somit ein falsches Bild, indem er eine relative Vorteilhaftigkeit des zweiten Projektes vorspiegelt, obwohl beide Projekte unter dem Wohlfahrtsaspekt gleich zu beurteilen sind. Das liegt offensichtlich daran, daß bei der Bewertung eines Projektes mit Hilfe der CV jeweils der nach Durchführung des betreffenden Projektes gültige Preisvektor p^k als Referenzpreisvektor zugrunde gelegt wird.

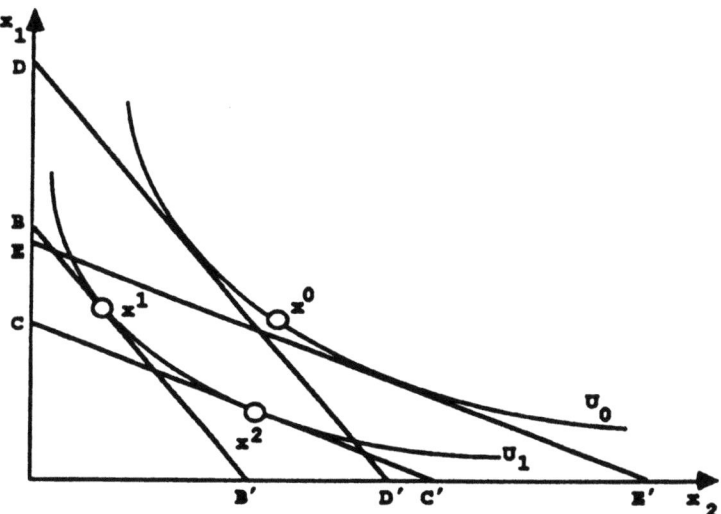

Abb. 6-5 Die Kompensierenden Variationen alternativer Projekte

Dies bedeutet, daß die Kompensierenden Variationen für verschiedene Projekte jeweils auf der Basis unterschiedlicher Referenzpreisvektoren ermittelt werden und daher untereinander nicht kompatibel sind.

Ein derartiger Wechsel des Referenzpreisvektors ist auch gegeben, wenn man die Kompensierende Variation als Maß zur Beurteilung staatlicher Projekte verwendet, die in Form mehrerer nahtlos verknüpfter Teilmaßnahmen durchgeführt werden. Für jedes Teilprojekt gilt ein jeweils neuer Referenzpreisvektor, und man kann unschwer zeigen, daß die Summe der Kompensierenden Variationen nicht mit der CV einer Realisation des Gesamtprojektes in einem Schritt übereinstimmt. Damit wird also die Zirkularitätsbedingung (2-4) verletzt.

Aus der Erfüllung der Indikatorbedingung und der Nichterfüllung sowohl der Ordnungs- als auch der Zirkularitätsbedingung folgt, daß die CV zwar zur Ermittlung des Nutzeneffektes eines einzelnen Projektes, nicht jedoch für den simultanen Vergleich mehrerer Projekte oder von Teilprojektfolgen in Übereinstimmung mit der Präferenzordnung des Konsumenten geeignet ist.

C. Die Äquivalente Variation

Für den Fall einer Preissenkung definierte Hicks (1966 (1943), S. 192) die Äquivalente Variation (EV) als "Einkommenszuwachs, der - wenn er ohne eine Preissenkung einträte - den Konsumenten genausoviel günstiger stellt wie eine Preissenkung ohne Veränderung des Geldeinkommens."

Somit stellt die EV jene (fiktive) Pauscheinkommensänderung dar, die dem Konsumenten bei unveränderten Preisen genau jenes Nutzenniveau ermöglicht, das er bei den neuen Preisen p^k und dem neuen Einkommen I_k realisiert. Wie aus der indirekten Nutzenfunktion $V(p,I)$ mit $\partial V/\partial I > 0$ ersichtlich ist, sind der Nutzen und das Pauscheinkommen positiv korreliert. Folglich hat die EV einer zu neuen Güterpreisen und/oder einem neuen Pauscheinkommen führenden staatlichen Maßnahme das gleiche Vorzeichen wie die projektbewirkte Nutzenänderung. Als allgemeine Definition der EV kann man also festhalten:

Die Äquivalente Variation einer staatlichen Maßnahme ist gleich dem Pauscheinkommensbetrag, den man dem Konsumenten an ihrer Stelle (also bei Gültigkeit der alten Preise und des alten Einkommens) mindestens geben müßte (EV > 0) bzw. höchstens entziehen dürfte (EV < 0), damit er auch hiermit das neue Nutzenniveau realisieren kann.

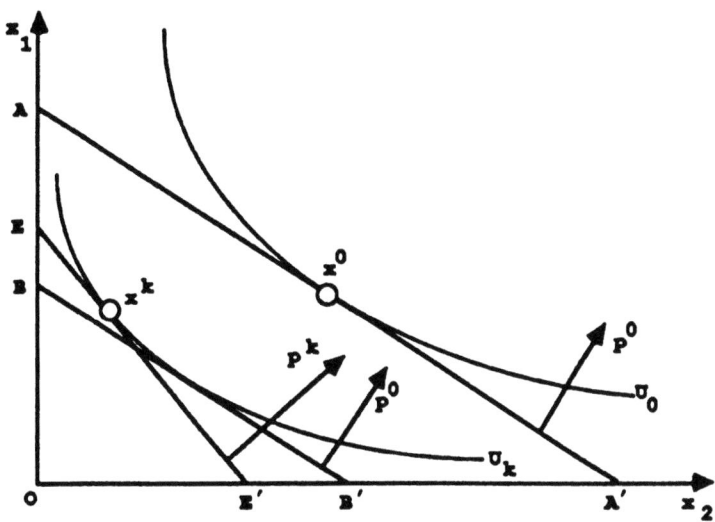

Abb. 6-6 Die Äquivalente Variation eines Projektes aus spezieller
Verbrauchsteuer und Pauschsteuer

Abbildung 6-6 verdeutlicht die Bildung der EV für den beispielhaften Fall einer Kombination aus einer partiellen Konsumsteuer auf Gut 2 und einer Pauschsteuer.
Die gesamte (äquivalente) Einkommensminderung im Ausmaß der Strecke BA setzt sich zusammen aus der Pauschsteuerzahlung EA und dem Äquivalent für die steuerbedingte Preiserhöhung, wie es die Strecke BE anzeigt. Die Äquivalente Variation ist negativ und entspricht also dem Negativen der Strecke BA.

Ähnlich wie die CV kann man auch die EV als Differenz zweier Minimalausgaben darstellen. Auf Abbildung 6-6 bezogen, ist die EV gleich der Differenz zwischen der Strecke OB und der Strecke OA. Letztere erfaßt nun jenes Einkommen, über das der Konsument mindestens verfügen muß, um bei Gültigkeit der Ursprungspreise p^0 das alte Nutzenniveau U_0 realisieren zu können. Die Strecke OB beschreibt jene Mindestausgaben, die der Konsument tätigen muß, um bei p^0 das neue Nutzenniveau U_k zu verwirklichen.

Folglich können wir - gleich auf den allgemeinen Fall übertragen - die EV gemäß

(6-23) $\quad EV_{0k} = E(p^0, U_k) - E(p^0, U_0) \quad , \quad k \in \{1, 2, \ldots, K\} \quad ,$

formulieren.

Dieses Wohlfahrtsmaß erhält man aber auch aus der Variation (6-3), wenn man dort als Referenzpreisvektor p^r den Preisvektor der Ausgangssituation p^0 verwendet. Also ist die Äquivalente Variation ein Spezialfall des allgemeinen Nutzeinkommen-Variationsmaßes.

Unter Bezugnahme auf die Nutzeinkommenmaßdarstellung in (6-7) bei $p^r = p^0$ kann die EV auch in der Version

$$(6-24) \quad EV_{0k} = \Delta_{0k} I - \int_{p^0}^{p^k} \sum_{n=1}^{N} \xi_n(p, U_k) dp_n$$

dargestellt werden. Somit entspricht die EV einer Summe von Flächen links der - jetzt beim Nutzenniveau U_k - einkommenskompensierten Nachfragekurven zwischen den alten Preisen p^0 und den neuen Preisen p^k.

Wegen der streng positiven Verknüpfung der Minimalausgaben E mit dem Nutzenniveau U gilt nun immer

$$(6-25a) \quad EV_{0k} > 0 \iff U_k > U_0 \;,$$

$$(6-25b) \quad EV_{0k} = 0 \iff U_k = U_0 \;, \quad k \in \{1, 2, \ldots, K\} \;,$$

so daß die Äquivalente Variation die Indikatorbedingung für ein zuverlässiges Wohlfahrtsmaß erfüllt. Die EV zeigt Nutzenerhöhung oder Nutzensenkungen, die sich als Folge staatlicher Projekte ergeben, korrekt an.

Zur Überprüfung der Ordnungsbedingung bilden wir die Differenz zweier EV-Werte, die aus zwei verschiedenen staatlichen Maßnahmen resultieren, und erhalten

$$(6-26) \quad EV_{01} - EV_{02} = E(p^0, U_1) - E(p^0, U_0) - E(p^0, U_2) + E(p^0, U_0)$$

$$= E(p^0, U_1) - E(p^0, U_2) \;.$$

Falls z.B. die beiden Projekte wohlfahrtserhöhend wirken - also $EV_{01} > 0$ und $EV_{02} > 0$ - und dabei $U_1 > U_2$ gilt, wird auch $EV_{01} > EV_{02}$ sein. Die Differenz der

Äquivalenten Variationen zweier Projekte korrespondiert stets mit den entsprechenden Nutzendifferenzen. Somit erfüllt die EV auch die Ordnungsbedingung.

Zur Überprüfung einer zuverlässigen Evaluierung von Teilprojektfolgen mittels der EV nehmen wir Bezug auf das schon mehrfach verwendete Beispiel gemäß Gleichung (6-14). Berücksichtigt man diese Konstellation in (6-23), erhält man

(6-27a) $EV_{0,k1} = E(p^0, U_{k1}) - E(p^0, U_0)$,

(6-27b) $EV_{k1,k2} = E(p^{k1}, U_{k2}) - E(p^{k1}, U_{k1})$,

so daß

(6-28) $EV_{0,k1} + EV_{k1,k2} = E(p^{k1}, U_k) - E(p^0, U_0) + E(p^0, U_{k1})$

$- E(p^{k1}, U_{k1})$

$\gtreqless E(p^0, U_k) - E(p^0, U_0) = EV_{0k}$.

Also erfüllt die Äquivalente Variation nicht die Zirkularitätsbedingung. Die Verwendung des jeweiligen Ausgangspreisvektors, d.h des vor einer jeweiligen Projektteilmaßnahme gültigen Preisvektors, hat zur Folge, daß bei der Bewertung nahtlos verknüpfter Teilprojekte ein zeitbezogener und damit wechselnder Referenzpreisvektor gewählt wird. Dies hat gegebenenfalls auch die Konsequenz, daß eine Regierung, die sich aufgrund eines positiven Maßwertes EV_{0k} zur Durchführung des Projektes k entschließt, bei einer nachträglichen Kontrolle zu dem Ergebnis kommt, daß sich bei einer Rücknahme dieser staatlichen Maßnahme für den Konsumenten insgesamt, also als Nettoergebnis beider Aktivitäten, eine Wohlfahrtssteigerung ergibt. Es kann sich nämlich durchaus die Konstellation

(6-29) $EV_{0k} + EV_{k0} = E(p^0, U_k) - E(p^0, U_0) + E(p^k, U_0)$

$- E(p^k, U_k) > 0$

einstellen. Mit der Zirkularitätbedingung ist auch die Zeitumkehrbedingung verletzt.

Wie gezeigt wurde, ist die Äquivalente Variation ein zuverlässiger Indikator projektinduzierter Nutzenänderungen und gegenüber der CV auch ein zuverlässiges Ordnungsmaß. Im Vergleich zu dem allgemeinen Nutzeinkommen-Variationsmaß MV, das alle theoretischen Konsistenzbedingungen erfüllt, ist die EV allerdings unzuverlässig bezüglich der Zirkularität.

Es gilt jetzt noch zu prüfen, ob und ggf. wie die analysierten Nutzeinkommen-Variationsmaße dem Kriterium der empirischen Operationalität genügen, d.h. durch alleinige Auswertung der in den Marshallschen Nachfragefunktionen x(p,I) enthaltenen Informationen berechnet werden können. Dieser Aufgabe wenden wir uns in dem folgenden Untersuchungsabschnitt zu.

2. Berechnungsverfahren

Das Kriterium der empirischen Operationalität eines Variationsmaßes verlangt, daß die zu jeder finanzpolitisch bewirkten Haushaltssituation $[p^k, I_k] <==> x^k$, $k \in \{1, 2, ..., K\}$, gehörenden Maßwerte allein auf der Grundlage von Informationen über das individuelle Nachfrageverhalten x(p,I) eindeutig berechnet werden können.

Geht man wie z.B. Rosen (1978) oder King (1983) den Weg, eine bestimmte algebraische Form der Nutzenfunktion vorzugeben und deren Parameter dann über eine Schätzung des damit korrespondierenden Nachfragesystems zu ermitteln, ist die Lösung unseres Problems recht einfach. Mit den ökonometrisch bestimmten Verhaltensparametern kann man - wie z.B. bei Ahlheim / Rose (1984, S. 338-339) demonstriert - für jeden beliebigen Preis-Einkommen-Vektor $[p^k, I_k]$ das jeweils gefragte Nutzeinkommen M_k ermitteln. Damit lassen sich auch alle diskutierten Nutzeinkommen-Variationsmaße in dem geforderten Sinne eindeutig berechnen.

Eine zweite Gruppe von Berechnungsverfahren basiert ebenfalls auf ökonometrisch gewonnenen Informationen über das Nachfrageverhalten der Konsumenten, jedoch wird hier keine analytische Nutzenfunktion, sondern eine spezielle Form der Nachfragefunktionen a priori spezifiziert. Die Schätzung des Nachfragesystems muß jedoch unter der Restriktion erfolgen, daß die in (A-77) beschriebenen Integrabilitätsbedingungen erfüllt sind. Erst dann ist garantiert, daß zu den geschätzten Nachfragefunktionen eine Präferenzordnung mit den unter (A-1) aufgeführten Eigenschaften existiert.

Im folgenden beschränken wir uns auf eine Darstellung zweier Ansätze, mit denen man die Variationsmaßwerte nahezu exakt ermitteln kann, ohne eine die Präferenzordnung abbildende Nutzenfunktion zu kennen. Die beiden zu erläuternden Berechnungsverfahren basieren auf dem Vergleich von Nutzeinkommen, so daß es sich anbietet, sie anhand der allgemeinen Maßversion MV_{0k} zu demonstrieren. Setzt man, wie in dem vorangegangenen Untersuchungsabschnitt gezeigt, in diesem Wohlfahrtsmaß $p^r = p^k$ bzw. $p^r = p^0$, erhält man in den zu entwickelnden Berechnungsformeln die Kompensierende bzw. Äquivalente Variation als Spezialfälle.

A. Approximationen auf der Basis von Nutzeinkommenfunktionen

Über das Konzept einer geldlich dimensionierten Nutzenfunktion ist es möglich, ein Approximationsverfahren anzuwenden, das Informationen über die Eigenschaften des Nachfragesystems in einer schon einmal realisierten Referenzsituation $r \leq 0$ verarbeitet.

Zur Darstellung eines solchen Berechnungsansatzes wollen wir das Nutzeinkommen-Variationsmaß (6-3) gemäß

$$(6\text{-}30) \quad MV_{0k} = E(p^r, U_k) - E(p^r, U_r) - [E(p^r, U_0) - E(p^r, U_r)]$$

$$= MV_{rk} - MV_{r0} \quad , \quad k \in \{1, 2, \ldots, K\} \quad ,$$

zerlegen. Offensichtlich muß man hierzu die Variationen

$$(6\text{-}31) \quad MV_{rk} = E(p^r, U_k) - E(p^r, U_r) \quad , \quad k \in \{0, 1, 2, \ldots, K\} \quad ,$$

ermitteln.

Für eine approximative Berechnung dieser Wohlfahrtseffekte erweist es sich dann als sinnvoll, das Konzept einer geldlich dimensionierten Nutzenfunktion im Sinne von Samuelson (1974) aufzugreifen. Hierzu gelangt man aufgrund der Überlegung, daß der Nutzen U_k alternativ als Funktion des Gütervektors x^k gemäß $U_k = U(x^k)$ oder als Funktion des Preis-Einkommen-Vektors $[p^k, I_k]$ gemäß $U_k = V(p^k, I_k)$ darstellbar ist. Berücksichtigt man diese Zusammenhänge in (6-1), ergeben sich daraus zwei verschiedene Darstellungsformen einer "**Nutzeinkommenfunktion**" ('money-metric utility function').

Die direkte Form der Nutzeinkommenfunktion lautet

(6-32) $\quad M_k = E(p^r, U(x^k)) = G(x^k)$,

wobei p^r in $G(x^k)$ eine Konstante ist.

Als indirekte Form der Nutzeinkommenfunktion erhält man

(6-33) $\quad M_k = E(p^r, V(p^k, I_k)) = H(p^k, I_k)$.

Wegen der strengen Monotonie der Ausgabenfunktion in U ist G(x) gemäß (6-32) eine stetige, streng monoton zunehmende Transformation der die entsprechende Präferenzordnung beschreibenden direkten Nutzenfunktion U(x). Aus demselben Grund ist H(p,I) gemäß (6-33) eine stetige, streng monoton zunehmende Transformation der die Präferenzordnung ebenfalls abbildenden indirekten Nutzenfunktion V(p,I). Daraus folgt unmittelbar:

Für einen gegebenen Referenzpreisvektor p^r ist die direkte Nutzeinkommenfunktion G(x) eine bestimmte, d.h. eindeutig festgelegte Form einer direkten Nutzenfunktion und besitzt die entsprechenden Eigenschaften einer direkten Nutzenfunktion.

Analog ist die indirekte 'money-metric'-Funktion H(p,I) für einen gegebenen Referenzpreisvektor p^r eine bestimmte, d.h. eindeutig festgelegte Form einer indirekten Nutzenfunktion.

Die Besonderheit der speziellen monotonen Transformation der Nutzenfunktion, welche eine 'money-metric'-Funktion verkörpert, besteht darin, daß sie für die Preise der Referenzsituation einen geldlich dimensionierten Grenznutzen des Einkommens von Eins impliziert. Wegen

(6-34) $\quad H(p^r, I) = E(p^r, V(p^r, I))$

besteht nämlich die Identität

(6-35) $\quad H(p^r, I) = I$.

Aus der ersten partiellen Ableitung von H nach I an der Stelle $[p^r,I]$ folgt dann die weitere Identität

(6-36) $\quad \dfrac{\partial H}{\partial I}(p^r,I) = 1 = \mu(p^r,I)$.

Hierbei bezeichnet $\mu(p^r,I)$ den geldlich dimensionierten Grenznutzen des Einkommens an der Stelle $[p^r,I]$. Aus (6-36) folgt unmittelbar, daß alle höheren Ableitungen von H nach I und damit sämtliche Ableitungen von μ nach I an der Stelle p^r gleich Null sein müssen:

(6-37) $\quad \dfrac{\partial^l \mu}{(\partial I)^l}(p^r,I) = 0 \quad , \quad l = 1,2,\ldots$

Die Besonderheit der monotonen Transformation H der indirekten Nutzenfunktion besteht also darin, daß sie für die Referenzsituation einen konstanten Grenznutzen des Einkommens - und zwar auf dem Niveau 1 - impliziert. Ökonomisch leuchten (6-36) und (6-37) unmittelbar ein, da sich die Zuordnung von Einkommensdifferenzen zu Nutzendifferenzen nicht ändern darf, wenn das Einkommen als Nutzenmaß dienen soll. In der Formulierung von Samuelson (1974, S.1264): "If you are measuring utility by money, it (the money-metric marginal utility of income) must remain constant with respect to money; a yardstick cannot change in terms of itself."

Mit der indirekten Nutzeinkommenfunktion (6-33) läßt sich nun die Variation (6-31) auch als

(6-38) $\quad MV_{rk} = H(p^k,I_k) - H(p^r,I_r) \quad , \quad k \in \{0,1,2,\ldots,K\}$,

schreiben und in Anlehnung an McKenzie / Pearce (1982) durch eine Taylor-Reihe beliebiger Ordnung approximieren. Beispielsweise gilt für eine Approximation von

MV_{rk} bis zur zweiten Ordnung an der Stelle $[p^r, I_r]^3$:

$$(6\text{-}39) \quad \underline{MV}_{rk} = \sum_{n=1}^{N} \frac{\partial H}{\partial p_n}(p^r, I_r)[p_n^k - p_n^r]$$

$$+ \frac{\partial H}{\partial I}(p^r, I_r)[I_k - I_r]$$

---

[3] Eine $(j+1)$-mal stetig differenzierbare Funktion $f(z)$, wobei z ein Skalar ist, läßt sich gemäß

$$f(z) = f(z_0) + \frac{\partial f}{\partial z}(z_0)\frac{(z-z_0)}{1!} + \frac{\partial^2 f}{(\partial z)^2}(z_0)\frac{(z-z_0)^2}{2!} + \ldots$$

$$+ \frac{\partial^j f}{(\partial z)^j}(z_0)\frac{(z-z_0)^j}{j!} + R_{j+1}(z, z_0)$$

durch ein Taylor-Polynom (mit dem Entwicklungspunkt z_0) und einem Restglied darstellen. Funktionen mit mehreren Variablen können analog entwickelt werden. Z.B. kann eine Funktion mit zwei Variablen gemäß

$$f(z,y) = f(z_0, y_0) + \frac{\partial f}{\partial z}(z_0, y_0)(z-z_0) + \frac{\partial f}{\partial y}(z_0, y_0)(y-y_0)$$

$$+ \frac{1}{2}[\frac{\partial^2 f}{(\partial z)^2}(z_0, y_0)(z-z_0)^2 + 2\frac{\partial^2 f}{\partial z \partial y}(z_0, y_0)(z-z_0)(y-y_0)$$

$$+ \frac{\partial^2 f}{(\partial y)^2}(z_0, y_0)(y-y_0)^2] + R_3(z, y, z_0, y_0)$$

dargestellt werden.

$$+ \frac{1}{2} \sum_{n=1}^{N} \sum_{m=1}^{N} \frac{\partial^2 H}{\partial p_n \partial p_m}(p^r, I_r)[p_n^k - p_n^r][p_m^k - p_m^r]$$

$$+ \frac{1}{2} \frac{\partial^2 H}{(\partial I)^2}(p^r, I_r)[I_k - I_r]^2$$

$$+ \sum_{n=1}^{N} \frac{\partial^2 H}{\partial p_n \partial I}(p^r, I_r)[p_n^k - p_n^r][I_k - I_r] \quad .$$

Es sei

(6-40a) $\quad \mu^r = \mu(p^r, I_r) \equiv 1 \quad ,$

(6-40b) $\quad x_n^r = x_n(p^r, I_r) \quad .$

Wegen der Roy-Identität gilt

(6-41) $\quad \dfrac{\partial H}{\partial p_n} = - \mu^r x_n^r \quad ,$

so daß in Verbindung mit (6-40a)

(6-42a) $\quad \dfrac{\partial H}{\partial p_n} = - x_n^r \quad .$

Wegen (6-37) findet man weiterhin

(6-42b) $\quad \dfrac{\partial^2 H}{(\partial I)^2} = 0 \quad .$

Damit erhält man auch

$$(6\text{-}42c) \quad \frac{\partial^2 H}{\partial p_n \partial I}(=-\frac{\partial \mu}{\partial p_n}) = -\mu^r \frac{\partial x_n}{\partial I}(p^r, I_r) - x_n^r \frac{\partial \mu}{\partial I}(p^r, I_r)$$

$$= -\frac{\partial x_n}{\partial I}(p^r, I_r) \quad .$$

Aus (6-40a), (6-41) und (6-42c) folgt ferner

$$(6\text{-}42d) \quad \frac{\partial^2 H}{\partial p_n \partial p_m} = -\mu^r \frac{\partial x_n}{\partial p_m}(p^r, I_r) - x_n^r \frac{\partial \mu}{\partial p_m}(p^r, I_{r'})$$

$$= -\frac{\partial x_n}{\partial p_m}(p^r, I_r) + x_n^r \frac{\partial x_m}{\partial I}(p^r, I_r) \quad .$$

Berücksichtigt man (6-42) in (6-39), ergibt sich für MV_{rk} die McKenzie/Pearce-Approximationsform (bis zur zweiten Ordnung)

$$(6\text{-}43) \quad \underline{MV}_{rk} = \Delta_{rk} I - \sum_{n=1}^{N} x_n^r [p_n^k - p_n^r]$$

$$- \frac{1}{2} \sum_{n=1}^{N} \sum_{m=1}^{N} [\frac{\partial x_n}{\partial p_m}(p^r, I_r) - x_n^r \frac{\partial x_m}{\partial I}(p^r, I_r)][p_n^k - p_n^r][p_m^k - p_m^r]$$

$$- \sum_{n=1}^{N} \frac{\partial x_n}{\partial I}(p^r, I_r)[p_n^k - p_n^r][I_k - I_r]$$

$$= MV_{rk} - R_3^k(p^r, p^k, I_k, I_r) \quad , \quad k \in \{0,1,2,\ldots,K\} \quad ,$$

worin R_3^k das durch $[p^k, I_k]$ determinierte Restglied ist.

Mit (6-43) in (6-30) erhält man dann für die allgemeine Nutzeinkommensvariation - wobei jetzt $k \in \{1,2,\ldots,K\}$ zu beachten ist - die Näherungsformel

$$(6-44) \quad \underline{MV}_{0k} = \Delta_{0k} I - \sum_{n=1}^{N} x_n^r [p_n^k - p_n^0] - \frac{1}{2} \sum_{n=1}^{N} \sum_{m=1}^{N} [\frac{\partial x_n}{\partial p_m}(p^r, I_r)$$

$$- x_n^r \frac{\partial x_m}{\partial I}(p^r, I_r)]\{[p_n^k - p_n^r][p_m^k - p_m^r] - [p_n^0 - p_n^r][p_m^0 - p_m^r]\}$$

$$- \sum_{n=1}^{N} \frac{\partial x_n}{\partial I}(p^r, I_r)\{[p_n^k - p_n^r][I_k - I_r] - [p_n^0 - p_n^r][I_0 - I_r]\}$$

$$= MV_{0k} - R_3^k(p^r, p^k, I_k, I_r) + R_3^0(p^r, p^0, I_0, I_r) \quad .$$

Zur Berechnung der Approximation zweiter Ordnung des Maßes MV_{0k} werden offensichtlich Informationen über die ersten partiellen Ableitungen der Marshallschen Nachfragefunktionen in der Referenzsituation eines Basisjahres $r \leq 0$ verlangt.

Bei erstmaliger oder einmaliger Anwendung dieses Berechnungsmodus kann man als Referenz die Ausgangssituation vor einer Durchführung der staatlichen Projekte verwenden. Da in diesem Falle

$$[p^r, I_r] = [p^0, I_0] \quad ,$$

erhält man

$$(6-45) \quad \underline{EV}_{0k} = \underline{MV}_{0k} \quad , \quad k \in \{1,2,\ldots,K\} \quad .$$

Über das 'money-metric'-Approximationsverfahren lassen sich also die projektinduzierten Werte der Hicksschen Äquivalenten Variation ermitteln. Mit Approximationen zweiter Ordnung wird man allerdings von den exakten Lösungen noch weit entfernt sein.

Das dargestellte Berechnungsverfahren wollen wir jetzt am Beispiel der Einführung einer Steuer auf Gut i auch graphisch veranschaulichen. Eine solche Besteuerungsmaßnahme möge dazu führen, daß sich der Preis des Gutes i von p_i^0 gerade um den Steuerbetrag t_i auf p_i^k erhöht. Die Preise aller anderen Güter sowie das Pauscheinkommen seien durch dieses staatliche Projekt nicht betroffen, so daß $p_n^k = p_n^0$, $\forall n \neq i$, und $I_k = I_0$.

Als Approximation zweiter Ordnung erhält man - aus (6-44) bei r=0 - für die Äquivalente Variation dieses staatlichen Projekts

$$(6\text{-}46) \quad \underline{EV}_{0k} = -x_i^0 [p_i^k - p_i^0] - \frac{1}{2} \{ \frac{\partial x_i}{\partial p_i}(p^0, I_0) - x_i^0 \frac{\partial x_i}{\partial I}(p^0, I_0) \} [p_i^k - p_i^0]^2$$

bzw. unter Berücksichtigung der Slutsky-Gleichung

$$(6\text{-}47) \quad \underline{EV}_{0k} = -x_i^0 [p_i^k - p_i^0] + \{ \frac{1}{2} \frac{\partial \xi_i}{\partial p_i}(p^0, U_0) - \frac{\partial x_i}{\partial p_i}(p^0, I_0) \} [p_i^k - p_i^0]^2 \}.$$

In Abbildung 6-7 ist die approximierte EV gleich dem Negativen der Flächensumme $L_1 + L_2$, was sich wie folgt herleiten läßt.

Der erste Term auf der rechten Seite von (6-47) entspricht dem Negativen der Fläche des Rechtecks $p_i^0 p_i^k BE$.

Der zweite Term kann mit Hilfe der (an der Stelle $[p^0, U_0]$ linear) approximierten einkommenskompensierten Nachfragekurve

$$(6\text{-}48) \quad f(p_i) = \xi_i^0 + \frac{\partial \xi_i}{\partial p_i}(p^0, U_0)[p_i - p_i^0]$$

als das Negative der Fläche des Dreiecks FBE identifiziert werden. Aufgrund der Sätze über kongruente Dreiecke stimmt die Fläche L_2 des Dreiecks CAD mit dieser Fläche überein, da die durch A und D verlaufende Gerade eine Parallele zu $f(p_i)$ ist.

Die dritte Komponente der EV gemäß (6-47) entspricht der Fläche des Rechtecks CABE. Hierbei berücksichtigt man, daß der Tangens des Innenwinkels des Dreiecks CAE am Eckpunkt A gleich der negativen Steigung der (an der Stelle [p^0,I$_0$] linear) approximierten direkten Nachfragekurve

$$(6-49) \quad g(p_i) = x_i^0 + \frac{\partial x_i}{\partial p_i}(p^0, I_0)[p_i - p_i^0]$$

ist.

Die Addition des ersten und dritten Terms in (6-47) läßt sich in Abbildung 6-7 dann als das Negative der Fläche L$_1$ identifizieren.

Das Negative der Fläche L$_3$, die rechts von der einkommenskompensierten Nachfragefunktion $\xi_i(p_i,U_k)$ begrenzt wird, stellt schließlich den Approximationsfehler dar.

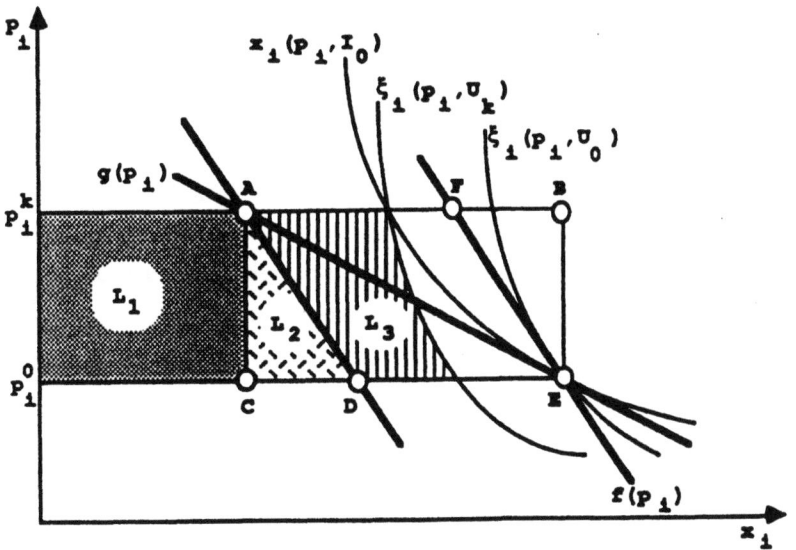

Abb. 6-7 Approximierte EV nach dem McKenzie/Pearce-Verfahren[4]

---

[4] Die Marshall-Nachfragefunktion $x_i(p_i,I_0)$ und die einkommenskompensierten Nachfragefunktionen $\xi_i(p_i,U_k)$ und $\xi_i(p_i,U_0)$ enthalten die übrigen Güterpreise $p_n^k = p_n^0$, n≠i, als parametrische Konstante.

Bezüglich der Frage, ob die Nutzeinkommen-Variationsmaße dem Kriterium der empirischen Operationalität genügen, kommen wir auf der Basis des dokumentierten Berechnungsverfahrens zu folgendem Ergebnis: Zur Gewinnung befriedigender Näherungswerte müssen nach dem McKenzie/Pearce-Approximationsverfahren sämtliche Ableitungen der beobachtbaren Marshall-Nachfragefunktionen $x_n(p,I)$ an der Stelle $[p^r,I_r]$ bekannt sein. Falls die Nutzeinkommensfunktion $H(p,I)$ analytisch ist und das Restglied R mit zunehmender Ordnung der Taylor-Terme gegen Null konvergiert, können MV-Werte mit beliebiger Genauigkeit, d.h. quasi exakt berechnet werden. Damit genügen die EV wie auch alle anderen Nutzeinkommen-Variationsmaße dem Kriterium der empirischen Operationalität.

B. Differentialgleichungsmethode

Ausgangspunkt für das im folgenden zu erläuternde Berechnungsverfahren sind die in Integrale von einkommenskompensierten Nachfragefunktionen transformierten Nutzeinkommen-Variationsmaße, wie sie in den Versionen (6-7), (6-20) und (6-24) bereits dargestellt wurden. Ein unvoreingenommener Blick auf diese Maßdarstellungen könnte allerdings zu der Auffassung führen, daß die Lösung der dort aufgeführten Integrale deshalb nicht möglich ist, weil sich die einkommenskompensierten Nachfragefunktionen $\xi_n(p,U)$, $n \in \{1,2,...,N\}$, mangels Kenntnis der Nutzenfunktion einer Beobachtung verschließen. Selbst in relativ neueren Arbeiten, wie z.B. in denen von Cornwall (1984, Kapitel 7) oder Auerbach (1985), finden sich solche Interpretationen. Demgegenüber haben bereits Mohring (1971, S.353ff.) und Hause (1975, S.1154f.) darauf hingewiesen, daß die Lösung des aufgezeigten Problems über einen gewöhnlichen Differentialgleichungsansatz möglich sein müßte. Ein entsprechendes Lösungsverfahren wurde dann erstmalig von Vartia (1983) und wohl unabhängig auch von McKenzie/Ulph (1982) entwickelt.

Die Berechnung des allgemeinen Nutzeinkommen-Variationsmaßes (6-3) erfordert offensichtlich die Bestimmung der Minimalausgaben $E(p^r,U_k)$ für $k \in \{0,1,2,...,K\}$.

Nach dem "Vartia-Verfahren" stelle man sich vor, daß von p^k aus jede kleinste Änderung aller Preise in Richtung p^r durch eine Änderung des Pauscheinkommens so kompensiert wird, daß der Konsument wieder ein Güterbündel aus der Indifferenzmenge $I(x^k)$, d.h. auch wieder sein Nutzenniveau U_k realisieren kann. Die zur Kompensation einer Preisänderung dp erforderliche Ausgabenänderung dE ergibt sich zunächst als totales Differential der Ausgabenfunktion an der Stelle U_k mit

$$(6-50) \quad dE = \sum_{n=1}^{N} \frac{\partial E}{\partial p_n}(p,U_k)dp_n \, .$$

Unter Berücksichtigung des Shephard-Lemmas erhält man hierfür

$$(6-51) \quad dE = \sum_{n=1}^{N} \xi_n(p,U_k)dp_n \, .$$

Die Lösung dieser Differentialgleichung an den Stellen p^k und p^r entspricht offensichtlich den zu berechnenden Werten der Integrale über die einkommenskompensierten Nachfragefunktionen gemäß der Maßdarstellung (6-7).

Nun gilt für jedes Güterbündel aus der Indifferenzmenge $I(x^k)$ die Äquivalenz

$$(6-52) \quad \xi_n(p,U_k) = x_n(p,E(p,U_k)) \quad , \quad \forall n \in \{1,2,\ldots,N\} \, .$$

Berücksichtigt man diesen Zusammenhang sowie die Funktionsdarstellung

$$(6-53) \quad E_k(p) = E(p,U_k)$$

in (6-51), folgt das Minimalausgabendifferential

$$(6-54) \quad dE_k(p) = \sum_{n=1}^{N} x_n(p,E_k(p))dp_n \, .$$

Wie die vorangegangenen Analysen zeigten, benötigen wir zur Berechnung jeder Nutzeinkommensvariation den Ausgabenfunktionswert $E(p^r,U_k)$. Existiert jetzt zu (6-54) jeweils eine Lösungsfunktion $E_k(p)$ für jeden stetigen Weg der simultanen Änderung aller Preise von p^k zu p^r, dann erhält man mit dem Endwert $E_k(p^r)$ die gesuchte Ausgabengröße. Verwendbar ist $E_k(p^r)$ zur Ermittlung exakter Nutzeinkommensvariationen allerdings nur, wenn seine Eindeutigkeit, d.h. seine Unabhängigkeit von den gewählten Preispfaden gewährleistet ist. Das sich hier stellende Problem ist analog zu dem Problem der Pfadunabhängigkeit eines Integrals. Die Eindeutigkeitsbedingungen sind somit bei beiden Problemen dieselben.

Auf (6-54) bezogen, lauten sie:

$$(6\text{-}55) \qquad \frac{\partial x_n}{\partial p_m} + \frac{\partial x_n}{\partial E}\frac{\partial E}{\partial p_m} = \frac{\partial x_m}{\partial p_n} + \frac{\partial x_m}{\partial E}\frac{\partial E}{\partial p_n}$$

bzw. - wegen Shephard's Lemma und $\partial x_n/\partial E = \partial x_n/\partial I$ -

$$(6\text{-}56) \qquad \frac{\partial x_n}{\partial p_m} + \frac{\partial x_n}{\partial I}x_m(p,E(p)) = \frac{\partial x_m}{\partial p_n} + \frac{\partial x_m}{\partial I}x_n(p,E(p))$$

bzw. - wegen der Slutsky-Gleichungen -

$$(6\text{-}57) \qquad \frac{\partial \xi_n}{\partial p_m}(p,U_k) = \frac{\partial \xi_m}{\partial p_n}(p,U_k) \quad , \quad \forall n,m \in \{1,2,\ldots,N\} \quad .$$

Da die Slutsky-Matrix symmetrisch sein muß, ist (6-55) erfüllt, und die Lösungen der durch alternative Preispfade $p^k \to p^r$ bewirkten Funktionen $E_k(p)$ münden stets in den gleichen Terminalpunkt $E_k(p^r)$.

Aus den vielen möglichen Integrationswegen sei beispielhaft mit

$$(6\text{-}58) \qquad p(s) = p^k + s[p^r - p^k] \quad , \quad 0 \leq s \leq 1 \quad ,$$

eine lineare Preiskurve gewählt, die p^r mit p^k über stetige Veränderungen des Parameters s nahtlos verknüpft. Änderungen aller Güterpreise auf dem Integrationsweg werden somit gemäß

$$(6\text{-}59) \qquad dp_n = [p_n^r - p_n^k]ds \quad , \quad \forall n \in \{1,\ldots,N\} \quad ,$$

parametrisch induziert. Mit (6-58), (6-59) und der Funktionsdarstellung

$$(6\text{-}60) \qquad e_k(s) = E_k(p(s))$$

in (6-54) folgt die gewöhnliche, nichtlineare Differentialgleichung erster Ordnung

$$\text{(6-61)} \qquad \frac{de_k(s)}{ds} - \sum_{n=1}^{N} x_n(p(s), e_k(s))[p_n^r - p_n^k] = 0 \ .$$

Hierzu gehört in der Regel eine ganze Schar von Lösungspfaden, von denen man für unser Problem jenen auswählen muß, der den Lösungspunkt

$$\text{(6-62)} \qquad e_k(0) \equiv E(p^k, U_k) \equiv I_k \ , \qquad k \in \{0,1,2,\ldots,K\} \ ,$$

mit der Preissituation $p(0) = p^k$ gemäß (6-58) enthält.

Numerische Lösungsalgorithmen, wie z.B. das bekannte Approximationsverfahren nach Runge-Kutta, bewegen $e_k(s)$ von $e_k(0)$ ausgehend mit einer Approximationslösung $\underline{e}_k(s)$ dicht entlang des exakten Entwicklungspfades $e_k(s, I_k)$[5], bis schließlich bei $s=1$ und damit $p(1) = p^r$ der Terminalpunkt

$$\text{(6-63)} \qquad \underline{e}_k(1) \approx E(p^r, U_k) \ , \qquad k \in \{0,1,2,\ldots,K\} \ ,$$

gefunden ist.

Damit erhält man für das Nutzeinkommen-Variationsmaß (6-3) bzw. als Ergebnis der Simulation der nach (6-7) durchzuführenden Integration die methodisch exakte und bei Anwendung eines adäquaten numerischen Lösungsalgorithmus mit einem vernachlässigbaren Fehler behaftete Maßwertbestimmung

$$\text{(6-64)} \qquad \underline{MV}_{0k} = \underline{e}_k(1) - \underline{e}_0(1) \ , \qquad k \in \{1,2,\ldots,K\} \ .$$

Die numerische Lösung der gegebenenfalls viele Terme umfassenden Differentialgleichung (6-61) kann allerdings bei sehr komplexen Nichtlinearitäten des Nachfragesystems $x(p,I)$ zur Erreichung eines tolerierbaren Berechnungsfehlers u.U. einen sehr hohen Rechenaufwand bedingen. Unter diesen Aspekten erscheint das "McKenzie/Ulph-Verfahren" interessant. Vorgeschlagen wird von McKenzie und Ulph ein Prozeß von Einkommenskompensationen der sukzessiven Änderung einzelner Preise.

---

[5] Vgl. zur Lösung gewöhnlicher Differentialgleichungen und zum Runge-Kutta-Verfahren Churchhouse (1981) sowie Heinhold/Behringer (1979). Wegen der Anfangsbedingung (6-62) wird I_k parametrisches Argument der Lösungsfunktion.

Ändert man nach diesem Konzept - gedanklich betrachtet - von der durch $E(p^k,U_k)=I_k$ charakterisierten Ausgangssituation aus zunächst nur den Preis des ersten Gutes von p_1^k zu p_1^r, muß sich das Mindestpauscheinkommen des Konsumenten so ändern, daß er wieder ein Güterbündel mit dem Nutzenniveau U_k verwirklicht. Das gesuchte neue Mindesteinkommen (= Mindestausgabenniveau) $E_{k,1}$ wird wie E_k beim Vartia-Ansatz über numerische Lösungsverfahren bestimmt und sollte dabei möglichst genau der Relation

$$(6-65) \qquad E_{k,1}(p_1^r) = E(p_1^r, p_2^k, \ldots, p_N^k, U_k)$$

entsprechen.

Die Veränderung der Minimalausgaben von $E(p^k, U_k)$ aus bei einer kleinen Änderung des Preises p_1 ist gemäß

$$(6-66) \qquad dE_{k,1} = \frac{\partial E}{\partial p_1} dp_1$$

bzw. unter Berücksichtigung des Shephard-Lemmas gemäß

$$(6-67) \qquad dE_{k,1} = \xi_1(p_1, p_2^k, \ldots, p_N^k, U_k) dp_1$$

bestimmt. Wegen (6-52) und (6-53) gilt dann auch

$$(6-68) \qquad \frac{dE_{k,1}(p_1)}{dp_1} = x_1(p_1, p_2^k, \ldots, p_N^k, E_{k,1}(p_1)) \quad .$$

Zur Gewinnung der gesuchten speziellen Lösung $E_{k,1}(p_1)$ dieser Differentialgleichung erster Ordnung verwendet man den Anfangswert

$$(6-69) \qquad E_{k,1}(p_1^k) = E(p_1^k, p_2^k, \ldots, p_N^k, U_k) = E(p^k, U_k) = I_k \quad ,$$

womit der gesuchte Terminalwert $E_{k,1}(p_1^r)$ nahezu exakt bestimmt werden kann.

Im nächsten Schritt wird der Preis des zweiten Gutes geändert. Um das neue Minimaleinkommen

$$(6-70) \quad E_{k,2}(p_2^r) = E(p_1^r, p_2^r, p_3^k, \ldots, p_N^k, U_k)$$

zu erhalten, muß die Differentialgleichung

$$(6-71) \quad \frac{dE_{k,2}(p_2)}{dp_2} = x_2(p_1^r, p_2, p_3^k, \ldots, p_N^k, E_{k,2}(p_2))$$

gelöst werden. Als Anfangswert kann der Terminalwert der ersten Differentialgleichung (6-68) verwendet werden, denn es gilt ja

$$(6-72) \quad E_{k,2}(p_2^k) = E(p_1^r, p_2^k, \ldots, p_N^k, U_k) = E_{k,1}(p_1^r) \; .$$

In diesem Sinne wird bis zur Änderung des Preises von Gut N fortgefahren, so daß also im Grenzfall für jedes $k \in \{0,1,2,\ldots,K\}$ N Differentialgleichungen erster Ordnung zu lösen sind. Der jeweilige Anfangswert wird dabei stets über

$$(6-73) \quad E_{k,n}(p_n^k) = E_{k,n-1}(p_{n-1}^r) \quad , \quad \forall n \in \{1,\ldots,N\} \; ,$$

gefunden. Für den letztlich gesuchten Terminalwert der N-ten Differentialgleichung gilt

$$(6-74) \quad E_{k,N}(p_N^r) = E(p_1^r, \ldots, p_N^r, U_k) \quad , \quad k \in \{0,1,2,\ldots,K\} \; .$$

Ist $\underline{E}_{k,N}(p_N^r)$, $k \in \{0,1,2,\ldots,K\}$, der Terminalpunkt bei Anwendung eines rechnergestützten Approximationsverfahrens zur Lösung der skizzierten Differentialgleichungen, so erhält man für das Nutzeinkommen-Variationsmaß (6-3) den nahezu exakte Lösungen garantierenden Berechnungsmodus

$$(6-75) \quad \underline{MV}_{0k} = \underline{E}_{k,N}(p_N^r) - \underline{E}_{0,N}(p_N^r) \quad , \quad k \in \{1,2,\ldots,K\} \; .$$

Das der Differentialgleichungsmethode zugrundeliegende Schema einer Einkommenskompensation von Preisänderungen ist in Abbildung 6-8 für eine isolierte Änderung des Preises p_1 mit $p_1^k > p_1^0$ vereinfacht dargestellt. Alle übrigen Preise

$$(6-76) \quad p_* = [p_2, \ldots, p_N]$$

wie auch das Pauscheinkommen I mögen von dem betrachteten staatlichen Projekt nicht betroffen sein, d.h.,

(6-77) $\quad p_*^k = p_*^0 \quad , \quad I_k = I_0 \quad .$

Als Referenzpreisvektor fungiere der Preisvektor p^0 der Ausgangssituation. Zur Quantifizierung der Nutzeinkommensvariation

(6-78) $\quad MV_{rk} = EV_{0k} = E(p^0, U_k) - I_0$

ist also der Minimalausgabenfunktionswert $E(p^0, U_k)$ zu berechnen.

Es sei jetzt $E(p_1, U_k)$ die Ausgabenfunktion mit dem nicht explizit aufgeführten Parametervektor p_*^0. In Verbindung mit dem Shephard-Lemma gilt dann

(6-79) $\quad E(p_1^k, U_k) - E(p_1^0, U_k) = \int_{p_1^0}^{p_1^k} \xi_1(p_1, U_k) dp_1 \quad .$

Da in dem betrachteten Beispiel von

(6-80) $\quad E(p_1^k, U_k) = I_0$

ausgegangen wurde, stellt sich das zu lösende Problem als

(6-81) $\quad E(p_1^0, U_k) = I_0 - \int_{p_1^0}^{p_1^k} \xi_1(p_1, U_k) dp_1 = E(p^0, U_k)$

dar. Gesucht ist also das Integral über die kompensierte Nachfragefunktion $\xi_1(p_1, U_k)$ bezüglich p_1 in den Grenzen zwischen p_1^k und p_1^0.

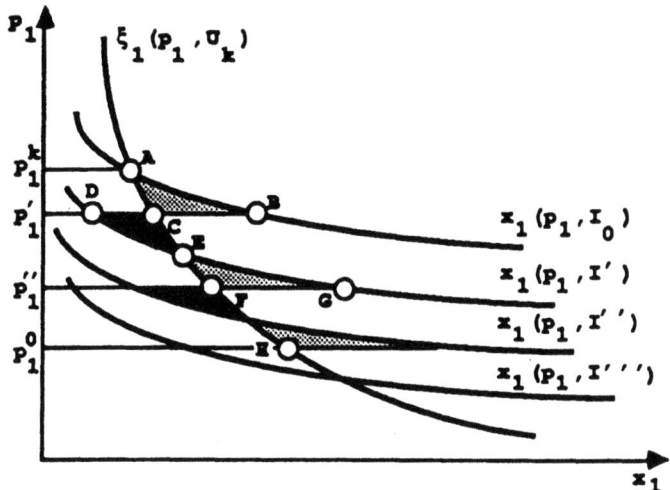

Abb. 6-8 Das der Differentialgleichungsmethode zugrundeliegende Schema einer Einkommenskompensation von Preisänderungen

In Abbildung 6-8 entspricht dieses Integral der Fläche $p_1^0 p_1^k AH$. Da die kompensierte Nachfragefunktion jedoch nicht bekannt ist, muß diese Fläche approximiert werden. Zerlegt man hierzu das Intervall zwischen p_1^k und p_1^0 in eine beliebig große Anzahl L von Teilintervallen, so wird das Problem zunächst einmal dahingehend modifiziert, L Teilflächen unter der Funktion $\xi_1(p_1, U_k)$ zu bestimmen. Dies ist in Abbildung 6-8 für L=3 veranschaulicht. Als Approximation der ersten Teilfläche $p_1' p_1^k AC$ wird das Integral über die unkompensierte (und damit beobachtbare) Nachfragefunktion $x_1(p_1, I_0)$ in den Grenzen zwischen p_1^k und dem hypothetischen Preis p_1' gewählt. Der Approximationsfehler entspricht damit der Fläche ABC.

Würde man dem Konsumenten bei einer Senkung des Preises p_1 von p_1^k auf p_1' einen Einkommensbetrag in Höhe der Fläche $p_1' p_1^k AC$ entziehen, würde er bei p_1' eine Güternachfrage im Punkte C wählen. Bezüglich eines solchen Wirkungszusammenhangs ist ja die kompensierte Güternachfragefunktion definiert. Nach einer Einkommenskompensation Z_1 im Umfang der Fläche $p_1' p_1^k AB$ könnte der Konsument hingegen bei dem Preis p_1' nur eine kleinere Gütermenge in dem links von C liegenden Punkt D realisieren. Im Umfang der Fläche ABC wird ihm zu viel Einkommen entzogen, womit auch ein kleineres Nutzenniveau als U_k impliziert ist. Die hypothetische Nachfragefunktion $x_1(p_1,I')$, wobei

(6-82) $I' = I_0 - Z_1$,

$$Z_1 = \int_{p_1^i}^{p_1^k} x_1(p_1,I_0)dp_1 \quad,$$

schneidet damit die kompensierte Nachfragefunktion $\xi_1(p_1,U_k)$ unterhalb von Punkt C. Als Approximation für die zweite Teilfläche $p_1''p_1'CF$ wird das Integral über die Marshall-Nachfragefunktion $x_1(p_1,I')$ zwischen p_1' und p_1'' gewählt. In Abbildung 6-8 stellt sich der diesbezügliche Approximationsfehler als Differenz zwischen der rechts und unterhalb von Punkt E liegenden, hell schattierten Fläche und der links und oberhalb von Punkt E liegenden, dunkel schattierten Fläche dar. Entzieht man dem Konsumenten hypothetisch einen Einkommensbetrag Z_2 im Umfang der Fläche $p_1''p_1'DG$, ergäbe sich die hypothetische Marshall-Nachfragefunktion $x_1(p_1,I'')$, wobei

(6-83) $I'' = I' - Z_2$,

$$Z_2 = \int_{p_1'}^{p_1'} x_1(p_1,I')dp_1 \quad.$$

Schließlich wird als approximative Abschätzung der dritten Teilfläche $p_1^0 p_1''FH$ das Integral über $x_1(p_1,I'')$ zwischen p_1'' und p_1^0 gebildet, so daß sich die Nachfragefunktion $x_1(p_1,I''')$ mit

(6-84) $I''' = I'' - Z_3$,

$$Z_3 = \int_{p_1^0}^{p_1'} x_1(p_1, I'')dp_1$$

ergibt. In dem Beispiel gemäß Abbildung 6-8 liegt diese unkompensierte Nachfragefunktion unterhalb von Punkt H, der nach Gleichung (6-52) durch

(6-85) $\quad \xi_1(p_1^0, U_k) = x_1(p_1^0, E(p_1^0, U_k))$

charakterisiert ist. Über die erläuterten Kompensationen ist also

(6-86) $\quad x_1(p_1^0, I''') < x_1(p_1^0, E(p_1^0, U_k))$

bzw.

(6-87) $\quad I''' < E(p_1^0, U_k)$

bewirkt worden.

Grundsätzlich kann der für das betrachtete Projekt gesuchte Minimalausgabenfunktionswert durch

(6-89) $\quad E(p^0, U_k) = I_0 - \sum_{l=1}^{L} Z_l + R_L$

mit dem Approximationsfehler R_L beschrieben werden. Die Z_l werden gemäß dem oben demonstrierten Verfahren der sukzessiven Integration über die entsprechenden hypothetischen Marshall-Nachfragefunktionen gebildet. Der Fehler R_L nimmt mit zunehmender Unterteilung des gesamten Integrationsintervalls zwischen p_1^k und p_1^0 in L Teilintervalle absolut betrachtet ab, d.h., je mehr Teilintervalle gebildet werden, um so genauer arbeitet das hier vorgestellte Verfahren. Bei einer Unterteilung in unendlich viele Teilintervalle, bei der der Konsument sich durch kontinuierliche Kompensationen stets entlang seiner kompensierten Nachfragefunktion bewegen würde, wäre das Ergebnis exakt. Genau dies wird durch die Überführung des beschriebenen iterativen Vorgehens in ein stetiges Verfahren, nämlich die Lösung der dem Vartia- bzw. McKenzie/Ulph-Ansatz entsprechenden Differentialgleichung erreicht. Die Genauigkeit des Ergebnisses hängt jetzt nur noch von der Genauigkeit des zur Lösung der Differentialgleichung gewählten numerischen Integrationsverfahrens ab.

Obwohl nach dem McKenzie/Ulph-Verfahren eine größere Zahl von Differentialgleichungen zu lösen ist als nach dem Ansatz von Vartia, sind doch die einzelnen Gleichungen von wesentlich geringerem Komplexitätsgrad als jene, die sich aus der Pauscheinkommenskompensation einer simultanen Änderung aller durch ein staatliches Projekt betroffenen Güterpreise ergeben.

Die empirischen Wohlfahrtsanalysen zugrundeliegenden Nachfragesysteme sind hinsichtlich ihrer parametrischen Form meistens durch Vorgabe einer expliziten Nutzenfunktion a priori spezifiziert. Wenn das Nachfragesystem geschätzt ist, liegt auch die in allen Parametern numerisch ausgefüllte Form der Nutzenfunktion vor.

Die von Vartia und McKenzie/Ulph entwickelten Differentialgleichungsansätze haben demgegenüber den Vorteil, auf die Spezifikation einer bestimmten Nutzenfunktion verzichten zu können. Das zu schätzende Nachfragesystem - welcher Form auch immer - muß nur den Integrabilitätsbedingungen genügen. Diesen gegenüber dem traditionellen Verfahren offensichtlichen Vorteil hat Vartia (1983, S. 93) abschließend wie folgt treffend charakterisiert: "In short, we have provided an efficient and easily computerized method of welfare comparison between two arbitrary situations faced by a consumer, who has a completely known ordinary demand system corresponding to an arbitrary existing but unknown direct utility function."

3. Würdigung

Mit den auf Hicks zurückgehenden Nutzeinkommen-Variationsmaßen war der entscheidende Durchbruch zur Entwicklung von Wohlfahrtsmaßen gelungen, die bezüglich der essentiellen Eigenschaft, individuelle Nutzenänderungen korrekt anzuzeigen, absolut zuverlässig sind.

Allerdings sollte zur Quantifizierung des Nutzeinkommens in der Ausgangssituation wie auch in der Situation nach Durchführung eines staatlichen Projektes idealiter ein fester Referenzpreisvektor gewählt werden.

Eine Analyse der Kompensierenden Variation zeigte, daß die Wahl des jeweils neuen Preisvektors als Referenz zur Folge hat, daß mehrere staatliche Projekte nicht in jene konsistente Rangordnung gebracht werden können, die der Präferenzordnung des Konsumenten entspricht.

Die Hickssche Äquivalente Variation weist diesen Mangel nicht auf, jedoch wird mit dem Wechsel des Referenzpreisvektors von Ausgangssituation zu Ausgangssituation dem gewünschten Zirkularitätskriterium nicht Rechnung getragen.

Die Dupuit-Marshall-Maße fanden trotz ihrer theoretischen Unzulänglichkeiten und hiermit verbundener potentieller Fehlinterpretationen dennoch bis in die heutige Zeit im Rahmen praktischer Projektanalysen hauptsächlich deshalb Anwendung, weil ihre Berechnungsgrundlage aus den beobachtbaren normalen Nachfragefunktionen besteht. Demgegenüber schien die Verwendung von Nutzeinkommen-Maßen nicht möglich, weil hierzu die nichtbeobachtbaren einkommenskompensierten Nachfragefunktionen bekannt sein müßten.

Die Marshallschen Nachfragefunktionen sind jedoch das Ergebnis der individuellen Nutzenmaximierung auf der Basis einer gegebenen Budgetrestriktion. Deshalb müssen diese Verhaltensfunktionen alle Informationen über die Präferenzordnung eines Konsumenten enthalten, d.h. auch über die Struktur der einkommenskompensierten Nachfragefunktionen.

Diese Vermutung bestand eigentlich schon längere Zeit. Erst mit dem von McKenzie/Pierce eingeschlagenen Approximationsweg sowie den von Vartia und McKenzie/Ulph entwickelten Differentialgleichungsansätzen wurde klar, daß man jedes Nutzeinkommen praktisch **exakt** berechnen kann.

Damit sollte von den unzuverlässigen Integralen über Marshallsche Nachfragefunktionen als Wohlfahrtsmaß endgültig Abschied genommen werden.

Literatur

E. J. Mishan (1981)

R. E. Just / D. L. Hueth / A. Schmitz (1982, S. 84-97, 370-374)

G. W. McKenzie / D. Ulph (1982) ; G. W. McKenzie (1983, S. 31-48)

Y. O. Vartia (1983) ; M. Ahlheim / M. Rose (1984)

R. W. Boadway / N. Bruce (1984, S. 195-206) ; R. R. Cornwall (1984, S. 375-388)

A. Takayama (1984)

KAPITEL 7

STEUERLASTMASSE

Wohlfahrtsmaße werden traditionell zur Dokumentation der effektiven Lasten der Steuererhebung verwendet, die man häufig zum Vergleich mit dem Steueraufkommen monetär dimensioniert. Unter diesen Aspekten erscheint es interessant, Steuerlastmaße auf der Grundlage der geldlich dimensionierten Nutzeinkommen-Variationsmaße zu bilden.

Im folgenden wird zunächst gezeigt, daß man Lastmaße der Besteuerung in ganz einfacher Weise als negative Wohlfahrtsmaße konstruieren kann. Dies wollen wir am Beispiel einer Steuerreform demonstrieren, die bei dem betrachteten Individuum zu einer erhöhten Steuerzahlung führt. Der zweite Abschnitt enthält eine Darstellung und kritische Analyse jener Maße, die traditionell in der Literatur zur Messung der sogenannten Zusatzlast der Besteuerung vorgeschlagen werden. Hierbei wird gleichzeitig auch gezeigt, wie die individuelle Gesamtlast eines ganzen Steuersystems zu berechnen ist.

1. Steuerlasten als Wohlfahrtsverluste

Da Steuererhebungen auf der Haushaltsebene zu negativen Wohlfahrtseffekten führen, bietet es sich unmittelbar an, die Last einer Steuererhöhung wie folgt zu definieren:

Die individuelle Last einer zusätzlichen Besteuerung ist gleich dem Negativen der durch sie verursachten Wohlfahrtsänderung.

Auf der Basis eines Variationsmaßes W_{0k} wird die individuelle Last einer Steuersystemänderung LW_{0k} hiernach gemäß

$$(7-1) \quad LW_{0k} = -W_{0k} \quad , \quad k \in \{1, 2, \ldots, K\} \quad ,$$

berechnet.

Zur beispielhaften Dokumentation alternativer Steuerlasten mittels alternativer Variationsmaße wählen wir die in Zusammenhang mit einer Reform des Steuersystems beabsichtigte Besteuerung eines beliebigen Gutes $i \in \{1, 2, \ldots, N\}$. Hierbei erfolge die Einführung dieser Verbrauchsteuer in zwei Abschnitten. Zunächst wird ein Steuerbetrag je Mengeneinheit in Höhe von t_i^1 erhoben. Im Rahmen einer zeitlich unmittelbar folgenden zweiten Maßnahme legt der Fiskus den endgültigen Verbrauchsteuerbetrag mit $t_i^2 > t_i^1$ fest.

Neben den aus Nutzeinkommen-Variationsmaßen ableitbaren Steuerlastmaßen betrachten wir auch die durch das Konsumentenrenten-Variationsmaß angezeigte Steuerlast. Dies bietet sich an, weil wir aus Gründen einer vereinfachten graphischen Darstellung die Dupuit-Marshall-Annahme treffen, daß die steuerbedingten Änderungen des Preises p_i keine Reaktionen der Nachfrage nach anderen Gütern hervorrufen.

Im folgenden werden wir also jene Steuerlastmaße in unsere Analyse einbeziehen, die mit den Wohlfahrtsmaßalternativen

$$(7-2) \quad W_{0k} \in \{CV_{0k}, EV_{0k}, KRV_{0k}, MV_{0k}\}$$

gemäß (7-1) definiert sind.

In Abbildung 7-1 sind die relevanten Nachfragekurven beispielhaft abgebildet. Von der Ausgangssituation 0 ausgehend, erhöht sich der Preis des Gutes i um t_i^1, so daß sich als neuer Preis

$$(7-3a) \quad p_i^1 = p_i^0 + t_i^1$$

einstellt. Die als zweite Maßnahme durchgeführte Steuererhöhung bewirkt den neuen Güterpreis

$$(7-3b) \quad p_i^2 = p_i^0 + t_i^2 \; .$$

Alle anderen Güterpreise bleiben unverändert, d.h.,

$$(7-3c) \quad p_n^1 = p_n^0 \; ,$$

$$p_n^2 = p_n^0 \; , \quad n=1,2,\ldots,N \; , \; n \neq i \; .$$

Weiterhin sei das Pauscheinkommen mit I_0 konstant.

Nach Etablierung des endgültigen Steuertarifs beträgt die individuelle Konsumsteuerzahlung

(7-4a) $T_i^2 = t_i^2 x_i^2$

bzw.- auf die in Abbildung 7-1 markierten Flächen bezogen -

(7-4b) $T_i^2 = F_1 + F_{10}$.

Wir betrachten jetzt als erstes die Steuerlasten aus dem unmittelbaren Übergang von der Ausgangssituation 0 zur Endsteuersituation 2, wobei zu berücksichtigen ist, daß außer dem Preis von Gut i kein weiterer Parameter der individuellen Budgetrestriktion eine Änderung erfährt.

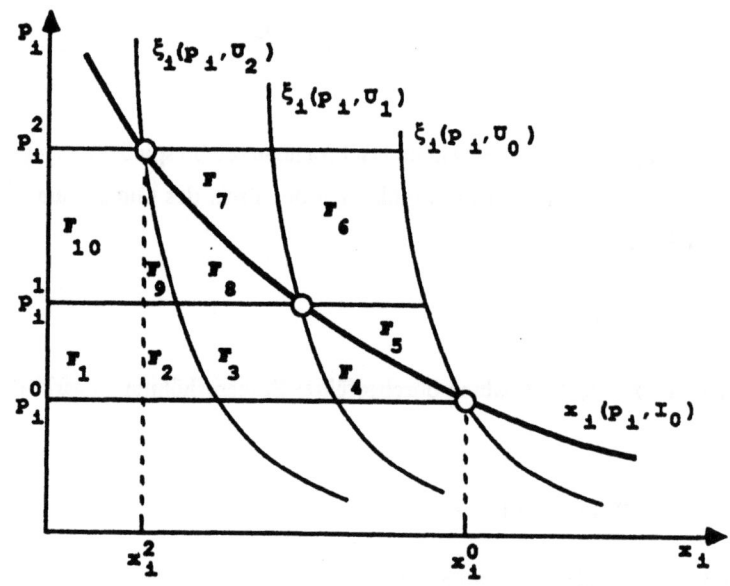

Abb. 7-1 Lasten der Einführung einer speziellen Verbrauchsteuer[1]

Zur Berechnung der Steuerlasten in Verbindung mit dem in (6-3) bis (6-7) definierten allgemeinen Nutzeinkommen-Variationsmaß muß man das entsprechende

---

[1] In der Marshall-Nachfragefunktion und in den einkommenskompensierten Nachfragefunktionen sind die Preise aller anderen Güter als parametrische Konstante enthalten.

Lastmaß gemäß dem Lastmaßkonstruktionsprinzip (7-1) bilden, was auf der Basis der Integralform (6-7) zu

$$LMV_{0k} = -\Delta_{0k}I + \int_{p^r}^{p^k} \sum_{n=1}^{N} \xi_n(p,U_k)dp_n - \int_{p^r}^{p^0} \sum_{n=1}^{N} \xi_n(p,U_0)dp_n$$

führt. In unserem Besteuerungsbeispiel ist davon ausgegangen worden, daß das Pauscheinkommen des Konsumenten konstant bleibt, d.h., es gilt $\Delta_{0k}I=0$. Wird jetzt der Preisvektor der Ausgangssituation - also p^0 - als Referenzpreisvektor gewählt, so entfällt der zweite Integralterm, und da sich weiterhin nur der Preis des Gutes i ändert, ist die Steuerlast gleich dem Integral über der einkommenskompensierten Nachfragefunktion $\xi_i(p,U_k)$ in den Grenzen zwischen p^k und p^0. Für die mit dem Übergang von der Ausgangssituation 0 zu der Nachsteuersituation 2 verknüpfte Steuerlast erhält man auf Abbildung 7-1 bezogen die Flächensumme

(7-5) $LMV_{02} = F_1 + F_2 + F_9 + F_{10}$.

Zur Bildung eines Steuerlastmaßes auf Basis der Hicksschen Äquivalenten Variation wird die EV-Maßversion (6-24) in (7-1) berücksichtigt, womit

$$LEV_{0k} = -\Delta_{0k}I + \int_{p^0}^{p^k} \sum_{n=1}^{N} \xi_n(p,U_k)dp_n$$

folgt. Für das von $k=0$ zu $k=2$ führende Steuerprojekt erhält man dann mit dem EV-Lastmaß offensichtlich den gleichen Lastwert wie mit dem MV-Lastmaß. Dies wird auch aus den in Kapital 6 erläuterten Zusammenhängen zwischen den einzelnen Nutzeinkommen-Variationsmaßen deutlich. Dort haben wir ja gezeigt, daß die allgemeine Nutzeinkommensvariation von Einzelprojekten mit der Hicksschen Äquivalenten Variation übereinstimmt, wenn - wie in dem betrachteten Fall - als Referenzpreisvektor der Preisvektor der Ausgangsperiode gewählt wird. Also ist

(7-6) $LEV_{02} = LMV_{02}$

festzuhalten.

Mit der Hicksschen Kompensierenden Variation werden die Steuerlasten gemäß

$$LCV_{0k} = -\Delta_{0k} I + \int_{p^0}^{p^k} \sum_{n=1}^{N} \xi_n(p, U_0) dp_n$$

berechnet. Dieses Lastmaß resultiert aus der Berücksichtigung von (6-20) in (7-1). Für unser Demonstrationsbeispiel muß dann das Integral über die einkommenskompensierte Nachfragefunktion $\xi_i(p,U_0)$ bestimmt werden. Hiernach ist die Steuerlast - auf Abbildung 7-1 bezogen - mit der folgenden Flächensumme äquivalent:

(7-7) $\qquad LCV_{02} = \sum_{j=1}^{10} F_j$.

Abschließend sei auch die mit der Konsumentenrentenvariation verbundene Steuerlast aufgeführt. Mit (4-7) in (7-1) erhält man das Lastmaß

$$LKRV_{0k} = \int_{p^0}^{p^k} \sum_{n=1}^{N} x_n(p_n, I_0) dp_n$$

und hiermit für die Steuerlast die Flächensumme

(7-8) $\qquad LKRV_{02} = LMV_{02} + F_3 + F_4 + F_8$.

Ordnet man alle aufgeführten Steuerlastmaßwerte nach der Größe, so ergibt sich für das betrachtete Steuerprojekt

(7-9) $\qquad LCV_{02} > LKRV_{02} > LEV_{02} = LMV_{02} > T_i^2$.

Trotz betragsmäßiger Unterschiede sind jedoch die vier Steuerlastniveaus zuverlässig in dem Sinne, daß die Richtung der durch die Besteuerung von Gut i bewirkten Wohlfahrtsänderung, hier also ein Wohlfahrtsverlust, richtig angezeigt wird. Selbst das Steueraufkommen[2] erfüllt in dem untersuchten Steuerprojekt die Indikatorfunktion. Bezüglich des Konsumentenrenten-Variationsmaßes sei daran erinnert, daß wir zum Zwecke einer vereinfachten graphischen Darstellung angenommen haben, daß sich die steuerlich bedingten Änderungen des Preises von Gut i auf die Nachfrage nach anderen Gütern nicht auswirken. Wie wir im Kapitel 4 gezeigt haben, ist gerade dies die Voraussetzung dafür, daß von einer Änderung der Konsumentenrente zuverlässig auf die involvierte Nutzenänderung geschlossen werden kann, daß also das Indikatorkriterium erfüllt ist. Für die anderen Steuerlastmaße hätte die Existenz von Kreuzpreiseffekten keine Auswirkungen bezüglich ihrer Eigenschaft, projektinduzierte Nutzenänderungen zuverlässig anzuzeigen. Hierbei sind die ausgewiesenen Betragsunterschiede völlig ohne Bedeutung, da die LW-Maße lediglich eine monotone Transformation der W-Maße sind und diese zwar eine kardinale Dimension besitzen, jedoch wie Nutzendifferenzen nur ordinal interpretiert werden dürfen. Eine sich u.U. intuitiv aufdrängende Frage, welches der Lastmaße nun die 'wahre in Einkommenseinheiten gemessene Steuerlast' anzeigt, wäre damit schlechtweg unsinnig.

Zur Überprüfung der Eignung von Wohlfahrtsmaßen als Steuerlastmaße erscheint weiterhin interessant, welche Resultate sich einstellen, wenn die Einführung von t_i mit t_i^1 und seine nachfolgende Erhöhung auf t_i^2 über eine stufenweise Steuerlastberechnung evaluiert wird. Die Gesamtlast des Steuerreformprojektes ergibt sich dann als Summe der jeweiligen beiden Teillasten. Die Anwendung eines solchen Berechnungsverfahrens führt zu den folgenden Aggregaten:

(7-10) $\quad LMV_{01} + LMV_{12} = LMV_{02}$

$LEV_{01} + LEV_{12} = LEV_{02} + F_3$

$LCV_{01} + LCV_{12} = LCV_{02} - F_6$

$LKRV_{01} + LKRV_{12} = LKRV_{02}$

---

[2] Im Kapitel 3 wurde gezeigt, daß das aus der Einführung einer Steuer auf Gut i resultierende Steueraufkommen als Laspeyres-Variation interpretiert werden kann.

Hiernach erhält man also nur bei den Lastmaßen auf der Basis der allgemeinen Nutzeinkommenvariation und der Konsumentenrentenvariation die gleichen Lastwerte wie bei dem ersten Berechnungsverfahren, bei dem das gesamte Steuerreformvorhaben als ein Projekt und damit als Einführung des Steuerbetrages t_i^2 behandelt wird. In dem betrachteten Beispiel führt das Verfahren einer sukzessiven Teillastberechnung auch bei den beiden anderen Maßen zu positiven Werten, so daß hiermit korrekt auf den steuerlich bedingten Nutzenverlust aller Steueränderungen hingewiesen wird. Jedoch sind andere - in Teilprojekte zerlegte - staatliche Maßnahmen denkbar, bei denen man über eine stufenweise Lastberechnung bezüglich der bewirkten Nutzenänderung falsch informiert wird. Dies läßt sich am Beispiel der Einführung einer Steuer auf Gut i in Höhe von t_i^1 und ihrer unmittelbar anschließenden Abschaffung demonstrieren. Nach dem mit der Äquivalenten Variation (Kompensierenden Variation) konstruierten Lastmaß wird für beide fiskalischen Maßnahmen zusammen in Höhe der Summe der in Abbildung 7-1 markierten Flächen F_4 und F_5 ein Wohlfahrtsgewinn (Wohlfahrtsverlust) ausgewiesen, obwohl der Konsument wieder sein ursprüngliches Nutzenniveau realisiert.

Letztlich ist diese Unzulänglichkeit der Maße LEV_{0k} und LCV_{0k} darauf zurückzuführen, daß die Äquivalente Variation und die Kompensierende Variation dem Zirkularitätskriterium nicht genügen. Dies dokumentiert einmal mehr die Empfehlung, im Rahmen von Evaluierungen staatlicher Projekte ein Nutzeinkommen-Variationsmaß mit festem Referenzpreisvektor zu wählen. Nur unter einer solchen Voraussetzung ist ein korrekter Schluß auf die involvierten Nutzenänderungen auch dann gegeben, wenn eine bestimmte staatliche Maßnahme in Teilschritten durchgeführt und bewertet wird.

2. Messung der steuerlichen Zusatzlast

Ein im Zusammenhang mit der Inzidenz der Besteuerung häufig diskutiertes Phänomen ist ihre sogenannte Zusatzlast[3]. Grundlegend ist hierbei die Einsicht, daß jede Steuer einen Aufkommenseffekt bewirkt, den der Konsument als eine Verringerung seines Pauscheinkommens konstatiert. Mit Ausnahme der Pauschsteuern führen aber Steuern

---

[3] Die Entwicklung des Konzepts steuerlicher Zusatzlasten (im angelsächsischen Schrifttum 'excess burden' oder 'deadweight loss' genannt) wurde vornehmlich durch die Arbeiten von Dupuit (1969 (1844)), Hotelling (1938), Debreu (1951,1954), Boiteux (1956) und Harberger (1964) begründet.

in der Regel auch zu einer Veränderung der relativen Konsumentenpreise, an die sich der Konsument über Gütermengensubstitutionen anpaßt und hierdurch einen weiteren (zusätzlichen) Nutzenverlust erleidet, auf dessen Ermittlung das Konzept der Zusatzlast abzielt.

Bei den folgenden Analysen wird unterschieden zwischen der auf ein Steuersystem bezogenen Zusatzlast und der Zusatzlast einer Steuersystemänderung (Steuerreform). Dem bisherigen Vorgehen entsprechend werden wir uns auf eine Analyse der individuellen Zusatzlast konzentrieren[4].

Für die Behandlung der Wohlfahrtsmaße war es nicht notwendig, die zwischen den Konsumenten und dem ökonomischen Gesamtsystem bestehende Interdependenz gesondert zu beachten. Die zu diskutierenden Zusatzlastmaße werden es demgegenüber erforderlich machen, die von der Besteuerung ausgelösten Reaktionen des Konsumenten auch unter dem Aspekt ihrer Wirkungen auf das ökonomische Gesamtsystem einschließlich denkbarer Rückwirkungen einzubeziehen, ohne sie allerdings explizit zu erklären.

A. Die Zusatzlast eines Steuersystems

Nach den obigen Ausführungen bietet es sich an, die mit einem Steuersystem verbundene Zusatzlast wie folgt zu definieren[5]:

Die individuelle Zusatzlast aller Steuern ist gleich der Differenz zwischen dem durch die Etablierung eines Steuersystems verursachten individuellen Wohlfahrtsverlust und dem individuellen Wohlfahrtsverlust, der bei einer (hypothetischen) Pauschbesteuerung gleichen Aufkommens entstehen würde.

Zur Operationalisierung eines Lastmaßes nach diesem Konzept sei das für einen bestimmten Konsumenten in der Situation $k \in \{0,1,2,...,K\}$ geltende (aktuelle) Steuersystem durch $[t^k, T_I^k]$ charakterisiert, wobei $t^k = [t_1^k, t_2^k,..., t_N^k]$ den Vektor der N Gütersteuern und T_I^k die individuelle Pauschsteuerzahlung darstellt. Mit jedem dieser Steuersysteme ist dann ein individuelles Steueraufkommen

---

[4] Zur Messung einer auf alle Konsumenten einer Volkswirtschaft bezogenen Zusatzlast vgl. z.B. Kay / Keen (1988).

[5] Vgl. eine ähnliche Definition bei Rosen (1978, S. 122), Kay (1980), Pazner / Sadka (1980), Auerbach / Rosen (1980, S. 12), Zabalza (1982) und Pauwels (1986, S. 270).

(7-11) $\quad T^k = T_x^k + T_I^k$

$\qquad\quad = t^k x^k + T_I^k$

verbunden.

Unter Berücksichtigung von Gütersubventionen können einige Elemente von t^k auch negativ sein. Weiterhin wäre darauf hinzuweisen, daß T_I^k im Falle staatlicher Transferzahlungen negativ ist[6].

Die Konsumgütermengen x^k werden von dem betreffenden Haushalt bei den Preisen p^k und dem Nettopauscheinkommen I_k im Gleichgewicht nachgefragt. Mit den Produzentenpreisen $q^k = [q_1^k, q_2^k, ..., q_N^k]$ lassen sich die Konsumentenpreise auch entsprechend

(7-12) $\quad p^k = q^k + t^k$

zerlegen. Unter Berücksichtigung des Bruttopauscheinkommens I_k^b erhält man das Nettopauscheinkommen

(7-13) $\quad I_k = I_k^b - T_I^k \; .$

Nach der oben definierten Zusatzlast eines Steuersystems gibt es zu jeder aktuellen Situation k eine hypothetische Situation g(k), in der das aktuelle Steueraufkommen T^k in Pauschform erhoben wird[7], d.h., es gilt

---

[6] An dieser Stelle sei darauf hingewiesen, daß die Gütersteuern t^k nicht nur für den betrachteten Konsumenten, sondern allgemein gelten. Der Pauschsteuerbetrag T_I^k wird allerdings nur von dem jeweiligen Konsumenten entrichtet. Das auf einen einzelnen Konsumenten bezogene Steuersystem $[t^k, T_I^k]$ enthält somit neben der individuellen Pauschsteuer die für alle Konsumenten der Volkswirtschaft gültigen Gütersteuerbeträge als allgemeine Komponenten. Gibt es H Haushalte in der Volkswirtschaft, so besteht das auf den Haushaltsektor bezogene Steuersystem aus t^k und einem Vektor mit H Pauschsteuerbeträgen.

[7] Da es in der hypothetischen Situation keine speziellen Gütersteuern gibt und t^k in einer aktuellen Situation k für alle H Konsumenten gilt, besteht das auf den Haushaltssektor der Volkswirtschaft bezogene Steuersystem in g(k) aus einem Vektor von H Pauschsteuerbeträgen.

(7-14) $\quad I_{g(k)} = I^b_{g(k)} - T^{g(k)}_I$,

wobei

(7-15) $\quad T^{g(k)}_I = T^{g(k)}$

und

(7-16) $\quad T^{g(k)} = T^k$.

Schließlich gelten in g(k) die Konsumentenpreise

(7-17) $\quad p^{g(k)} = q^{g(k)} \quad , \quad k \in \{0,1,2,\ldots,K\}$.

Zur Konstruktion eines Lastmaßes auf dieser Grundlage benötigen wir jetzt ein geeignetes Wohlfahrtsmaß, mit dem sich der Wohlfahrtsverlust des aktuellen Steuersystems $[t^k, T_i^k]$ und der Wohlfahrtsverlust des hypothetischen Steuersystems, das nur aus der Pauschsteuer $T_I^{g(k)}$ besteht, berechnen lassen. Es symbolisiere nun $W*_m$ ein geldlich dimensioniertes Maß, das den Wohlfahrtseffekt aus dem Übergang von der steuerlosen Situation * in die besteuerten Situationen m=k und m=g(k) mißt. Nach dem im ersten Abschnitt dieses Kapitels entwickelten Lastkonzept läßt sich dann der aus der Implementierung eines beliebigen Steuersystems folgende Wohlfahrtsverlust als $-W*_m$ darstellen. Hiermit erhält man für die oben definierte steuerliche Zusatzlast ZW folgende Maßform:

(7-18) $\quad ZW*_k = [-W*_k] - [-W*_{g(k)}]$

$\qquad\qquad = W*_{g(k)} - W*_k \quad , \quad k \in \{0,1,2,\ldots,K\}$.

Über ein solches Lastmaß müßte es in der gegenwärtigen Situation 0 möglich sein, alle Steuersysteme in einer Rangordnung zu plazieren, die den Konsumentenpräferenzen exakt entspricht. Da das gegenwärtige Steuersystem $[t^0, T_I^0]$ zur Menge der auf der Basis von (7-18) zu ordnenden Steuersysteme gehört, wäre bei Zuverlässigkeit des Maßes $ZW*_k$ gleichzeitig auch eine zuverlässige Rangordnung der eigentlich zu evaluierenden Steuerreformprojekte gegeben. Diese umfassen ja jene steuerpolitischen

Maßnahmen, die den gegenwärtigen Zustand 0 in einen der potentiell neuen Zustände k = 1,2,...,K überführen.

Zur Identifizierung der hiermit implizit postulierten Maßanforderungen sei nun W_{*m} in Form eines Variationsmaßes zuverlässig in dem Sinne, daß zumindest die Indikator- und die Ordnungsbedingung erfüllt sind sowie auch die empirische Berechenbarkeit gegeben ist.

Nach dem im zweiten Kapitel entwickelten Konzept muß dann ein zuverlässiges Variationsmaß in Übereinstimmung mit der Präferenzordnung des Konsumenten anzeigen, ob und wie ein Steuersystem die Wohlfahrt gegenüber der steuerlosen Situation * verändert. Unter Bezugnahme auf (2-2) ist somit

(7-19a) $W_{*m} > 0 \iff U_m > U_*$,

(7-19b) $W_{*m} = 0 \iff U_m = U_*$, $m \in \{k, g(k)\}$,
   $k \in \{0, 1, \ldots, K\}$,

zu fordern. Hierbei stellt U_m das Nutzenniveau bei Existenz eines Steuersystems und U_* das Nutzenniveau in der steuerlosen Ausgangssituation dar.

Wie wir im zweiten Kapitel erläutert haben, bezieht sich die Indikatorbedingung auf die wohlfahrtstheoretische Beurteilung eines einzelnen Projektes. Das Zusatzlastmaß ist aber von seiner Konstruktion her auf den Vergleich der Wohlfahrtseffekte zweier Projekte hin angelegt. Aus diesem Grunde kann man von einem Zusatzlastmaß auch nicht unmittelbar die Erfüllung des Indikatorkriteriums verlangen. Mit einem Zusatzlastmaß kann man also nicht ohne weiteres prüfen, ob der Wohlfahrtsverlust aus dem gegenwärtigen Steuersystem $[t^0, T_I^0]$ größer, gleich oder kleiner ist als der Wohlfahrtsverlust aus einem der neuen Steuersysteme $[t^k, T_I^k]$, $k \in \{1,2,...,K\}$.

Nach der im zweiten Kapitel beschriebenen Ordnungsbedingung muß der Wert eines Wohlfahrtsmaßes W_{*k} um so niedriger sein, je geringer das nach der Implementierung eines Steuersystems konsumierte Güterbündel von dem Konsumenten geschätzt wird. Somit sollte es das Maß W_{*k} ermöglichen, alle aktuellen Steuersysteme simultan in Übereinstimmung mit der Präferenzordnung des Konsumenten unter Wohlfahrtsaspekten zu ordnen. Unter Bezugnahme auf die Ordnungsbedingung (2-3) müßte W_{*k} der Bedingung

$$(7-20) \quad W_{*0} \geq W_{*1} \geq W_{*2} \geq \ldots \geq W_{*K} \quad <==>$$

$$U_0 \geq U_1 \geq U_2 \geq \ldots \geq U_K$$

genügen. Da auch der vom gegenwärtigen Steuersystem ausgelöste Wohlfahrtseffekt einbezogen wird, sind offensichtlich über (7-20) gleichzeitig die geforderten Informationen über die korrekte Rangordnung alternativer Steuerreformen verfügbar.
Ausgangspunkt der Gewinnung einer auf den Vergleich steuerlicher Zusatzlasten hin modifizierten Ordnungsbedingung ist zum einen natürlich (7-20) und zum anderen der Sachverhalt, daß das Zusatzlastmaß in Kategorien von Wohlfahrtsverlusten formuliert ist. Unter diesen Aspekten würde es sich anbieten, das Rangordnungskriterium

$$(7-21) \quad ZW_{*0} \geq ZW_{01} \geq ZW_{02} \geq \ldots \geq ZW_{0K} \quad <==>$$

$$U_0 \leq U_1 \leq U_2 \leq \ldots \leq U_K$$

zu postulieren. Berücksichtigt man die Definition (7-18), so wird hieraus

$$(7-22) \quad W_{*g(0)} - W_{*0} \geq W_{*g(1)} - W_{*1} \geq \ldots \geq W_{*g(K)} - W_{*K}$$

$$<==> \quad U_0 \leq U_1 \leq \ldots \leq U_K \quad .$$

Offensichtlich ist diese Äquivalenz nur dann erfüllt, wenn

$$(7-23) \quad W_{*g(k)} = W_{*g} \quad , \quad \forall k \in \{0,1,2,\ldots,K\} \quad .$$

Also müssen alle zu den aktuellen Steuersystemen $[t^k, T_I^k]$ gehörenden hypothetischen Steuersysteme $T_I^{g(k)}$, $k=0,1,2,\ldots,K$, den gleichen Wohlfahrtseffekt implizieren. Damit erhält das Maß (7-18) die spezielle Form

$$(7-24) \quad ZW_{*k} = W_{*g} - W_{*k} \quad .$$

Zur Gewinnung einer konkreten Berechnungsvorschrift muß (7-24) allerdings noch über Ausgabenfunktionsterme operationalisiert werden. Hierfür sei das Wohlfahrtsmaß W_{*m} unter Verwendung der Ausgabenfunktion $E(p,U)$ gemäß

(7-25) $\quad W_{*m} = E(p^r, U_m) - E(p^r, U_*)$, $m \in \{k, g(k)\}$,

definiert, worin p^r wiederum den Preisvektor einer beliebigen Referenzperiode darstellt. Als Nutzeinkommen-Variationsmaß erfüllt W_{*m} offensichtlich das Indikatorkriterium gemäß (7-19) und das Rangordnungskriterium gemäß (7-20).
Mit (7-25) in (7-18) erhält man das Zusatzlastmaß

(7-26) $\quad ZW_{*k} = E(p^r, U_{g(k)}) - E(p^r, U_k)$,

dessen Berechenbarkeit gewährleistet ist, sofern neben $[p^k, I_k]$ auch $[p^{g(k)}, I_{g(k)}]$ bekannt ist. Also kann die mit jedem Steuersystem verbundene Zusatzlast ohne Kenntnis der Preise und Einkommen in der steuerlosen Ausgangssituation ermittelt werden[8].

In Verbindung mit dem in (7-25) spezifizierten Wohlfahrtsmaß läßt sich die Konsistenzbedingung (7-23) dann auch wie folgt formulieren:

(7-27) $\quad W_{*g(k)} = E(p^r, U_g) - E(p^r, U_*)$, $\forall k \in \{0, 1, 2, \ldots, K\}$.

Unter Berücksichtigung der indirekten Nutzenfunktion $V(p, I)$ ist nun (7-27) äquivalent zu der Forderung

(7-28) $\quad U_{g(k)} = V(p^{g(k)}, I_{g(k)})$

$\quad \quad \quad \quad \quad = U_g$

bzw., wenn man die durch (7-14) bis (7-17) beschriebenen Sachverhalte einbezieht, zu

(7-29) $\quad V(q^{g(k)}, I^b_{g(k)} - T^k) = U_g$,

wobei die Konsumentenpreise $p^{g(k)}$ hier mit den Produzentenpreisen $q^{g(k)}$ übereinstimmen.

---

[8] Besteht allerdings Interesse an der Gesamtlast $-W_{*k}$ eines aktuellen Steuersystems $[t^k, T^k_I]$, so müssen diesbezügliche Informationen verfügbar sein, denn - wie aus Gleichung (7-25) zu ersehen ist - U_* kann nur fixiert werden, wenn der Preis-Einkommen-Vektor $[p^*, I_*] = [q^*, I_*^b]$ bekannt ist.

Zu analysieren ist jetzt, welche Auswirkungen die Konsistenzbedingung (7-29) auf die simultan zu evaluierenden Steuersysteme hat.

Bei der die hypothetische Situation g(k) charakterisierenden alleinigen Erhebung von Pauschsteuern im gesamten Haushaltsbereich der Ökonomie werden sich aufgrund von Systeminterdependenzen und variabler Skalenerträge im Produktionsbereich neue Produzentenpreise $q^{g(k)} \neq q^*$ einstellen. Unter Berücksichtigung dieser Konsequenzen ist es dann durchaus möglich, daß unterschiedliche individuelle Pauschsteuerzahlungen in Höhe von T^k systembedingt zu solchen Konsumentenpreisen $p^{g(k)} = q^{g(k)}$ führen, daß der betrachtete Konsument das gleiche Nutzenniveau U_g realisiert. Sind zwei hypothetische Pauschsteuererhebungen z.B. durch $T_I^{g(0)} = T^0 \neq T_I^{g(1)} = T^1$ charakterisiert, so kann der Konsument allerdings das gleiche Befriedigungsniveau nur bei $p^{g(0)} \neq p^{g(1)}$ erreichen. Derartige Konstellationen dürften jedoch nur rein zufällig eintreten.

Um sicherzustellen, daß die Konsistenzbedingung (7-29) ohne Ausnahme gewährleistet ist, müssen alle aktuellen Steuersysteme bei allen Konsumenten der Volkswirtschaft jeweils zu dem gleichen individuellen Aufkommen

(7-30) $T^k = T$, $\forall k \in \{0,1,2,\ldots,K\}$,

führen[9]. Nur unter dieser Voraussetzung ist im Falle variabler Skalenerträge im Produktionsbereich garantiert, daß sich bei allen hypothetischen Steuersystemen (Pauschsteuererhebungen) stets die gleichen Produzentenpreise

(7-31) $q^{g(k)} = q^g$,

und die gleichen individuellen Bruttopauscheinkommen

(7-32) $I_{g(k)}^b = I_g^b$

einstellen.

---

[9] Dabei können natürlich von den einzelnen Konsumenten der Ökonomie unterschiedliche Steuerbeträge abverlangt werden. Wichtig ist nur, daß diese nicht mit k variieren.

Mit (7-30) bis (7-32) ist die Konsistenzbedingung (7-29) offensichtlich erfüllt, denn es gilt

$$(7\text{-}33) \quad V(q^{g(k)}, I^b_{g(k)} - T^k) = V(q^g, I^b_g - T) \quad , \quad \forall k \in \{0, 1, 2, \ldots, K\}.$$

Unter Beachtung von (7-28) ist es hiermit möglich, das Zusatzlastmaß (7-26) gemäß

$$(7\text{-}34) \quad ZW_{*k} = E(p^r, V(q^g, I^b_g - T)) - E(p^r, U_k)$$

zu operationalisieren. Da die Ausgabenfunktion positiv monoton in U ist, steigt ZW_{*k} mit sinkendem U_k. Wegen dieser strengen Monotonie des Zusatzlastmaßes im Nutzen ist es in der Lage, alle Projekte, die (7-30) bis (7-32) erfüllen, in Übereinstimmung mit der Präferenzordnung des Konsumenten konsistent zu ordnen.

Eine in der 'excess burden'-Literatur sehr bekannte Variante des Maßes (7-34) erhält man, wenn als Referenzpreisvektor der Produzentenpreisvektor q^* gewählt wird und sich außerdem in einer Situation g(k) die Produzentenpreise und die Bruttopauscheinkommen mit den Niveaus in der steuerlosen Ausgangssituation * einstellen sollten; d.h., wir hätten

$$(7\text{-}35a) \quad q^g = q^* \quad ,$$

$$(7\text{-}35b) \quad I^b_g = I^b_* \quad .$$

Zunächst können wir unter diesen Voraussetzungen den ersten Ausgabenfunktionswert auf der rechten Seite von (7-34) entsprechend

$$(7\text{-}36) \quad E(q^*, V(q^*, I^b_* - T)) = I^b_* - T$$

$$= E(q^*, U_*) - T$$

ersetzen. Mit der in (6-23) definierten Hicksschen Äquivalenten Variation, d.h. in unserem Falle mit

$$(7\text{-}37) \quad EV_{*k} = E(q^*, U_k) - E(q^*, U_*) \quad ,$$

läßt sich (7-34) dann als

$$(7-38) \quad ZEV_{*k} = -EV_{*k} - T \quad , \quad \forall k \in \{0,1,2,\ldots,K\} \quad ,$$

schreiben.

Die Äquivalente Variation ist, auf den Fall einer Steuersystemeinführung angewandt, jener Pauscheinkommensbetrag, den man dem Konsumenten bei Gültigkeit der Preise $p^* = q^*$ - die also keine Steuern enthalten - entziehen kann, so daß er U_k, d.h. das Nutzenniveau bei Existenz des aktuellen Steuersystems $[t^k, T_I^k]$, realisieren kann. Folglich ist die gemäß (7-38) berechnete Zusatzlast eines Steuersystems jener Pauschbetrag, den der Konsument über seine aktuelle Steuerzahlung T^k hinaus im Austausch für die Abschaffung des verzerrenden aktuellen Steuersystems zusätzlich aufgeben würde[10]. Für den Staat bedeutet dies: Wenn ein System der Pauschbesteuerung institutionalisiert werden kann, läßt sich bei Gültigkeit der Güterpreise q^* ein um die Zusatzlast höheres Steueraufkommen als in der aktuellen Situation erzielen, wobei die Wohlfahrtsposition des betreffenden Konsumenten hierdurch nicht tangiert wird. Da die Steuermehreinnahmen zum Zwecke einer zusätzlichen Bereitstellung von öffentlichen Gütern oder als Einkommenstransfers an Haushalte verwendet werden können, stellen sie quasi ein geldlich dimensioniertes Potential an Wohlfahrtsverbesserungen dar.

In den Abbildungen 7-2a bis 7-2c haben wir die Zusatzlast einer in der gegenwärtigen Situation $k=0$ erhobenen Steuer auf Gut 2 mit einem Betrag t_2^0 je Mengeneinheit veranschaulicht. Gut 1 fungiere in dem vereinfachten Zwei-Güter-Modell als Hicks-sches 'composite commodity' und Numéraire-Gut, womit wir $p_1 = 1$ berücksichtigen können. Gegenüber der unbesteuerten Situation * realisiert der Konsument bei der Verbrauchsteuer das gegenüber x^* geringer geschätzte Güterbündel x^0 und zahlt einen Gesamtsteuerbetrag

$$T_2^0 = t_2^0 x_2^0 \quad .$$

---

[10] Zu dieser Interpretation siehe auch Auerbach (1985, S. 69) und Mohring (1971).

In Abbildung 7-2a kann man dann folgende Strecken identifizieren:

$$OA = E(p^*, U_*) \quad , \quad BA = t_2^0 x_2^0 \quad , \quad CB = ZEV_{*0} \quad ,$$

$$OC = E(p^*, U_0) \quad , \quad OB = E(p^*, U_{g(0)}) \quad .$$

Mit der Erhebung einer Steuer auf Gut 2 ist ein Wohlfahrtsverlust verbunden, der dem Streckenabschnitt CA entspricht. Wird eine Pauschsteuer gleichen Aufkommens, d.h. in Höhe von BA erhoben, so ist dies gleichzeitig der mit dieser (fiktiven) Steuer verbundene Wohlfahrtsverlust. Die Differenz beider Gesamtlasten ist hiernach gleich der Strecke CB und somit gleich der Zusatzlast des betrachteten Steuersystems gemäß (7-38).

Die Zusatzlast einer Steuer auf Gut 2 läßt sich auch, wie in Abbildung 7-2b veranschaulicht, als dreiecksähnliche Fläche unter der hier relevanten einkommenskompensierten Nachfragefunktion $\xi_2(p_2, U_0)$ darstellen.

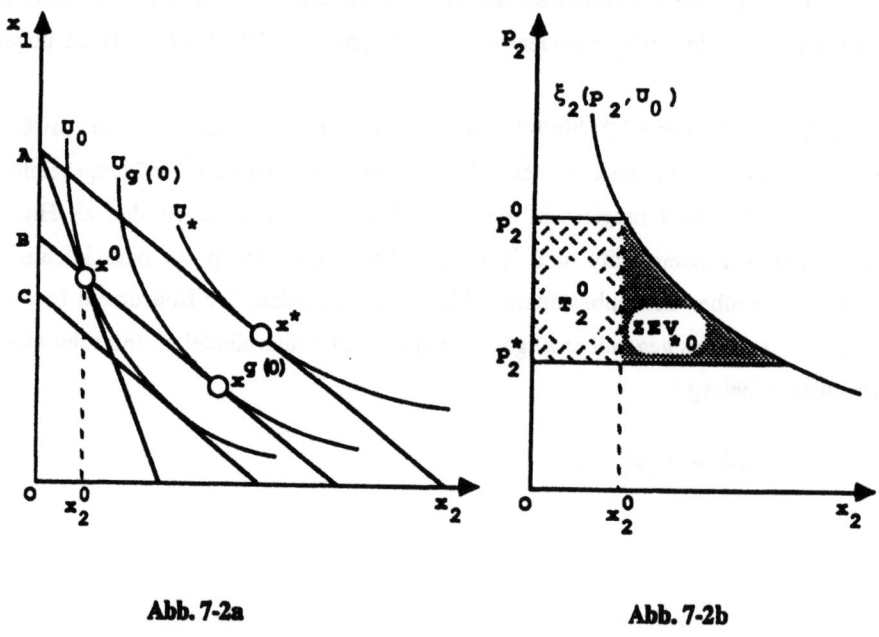

Abb. 7-2a   Abb. 7-2b

Da sich das Nettopauscheinkommen beim Übergang von * nach 0 in diesem Beispiel nicht ändern soll, kann

$$EV_{*0} = E(p^*, U_0) - E(p^*, U_*)$$
$$= E(p^*, U_0) - E(p^0, U_0)$$

berücksichtigt werden.

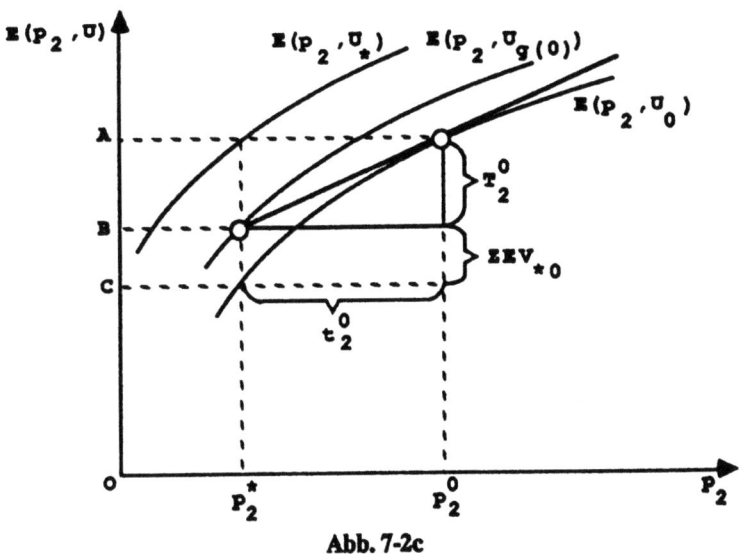

Abb. 7-2c

Mit Shephard's Lemma - die partiellen Ableitungen der Ausgabenfunktion sind gleich den einkommenskompensierten Nachfragefunktionen - und der Integraldarstellung von Funktionswertdifferenzen erhält man dann

$$EV_{*0} = - \int_{p_2^*}^{p_2^* + t_2^0} \xi_2(p_2, U_0) dp_2 \quad .$$

Auf der Basis des Maßes (7-38) läßt sich die Zusatzlast der Besteuerung von Gut 2 somit auch gemäß

$$ZW_{*0} = \int_{p_2^*}^{p_2^* + t_2^0} \xi_2(p_2, U_0) dp_2 - T_2^0$$

darstellen und ermitteln.

Für beliebige Steuersysteme $[t^k, T_I^k]$ würde sich hiernach das Maß (7-38) auch wie folgt formulieren lassen:

$$(7\text{-}39) \qquad ZW_{*k} = \sum_{n=1}^{N} \int_{p_n^*}^{p_n^* + t_n^k} \zeta_n(p, U_k) dp_n - T_x^k \quad , \quad T = T_x^k + T_I^k \quad ,$$

$$k \in \{0, 1, 2, \ldots, K\} \quad .$$

Wäre das aktuelle Steuersystem so ausgestaltet, daß sich die relativen Konsumentenpreise gegenüber der steuerlosen Ausgangssituation nicht änderten, so würde der Fiskus die Steuerbeträge je Mengeneinheit entsprechend

$$t_n^k = \mu q_n^* \quad , \quad \mu > 0 \quad , \quad n = 1, \ldots, N \quad ,$$

festlegen. In diesem Falle bestimmte sich das Gütersteueraufkommen gemäß

$$T_x^k = \mu q^* x^k$$

$$= \mu q^* \zeta(p^k, U_k) \quad ,$$

bzw., da die kompensierten Nachfragefunktionen homogen vom Grade Null in den Preisen sind, gemäß

$$T_x^k = \mu q^* \zeta(q^*, U_k)$$

$$= \mu E(q^*, U_k) \quad .$$

Hiermit und mit der Linearhomogenität der Ausgabenfunktion in den Preisen p erhält man für (7-38) - man beachte $E(p^k, U_k) = E(q^*, U_*)$ - den Maßwert

$$ZW_{*k} = [(1+\mu) E(q^*, U_k) - E(q^*, U_k)] - \mu E(q^*, U_k) = 0 \quad ,$$

d.h. eine Zusatzlast von Null. Dies ist unter ökonomischen Aspekten auch leicht einsichtig. Die Besteuerung bewirkt eine proportionale Erhöhung aller Preise, was mit einer Senkung des individuellen Pauscheinkommens völlig äquivalent ist. Das aktuelle Steuersystem ist in diesem Falle ein reines Pauschsteuersystem ohne jeglichen Verzerrungseffekt. Allgemein ergibt sich dies aus folgenden Zusammenhängen: Bei einer proportionalen Besteuerung sämtlicher Güter mit dem allgemeinen Konsumsteuersatz μ ist die Budgetgerade des Konsumenten gemäß

$$p^k x = q^*(1+\mu)x = I_*^b$$

bestimmt. Im Falle einer reinen Pauschbesteuerung wird die Budgetbeschränkung zu

$$q^* x = I_*^b - T_I \quad .$$

Unter beiden Besteuerungsarten werden die Konsummöglichkeiten in äquivalenter Weise eingeschränkt, falls

$$T_I = \frac{\mu}{1+\mu} I_*^b \quad .$$

Führt das aktuelle Steuersystem jedoch neben einer Veränderung des Güterpreisniveaus noch zu einer Änderung der relativen Konsumentenpreise, so bewirken die hiermit erzwungenen Substitutionseffekte einen zusätzlichen Nutzenverlust, der sich in positiven Zusatzlastwerten offenbart. Aus diesem Grunde ist das Zusatzlastmaß (7-38) bzw. (7-39) unmittelbar mit den steuerlich induzierten Verzerrungen der relativen Konsumentenpreise verknüpft[11].

---

[11] In diesem Zusammenhang erscheint noch erwähnenswert, daß die Erfüllung der Konsistenzbedingung (7-33) keine Garantie dafür ist, daß die Werte des allgemeinen Zusatzlastmaßes gemäß (7-26) allein durch die Substitutionseffekte determiniert werden, die aus der steuerlich induzierten Änderung der relativen Konsumentenpreise resultieren. Im Falle variabler Produzentenpreise ist dies ganz offensichtlich. Bei konstanten Produzentenpreisen, aber variablen individuellen Bruttopauscheinkommen muß zur Gewährleistung zuverlässiger Rangordnungen die Bedingung (7-32) erfüllt sein. Um jedoch sicherzustellen, daß $ZW \cdot_k$ allein mit den steuerlich induzierten Substitutionseffekten verknüpft ist, muß weiterhin noch

$$I_k^b = I_g^b \quad , \quad \forall k \in \{0,1,2,\ldots,K\} \quad ,$$

gegeben sein. Erst unter Berücksichtigung dieser Konstellation erhält man bei einer Operationalisierung des Maßes (7-26) über entsprechende Ausgabenfunktionsterme in Verbindung mit $p^r = q^*$ die Version (7-39).

Die in Abbildung 7-2b dunkel schraffierte Fläche ist somit als Indikator jenes Nutzenverlustes zu interpretieren, der aus der steuerlich bedingten relativen Verteuerung von Gut 2 im Verhältnis zu Gut 1 resultiert. Man kann nun zeigen, daß die Zusatzlast auch dann positiv ist, wenn eine beliebige steuer- und/oder subventionsinduzierte Änderung der relativen Konsumentenpreise vorliegt. Für diesen Beweis sei das individuelle Gesamtsteueraufkommen unter Berücksichtigung konstanter Bruttopauscheinkommen und Produzentenpreise wie folgt ausgedrückt:

(7-40) $\quad T^k = I_* - I_k + [p^k - p^*] x^k$.

Hiermit läßt sich das Maß (7-38) in die Form

(7-41) $\quad ZEV_{*k} = p^* x^k - E(p^*, U_k)$

überführen. Definitionsgemäß gilt nun

(7-42) $\quad E(p^*, U_k) \leq p^* x \quad$, für alle x mit $U(x) \geq U_k$.

Folglich ist auch

(7-43) $\quad E(p^*, U_k) \leq p^* x^k \quad$, da $U(x^k) = U_k$,

so daß

(7-44) $\quad ZEV_{0k} \geq 0 \quad$, q.e.d.

Eine dritte Möglichkeit der graphischen Darstellung steuerlicher Zusatzlasten ergibt sich aus dem Vergleich verschiedener Ausgabenfunktionen und ihrer Werte an verschiedenen Stellen. Die Lage der drei in Abbildung 7-2c veranschaulichten Ausgabenfunktionen erklärt sich aus $U_* > U_{g(0)} > U_0$ in Verbindung damit, daß $E(p, U)$ streng monoton zunehmend in U sowie monoton zunehmend in p ist. Weiterhin wurde berücksichtigt, daß die Steigung der $E(p_2, U_0)$-Kurve bei p^0 - also mit p_2^0 - gleich der neuen Menge x_2^0 ist[12]. Wegen des konstanten Bruttopauscheinkommens gilt

---

[12] Vgl. eine ähnliche graphische Darstellung bei Pauwels (1986, S. 271).

$$E(p_2^*, U_*) = E(p_2^0, U_0) \quad .$$

Die (hypothetische) Erhebung einer Pauchschsteuer in Höhe von T_2^0 impliziert

$$E(p_2^*, U_*) - E(p_2^*, U_{g(0)}) = T_1^{g(0)} = T_2^0 \quad ,$$

so daß auch

$$E(p_2^0, U_0) - E(p_2^*, U_{g(0)}) = T_2^0$$

gilt.

Auf dieser Basis erhält man die schon in Abbildung 7-2a aufgeführten und bereits oben als Ausgabenfunktionswerte identifizierten Ordinatenabschnitte OA, OB, OC sowie die Zusatzlast der betrachteten Verbrauchsteuer in Höhe von BC.

In der Literatur bekannt ist vor allem die Approximation der gemäß (7-38) zu berechnenden Zusatzlast über eine Taylor-Reihe zweiter Ordnung. Zu ihrer Ableitung gehen wir von der (7-38) exakt entsprechenden ZEV-Version gemäß

$$(7\text{-}45) \quad ZEV_{*k} = E(p^*, U_*) - E(p^*, U_k) - T^k$$

$$= I_*^b - E(p^*, U_k) - T^k \quad , \quad T^k = T \quad ,$$

aus, womit letzlich der Approximationswert der Ausgabenfunktion an der Stelle $[p^*, U_k]$ gesucht ist. Hierzu verwenden wir die Taylor-Reihen-Entwicklung der Ausgabenfunktion $E(p, U)$ an der Stelle $[p^k, U_k]$ bis zur zweiten Ordnung

$$(7\text{-}46) \quad E(p, U_k) = E(p^k, U_k) + \sum_{n=1}^{N} \frac{\partial E}{\partial p_n}(p^k, U_k)[p_n - p_n^k]$$

$$+ \frac{1}{2} \sum_{n=1}^{N} \sum_{m=1}^{N} \frac{\partial^2 E}{\partial p_n \partial p_m}(p^k, U_k)[p_n - p_n^k][p_m - p_m^k] + R$$

worin R das Restglied darstellt.

Nach dem Shephard-Lemma gilt

$$(7\text{-}47) \qquad \frac{\partial E}{\partial p_n}(p^k, U_k) = \xi_n(p^k, U_k) = x_n(p^k, I_k) = x_n^k \; .$$

Die zweiten Ableitungen der Ausgabenfunktion sind als Slutsky-Substitutionsterme bekannt, d.h. in unserem Fall

$$(7\text{-}48) \qquad \frac{\partial^2 E}{\partial p_n \partial p_m}(p^k, U_k) = \frac{\partial \xi_n}{\partial p_m}(p^k, U_k) = S_{nm}(p^k, U_k) = S_{nm}^k \; .$$

Für die als Taylor-Reihe entwickelte Ausgabenfunktion an der Stelle $[p^k, U_k]$ folgt dann

$$(7\text{-}49) \qquad E(p, U_k) = E(p^k, U_k) + \sum_{n=1}^{N} x_n^k [p_n - p_n^k]$$

$$+ \frac{1}{2} \sum_{n=1}^{N} \sum_{m=1}^{N} S_{nm}^k [p_n - p_n^k][p_m - p_m^k] + R \; .$$

Berücksichtigt man (7-49) unter Vernachlässigung des Restgliedes in (7-45) und beachtet hierbei den Ausgabenterm

$$(7\text{-}50) \qquad E(p^k, U_k) = I_*^b - T_I^k$$

sowie die Zusammensetzung des Steueraufkommens gemäß (7-11), so führt dies zu der mit ZEV bezeichneten approximierten Zusatzlast

$$(7\text{-}51\text{a}) \qquad \underline{ZEV}_{*k} = - T_x^k - \sum_{n=1}^{N} x_n^k [p_n^* - p_n^k]$$

$$- \frac{1}{2} \sum_{n=1}^{N} \sum_{m=1}^{N} S_{nm}^k [p_n^* - p_n^k][p_m^* - p_m^k]$$

bzw.

(7-51b) $\underline{ZEV}_{*k} = -\frac{1}{2} \sum_{n=1}^{N} \sum_{m=1}^{N} S_{nm}^{k} t_{n}^{k} t_{m}^{k}$.

Da die Matrix der Slutsky-Terme S_{nm} negativ-semidefinit ist, kann die approximierte Zusatzlast offensichtlich nicht negativ sein. Dies korrespondiert mit dem Ergebnis des über die Gleichungen (7-40) bis (7-44) geführten Beweises.

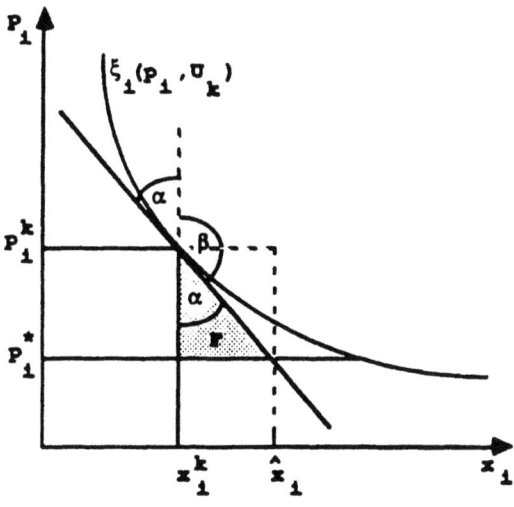

Abb. 7-3

In Abbildung 7-3 ist beispielhaft die linear approximierte Zusatzlast einer in der Situation k existierenden Steuer auf Gut i mit dem Steuerbetrag t_i^k als Dreiecksfläche F dargestellt[13]. Aus Vereinfachungsgründen wird von der Existenz weiterer Steuern abgesehen. Der Beweis, daß die Fläche F dem Approximationswert $\underline{ZEV}_{*k}$ entspricht, läßt sich dann wie folgt führen:

---

[13] Das Konzept einer linear approximierten Zusatzlast geht auf Hotelling (1938) zurück und wurde dann von A. C. Harberger Mitte der sechziger Jahre aufgegriffen und zu einer so beträchtlichen Popularität gebracht, daß man heute in diesem Kontext vom 'Harberger-Dreieck' spricht. Wie bei Ahlheim / Rose (1984, S. 306 ff.) gezeigt, ist Harbergers Approximationsausdruck zwar eine Dreiecksfläche unter einer Nachfragekurve, jedoch keinesfalls ein konsistent abgeleitetes Zusatzlastmaß. Vgl. hierzu auch die Ausführungen zum Harberger-Maß auf den Seiten 130 ff.

(7-52a) $\quad F = \dfrac{1}{2}[\hat{x}_i - x_i^k][p_i^k - p_i^*] = \dfrac{1}{2}[\hat{x}_i - x_i^k]t_i^k$,

(7-52b) $\quad \text{tg }\alpha = \text{tg}(180^0 - \beta) = -\dfrac{\partial \xi_i}{\partial p_i}(p^k, U_k) = -S_{ii}^k$,

(7-52c) $\quad \text{tg }\alpha = \dfrac{\hat{x}_i - x_i^k}{p_i^k - p_i^*} = \dfrac{\hat{x}_i - x_i^k}{t_i^k}$,

(7-52d) $\quad \hat{x}_i - x_i^k = - t_i^k S_{ii}^k$.

Durch Einsetzen von (7-52d) in (7-52a) folgt schließlich

(7-52e) $\quad F = -\dfrac{1}{2} S_{ii}^k [t_i^k]^2 = \underline{ZEV_{*k}}$, q.e.d.

Für eine Berechnung der approximierten Zusatzlast kann man die Slutsky-Terme wegen

(7-53) $\quad \xi_n(p,U) = x_n(p,E(p,U))$

und damit

(7-54) $\quad S_{nm} = \dfrac{\partial x_n}{\partial p_m} + \dfrac{\partial x_n}{\partial E}\dfrac{\partial E}{\partial p_m}$

gemäß

(7-55) $\quad S_{nm}^k = \dfrac{\partial x_n}{\partial p_m}(p^k, I_k) + \dfrac{\partial x_n}{\partial I}(p^k, I_k) x_m(p^k, I_k)$

ersetzen, da - wie im Anhang gezeigt -

$$\frac{\partial E}{\partial p_m}(p,U) \equiv \xi_m(p,U) \equiv \xi_m(p,V(p,I)) \equiv x_m(p,I) \quad .$$

Mit den Elastizitäten und Ausgabenanteilen

$$(7\text{-}56) \quad \epsilon_{nm}^k = \frac{\partial x_n}{\partial p_m}(p^k, I_k) \frac{p_m^k}{x_n^k} \quad ,$$

$$\eta_n^k = \frac{\partial x_n}{\partial I}(p^k, I_k) \frac{I_k}{x_n^k} \quad ,$$

$$a_m^k = \frac{p_m^k x_m^k}{I_k} \quad ,$$

sowie den Preisen und Mengen nach Projektdurchführung wird S_{nm} auch über

$$(7\text{-}57) \quad S_{nm}^k = \frac{x_n^k}{p_m^k} [\epsilon_{nm}^k + \eta_n^k a_m^k] \quad , \quad \forall n,m \in \{1,2,\ldots,N\} \quad ,$$

berechenbar.

Besitzen wir keine vollständigen Informationen über das Nachfrageverhalten des Konsumenten, sind aber die mit einem aktuellen Steuersystem verbundenen Preise, Einkommen und Mengen sowie die Preis- und Einkommenselastizitäten der Nachfrage hinreichend bekannt, läßt sich die approximierte Zusatzlast ZEV·$_k$ quantifizieren.

In der Regel sind diese Informationen jedoch allenfalls für historische Steuersysteme gegeben. Für potentielle Steuersystemalternativen würde die Kenntnis der in (7-57) spezifizierten Reaktionskoeffizienten sowie der Entscheidungsresultate des Haushalts bedeuten, daß man seine Nachfragefunktionen kennt. In diesem Falle ist es jedoch nicht erforderlich, die wegen des Taylor-Reihen-Restgliedes R stets fehlerhaften Approximationen zu verwenden. Vielmehr könnte man dann eines der in Kapitel 6 beschriebenen exakten Verfahren einsetzen. Ein solches wäre auch gegeben, wenn man die an dem Term zweiter Ordnung abgebrochene Taylor-Reihe der Ausgabenfunktion weiter entwickelte, so daß das Restglied vernachlässigbar klein wird[14].

Das in der Literatur bekannte und im Rahmen empirischer Analysen oft angewandte Maß (7-38) könnte zu der Überlegung führen, die steuerlichen Zusatzlasten generell wie folgt zu definieren:

Die einem Steuersystem inhärente Zusatzlast ist gleich der Differenz zwischen dem durch die Steuererhebung bewirkten Wohlfahrtsverlust (ausgedrückt in Geldeinheiten) und dem Steueraufkommen[15].

---

[14] Entwickelt man z.B. die Taylor-Approximation der Ausgabenfunktion bis zur dritten Ordnung, so tritt die Ableitung

$$\frac{\partial^3 E}{\partial p_n \partial p_m \partial p_j} = \frac{\partial S_{nm}}{\partial p_j} = S_{nmj}$$

auf. Es gilt dann

$$S_{nmj} = \frac{\partial^2 x_n}{\partial p_m \partial p_j} + \frac{\partial^2 x_n}{\partial I \partial p_j} \frac{\partial E}{\partial p_m} + \frac{\partial x_n}{\partial I} \frac{\partial^2 E}{\partial p_m \partial p_j}$$

und schließlich

$$S_{nmj} = \frac{\partial^2 x_n}{\partial p_m \partial p_j} + \frac{\partial^2 x_n}{\partial I \partial p_j} x_m + \frac{\partial x_n}{\partial I} S_{mj} \quad ,$$

$$\forall n,m,j \in \{1,\ldots,N\} \quad .$$

Kennt man die Marshall-Nachfragefunktionen, so läßt sich S_{nmj} in Verbindung mit S_{mj} nach (7-57) an der Stelle $[p^k, U_k]$ hiermit exakt berechnen.
Für alle höheren Ableitungen der Ausgabenfunktion gilt Entsprechendes.

[15] Eine hiermit vergleichbare Definition findet sich bei Auerbach (1985, S. 67): "The deadweight loss from a tax system is that amount that is lost in excess of what the government collects."

Eine solche Abgrenzung des 'deadweight loss' der Besteuerung könnte allerdings den Eindruck erwecken, man müsse nur eine adäquate Form für die Erfassung jener Wohlfahrtsverluste finden, die sich im Falle der Implementierung der zu evaluierenden Steuersystemalternativen einstellen. Bei einer solchen Problemstellung ginge man aber bereits a priori davon aus, daß die jeweiligen Steueraufkommensbeträge einem Wohlfahrtsverlust entsprechen. Eine Zusatzlastdefinition, die einem irgendwie gemessenen Wohlfahrtsverlust eines Steuersystems die Einkommensänderungen aus der Pauschsteuererhebung gegenüberstellt, impliziert die Aufrechnung von Nutzeneinheiten mit Einkommenseinheiten.

Die obige Analyse hat demgegenüber gezeigt, daß die Verrechnung des aus einer Steuersystemimplementierung folgenden Wohlfahrtsverlustes mit dem involvierten aktuellen Steueraufkommen dann zulässig ist, wenn die Hickssche Äquivalente Variation als Wohlfahrtsmaß gewählt wird[16] und außerdem die Hypothese legitimiert ist, daß die Produzentenpreise sowie auch die Bruttopauscheinkommen stets mit ihren Niveaus in der steuerlosen Ausgangssituation realisiert werden.

Zusammenfassend bleibt festzuhalten, daß man mit dem Zusatzlastmaß (7-18) in der berechenbaren Form (7-26) eine den Konsumentenpräferenzen entsprechende Rangordnung alternativer Steuersysteme erhält, wenn

    a) sich unter allen hypothetischen Pauschsteuersystemalternativen die gleichen Produzentenpreise und die gleichen Bruttopauscheinkommen einstellen

und

    b) alle miteinander zu vergleichenden aktuellen Steuersysteme zur gleichen individuellen Gesamtsteuerzahlung führen.

Damit sind also nur aufkommensneutrale Steuerreformalternativen vergleichbar, was eine nicht unerhebliche Einschränkung des auf der Basis steuerlicher Zusatzlasten diskutierbaren steuerpolitischen Entscheidungsspielraums impliziert. Dies führt uns zu der Überlegung, ob sich die aufgezeigte Restriktion nicht dadurch überwinden läßt, daß das Konzept steuerlicher Zusatzlasten unmittelbar auf die Änderung des Steuersystems selbst angewendet wird.

---

[16] Ebert (1988, S. 273) kommt auf etwas anderem Wege zu der gleichen Schlußfolgerung.

B. Die Zusatzlast einer Steuersystemänderung

In Analogie zu dem den Untersuchungen im Abschnitt A zugrundegelegten steuersystembezogenen Begriff einer Zusatzlast sei die Zusatzlast einer Steuerreform wie folgt definiert:

Die Zusatzlast einer Steuersystemänderung ist gleich der Differenz zwischen dem durch diese Steuerreform bewirkten Wohlfahrtsverlust und dem Wohlfahrtsverlust, der bei einer Änderung des Pauschsteueraufkommens in Höhe der aktuellen Änderung des Gesamtsteueraufkommens entstehen würde[17].

Hiernach ist mit jeder aktuellen Situation k eine hypothetische Situation h(k) verknüpft, in der die aktuelle Steueraufkommensänderung $\Delta_{0k}T$ in Pauschform erhoben wird.

Das Steuersystem in einer Situation h(k) ist nach dem obigen Zusatzlastkonzept dann wie folgt charakterisiert:

$$(7\text{-}58) \qquad t^{h(k)} = t^0 ,$$

$$T_I^{h(k)} = T_I^0 + \Delta_{0k}T ,$$

wobei

$$(7\text{-}59) \qquad \Delta_{0k}T = T_x^k - T_x^0 + T_I^k - T_I^0 .$$

Damit setzt sich das Steueraufkommen in einer Situation h(k) gemäß

$$(7\text{-}60) \qquad T^{h(k)} = T_x^{h(k)} + T_I^{h(k)}$$

---

[17] Mit dieser Definition folgen wir den von Stuart (1984), Ballard / Shoven / Whalley (1985) sowie Keuschnigg (1987, S. 30 ff.) gewählten Ansätzen einer Berechnung sogenannter marginaler bzw. zusätzlicher Zusatzlasten der Besteuerung. Theoretische Grundlagen zu diesem Konzept finden sich bei Diamond / McFadden (1974, S. 7 ff.), Kay (1980), Stutzer (1982) und Auerbach (1985, S. 68 ff.). Unter terminologischen Aspekten ziehen wir es allerdings vor, von den Zusatzlasten einer Steuersystemänderung zu sprechen, wobei diese einen beliebigen Umfang annehmen kann.

$$= t^0 x^{h(k)} + T_I^0 + \Delta_{0k} T$$

$$= t^0 [x^{h(k)} - x^0] + t^k x^k + T_I^k$$

$$= t^0 [x^{h(k)} - x^0] + T^k$$

zusammen. Weiterhin gelten in h(k) die Konsumentenpreise

(7-61) $p^{h(k)} = q^{h(k)} + t^0$

sowie das Pauscheinkommen

(7-62) $I_{h(k)} = I_{h(k)}^b - T_I^{h(k)}$

$$= I_{h(k)}^b - T_I^0 - \Delta_{0k} T \; .$$

In Verbindung mit einem zuverlässigen Variationsmaß W_{0k} erhält das auf die Messung der Zusatzlasten von Steuerreformprogrammen hin ausgerichtete Maß die Form

(7-63) $ZW_{0k} = [-W_{0k}] - [-W_{0h(k)}]$

$$= W_{0h(k)} - W_{0k}$$

bzw.

(7-64) $ZW_{0k} = E(p^r, U_{h(k)}) - E(p^r, U_k)$, $k \in \{1, 2, \ldots, K\}$,

wenn die in (6-3) spezifizierte Nutzeinkommensvariation zugrunde gelegt wird.

Um mit dem Maß (7-64) eine den Konsumentenpräferenzen entsprechende Rangordnung der Steuerreformalternativen zu erhalten, muß es mit deren Wohlfahrtseffekten strikt negativ verknüpft sein. Dies ist wiederum nur dann garantiert, wenn alle hypothetischen Steuerreformprojekte zum gleichen Wohlfahrtseffekt führen. Damit muß die Konsistenzbedingung

(7-65) $V(p^{h(k)}, I^b_{h(k)} - T^0_1 - \Delta_{0k}T) = U_h$, $\forall k \in \{1,2,\ldots,K\}$,

erfüllt sein, so daß man mit (7-64) das Zusatzlastmaß

(7-66) $ZW_{0k} = E(p^r, U_h) - E(p^r, U_k)$

erhält

Ebenso wie das Zusatzlastmaß für Steuersysteme nicht in der Lage war, dem Indikatorkriterium gerecht zu werden, kann man mit dem Lastmaß (7-66) auch nicht prüfen, welche Wohlfahrtsänderung durch eine einzelne Steuerreform verursacht wird. Für sämtliche Steuerreformalternativen, die (7-65) erfüllen, ist $E(p^r, U_h)$ in (7-66) eine Konstante. Damit kann ZW_{0k} eine beliebige Anzahl von Steuersystemänderungen, die alle (7-65) erfüllen, in Übereinstimmung mit der Präferenzordnung des Konsumenten konsistent ordnen. Es gilt also die auf den Vergleich steuerlicher Zusatzlasten hin modifizierte Ordnungsbedingung

(7-67) $ZW_{01} \geq ZW_{02} \geq \ldots \geq ZW_{0K}$ <==>

$U_1 \leq U_2 \leq \ldots \leq U_K$.

Zu prüfen ist dann, welche Auswirkungen die Konsistenzbedingung (7-65) auf die simultan zu evaluierenden Steuerreformprogramme hat.
Sollte die Durchführung der hypothetischen Steuersystemänderungen in allen Fällen zu einer gleichen Bruttopauscheinkommensänderung und den gleichen Produzentenpreisen führen, d.h., es gilt

(7-68) $q^{h(k)} = q^h$

und

(7-69) $I^b_{h(k)} = I^b_h$,

so ist die Konsistenzbedingung (7-65) nur gewährleistet, wenn weiterhin alle aktuellen Steuerreformen die gleiche aktuelle Steueraufkommensänderung ergeben, d.h.,

$$(7-70) \quad \Delta_{0k}T = \Delta T \quad , \quad \forall k \in \{1, 2, \ldots, K\} \; .$$

Im Falle konstanter Produzentenpreise und konstanter Bruttopauscheinkommen läßt sich ein mit (7-38) vergleichbares Maß ableiten, wenn der in der gegenwärtigen Situation gültige Konsumentenpreisvektor als Referenzpreisvektor gewählt wird. Wie bereits im Kapitel 6 gezeigt wurde, erhält man bei einer Spezifikation von W_{0k} gemäß der Nutzeinkommensvariation (6-3) und dem Referenzpreisvektor $p^r = p^0$ die Hickssche Äquivalente Variation EV_{0k}. Die Annahme konstanter Produzentenpreise impliziert unter Bezugnahme auf (7-68), daß sich nach Durchführung eines jeden hypothetischen Steuerreformprojekts stets die Produzentenpreise $q^h = q^0$ einstellen. Falls auch die Bruttopauscheinkommen konstant sein sollten, erhält das Zusatzlastmaß (7-66) die Form

$$(7-71) \quad ZEV_{0k} = E(p^0, U_h) - E(p^0, U_0) + E(p^0, U_0) - E(p^0, U_k)$$

$$= -EV_{0k} - [E(p^0, U_0) - E(p^0, U_h)] \; .$$

Offensichtlich ist $E(p^0, U_0) - E(p^0, U_h)$ gleich der für alle zu vergleichenden Projekte gleichen Änderung des Steueraufkommens. Daraus folgt wiederum

$$(7-72) \quad ZEV_{0k} = -EV_{0k} - \Delta T \quad , \quad \forall k \in \{1, 2, \ldots, K\} \; .$$

Auf der Basis eines mit (7-72) vergleichbaren Maßes berechneten Ballard et al. (1985) die sogenannten marginalen Zusatzlasten des US-Steuersystems, indem sie mit einem auf die US-Ökonomie angewandten allgemeinen Gleichgewichtsmodell die Auswirkungen einer kleinen prozentualen Änderung der Steuersätze simulierten. Unbeachtet der Tatsache, daß - wie die Autoren wohl richtig konstatierten - "the issue of the marginal welfare cost of distortionary taxation has attracted increasing attention..."[18], steht wohl unzweideutig fest: Die Niveaus der Zusatzlastmaßwerte besitzen keine eigenständige wohlfahrtstheoretische Bedeutung. Dies wird sofort klar, wenn man sich noch einmal das Konstruktionsprinzip des Zusatzlastmaßes vergegenwärtigt. Essentiell ist, daß ZW eine Differenz zwischen zwei Wohlfahrtsmaßwerten darstellt.

---

[18] Siehe Ballard / Shoven / Whalley (1985, S. 136 f.).

Wenn das dabei verwendete Wohlfahrtsmaß auch kardinal, d.h. z.B. in Geldeinheiten dimensioniert sein kann, so darf es jedoch nur ordinal interpretiert werden. Somit ist die Nützlichkeit einer Berechnung steuerlicher Zusatzlasten allein daran zu messen, ob sich hiermit eine den Konsumentenpräferenzen entsprechende Ordnung der Reformalternativen gewinnen läßt. Deshalb können wir auch den Interpretationen von Ballard et. al.[19] nicht folgen, wenn sie allein auf den berechneten Umfang der Zusatzlasten bezogene steuerreformpolitische Konsequenzen ableiten.

Höchst bedenklich erscheint uns dies auch unter dem weiteren Aspekt, daß die Verrechnung des Wohlfahrtsverlustes einer Steuersystemänderung mit dem involvierten Steueraufkommenseffekt nur - wie wir oben gezeigt haben - bei Gültigkeit sehr spezieller ökonomischer Bedingungen gerechtfertigt ist.

Zur Würdigung der populären Maßversion (7-72) sollte abschließend noch einmal darauf hingewiesen werden, daß nur solche Reformalternativen zuverlässig geordnet werden können, die zu der gleichen Steueraufkommensänderung führen. Gegenüber dem auf den Vergleich von Steuersystemen bezogenen Maß (7-38) impliziert dies zwar eine Erweiterung der Menge zulässiger Steuerreformprojekte, jedoch bleibt diese durch $\Delta_{0k}T = \Delta T, \forall k \in \{1,2,...,K\}$, beschränkt.

Eine zweites Grundkonzept der Messung von Zusatzlasten der Besteuerung geht auf Hotelling (1938) zurück. Mitte der sechziger Jahre wurde es von Harberger aufgegriffen und zu einer solchen Popularität gebracht, daß man in der Literatur hier vom Harberger- Konzept der Messung steuerlicher Lasten spricht[20]. Auf die Analyse von Steuerreformen bezogen, lautet es wie folgt:

Die Zusatzlast einer Steuersystemänderung im Sinne von Hotelling und Harberger ist gleich jenem Wohlfahrtsverlust, der sich letztlich ergibt, nachdem die reformbedingte Steueraufkommensänderung beim Konsumenten in Pauschform zurücktransferiert wurde.

Ein steuerreformorientiertes Harberger-Maß ist dann durch folgende Merkmale charakterisiert: Evaluiert werden letztlich hypothetische Steuerreformprojekte, die neben der Veränderung der Gütersteuerbeträge von t^0 zu t^k und/oder der Pauschsteu-

---

[19] Siehe Ballard / Shoven / Whalley (1985, S. 136).
[20] Siehe vor allem Harberger (1964) und Harberger (1971).

erzahlungen von T_I^0 zu T_I^k jeweils noch eine simultan erfolgende zweite Maßnahme implizieren, nämlich Pauschtransfers in Höhe der Steueraufkommensänderung. Erhöht beispielsweise der Staat im Rahmen eines Steuerreformprojektes die Gütersteuern, so wird das hiermit erzielte Steuermehraufkommen als zusätzliches Transfereinkommen an den Konsumenten zurückgegeben. Im Falle einer projektbedingten Gütersteuersenkung erhebt der Staat bei dem betroffenen Konsumenten eine zusätzliche Pauschsteuer gleichen Aufkommens. Zu beachten ist hierbei, daß die betreffenden Kompensationen auf der Basis jener neuen Situationen j(k) erfolgen, die dem Konsumentengleichgewicht nach Implementierung des aktuellen Steuersystems $[t^k,T_I^k]$ und nach erfolgter Kompensation entsprechen. Bei konstanten Produzentenpreisen und konstantem Bruttopauscheinkommen realisiert dann der Haushalt in der Situation j(k) ein Güterbündel $x^{j(k)}$, das er sich auch bei den gegenwärtigen Preisen p^0 und dem gegenwärtigen Pauscheinkommen I_0 hätte kaufen können[21]. Hiernach gilt also

(7-73) $\quad [q^0+t^0]x^{j(k)} = I_0$.

Ist das individuelle Steueraufkommen in der Situation j(k) größer als bei Gültigkeit des gegenwärtigen Steuersystems $[t^0,T_I^0]$, so erhält der Haushalt zum Ausgleich erhöhter Steuerzahlungen ein zusätzliches Transfereinkommen $G_{j(k)}$. Dieses ist im Falle einer verringerten Steuerleistung negativ, was dann einer allein zu Kompensationszwecken zusätzlich auferlegten Pauschsteuerzahlung entspricht. Damit wird der Konsument nach Realisierung eines hypothetischen Steuer-/Transfersystems $[t^k,T_I^k-G_{j(k)}]$ mit der Budgetbeschränkung

(7-74) $\quad [q^0+t^k]x = I_{j(k)}$

konfrontiert, wobei

(7-75) $\quad I_{j(k)} = I_0 - \Delta_{0k}T_I + G_{j(k)}$.

Aus (7-73) bis (7-75) ergibt sich dann die folgende Bestimmungsgleichung für die Harberger-Kompensation:

---

[21] Vgl. zur Harberger-Kompensation weiterhin auch Ahlheim / Rose (1984, S. 306 ff.).

(7-76) $\quad G_{j(k)} = \Delta_{0k}T_I + [t^k-t^0]x^{j(k)}$.

Damit ist das verfügbare Pauscheinkommen in der hypothetischen Situation j(k) gemäß

(7-77) $\quad I_{j(k)} = I_0 + [t^k-t^0]x^{j(k)}$

determiniert.

Im Gegensatz zu der Berechnung reformbedingter Zusatzlasten gemäß (7-63) ist das Harberger-Maß nicht durch die Differenz zwischen den Wohlfahrtsverlusten aus der Implementierung zweier Steuerreformen charakterisiert. Gemessen wird vielmehr der Wohlfahrtsverlust aus der Durchführung eines Maßnahmenbündels, das sich aus der aktuellen Steuersystemänderung und der simultan erfolgenden Kompensation zusammensetzt. Also wird auf der Basis eines zuverlässigen Variationsmaßes hier die Zusatzlast gemäß

(7-78) $\quad ZZW_{0k} = -W_{0j(k)}$

erfaßt, wobei die Konsumentenpreise $p^{j(k)} = p^k$ gelten und das Nettopauscheinkomen aus (7-77) folgt[22]. Wählt man als Wohlfahrtsmaß die Hickssche Äquivalente Variation EV, so folgt offensichtlich

$$
\begin{aligned}
(7\text{-}79) \quad ZZEV_{0k} &= -EV_{0j(k)} \\
&= E(p^0,U_0) - E(p^0,U_{j(k)}) \\
&= I_0 - E(p^0,V(p^k,I_{j(k)})) \\
&= I_0 - E(p^0,V(p^k,I_0+[t^k-t^0]x^{j(k)})) \quad .
\end{aligned}
$$

In Abbildung 7-4 haben wir dieses Zusatzlastmaß anhand des Beispiels der Einführung einer Steuer auf Gut 2 verdeutlicht[23]. Gut 1 sei wiederum ein "composite commodity" und zugleich das Numéraire-Gut, so daß das Einkommen I_0 gleich der

---

[22] Zu Wohlfahrtsanalysen auf der Basis eines solchen Zusatzlastmaßes vgl. auch Auerbach / Rosen (1980, S.5 ff.), Boadway / Bruce (1984, S. 207 ff.) und Pauwels (1986).
[23] Vgl. hierzu auch Ahlheim / Rose (1984, S. 309 f.).

Strecke OA und die Budgetgerade in der Ausgangssituation durch die Gerade AA' gegeben ist. Erhöht sich jetzt durch die Einführung einer Besteuerung von Gut 2 dessen Preis um den Steuerbetrag t_2^k, so würde diese finanzpolitische Maßnahme zu der neuen Budgetgeraden AC führen. Wird der Konsument jedoch nach Harberger durch Rücktransfers des Gütersteueraufkommens so kompensiert, daß er sich zwar wieder auf der ursprünglichen Budgetgeraden AA' befindet, aber mit dem neuen Preisverhältnis p_2^k konfrontiert wird, dann gilt für ihn letztlich die neue Budgetgerade BB'.

Zur graphischen Bestimmung des hypothetischen Gleichgewichtspunktes bei $x^{j(k)}$ muß man die Budgetgerade AC so lange parallel verschieben, bis sie eine Indifferenzkurve in einem Punkt der ursprünglichen Budgetgeraden AA' tangiert. In dieser Situation erhält der Konsument den der Strecke AB entsprechenden Gesamtsteuerbetrag als zusätzliches Pauscheinkommen zurück. Folglich ist $x^{j(k)}$ ein Güterbündel, das sich der Konsument auch bei dem Nettopauscheinkommen I_0 und dem Ursprungspreis p_2^0 hätte leisten können.

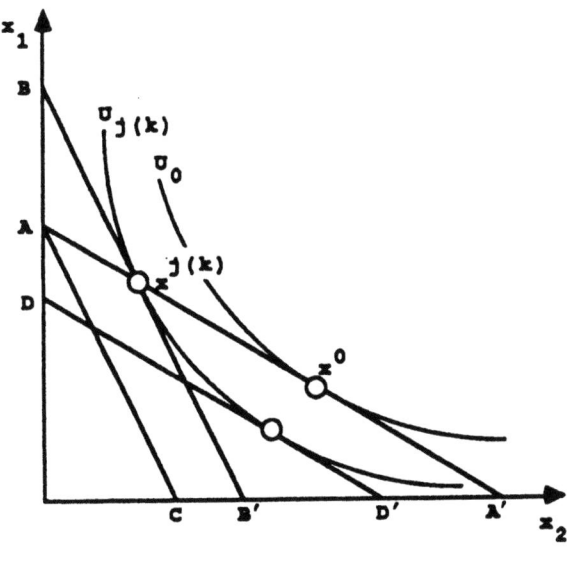

Abb. 7-4

Da er sich unter diesen Bedingungen aber für das Güterbündel x^0 entschied, muß er es offensichtlich dem ebenfalls realisierbaren Güterbündel $x^{j(k)}$ vorgezogen haben. Daraus folgt wiederum, daß der Konsument beim Übergang von der ursprünglichen Situation 0 zu der durch ein Harberger-Steuerprojekt erzwungenen Situation j(k) eine Nutzeneinbuße erleidet. Dies wird auch aus einem der Strecke DA entsprechenden positiven Wert der Zusatzlast im Sinne Harbergers deutlich.

Mit dem gemäß (7-79) formulierten Harberger-Maß müßte es nun möglich sein, eine Ordnung der hypothetischen Situationen [j(1),j(2),...,j(K)] zu erhalten, die exakt jener Ordnung der eigentlich zu evaluierenden Situationen [1,2,...,K] entspricht, die sich nach den Konsumentenpräferenzen ergibt. Weiterhin müßte man erkennen, welche Wohlfahrtseffekte jede einzelne Steuerreform gegenüber der gegenwärtigen Ausgangssituation bewirkt.

Zunächst einmal ist überhaupt nicht ersichtlich, wie man über (7-79) zu der Information gelangen sollte, ob sich der Konsument nach der Realisation eines neuen Steuersystems $[t^k, T_I^k]$ nutzenmäßig verbessert hat oder nicht. Es ist also nicht erkennbar, wie man für das Harberger-Maß ein adäquates Indikatorkriterium formulieren sollte. An dieser Stelle erscheint es wichtig, sich darüber im klaren zu sein, daß es nicht darum geht, das hypothetische Güterbündel $x^{j(k)}$ bzw. das hypothetische Nutzenniveau $U_{j(k)}$ gegenüber dem gegenwärtig gewählten Güterbündel x^0 bzw. dem gegenwärtig realisierten Nutzenniveau U_0 zu evaluieren. Das eigentlich zu lösende Rangordnungsproblem besteht darin, wie man die Güterbündel x^k untereinander und gegenüber x^0 unter Wohlfahrtsaspekten zu bewerten hat.

Bezüglich des wohlfahrtsmäßigen Vergleichs alternativer Steuerreformvorhaben stellt sich die Frage, ob z.B. für zwei Projekte (1 und 2) die dem Zusatzlastmaßkriterium (7-67) entsprechende Ordnungsäquivalenz

(7-80) $ZZEV_{01} \geq ZZEV_{02} \iff U_1 \leq U_2$

gegeben ist. Die linke Seite von (7-80) ist wegen (7-79) äquivalent zu

(7-81a) $I_0 - E(p^0, V(p^1, I_0 + [t^1 - t^0] x^{j(1)})) \geq$

$I_0 - E(p^0, V(p^2, I_0 + [t^2 - t^0] x^{j(2)}))$

bzw., wegen der strengen Monotonie der Ausgabenfunktion im Nutzen, zu

(7-81b) $V(p^1, I_0+[t^1-t^0]x^{j(1)}) \leq V(p^2, I_0+[t^2-t^0]x^{j(2)})$.

Zur Erfüllung von (7-80) müßte dann (7-81) mit

(7-82) $V(p^1, I_1) \leq V(p^2, I_2)$

äquivalent sein. Davon kann jedoch generell überhaupt nicht ausgegangen werden. Es ist auch nicht zu sehen, daß die Annahme einer gleichen Steueraufkommensänderung bei allen aktuellen Steuerreformprojekten dazu führen könnte, daß das Zusatzlastmaß (7-79) die geforderte Ordnungsbedingung erfüllt[24].
Nun könnte man vielleicht auf den Gedanken kommen, daß die Unzuverlässigkeit des Harberger-Maßes dadurch hervorgerufen wird, daß wir es in einer steuerreformorientierten Version konzipiert haben. Jedoch kann man unschwer zeigen, daß ein auf den Vergleich von Steuersystemen hin entwickeltes Harberger-Maß den geforderten Zuverlässigkeitskriterien ebenfalls nicht generell genügt[25].

Nach den aufgezeigten Implikationen der beiden bekanntesten traditionellen Grundkonzepte einer Abgrenzung steuerlicher Zusatzlasten und hiernach zu bildender

---

[24] Somit können wir auch nicht der folgenden Interpretation von Pauwels (1986, S.272) zustimmen: "The deadweight loss ... defined as the loss that remains if all tax revenue is returned to the consumer ... is a reliable loss measure." Über die Hickssche Äquivalente Variation vergleicht nämlich Pauwels die hypothetischen Situationen j(k) mit der gegenwärtigen Situation 0. Natürlich muß das Nutzenniveau bei Gültigkeit der aktuellen Steuersätze und einem Pauschrücktransfer des Steueraufkommens kleiner sein als in der Situation ohne verzerrende Gütersteuern. Insofern erhält man mittels eines EV-basierten Verlustmaßes auch die korrekte Information über die durch das Steuer-/Transfersystem bewirkte Nutzeneinbuße, was auch aus dem in Abb. 7-4 veranschaulichten Beispiel der Einführung einer speziellen Verbrauchsteuer hervorgeht. Da es sich bei den zu den Situationen j(k) führenden fiskalischen Maßnahmen jedoch nicht um die eigentlich zu evaluierenden Projekte handelt, ist diese Information allerdings wenig hilfreich. Wie wir bereits oben darlegten, muß es mit dem Zusatzlastmaß vielmehr möglich sein, die zu den aktuellen Situationen k führenden Reformalternativen der Präferenzordnung des Konsumenten entsprechend zu bewerten.

[25] Bei einem Austausch von I_* für I_0, p^* für p^0 und $t^0=0$ wird (7-79) zu einem auf den Vergleich von Steuersystemen hin anwendbaren Zusatzlastmaß, wobei die steuerlose Ausgangssituation * als Referenzsituation fungiert. Jedoch garantiert auch dieses Maß nicht die Zuverlässigkeit in dem Sinne, daß es mit U_k streng monoton abnimmt.

Maße kann die Frage ihrer Eignung als Basis für Projektevaluierungen, die den Konsumentenpräferenzen entsprechen, recht eindeutig beantwortet werden.

Das zuerst analysierte und wohl auch populärste Zusatzlastkonzept ist überhaupt nur zum wohlfahrtstheoretischen Vergleich solcher Besteuerungsalternativen verwendbar, die zu gleichen individuellen Steueraufkommenseffekten führen. Damit sich zur Erfüllung der Konsistenzbedingung bei jedem der hypothetischen Pauschsteuerreformen die gleichen Produzentenpreise und die gleichen Bruttopauscheinkommen einstellen, muß praktisch die Voraussetzung gegeben sein, daß jede aktuelle Steuerreform bei jedem Konsumenten der Volkswirtschaft zu der jeweils gleichen Steueraufkommensänderung führt. Gegenüber einem zuverlässigen Wohlfahrtsmaß, wie es z.B. die allgemeine Nutzeinkommensvariation darstellt, impliziert dies mehr als eine überflüssige Einschränkung der diskutierbaren Projekte. Es ist eigentlich kaum vorstellbar, daß es zwei finanzpolitisch relevante Steuerreformalternativen gibt, die die Eigenschaft besitzen, bei allen Konsumenten zu einem jeweils betragsgleichen Steueraufkommenseffekt zu führen.

Die zweite, vornehmlich durch Harberger popularisierte Grundversion der Messung individueller Zusatzlasten der Besteuerung hat sich für die Zwecke einer der Präferenzordnung von Konsumenten entsprechenden Evaluierung von Steuerreformprojekten schlechthin als völlig unbrauchbar erwiesen.

Literatur

A. Zabalza (1982)

M. Ahlheim / M. Rose (1984, S.302-312)

R. W. Boadway / N. Bruce (1984, S.206-211)

A. J. Auerbach (1985, S.61-86)

W. Pauwels (1986, S.267-276)

TEIL III

Messung von Wohlfahrtsänderungen mit Hilfe von Indexmassen

KAPITEL 8

ALLGEMEINE EIGENSCHAFTEN VON INDEXMASSEN

Während die Variations- oder Geldeinkommensmaße, mit denen wir uns bisher beschäftigt haben, Wohlfahrtsänderungen in monetären Einheiten ausdrücken und daher eine relativ starke intuitive Kraft besitzen, erscheint das Wesen der (dimensionslosen) Indexmaße zumindest auf den ersten Blick weit weniger einleuchtend. So war denn auch die Verwendung von Indizes zur Beschreibung ökonomischer Phänomene von vornherein umstritten[1], und noch 1951 meinte M.J. Moroney: "But index numbers are a widespread disease of modern life ... . their regular calculation must be regarded as a widespread compulsion neurosis. Only lunatics and public servants with no other choice go on doing silly things and liking it."[2]

Die Motivation zur Verwendung ökonomischer Indizes entsteht aus dem Wunsch, komplexe ökonomische Sachverhalte, für die es kein gemeinsames physisches Maß gibt, mit Hilfe einer einzigen Zahl auszudrücken. Ein ökonomischer Index läßt sich somit allgemein beschreiben als eine *Funktion, die auf einer Menge bestimmter ökonomisch relevanter Größen (z.B. Preise oder Konsumgütermengen) definiert ist und diese in den eindimensionalen reellen Zahlenraum abbildet.* Ein solcher Index vergleicht typischerweise in Quotientenform zwei verschiedene Situationen miteinander, wobei die Funk-

---

[1] Die erste konkrete Definition eines Indexes wird auf Edgeworth gegen Ende des letzten Jahrhunderts zurückgeführt (s. Allen (1975), S.1/2), und schon 1896 meinte der niederländische Ökonom N.G. Pierson: "...the only possible conclusion seems to be that all attempts to calculate and represent average movements of prices, either by index-numbers or otherwise, ought to be abandoned." (Pierson (1896), S.131). Diese kompromißlose Haltung, der von Edgeworth natürlich sofort vehement widersprochen wurde (s. Edgeworth (1896)), hat sich dann doch nicht durchgesetzt, wie das gewaltige Anwachsen der inzwischen kaum noch zu überschauenden Literatur zur Theorie der Indexzahlen zeigt. Im Gegenteil, die von diesen Maßen ausgehende Faszination scheint in den letzten Jahren eher noch zugenommen zu haben.

[2] Moroney (1951, S.48 und 49/50).

tionen im Zähler und im Nenner dieses Quotienten jeweils eine der beiden Situationen in bezug auf einen bestimmten ökonomischen Aspekt charakterisieren.

Man unterscheidet im Rahmen der Wohlfahrtstheorie zwei große Klassen ökonomischer Indizes: **Mengenindizes** und **Preisindizes**. Ein typischer Mengenindex vergleicht in Skalarform die in zwei verschiedenen Situationen konsumierten Güterbündel miteinander. Da durch den Konsumgütervektor eines Konsumenten sein Nutzenniveau und damit sein "Wohlstand" im weitesten Sinne bestimmt ist, bezeichnet man Mengenindizes häufig auch als Wohlstands- oder Lebensstandardindizes. Ein typischer Preisindex reduziert den Vergleich zweier in verschiedenen Situationen gültiger Preisvektoren auf einen einzigen Skalar und stellt somit in einem reinen Konsummodell den Wechsel der Lebenshaltungskosten für den Konsumenten dar. Aus diesem Grunde werden Preisindizes häufig auch als Lebenshaltungskostenindizes bezeichnet. Man kann diese beiden Indexarten in allgemeiner Form folgendermaßen definieren:

(8-1)   *Ein typischer* **Mengenindex**

$$Q_{0k} = Q(x^0, x^k) \quad , \quad k \in \{1, 2, \ldots, K\} \quad ,$$

beschreibt in Quotientenform die Änderung des Lebensstandards eines Konsumenten von der Ausgangssituation 0 zu einer Situation k. Er faßt dabei die Änderung aller in den beiden Situationen jeweils konsumierten Gütermengen zu einem einzigen dimensionslosen Skalar zusammen.

(8-2)   *Ein typischer* **Preisindex**

$$P_{0k} = P(p^0, p^k) \quad , \quad k \in \{1, 2, \ldots, K\} \quad ,$$

beschreibt in Quotientenform die für einen Konsumenten von der Ausgangssituation 0 zu einer Situation k bei konstantem Lebensstandard entstehende Änderung seiner Lebenshaltungskosten. Er faßt dabei die Änderung aller für den Konsumenten in den beiden Situationen jeweils relevanten Preise zu einem einzigen dimensionslosen Skalar zusammen.

Aus der Definition des Mengenindexes wird deutlich, daß die Zielsetzung eines solchen Indexes mit der generellen Zielsetzung eines Wohlfahrtsmaßes kompatibel ist, so daß Mengenindizes grundsätzlich - sofern sie bestimmte Zuverlässigkeitskriterien erfüllen - als Wohlfahrtsmaße in Frage kommen. Weit weniger offensichtlich ist die Rolle, die Preisindizes im Rahmen der Wohlfahrtsmessung übernehmen könnten, da von Änderungen des Preisniveaus alleine nicht auf Wohlfahrtsänderungen geschlossen werden kann. Die typische Aufgabe von Preisindizes besteht vielmehr darin, nominale in reale Größen zu überführen. Als Objekt für eine solche Deflationierung bietet sich im Wohlfahrtszusammenhang natürlich unmittelbar das Nominaleinkommen des Konsumenten an, da das Nominaleinkommen I zusammen mit dem Preisvektor p sein Nutzenniveau vollständig determiniert. In Indexform läßt sich die Änderung des Nominaleinkommens von der Ausgangssituation 0 zu einer Situation k als I_k/I_0 darstellen, da es sich bei dem Nominaleinkommen I ja bereits um einen Skalar handelt[3]. Deflationiert man nun diesen Nominaleinkommensindex mit dem entsprechenden Preisindex P_{0k}, so ergibt sich der **Realeinkommensindex**

$$(8-3) \qquad Y_{0k} = \frac{I_k / I_0}{P(p^0, p^k)} = Y(p^0, I_0, p^k, I_k) \quad .$$

Dieser Index faßt die Veränderung sämtlicher für die Bestimmung des Konsumentennutzens relevanter Größen zu einem Skalar zusammen und kommt daher - ebenso wie ein Mengenindex - grundsätzlich als Wohlfahrtsmaß in Frage. Die Rolle des Preisindexes im Rahmen der Wohlfahrtsmessung ist also eher mittelbarer Natur und besteht einfach darin, einen Realeinkommensindex zu erzeugen, der seinerseits (bei Erfüllung bestimmter zusätzlicher Kriterien) als Wohlfahrtsmaß verwendet werden kann.

Neben der an inhaltlichen Gesichtspunkten orientierten Unterteilung der Indexmaße in Preis- und Mengenindizes ist in der Literatur auch eine eher technische Untergliederung nach der Konstruktionsweise der einzelnen Indizes üblich. Diese auf Ragnar Frisch[4] zurückgehende Klassifizierung unterscheidet zwischen sogenannten atomistischen und funktionalen Indizes. Bei den **funktionalen Indizes** wird ein auf der Theorie des Haushalts basierender funktionaler Zusammenhang zwischen Preis- und

---

[3] Die Darstellung der Änderung eines Skalars in Indexform ist gleich dem Verhältnis der beiden Skalarwerte, da eine "Aggregation" mehrerer Größen wie bei Preis- oder Mengenindizes hier entfällt.

[4] Siehe Frisch (1936, S.3).

Mengenvariablen unterstellt, während dies bei den atomistischen Indizes nicht der Fall ist. **Atomistische Indizes** unterliegen rein technischen Bildungsgesetzen wie den bekannten Fisher-Tests[5] und behandeln Preise und Gütermengen als voneinander unabhängige Variablen. Ihr Vorteil besteht vor allem darin, daß die zu ihrer Berechnung erforderlichen Daten leicht verfügbar sind. Ihr Nachteil ist offensichtlich, daß sie, da ihre Konstruktion nicht an dem in der Haushaltstheorie unterstellten Konsumentenverhalten orientiert ist, bestenfalls näherungsweise Aufschluß über die Wirkung der durch sie repräsentierten Variablenänderungen auf einen Haushalt geben können. Ein atomistischer Mengenindex kann daher niemals ein exakter Wohlfahrtsindikator sein. Demgegenüber sind die meisten funktionalen Indizes zwar exakt im Sinne der Haushaltstheorie, zu ihrer Berechnung werden jedoch weitaus mehr und schwieriger zu ermittelnde Informationen benötigt, so daß in der praktischen Anwendung häufig atomistische Indizes als Approximationen der "wahren" funktionalen Indizes Anwendung finden. Im Zusammenhang mit der Darstellung der einzelnen Preis- und Mengenindizes werden wir auf die Zulässigkeit solcher Approximationen noch näher eingehen.

Literatur

I. Fisher (1927)
R. Frisch (1936)

---

[5] Irving Fisher (1927) entwarf eine ganze Reihe technisch-formaler Tests, die ein sinnvoller Index seiner Meinung nach bestehen muß. Schon Ragnar Frisch (1936, S.7) machte darauf aufmerksam, daß ein einzelner Index niemals sämtliche Fisher-Tests bestehen kann, da sie einander zum Teil widersprechen. Heute werden einige dieser "Tests", wenn überhaupt, dann nur in abgeschwächter und an inhaltlichen Kriterien orientierter Form verwendet. Dies gilt vor allem für den sogenannten Schwachen Faktorumkehrtest (modifiziert durch Samuelson/Swamy (1974)), den Zirkularitätstest (vergleiche hierzu Funke/ Hacker/Voeller (1979)) und den Zeitumkehrtest.

KAPITEL 9

MENGENINDIZES

1. Kriterien für die Zuverlässigkeit von Mengenindizes als individuelle Wohlfahrtsmaße

Ebenso wie die Variationsmaße müssen auch Indexmaße bestimmte allgemeine Zuverlässigkeitskriterien erfüllen, um als Wohlfahrtsmaße sinnvoll verwendbar zu sein. Inhaltlich muß es sich bei Variations- und Indexmaßen, die ja zum Teil als monotone Transformationen entsprechender Variationsmaße interpretiert werden können, natürlich um dieselben Kriterien handeln, da die inhaltlichen Anforderungen an ein Wohlfahrtsmaß unabhängig von seiner konkreten funktionalen Ausgestaltung sind. Die formale Darstellung dieser Zuverlässigkeitskriterien hängt jedoch insofern von der allgemeinen funktionalen Form der zu beurteilenden Maße ab, als sie für Differenzen von Funktionen (wie bei Variationsmaßen) natürlich anders formuliert werden müssen als für Quotienten, die ja die traditionelle Darstellungsform für Indexmaße bilden.

Bevor wir nun die in Kapitel 2 für Variationsmaße konzipierten Zuverlässigkeitskriterien in eine den Indexmaßen entsprechende Form überführen, sollen zunächst zwei Axiome kurz aufgeführt werden, die als allgemeine Kennzeichen sämtlicher Mengenindizes gelten und daher sozusagen Bestandteil ihres "Steckbriefs" sind. Ein Index ist demnach nur dann ein Mengenindex, wenn er als eine Funktion $Q: R^{2N} \rightarrow R$ darstellbar ist und sowohl das

(9-1)   **Monotonie-Axiom:**

$$x^j > x^k \Rightarrow Q(x^0, x^j) > Q(x^0, x^k) \quad,$$

$$x^0 > x^i \Rightarrow Q(x^0, x^k) < Q(x^i, x^k) \quad,$$

$$i, j, k \in \{1, 2, \ldots, K\} \quad,$$

als auch das

(9-2) Identitäts-Axiom:

$$Q(x^0, x^0) = 1$$

erfüllt. Diese beiden Axiome betreffen ausschließlich die Darstellung von Mengenänderungen mit Hilfe von Indizes und sind daher unabhängig von der Eignung der einzelnen Indizes zur Wohlfahrtsmessung. Sie können vielmehr als Konventionen zur Normierung der formalen Maßeigenschaften eines Mengenindexes interpretiert werden: Das Identitäts-Axiom legt den Wert fest, den ein Mengenindex anzeigen muß, wenn keine Veränderung des Konsumgüterbündels stattgefunden hat, und das Monotonie-Axiom gibt an, wie der Wert eines Mengenindexes auf Änderungen seiner Argumente zu reagieren hat.

Geht man nun zu der Frage über, wann ein Mengenindex $Q_{0k} = Q(x^0, x^k)$, der die Eigenschaften (9-1) und (9-2) besitzt, ein zuverlässiges Wohlfahrtsmaß ist, so ist zunächst wieder als Minimalforderung zu nennen, daß ein wohlfahrtstheoretisch zuverlässiger Mengenindex in der Lage sein muß, in Übereinstimmung mit der Präferenzordnung des Konsumenten anzuzeigen, ob ein bestimmtes Projekt k die Wohlfahrt des Konsumenten gegenüber der Ausgangssituation 0 erhöht oder nicht. Wir bezeichnen dies wieder als unsere **Indikatorbedingung**

(9-3) $Q_{0k} > 1 \iff U(x^k) > U(x^0)$,

$Q_{0k} = 1 \iff U(x^k) = U(x^0)$, $k \in \{0, 1, 2, \ldots, K\}$.

Auch für Mengenindizes wird wieder die Erfüllung einer **Ordnungsbedingung**

(9-4) $\dfrac{Q_{0j}}{Q_{0k}} \geq 1 \iff U(x^j) \geq U(x^k)$, $j, k \in \{0, 1, 2, \ldots, K\}$,

gefordert, derzufolge man aus dem Vergleich der Indexwerte für verschiedene Projekte mit derselben Ausgangssituation unmittelbar auf die Rangordnung schließen kann, die diesen Projekten nach der Präferenzordnung des Konsumenten zukommt.

Als Regel für die konsistente Verknüpfung mehrerer Indizes für Projekte mit aufeinanderfolgenden Ausgangssituationen fordert die **Zirkularitätsbedingung**

(9-5) $Q_{ij} \cdot Q_{jm} = Q_{im}$, $i,j,m \in \{0,1,2,\ldots,K\}$,

daß das Produkt aus den Indizes mehrerer aneinander anschließender Projekte gleich dem Index für die gesamte Wohlfahrtsänderung von der Ausgangssituation des ersten Projektes bis zur Situation nach Abschluß des letzten Projektes ist. Dies impliziert, daß es für die wohlfahrtstheoretische Bewertung eines Projektes keine Rolle spielt, ob es in einem Zuge verwirklicht oder in eine Folge von aneinander anschließenden Teilprojekten zerlegt wird[1]. Verwirklicht man beispielsweise ein Projekt k in zwei Etappen, den Übergang von der Ausgangssituation 0 zu einer (Zwischen-)Situation k1 und den Übergang von k1 zur Endsituation k, so muß gemäß (9-5) gelten, daß die wohlfahrtstheoretische Bewertung der beiden Teilprojekte mit einem bestimmten Indexmaß und die multiplikative Verknüpfung der beiden "Teilindizes" zu dem gleichen Ergebnis führt wie die Bewertung des Gesamtprojekts mit demselben Index, d.h.,

(9-5') $Q_{0,k1} \cdot Q_{k1,k} = Q_{0k}$, $k \in \{1,2,\ldots,K\}$.

Für die Gesamtbewertung einer solchen Projektfolge ist die Entwicklung der Wohlfahrt in den einzelnen Zwischenetappen somit unerheblich.

Als Spezialfall der Zirkularitätsbedingung kann auch hier wieder die Zeitumkehrbedingung betrachtet werden, die sich bei Beachtung des Identitätsaxioms als

(9-6) $Q_{0k} \cdot Q_{k0} = Q_{00} = 1$, $k \in \{1,2,\ldots,K\}$,

ergibt. Diese in der Zirkularitätsbedingung enthaltene Bedingung verlangt, daß ein zuverlässiger Mengenindex keine Wohlfahrtsänderung anzeigen darf, wenn ein bestimmtes Projekt zunächst durchgeführt und dann wieder rückgängig gemacht wird. Dadurch wird sichergestellt, daß der Betrag eines Mengenindexes für ein bestimmtes Projekt unabhängig von der (letztlich willkürlichen) Wahl der jeweiligen Ausgangssituation bzw. von einer Vertauschung von Ausgangs- und Endsituation ist. Das Zirkularitäts- und das in ihm enthaltene Zeitumkehrkriterium sind abgeschwächte Versionen

---

[1] Bedingung (9-5) verlangt, daß die Zirkularität für eine beliebige Anzahl von (Teil-)Projekten gilt, da ja bei Gültigkeit von (9-5) beispielsweise Q_{ij} wieder gemäß $Q_{ij} = Q_{ih} \cdot Q_{hj}$ unterteilt werden kann usw.

zweier "Tests" von Irving Fisher, deren ursprünglich strengere Forderungen im Rahmen der modernen Wohlfahrtstheorie nicht mehr sinnvoll erscheinen[2].

Ebenso wie bei den Variationsmaßen gilt auch hier, daß ein Mengenindex, der die Indikator- und die Zirkularitätsbedingung erfüllt, zugleich auch der Ordnungsbedingung genügt: Aus (9-5), (9-6) und (9-3) folgt

$$\frac{Q_{0j}}{Q_{0k}} \cdot \frac{1}{Q_{j0}} \cdot \frac{1}{Q_{0k}} = \frac{1}{Q_{jk}} \geq 1 \iff Q_{jk} \leq 1 \iff U_j \geq U_k ,$$

so daß auch (9-4) erfüllt ist. Umgekehrt impliziert die Erfüllung der Indikator- und der Ordnungsbedingung allerdings nicht auch die Erfüllung der Zirkularitätsbedingung, wie sich unter anderem am Beispiel des Allen-Indexes zeigen wird.

Neben den genannten theoretischen Konsistenzkriterien wird natürlich auch für Indexmaße wieder verlangt, daß sie ebenso wie die Variationsmaße auf der Basis nichtkompensierter Haushaltsnachfragefunktionen eindeutig berechenbar sind. Dieses Kriterium gilt für Indexmaße in derselben Weise wie für Variationsmaße, so daß eine Neuformulierung der *Bedingung der empirischen Operationalität* (im folgenden auch als Beobachtbarkeitskriterium bezeichnet) für Indexmaße überflüssig ist. Da die Mehrheit der zu besprechenden funktionalen Indexmaße auf der Ausgabenfunktion, deren empirische Berechenbarkeit ja bereits ausführlich im Zusammenhang mit der Hicksschen Äquivalenten Variation dokumentiert wurde, beruht, kann für all diese Indexmaße auf eine neuerliche Überprüfung des Beobachtbarkeitskriteriums verzichtet werden. Dasselbe gilt für die atomistischen Indizes, deren empirische Ermittlung offensichtlich und vergleichsweise unproblematisch ist. Nur die empirische Berechenbarkeit der Distanzfunktion wurde bisher noch nicht untersucht, so daß die Erfüllung des Kriteriums der empirischen Operationalität letztlich nur für die auf dieser Funktion beruhenden Indexmaße geprüft werden muß, während sie bei den anderen Maßen als gegeben betrachtet werden kann.

---

[2] Die Problematik einer Nichterfüllung des Zeitumkehr- und des Zirkularitätstests wird in Fisher (1927, S.64 ff. und S.270 ff.), diskutiert. Die Implikationen der ursprünglichen strengen Fassung des Fisherschen "Circular Tests" und ihre Bedeutung werden in Funke/Hacker/Voeller (1979) ausführlich analysiert.

Zusammenfassend kann man festhalten, daß generell an einen Mengenindex als zuverlässiges Wohlfahrtsmaß mit der Indikator-, der Zirkularitäts- (und damit der Ordnungsbedingung) sowie der Beobachtbarkeitsbedingung dieselben Anforderungen gestellt werden wie an ein zuverlässiges Variationsmaß, wobei lediglich der formale Ausdruck dieser Bedingungen der speziellen mathematischen Form der Indexmaße angepaßt wurde.

Im folgenden sollen nun einige aus der Literatur bekannte Mengenindizes im einzelnen vorgestellt und im Hinblick auf ihre wohlfahrtstheoretische Zuverlässigkeit analysiert werden. Dabei wird jeweils wieder zunächst die Indikatorbedingung, dann die Ordnungs- und erst danach die Zirkularitätsbedingung überprüft, da es uns auch bei den Indexmaßen wieder mehr darum geht, die Eigenschaften der verschiedenen Maße und die unterschiedlichen Möglichkeiten ihres Einsatzes zur Wohlfahrtsmessung darzustellen, als nur solche Maße zu ermitteln, die generell zuverlässig in dem Sinne sind, daß sie sämtliche Kriterien erfüllen. Hätten wir nur dieses Ziel vor Augen, so würde sich eine gesonderte Überprüfung der Ordnungsbedingung erübrigen, da diese ja, wie gezeigt wurde, in der Forderung nach Erfüllung der Indikator- und der Zirkularitätsbedingung bereits enthalten ist.

2. Atomistische Mengenindizes

Die mit Abstand bekanntesten Indexmaße sind wohl der Laspeyres- und der Paasche-Index. Von beiden Indextypen gibt es sowohl einen Mengen- als auch einen Preisindex, die jeweils beide zu der Klasse der atomistischen bzw. statistischen Indizes gehören[3]. Bei solchen Indexmaßen sind die Preis- und Mengenvariablen voneinander unabhängige Beobachtungen und nicht wie bei den funktionalen Indizes durch haushaltstheoretische Zusammenhänge miteinander verbunden. Der Grund, warum sich diese Indizes dennoch großer Beliebtheit erfreuen, liegt vor allem darin, daß die zu ihrer Berechnung erforderlichen Daten äußerst einfach zu ermitteln sind. In den folgenden

---

[3] Selbstverständlich umfaßt die Klasse der atomistischen Indizes neben Laspeyres- und Paasche-Indizes eine Vielzahl weiterer Indextypen, auf die hier aus Raumgründen und wegen ihrer geringen wohlfahrtstheoretischen Bedeutung nicht näher eingegangen werden soll. Ausführlichere Darstellungen der Problematik atomistischer Indizes finden sich u.a. bei Fisher (1927), Frisch (1936), Eichhorn/Voeller (1976) oder Hasenkamp (1978).

Abschnitten werden der Laspeyres- und der Paasche-Mengenindex kurz dargestellt, um dann in dem Kapitel über die theoretisch aussagekräftigeren, aber empirisch schwieriger zu ermittelnden funktionalen Mengenindizes einige systematische Zusammenhänge zwischen atomistischen und funktionalen Mengenindizes aufzeigen zu können. Aus diesen Zusammenhängen lassen sich dann Regeln darüber ableiten, wann atomistische Mengenindizes als Approximationen funktionaler Mengenindizes sinnvoll zur Wohlfahrtsmessung verwendet werden können.

A. Der Laspeyres-Mengenindex

Der Laspeyres-Mengenindex mißt die durch ein staatliches Programm $k \in \{1,2,..,K\}$ gegenüber einer Ausgangssituation 0 bewirkte Wohlfahrtsänderung durch das Verhältnis der Ausgaben, die der Konsument bei Gültigkeit des ursprünglichen Preisvektors p^0 zum Kauf des neuen Güterbündels x^k bzw. des ursprünglichen Güterbündels x^0 tätigen muß, d.h.,

$$(9\text{-}7) \quad LAM_{0k} = \frac{p^0 x^k}{p^0 x^0} = \frac{p^0 x^k}{I_0} \quad , \quad k \in \{1, 2, \ldots, K\} \quad .$$

Ein Vergleich mit den Variationsmaßen zeigt, daß der Laspeyres-Mengenindex als monotone Transformation der Laspeyres-Variation interpretiert werden kann.

In Abbildung 9-1 dreht sich die Budgetgerade des Konsumenten infolge einer partiellen Konsumsteuer auf Gut 2 von AB auf AC, und der Konsument erwirbt nun mit den Ausgaben I_0, die hier durch die Strecke OA gegeben sind, bei den neuen Preisen p^k statt des Konsumgüterbündels x^0 das Güterbündel x^k (Gut 1 ist hier wieder Numéraire mit $p_1 = 1$). Könnte er das Güterbündel x^k zu den ursprünglichen Preisen p^0 kaufen, so wären seine Ausgaben $p^0 x^k$ durch die Strecke OD gegeben. Der Laspeyres-Index ist hier gleich dem Verhältnis der Strecken OD zu OA und somit kleiner als Eins. Ein Wert des Laspeyres-Indexes kleiner oder gleich Eins impliziert wegen $p^0 x^k \le I_0$, daß der Konsument das neue Güterbündel x^k auch schon in der Ausgangssituation bei Gültigkeit der Preise p^0 hätte kaufen können. Aus der Tatsache, daß er in der Ausgangssituation statt dessen das Güterbündel x^0 gewählt hat, folgt nach der Theorie der offenbarten Präferenzen, daß er das Güterbündel x^0 mindestens genauso schätzt wie das Güterbündel x^k.

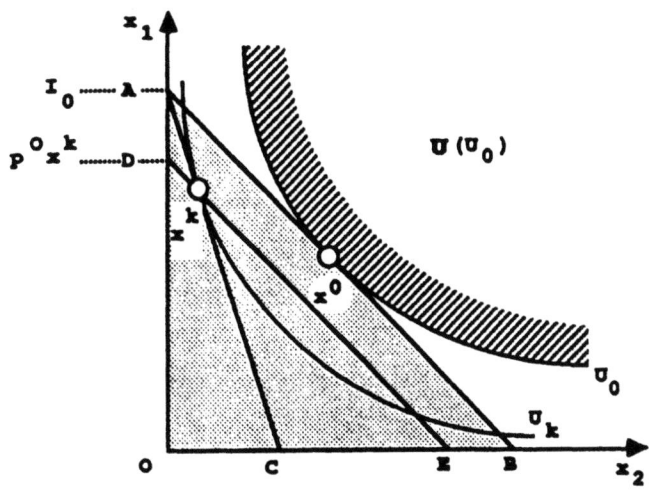

Abb. 9-1

Aus einem Wert des Laspeyres-Mengenindexes von kleiner oder gleich Eins kann man somit schließen, daß sich die Wohlfahrt des Konsumenten infolge des k-ten Projektes nicht erhöht hat, d.h.,

(9-8) $\quad LAM_{0k} \leq 1 \implies U(x^k) \leq U(x^0)$.

Falls $x^k \neq x^0$ gilt, sind unter unserer Annahme einer monotonen und streng konvexen Präferenzordnung, die zu streng konvexen Indifferenzkurven und einer streng monoton zunehmenden, streng quasikonkaven Nutzenfunktion führt, noch weitergehende Schlüsse möglich: Da unter diesen Annahmen jedem Preis-Einkommen-Vektor eindeutig ein bestimmtes Konsumgüterbündel zugeordnet ist, kann aus $p^0 x^k \leq I_0$ und der Tatsache, daß der Konsument in der Ausgangssituation das Güterbündel x^0 statt des Güterbündels x^k gewählt hat, geschlossen werden, daß er das Güterbündel x^0 dem Güterbündel x^k streng vorzieht, d.h.[4],

---

[4] Wäre die Präferenzordnung nicht streng konvex, so könnten die Indifferenzkurven auch lineare Segmente enthalten. In diesem Fall könnten mehrere Güterbündel

(9-9) $LAM_{0k} \leq 1 \implies U(x^k) < U(x^0)$, für $x^k \neq x^0$.

Dies kann man sich auch anhand von Abbildung 9-1 verdeutlichen: Ist der Wert des Laspeyres-Indexes kleiner oder gleich Eins, so kann das neue Konsumgüterbündel x^k nicht oberhalb der ursprünglichen Budgetgerade AB und somit auch nicht im Innern der oberen Niveaumenge $U(U_0)$ liegen. Daher kann der Nutzen des Konsumenten infolge des k-ten Projekts nicht gestiegen sein, wodurch (9-8) bestätigt wird. Wegen der strengen Konvexität der Indifferenzkurven hat die obere Niveaumenge $U(U_0)$ außer x^0 keinen anderen Punkt mit der ursprünglichen Budgetmenge OAB des Konsumenten gemeinsam, so daß er x^0 allen anderen für ihn in der Ausgangssituation ökonomisch erreichbaren Güterbündeln streng vorzieht. Dies ist die Aussage von (9-9).

Ist umgekehrt der Wert des Laspeyres-Mengenindexes größer als Eins, so folgt daraus, daß der Konsument in der Ausgangssituation bei den ursprünglichen Preisen p^0 und dem ursprünglichen Einkommen $I_0 = p^0 x^0$ das neue Güterbündel x^k nicht hätte kaufen können, da es außerhalb seiner ursprünglichen Budgetmenge liegt, d.h., $p^0 x^k > I_0$. Da der Konsument somit niemals die Wahl hatte, sich zwischen den beiden Güterbündeln x^0 und x^k zu entscheiden, kann man aus der Beobachtung seiner Markthandlungen auch nicht folgern, welches der beiden Güterbündel er dem anderen vorzieht.

Dies wird in Abbildung 9-2 illustriert, wo sich die Budgetgerade des Konsumenten infolge einer Kombination aus einer partiellen Konsumsteuer auf Gut 2 und einem Pauschtransfer von AB nach CD verändert. Aus $p^0 x^k > p^0 x^0$ kann man nun zwar schließen, daß x^k oberhalb der ursprünglichen Budgetmenge OAB liegt; daraus folgt jedoch noch nicht, daß mit x^k ein höheres Nutzenniveau als U_0 realisiert wird, da auch Indifferenzkurven für niedrigere Nutzenniveaus teilweise oberhalb der ursprünglichen Budgetgerade AB verlaufen. Ein Beispiel, in dem trotz eines Laspeyres-Indexwertes von OE/OA > 1 ein geringeres als das ursprüngliche Nutzenniveau realisiert wird, ist in Abbildung 9-2 dargestellt.

Man kann somit festhalten, daß der Laspeyres-Mengenindex wegen

(9-10) $LAM_{0k} > 1 \not\Rightarrow U(x^k) > U(x^0)$

---

zugleich auf der Budgetgerade AB und auf der Indifferenzkurve für das Nutzenniveau U_0 liegen, so daß $LAM_{0k} = 1$ auch mit $U(x^k) = U(x^0)$ vereinbar wäre.

kein zuverlässiger Wohlfahrtsindikator im Sinne unserer Zuverlässigkeitskriterien ist, da er schon das erste dieser Kriterien, die Indikatorbedingung (9-3), nicht erfüllt.[5]

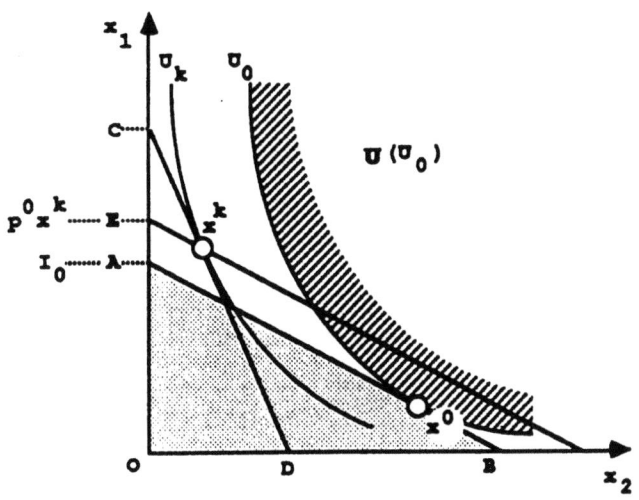

Abb. 9-2

Er kann jedoch, falls die Datenlage die Berechnung eines zuverlässigen Wohlfahrtsindikators nicht erlaubt, aufgrund der Eigenschaften (9-8) und (9-9) als "halbseitiger" Wohlfahrtsindikator zur Überprüfung von Wohlfahrtsverminderungen eingesetzt werden. D.h., bei entsprechend ungünstiger Datenlage kann man zunächst prüfen, ob der Laspeyres-Mengenindex einen Wert von kleiner oder gleich Eins annimmt; ist dies der Fall, so kann man auf eine Wohlfahrtsverminderung schließen. Ist der Wert des Laspeyres-Indexes jedoch größer als Eins, so können daraus keine Schlüsse auf die Wohlfahrtsimplikationen des entsprechenden Projekts gezogen werden.

Die Interpretation des Laspeyres-Indexes als gewichtetes Mittel sämtlicher Mengenänderungen wird durch die Beschränkung seines Wertes nach oben bzw. unten

---

[5] Die Tatsache, daß $U(x^k) \leq U(x^0)$ offensichtlich auch mit $LAM_{0k} > 1$ vereinbar ist, verhindert, daß in (9-8) auch die umgekehrte Implikation gilt. Dies wäre jedoch zur Erfüllung der Indikatorbedingung (9-3) erforderlich.

durch den Quotienten der kleinsten bzw. der größten Einzelmengenänderung bestätigt:[6]

(9-11) $$\min_{n \in \mathbb{N}} \left\{ \frac{x_n^k}{x_n^0} \right\} \leq LAM_{0k} \leq \max_{n \in \mathbb{N}} \left\{ \frac{x_n^k}{x_n^0} \right\},$$

$$\mathbb{N} = \{1, 2, \ldots, N\}$$

Unter wohlfahrtstheoretischen Gesichtspunkten scheint hier natürlich vor allem die obere Schranke von Interesse zu sein, denn wenn der Quotient der maximalen Einzelmengenänderung kleiner oder gleich Eins ist, muß gemäß (9-11) auch der Laspeyres-Index kleiner oder gleich Eins sein, so daß in diesem Fall wegen (9-8) auf eine Wohlfahrtsminderung geschlossen werden kann, falls das neue Güterbündel nicht gleich dem alten ist. Dies ist jedoch nicht weiter verwunderlich, denn bei $x^k \neq x^0$ impliziert $\max\{x_n^k/x_n^0\} \leq 1$, daß mindestens eine Einzelgütermenge gesunken und keine gestiegen ist, woraus wegen der strengen Monotonie der Präferenzordnung zwingend eine Wohlfahrtsminderung folgt. Für einen solchen Fall erübrigt sich dann die Berechnung eines Mengenindexes, da aus der Betrachtung der Mengenänderungen alleine schon unmittelbar die richtigen wohlfahrtstheoretischen Schlüsse gezogen werden können.

Als weiteres Beispiel eines atomistischen Mengenindexes soll der nicht minder populäre Paasche-Mengenindex vorgestellt und analysiert werden.

---

[6] Der Beweis zu (9-11) ist trivial und soll hier beispielhaft für die obere Schranke von LAM angeführt werden. Der Einfachheit halber gelte folgende Bezeichnung:
$\max_{n \in \mathbb{N}} \{x_n^k/x_n^0\} = \alpha$. Daraus folgt

$$x_n^k / x_n^0 \leq \alpha \quad, \quad \forall n \in \mathbb{N},$$

$$\Longrightarrow p_n^0 x_n^k \leq \alpha \, p_n^0 x_n^0 \quad, \quad \forall n \in \mathbb{N},$$

$$\Longrightarrow \sum_n p_n^0 x_n^k \leq \alpha \sum_n p_n^0 x_n^0$$

$$\Longrightarrow p^0 x^k / p^0 x^0 = LAM_{0k} \leq \alpha \, .$$

q.e.d.

Der Beweis für die untere Schranke von LAM kann in analoger Weise geführt werden.

B. Der Paasche-Mengenindex

Der Unterschied zwischen Laspeyres- und Paasche-Mengenindex ist derselbe wie der zwischen Laspeyres- und Paasche-Variation und besteht darin, daß der Paasche-Index die zu vergleichenden Mengen statt mit den ursprünglichen jeweils mit den neuen Preisen gewichtet, d.h.,

$$(9\text{-}12) \quad PAM_{0k} = \frac{p^k x^k}{p^k x^0} = \frac{I_k}{p^k x^0} \quad , \quad k \in \{1, 2, \ldots, K\} \quad .$$

Auch dieser Index ist wieder nur als "halbseitiger" Wohlfahrtsindikator verwendbar, wie leicht zu zeigen ist. Nimmt der Paasche-Index einen Wert von größer oder gleich Eins an, so kann der Konsument bei den Preisen p^k und dem Einkommen I_k wegen $I_k \geq p^k x^0$ in der neuen Situation sowohl das neue als auch das alte Güterbündel erwerben. Aus der Tatsache, daß er sich für das Güterbündel x^k entscheidet, folgt nach der Theorie der offenbarten Präferenzen, daß er x^0 nicht höher schätzt als x^k, so daß sein Nutzen durch das k-te Projekt nicht gesunken ist. Es gilt somit

$$(9\text{-}13) \quad PAM_{0k} \geq 1 \quad \Longrightarrow \quad U(x^k) \geq U(x^0) \quad .$$

Bei $x^k \neq x^0$ kann wegen unserer Annahme einer streng konvexen Präferenzordnung und der dadurch implizierten Eindeutigkeit der Konsumwahl aus $I_k \geq p^k x^0$ über (9-13) hinaus geschlossen werden, daß x^k dem Güterbündel x^0 streng vorgezogen wird, da unter diesen Annahmen die obere Niveaumenge $U(U_k)$ nur einen einzigen Punkt, nämlich x^k, mit der neuen Budgetmenge gemeinsam hat, so daß alle anderen Güterbündel aus dieser Budgetmenge ein geringeres Nutzenniveau erzeugen als x^k. Es gilt daher

$$(9\text{-}14) \quad PAM_{0k} \geq 1 \quad \Longrightarrow \quad U(x^k) > U(x^0) \quad , \quad \text{für } x^k \neq x^0 \quad .$$

Diese Zusammenhänge sind in Abbildung 9-3 für den Fall einer Subvention auf Gut 2 dargestellt. Die Budgetgerade dreht sich infolge der Subvention von AB nach AC, und der Konsument fragt nun das Güterbündel x^k anstelle von x^0 nach. Der Wert des Paasche-Indexes ist in diesem Beispiel größer als Eins, woraus wegen $I_k \geq p^k x^0$

folgt, daß das ursprüngliche Güterbündel x^0 Element der neuen Budgetmenge OAC ist. Da der Konsument in der neuen Situation somit die Wahl zwischen x^0 und x^k hat und sich unter unseren Annahmen für das Güterbündel entscheiden muß, das er allen anderen Güterbündeln aus der neuen Budgetmenge vorzieht, kann aus seiner Entscheidung für x^k geschlossen werden, daß er x^k dem Güterbündel x^0 vorzieht, so daß sein Nutzen durch das k-te Projekt gestiegen sein muß.

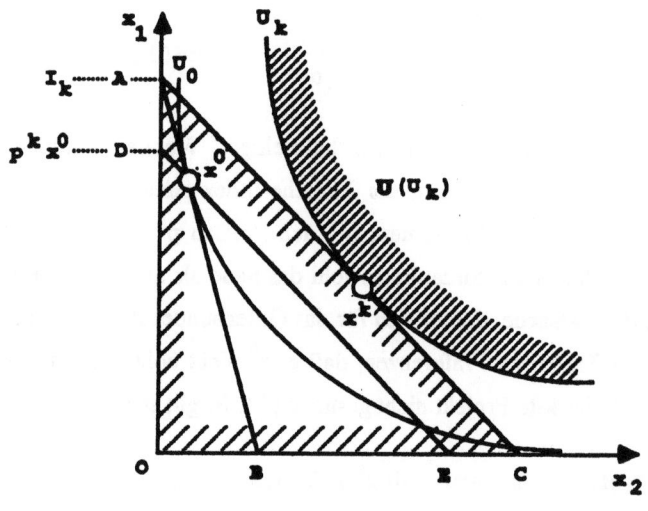

Abb. 9-3

Ist umgekehrt der Wert des Paasche-Mengenindexes kleiner als Eins, so folgt daraus nur, daß x^0 außerhalb der neuen Budgetmenge OAC und damit oberhalb der Budgetgeraden AC liegen muß. Daraus kann jedoch noch nicht geschlossen werden, daß x^0 auf einer höheren Indifferenzkurve als U_k liegt, da auch Indifferenzkurven für niedrigere Nutzenniveaus als U_k teilweise oberhalb der neuen Budgetgerade AC verlaufen. Da ein Wert des Paasche-Indexes von kleiner als Eins somit auch mit Nutzenerhöhungen vereinbar ist, gilt die zu (9-13) entgegengesetzte Implikation nicht, so daß auch der Paasche-Mengenindex die Indikatorbedingung nicht erfüllt und daher kein zuverlässiger Wohlfahrtsindikator im Sinne unserer Kriterien ist. Dennoch kann auch der Paasche-Mengenindex wieder als "halbseitiger" Wohlfahrtsindikator zur

Kennzeichnung von Wohlfahrtserhöhungen gemäß (9-14) Verwendung finden, wenn die Datenlage die Berechnung eines zuverlässigen Wohlfahrtsmaßes nicht gestattet.

Genau wie bei bei dem Laspeyres-Mengenindex lassen sich auch für den Wert des Paasche-Indexes wieder zwei "natürliche" Schranken angeben: Als gewichtetes Mittel sämtlicher Mengenänderungen muß auch sein Wert zwischen den Werten der Quotienten der minimalen und der maximalen Einzelmengenänderung liegen, d.h.[7],

$$(9\text{-}15) \qquad \min_{n \in N} \left\{ \frac{x_n^k}{x_n^0} \right\} \leq \text{PAM}_{0\,k} \leq \max_{n \in N} \left\{ \frac{x_n^k}{x_n^0} \right\} ,$$

$$N = \{1, 2, \ldots, N\} .$$

Hier ist es die untere Schranke, die einen unmittelbaren Wohlfahrtsschluß ohne Berechnung eines konkreten Mengenindexes ermöglicht: Ist der Quotient der kleinsten Einzelmengenänderung größer oder gleich Eins, so muß gemäß (9-15) auch der Paasche-Index größer oder gleich Eins sein, und es kann bei $x^k \neq x^0$ wegen (9-14) auf eine Wohlfahrtserhöhung geschlossen werden. Auch dieser Wohlfahrtsschluß ist wieder trivial, da $\min\{x^k/x^0\} \geq 1$ bei $x^k \neq x^0$ impliziert, daß mindestens eine Gütermenge zugenommen und keine Gütermenge abgenommen hat, woraus wegen der strengen Monotonie der Präferenzordnung zwingend eine Wohlfahrtserhöhung folgt.

Sieht man von solchen trivialen Fällen einheitlich ausgerichteter Gütermengenänderungen ab, so läßt sich aus den Ergebnissen der letzten beiden Kapitel folgende Empfehlung für Wohlfahrtsanalysen bei schlechter Datenlage ableiten: Kennt man Preise und Gütermengen für die Ausgangssituation und für die Situation nach Durchführung eines Projektes, sind aber ansonsten weder die Marshall-Nachfragefunktionen noch die zur (quadratischen) Approximation eines Wohlfahrtsmaßes erforderlichen Elastizitäten bekannt, so kann man zunächst prüfen, ob der Laspeyres-Index für das betreffende Projekt kleiner oder gleich Eins ist. Trifft dies zu, so weiß man, daß das betrachtete Projekt wohlfahrtsvermindernd wirkt. Ist der Wert des Laspeyres-Indexes jedoch größer als Eins, so können daraus keine Wohlfahrtsschlüsse gezogen werden, und man prüft, ob der Paasche-Mengenindex größer oder gleich Eins ist.

---

[7] Der Beweis zu (9-15) verläuft analog zu dem Beweis von (9-11).

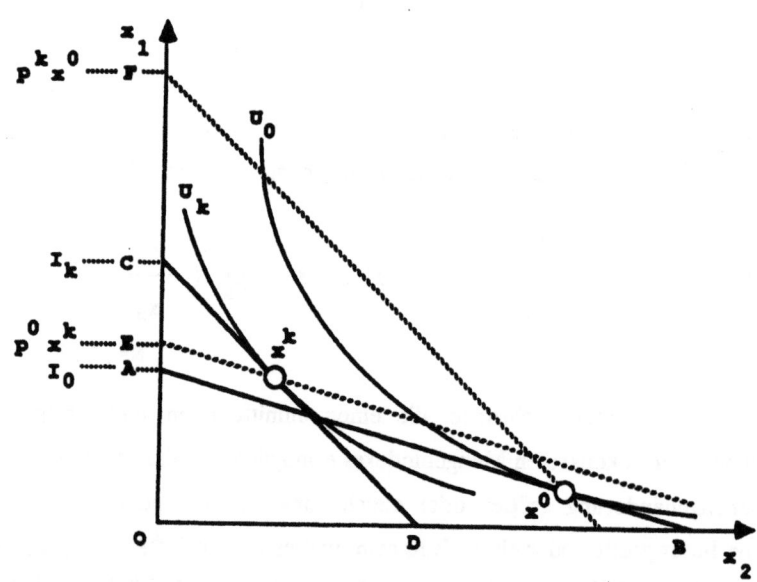

Abb. 9-4

Liegt ein solches Ergebnis vor, so folgt daraus zwingend, daß das untersuchte Projekt eine Erhöhung der Wohlfahrt bewirkt. Insofern kann man mit der kombinierten Verwendung von Laspeyres- und Paasche-Mengenindex auch bei schlechter Datenlage oft noch zu zuverlässigen Wohlfahrtsbeurteilungen kommen. Es kann natürlich auch vorkommen, daß für ein bestimmtes Projekt der Laspeyres-Index einen Wert größer als Eins und der Paasche-Index einen Wert kleiner als Eins annimmt. In diesem Fall ist eine wohlfahrtstheoretische Beurteilung des entsprechenden Projekts auf der Basis der hier betrachteten atomistischen Mengenindizes nicht möglich. In Abbildung 9-4 ist ein Beispiel für eine solche Konstellation dargestellt, wobei Gut 1 wieder Numéraire mit $p_1 = 1$ ist. Infolge einer Kombination aus einer partiellen Konsumsteuer auf Gut 2 und eines Pauschtransfers ändert sich die Budgetgerade des Konsumenten von AB nach CD und seine Güternachfrage von x^0 nach x^k. Der Laspeyres-Mengenindex ist in diesem Fall gleich dem Streckenverhältnis OE/OA und somit größer als Eins, so daß auf der Basis dieses Indexes keine Schlüsse auf die durch das k-te Projekt verursachte Wohlfahrtsänderung möglich sind. Der Wert des Paasche-Mengenindexes für dasselbe Projekt ist gleich dem Streckenverhältnis OC/OF und damit kleiner als Eins, so daß auch aus diesem Ergebnis, wie oben gezeigt wurde, keine wohlfahrtstheoretischen Folgerungen gezogen werden können.

In einem solchen Fall versagen offensichtlich beide Indizes, so daß ein im Sinne unserer Kriterien zuverlässiger Wohlfahrtsindikator berechnet werden muß, um zu einer wohlfahrtstheoretisch einwandfreien Beurteilung des betrachteten Projekts zu kommen. Solche wohlfahrtstheoretisch zuverlässigen Indexmaße können nur aus der Klasse der funktionalen Mengenindizes stammen, die im folgenden vorgestellt werden soll.

3. Funktionale Mengenindizes

Während atomistische Mengenindizes zunächst einmal nichts anderes als Maßzahlen zur eindimensionalen Darstellung komplexer, mehrdimensionaler Gütermengenänderungen sind, die dann nutzentheoretisch interpretiert werden, sind funktionale Mengenindizes schon im Hinblick auf ihre Verwendung als Wohlfahrtsmaße konzipiert. Die Konstruktion der einzelnen funktionalen Mengenindizes berücksichtigt daher bereits den haushaltstheoretischen Zusammenhang zwischen konsumierten Gütermengen einerseits und dem durch sie erzeugten Nutzen andererseits. Daher ist die Indikatorbedingung bei funktionalen Mengenindizes schon aus konzeptionellen Gründen fast immer erfüllt. Der Preis für diesen wohlfahrtstheoretischen Vorzug besteht in den im Vergleich zu den atomistischen Indizes wesentlich höheren Anforderungen an das zur Berechnung funktionaler Indizes erforderliche Datenmaterial. Im allgemeinen muß hier der gesamte Verlauf der direkten bzw. der inversen Nachfragefunktionen zwischen neuem und altem Gleichgewichtsgüterbündel bekannt sein, um auf dieser Basis gemäß den in dem Kapitel über empirische Aspekte dargestellten Verfahren zu einer exakten Berechnung dieser Indexmaße zu kommen. Da die Probleme, die sich im Zusammenhang mit der Berechnung von Indexmaßen auf Basis der Ausgabenfunktion stellen, und die Verfahren zu ihrer Lösung im Prinzip dieselben sind, die schon im Zusammenhang mit den Variationsmaßen besprochen wurden, kann von einer erneuten Behandlung dieses Komplexes abgesehen werden. Auf die empirische Berechnung von Mengenindizes auf Basis der Distanzfunktion wird in Abschnitt C gesondert eingegangen. Die folgenden Abschnitte A und B konzentrieren sich dagegen auf die Darstellung der theoretischen Eigenschaften der verschiedenen Indexmaße, wobei zwischen Mengenindizes auf Grundlage der Ausgabenfunktion einerseits und Mengenindizes auf Grundlage der Distanzfunktion andererseits unterschieden wird.

A. Funktionale Mengenindizes auf Basis der Ausgabenfunktion

Analog zu den auf der Ausgabenfunktion basierenden Variationsmaßen, die eine Wohlfahrtsänderung als Differenz zweier Werte der Ausgabenfunktion bei gegebenem Referenzpreisvektor darstellen, existiert eine Klasse funktionaler Mengenindizes, die eine solche Wohlfahrtsänderung jeweils als Quotient zweier Werte der Ausgabenfunktion ausdrücken. Je nach Wahl des Referenzpreisvektors handelt es sich hierbei um den Deaton/Muellbauer-, den Allen- oder den Pollak-Index.

a. Der Deaton/Muellbauer-Mengenindex

In der allgemeinsten Form wird die Klasse der Mengenindizes, deren Konstruktion sich auf die Ausgabenfunktion stützt, durch den **Deaton/Muellbauer-Mengenindex**

$$(9\text{-}16) \quad DMM_{0k} = \frac{E(p^r, U(x^k))}{E(p^r, U(x^0))} = \frac{E(p^r, U_k)}{E(p^r, U_0)}, \quad k \in \{0,1,2,\ldots,K\},$$

repräsentiert[8]. Er mißt die durch ein Projekt verursachte Wohlfahrtsänderung als Quotient der Ausgaben, die bei Gültigkeit eines bestimmten Referenzpreisvektors p^r jeweils zur Realisierung des neuen bzw. des ursprünglichen Nutzenniveaus notwendig sind. Der Allen- und der Pollak-Index, die in den nächsten Abschnitten im einzelnen dargestellt werden, sind insofern Sonderfälle des Deaton/Muellbauer-Mengenindexes, als bei ihnen der jeweilige Referenzpreisvektor in Abhängigkeit von dem jeweils untersuchten Projekt festgelegt wird, und zwar bei dem Allen-Index auf den Preisvektor vor Beginn des betrachteten Projekts ($p^r = p^0$) und bei dem Pollak-Index auf den nach

---

[8] Die Benennung dieses allgemeinen Mengenindexes nach Deaton/Muellbauer (1980, S.179 ff.) ist mehr oder weniger willkürlich, da er in ähnlicher Form auch in anderen Untersuchungen auftaucht.

Durchführung des Projekts gültigen Preisvektor ($p^r = p^k$). Werden verschiedene Projekte mit unterschiedlichen Anfangs- und Endpreisvektoren miteinander verglichen, so wird der Referenzpreisvektor bei Allen- und Pollak-Index jeweils entsprechend "aktualisiert", während er bei dem Deaton/Muellbauer-Index konstant und damit auch ohne Bezug zu dem jeweils untersuchten Projekt bleibt.

In Abbildung 9-5 führt das k-te Projekt zu einer Änderung der Güternachfrage von x^0 nach x^k. Die entsprechende Nutzenänderung ($U_k - U_0$) wird durch den Deaton/Muellbauer-Index als OB/OA dargestellt, der hier offensichtlich kleiner als eins ist.

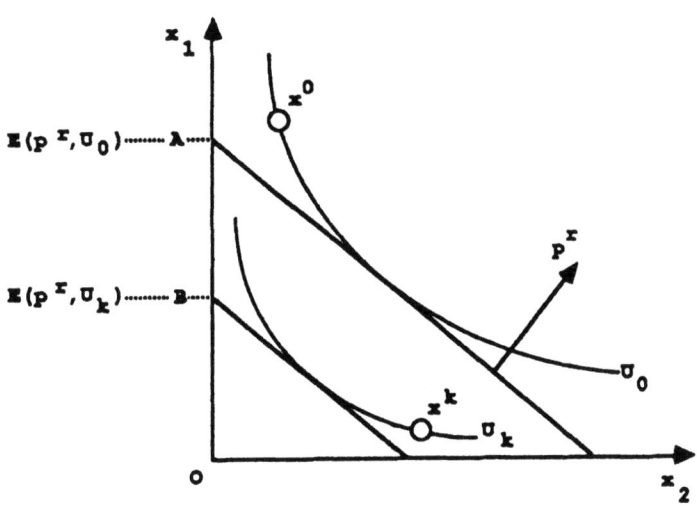

Abb.9-5

Aus Abbildung 9-5 wird weiterhin deutlich, daß der Referenzpreisvektor p^r willkürlich gewählt werden kann und daher von den in der Ausgangs- oder der neuen Situation herrschenden Preisen völlig unabhängig ist. Für unterschiedliche Referenzpreisvektoren erhält man natürlich unterschiedliche Werte des Deaton/Muellbauer-Indexes, da jede Wahl eines bestimmten Referenzpreisvektors gleichbedeutend mit der Wahl einer bestimmten monotonen Transformation der Nutzenfunktion ist; aber für ordinale Wohlfahrtsmessungen ist dies bekanntlich ohne Bedeutung. Wesentlich ist hier ausschließlich die Erfüllung unserer Zuverlässigkeitskriterien. Die **Indikatorbedingung**

(9-3) verlangt, daß ein zuverlässiger Mengenindex anzeigt, ob ein Projekt zu einer Wohlfahrtserhöhung führt oder nicht. Wegen der strengen Monotonie der Ausgabenfunktion in U ist sie hier für einen gegebenen Referenzpreisvektor p^r offensichtlich erfüllt, d.h.,

$$(9-17) \quad DMM_{0k} > 1 \iff U_k > U_0 \;,$$

$$DMM_{0k} = 1 \iff U_k = U_0 \;, \quad k \in \{1,2,\ldots,K\} \;.$$

Aus dem gleichen Grunde genügt der Deaton/Muellbauer-Index auch der **Ordnungsbedingung** gemäß

$$(9-18) \quad \frac{DMM_{0j}}{DMM_{0k}} = \frac{E(p^r,U_j)}{E(p^r,U_k)} \geq 1 \iff U_j \geq U_k \;,$$

$$j,k \in \{1,2,\ldots,K\} \;.$$

Die Unabhängigkeit des Referenzpreisvektors von den jeweiligen Anfangs- und Endsituationen der betrachteten Projekte führt dazu, daß auch die **Zirkularitätsbedingung** mit

$$(9-19) \quad DMM_{ij} \cdot DMM_{jm} = \frac{E(p^r,U_j)}{E(p^r,U_i)} \cdot \frac{E(p^r,U_m)}{E(p^r,U_j)} = \frac{E(p^r,U_m)}{E(p^r,U_i)} = DMM_{im}$$

$$i,j,m \in \{0,1,2,\ldots,K\} \;,$$

erfüllt ist, sofern für sämtliche miteinander verketteten Projekte derselbe Referenzpreisvektor p^r verwendet wird[9].

---

[9] Die Tatsache, daß der Deaton/Muellbauer-Mengenindex den Zirkularitätstest besteht, beruht auf der Unabhängigkeit seiner Referenzpreise von dem jeweils betrachteten Projekt. Dies entspricht nicht ganz der Intention Irving Fishers, der die Erfüllung dieses Tests trotz jeweils im Hinblick auf das gerade betrachtete Projekt aktualisierter Gewichte, hier also der Referenzpreise, forderte. Eine solche strenge Interpretation des Zirkularitätstests, von der auch Fisher selbst teilweise wieder abrückte, erscheint im Hinblick auf die moderne Verwendung von Indexmaßen jedoch

In Verbindung mit der prinzipiellen Berechenbarkeit der Ausgabenfunktion auf der Basis von Marshall-Nachfragesystemen, wie sie im Zusammenhang mit den Variationsmaßen demonstriert wurde, folgt aus der Erfüllung sämtlicher Zuverlässigkeitskriterien, daß der dem generellen Nutzeinkommen-Variationsmaß entsprechende Deaton/Muellbauer-Mengenindex ein zuverlässiger Wohlfahrtsindikator ist.

b. Der Allen-Index

Eine Variante des Deaton/Muellbauer-Indexes mit projektabhängigem Referenzpreisvektor ist der sogenannte **Allen-Index**[10]

$$(9\text{-}20) \quad AL_{0k} = \frac{E(p^0, U(x^k))}{E(p^0, U(x^0))} = \frac{E(p^0, U_k)}{I_0}, \quad k \in \{0,1,2,\ldots,K\},$$

der die Wohlstandsänderung des betrachteten Konsumenten von der Ausgangssituation 0 zu der neuen Situation k durch das Verhältnis der Ausgaben mißt, die der Konsument bei konstantem Preisniveau p^0 jeweils zur Realisierung des neuen Nutzenniveaus U_k bzw. des alten Nutzenniveaus U_0 tätigen muß. Der Allen-Index kann offensichtlich als Pendant zur Hicksschen Äquivalenten Variation in Quotientenform betrachtet werden. Dies wird auch aus Abbildung 9-6 deutlich.

Hier dreht sich die Budgetgerade des Konsumenten infolge einer Steuererhebung auf Gut 2 von AB nach AC, und der Konsument wählt in der neuen Situation das Konsumgüterbündel x^k, mit dem er das Nutzenniveau U_k realisiert. Unter der Annahme, daß Gut 1 als Numéraire gewählt wurde, ergibt sich der Allen-Index für dieses Steuerprogramm als Verhältnis der Strecken OD und OA, d.h., $AL_{0k} = OD/OA < 1$, während die Äquivalente Variation gleich der Differenz dieser Strecken ist, d.h., $EV_{0k} = OD - OA < 0$. Diese konzeptionelle Analogie zwischen Allen-Index und Äquivalenter Variation legt die Erwartung nahe, daß auch die Einsatzmöglichkeiten zur Wohlfahrtsmessung bei beiden Maßen analog sind.

---

nicht mehr sinnvoll (siehe hierzu auch Funke, Hacker und Voeller (1979, S.685 ff.) und Fisher (1927, S.274 ff.).

[10] Dieser Index wird in Allen (1949, S.199 ff.) vorgestellt.

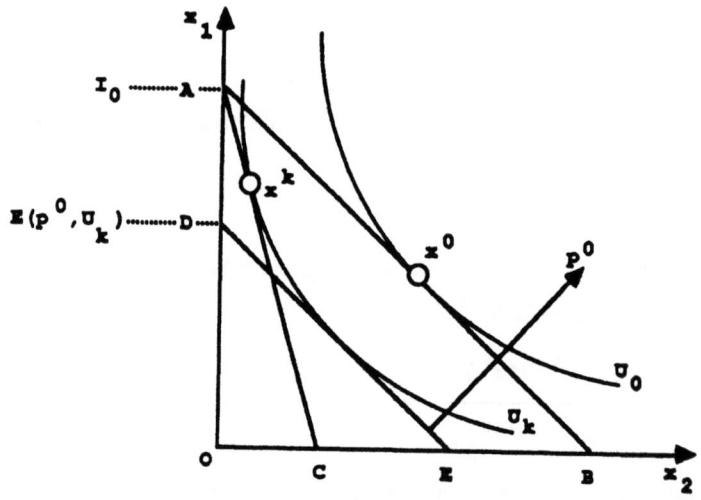

Abb. 9-6

Aus der strengen Monotonie der Ausgabenfunktion in U folgt wieder unmittelbar die Erfüllung der **Indikatorbedingung** gemäß

(9-21) $\quad AL_{0k} > 1 \iff U_k > U_0$,

$\quad\quad\quad\; AL_{0k} = 1 \iff U_k = U_0$, $\quad k \in \{1,2,\ldots,K\}$,

sowie der **Ordnungsbedingung** gemäß

(9-22) $\quad \dfrac{AL_{0j}}{AL_{0k}} = \dfrac{E(p^0,U_j)}{E(p^0,U_k)} \geq 1 \iff U_j \geq U_k$,

$\quad\quad\quad\quad\quad\quad\quad\quad\quad\quad\quad\quad\quad\quad k,j \in \{1,2,\ldots,K\}$.

Die **Zirkularitätsbedingung** ist im Gegensatz zu dem Deaton/Muellbauer-Index für den Allen-Index offensichtlich nicht generell erfüllt, wie man aus

$$AL_{ij} \cdot AL_{jm} = \frac{E(p^i, U_j)}{E(p^i, U_i)} \cdot \frac{E(p^j, U_m)}{E(p^j, U_j)} \neq \frac{E(p^i, U_m)}{E(p^i, U_i)} = AL_{im}$$

sieht. Der Grund für die Nichterfüllung dieses Kriteriums liegt darin, daß beim Allen-Index der Referenzpreisvektor mit der jeweiligen Ausgangssituation wechselt, so daß eine Verknüpfung der Allen-Indizes für mehrere Projekte mit unterschiedlichen, wenn auch aneinander anschließenden Ausgangssituationen zwangsläufig zu einem anderen Ergebnis führen muß als eine Messung der gesamten Wohlfahrtsänderung in einem Zuge. Das Zirkularitätskriterium kann offensichtlich nur dann erfüllt sein, wenn der Allen-Index ebenso wie der Deaton/Muellbauer-Index unabhängig von dem jeweiligen Referenzpreisvektor ist. Dies ist der Fall, wenn die Nutzenfunktion des Konsumenten homothetisch ist, so daß seine Ausgabenfunktion multiplikativ separabel in den Preisen einerseits und dem Nutzenniveau andererseits ist und daher in der allgemeinen Form

(9-23) $E(p,U) = e_1(U) \cdot e_2(p)$

dargestellt werden kann[11]. Der Allen-Index ergibt sich hier als

(9-24) $AL_{0k} = \dfrac{e_1(U_k) \cdot e_2(p^0)}{e_1(U_0) \cdot e_2(p^0)} = \dfrac{e_1(U_k)}{e_1(U_0)}$.

Verknüpft man für eine solche Präferenzordnung mehrere Allen-Indizes miteinander, so ergibt sich

(9-25) $AL_{ij} \cdot AL_{jm} = \dfrac{e_1(U_j)}{e_1(U_i)} \cdot \dfrac{e_1(U_m)}{e_1(U_j)} = \dfrac{e_1(U_m)}{e_1(U_i)} = AL_{im}$,

$i,j,m \in \{0,1,2,\ldots,K\}$.

---

[11] Siehe z.B. Blackorby/Primont/Russell (1978, S.90). Aus den im Anhang dargestellten allgemeinen Eigenschaften der Ausgabenfunktion folgt, daß e_1 streng monoton zunehmend in U und e_2 linear homogen, konkav und monoton zunehmend in p sein muß.

Für den Fall einer homothetischen Präferenzordnung ist das Zirkularitätskriterium (9-5) somit offensichtlich erfüllt.

Dies ist nicht weiter verwunderlich, denn für eine homothetische Präferenzordnung kann auch der Deaton/Muellbauer-Index wegen der multiplikativen Separabilität der Ausgabenfunktion in der allgemeinen Form (9-24) dargestellt werden, so daß beide Indizes in diesem Fall übereinstimmen, d.h.,

(9-26) *Falls die Präferenzordnung des Konsumenten homothetisch ist, gilt*

$$AL_{0k} = DMM_{0k} \quad , \quad k \in \{0,1,2,\ldots,K\}.$$

Vergleicht man den Allen-Index mit dem Laspeyres-Mengenindex, so zeigt sich, daß der Zähler des Laspeyres-Indexes eine Taylor-Approximation erster Ordnung des Zählers des Allen-Indexes an der Stelle $[p^0, U_k]$ ist. Bei Berücksichtigung von Shephard's Lemma gilt nämlich

$$\begin{aligned} E(p^0, U_k) &= E(p^k, U_k) + \nabla_p E(p^k, U_k) \cdot [p^0 - p^k] + R \\ &= p^k x^k + x^k \cdot [p^0 - p^k] + R \\ &= p^0 x^k + R \quad, \end{aligned}$$

wobei R das Restglied ist. Setzt man das Restglied gleich Null und dividiert beide Seiten durch I_0, so ergibt sich hieraus die Interpretation des Laspeyres-Indexes als Taylor-Approximation erster Ordnung des Allen-Indexes mit

$$(9\text{-}27) \quad AL_{0k} = \frac{E(p^0, U_k)}{I_0} \approx \frac{p^0 x^k}{I_0} = LAM_{0k}, \quad k \in \{0,1,2,\ldots,K\}.$$

Aus der Definition der Ausgabenfunktion an der Stelle $[p^0, U_k]$ erhält man

$$E(p^0, U_k) = p^0 \xi(p^0, U_k) = \min_{x \in U(U_k)} p^0 x \leq p^0 x \quad, \quad \forall x \in U(U_k).$$

Wegen $x^k \in U(U_k)$ folgt daraus $E(p^0, U_k) \leq p^0 x^k$. Bei einer nichtproportionalen Preisänderung, d.h. bei $p^k \neq \alpha p^0$, ist wegen der Glattheit der Indifferenzkurven

$x^k = \xi(p^k, U_k) \neq \xi(p^0, U_k)$, so daß die strenge Konvexität der Präferenzordnung für diesen Fall $E(p^0, U_k) < p^0 x^k$ impliziert. Es gilt daher

(9-28) $\qquad AL_{0k} \leq LAM_{0k}$, $k \in \{1, 2, \ldots, K\}$,

mit $\qquad AL_{0k} < LAM_{0k}$ *für* $p^k \neq \alpha p^0$, $\alpha > 0$.

Der Laspeyres-Mengenindex kann somit als Taylor-Approximation erster Ordnung und zugleich als (strenge) obere Schranke für den Wert des Allen-Indexes interpretiert werden. Dies bestätigt auch die bereits erwähnte Möglichkeit zum Einsatz des Laspeyres-Mengenindexes als Wohlfahrtsmaß: Ist der Wert des Laspeyres-Indexes kleiner oder gleich Eins, so muß der Wert des Allen-Indexes, der Wohlfahrtsänderungen ja zuverlässig anzeigt, gemäß (9-28) kleiner als Eins sein, und die Wohlfahrt hat sich infolge des k-ten Projektes tatsächlich vermindert.

Wegen (9-11) ergibt sich aus (9-28) mit

(9-29) $\qquad AL_{0k} \leq LAM_{0k} \leq \max_{n \in N} \{x_n^k / x_n^0\}$, $N = \{1, 2, \ldots, N\}$,

eine noch weiter gefaßte, aber auch noch einfacher zu berechnende obere Schranke zur Abschätzung des Allen-Indexes. Aus wohlfahrtstheoretischer Sicht ist diese obere Schranke jedoch trivial, wie bereits erläutert wurde.

Zusammenfassend kann man festhalten, daß der Allen-Index generell die Indikator- und die Ordnungsbedingung erfüllt, während er jedoch der Zirkularitätsbedingung nur für den Fall einer homothetischen Präferenzordnung genügt. Will man mehrere Projekte mit derselben Ausgangssituation simultan miteinander vergleichen, so kann der Allen-Index dann ohne Einschränkung empfohlen werden, wenn alle diese Projekte in einem Zuge durchgeführt werden. Als Approximation erster Ordnung und obere Schranke zur Abschätzung des Allen-Indexes konnte der Laspeyres-Mengenindex identifiziert werden, dessen Verwendung immer dann in Betracht gezogen werden kann, wenn die vorhandene Datenbasis weder für die exakte Berechnung, noch für eine Approximation höherer Ordnung des Allen-Indexes ausreicht.

c. Der Pollak-Index

Ein weiterer Sonderfall des Deaton/Muellbauer-Mengenindexes, bei dem der nach Durchführung des jeweils betrachteten Projekts gültige Preisvektor als Referenzpreisvektor dient, ist der sogenannte **Pollak-Index**[12]

$$(9\text{-}30) \quad PO_{0k} = \frac{E(p^k, U(x^k))}{E(p^k, U(x^0))} = \frac{I_k}{E(p^k, U_0)}, \quad k \in \{0, 1, 2, \ldots, K\},$$

der unmittelbar als Pendant zur Hicksschen Kompensierenden Variation in Quotientenform zu erkennen ist. Dies wird auch aus Abbildung 9-7 deutlich, wo sich der Pollak-Index als Verhältnis der Strecken OA und OD und die Kompensierende Variation als Differenz dieser Strecken ergibt, d.h., $PO_{0k} = OA/OD$ und $CV_{0k} = OA - OD$.

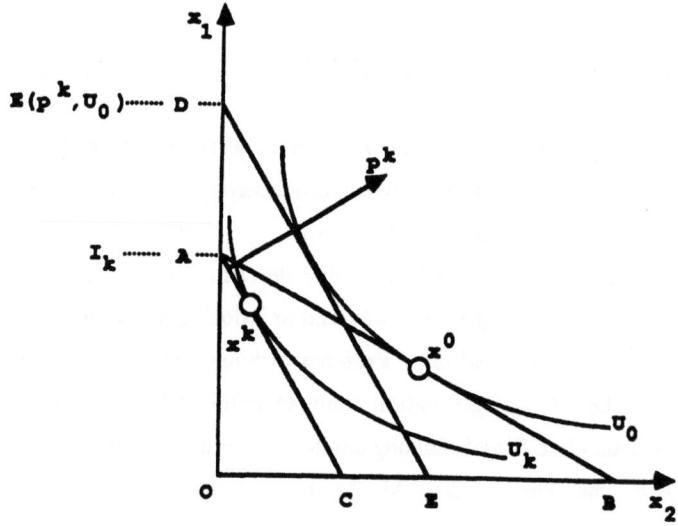

Abb. 9-7

---

[12] Nach Pollak (1971, S.64).

Während auch der Pollak-Index aufgrund der strengen Monotonie der Ausgabenfunktion in U die **Indikatorbedingung** gemäß

(9-31) $PO_{0k} > 1 \iff U_k > U_0$,

$PO_{0k} = 1 \iff U_k = U_0$, $k \in \{1,2,\ldots,K\}$,

erfüllt, scheitert er an der **Ordnungsbedingung** mit

(9-32) $\dfrac{PO_{0j}}{PO_{0k}} = \dfrac{E(p^j,U_j)/E(p^j,U_0)}{E(p^k,U_k)/E(p^k,U_0)} \geq 1 \;\not\Leftrightarrow\; U_j \geq U_k$,

$j,k \in \{1,2,\ldots,K\}$,

da sich bei diesem Index der Referenzpreisvektor mit jedem Projekt ändert, so daß die Werte des Pollak-Indexes für verschiedene Projekte nicht miteinander kompatibel sind[13]. Dasselbe Problem stellte sich im Zusammenhang mit der Hicksschen Kompensierenden Variation, und genau wie mit diesem Maß kann man auch mit dem Pollak-Index verschiedene Projekte mit derselben Ausgangssituation nur dann gegeneinander abwägen, wenn man Binärvergleiche zwischen sämtlichen Projekten durchführt. Die Projektabhängigkeit des Referenzpreisvektors hat offensichtlich darüberhinaus zur Folge, daß der Pollak-Index auch die **Zirkularitätsbedingung** nicht generell erfüllt.

Für den Sonderfall einer homothetischen Präferenzordnung läßt sich der Pollak-Index genau wie der Allen-Index in der allgemeinen Form

(9-33) $PO_{0k} = \dfrac{e_1(U_k) \cdot e_2(p^k)}{e_1(U_0) \cdot e_2(p^k)} = \dfrac{e_1(U_k)}{e_1(U_0)}$

darstellen, so daß gilt:

---

[13] Eine Ausnahme bildet der Fall, daß U_0 zwischen U_j und U_k liegt, so daß entweder $U_j \leq U_0 \leq U_k$ oder $U_k \leq U_0 \leq U_j$ gilt. In diesem Sonderfall ist $PO_{0j}/PO_{0k} \geq 1$ äquivalent zu $U_j \geq U_k$. Im allgemeinen kann von einem solchen Fall jedoch nicht ausgegangen werden, so daß der Pollak-Index kein zuverlässiges Wohlfahrtsmaß zum simultanen Vergleich mehrerer Projekte ist.

(9-34) *Falls die Präferenzordnung des Konsumenten homothetisch ist, stimmt der Pollak-Index mit dem Allen- und dem Deaton/Muellbauer-Mengenindex überein, d.h.,*

$$PO_{0k} = AL_{0k} = DMM_{0k} \quad , \quad k \in \{1, 2, \ldots, K\} \quad .$$

Nachdem der Pollak-Index in diesem Fall dieselben Eigenschaften wie der Deaton/Muellbauer-Mengenindex hat, erfüllt er bei Vorliegen einer homothetischen Präferenzordnung auch die Ordnungs- und die Zirkularitätsbedingung, so daß er in diesem Sonderfall sämtlichen Anforderungen an einen zuverlässigen Wohlfahrtsindikator genügt.

In Analogie zu dem Zusammenhang zwischen Allen- und Laspeyres-Mengenindex kann der Paasche-Mengenindex als Taylor-Approximation erster Ordnung des Pollak-Indexes aufgefaßt werden. Während die Zähler dieser beiden Indizes übereinstimmen, ergibt die Approximation des Nenners des Pollak-Indexes:

$$E(p^k, U_0) = E(p^0, U_0) + \nabla_p E(p^0, U_0) \cdot [p^k - p^0] + R$$

$$= p^0 x^0 + x^0 \cdot [p^k - p^0] + R$$

$$= p^k x^0 + R$$

Setzt man das Restglied R wieder gleich Null, so erhält man den Paasche-Mengenindex als Approximation erster Ordnung des Pollak-Indexes gemäß

(9-35) $\quad PO_{0k} = \dfrac{I_k}{E(p^k, U_0)} \approx \dfrac{I_k}{p^k x^0} = PAM_{0k} \quad , \quad k \in \{0, 1, 2, \ldots, K\}.$

Aus der Definition der Ausgabenfunktion und der strengen Konvexität und Glattheit der Präferenzordnung folgt mit

(9-36) $\quad PO_{0k} \geq PAM_{0k} \quad , \quad k \in \{1, 2, \ldots, K\} \quad ,$

wobei $\quad PO_{0k} > PAM_{0k} \quad$ *für* $\quad p^k \neq \alpha p^0 \quad , \quad \alpha > 0 \quad ,$

daß der Paasche-Mengenindex eine (strenge) untere Schranke für den Wert des Pollak-Indexes bildet. Dadurch wird auch unsere weiter oben getroffene Aussage, daß ein Wert des Paasche-Indexes von größer oder gleich Eins zuverlässig eine Wohlfahrtserhöhung anzeigt, bestätigt. Zusammen mit (9-15) ergibt sich aus (9-36), daß der Quotient der minimalen Einzelmengenänderungen eine noch weiter gefaßte, aber auch noch einfacher zu berechnende Untergrenze für den Pollak-Index bildet, d.h.,

$$(9\text{-}37) \quad \min_{n \in \mathbb{N}} \{x_n^k / x_n^0\} \leq PAM_{0k} \leq PO_{0k} \quad , \quad \mathbb{N} = \{1, 2, \ldots, N\} \quad .$$

Für den Fall einer homothetischen Präferenzordnung, in dem ja gemäß (9-34) Pollak-, Allen- und Deaton-Muellbauer-Mengenindex übereinstimmen, läßt sich jeder dieser funktionalen Mengenindizes durch die entsprechenden atomistischen Indizes bzw. die Quotienten der entsprechenden Einzelmengenänderungen nach oben und nach unten abschätzen. Aus (9-29) und (9-37) folgt dann:

(9-38) *Falls die Präferenzordnung des Konsumenten homothetisch ist, gilt:*

$$\min_{n \in \mathbb{N}} \{\frac{x_n^k}{x_n^0}\} \leq PAM_{0k} \leq PO_{0k} = DMM_{0k} = AL_{0k} \leq LAM_{0k} \leq \max_{n \in \mathbb{N}} \{\frac{x_n^k}{x_n^0}\}$$

$$\mathbb{N} = \{1, 2, \ldots, N\} \quad , \quad k \in \{1, 2, \ldots, K\} \quad .$$

Auch ohne die Annahme einer homothetischen Präferenzordnung stimmen Allen- und Pollak-Index dann überein, wenn sich durch ein bestimmtes Projekt sämtliche Preise proportional zueinander ändern (bzw. wenn eine Pauschsteuer erhoben wird). In diesem Fall ist $p^k = \alpha p^0$, $\alpha > 0$, und es gilt wegen der Linearhomogenität der Ausgabenfunktion in den Preisen

$$(9\text{-}39) \quad PO_{0k} = \frac{E(p^k, U_k)}{E(p^k, U_0)} = \frac{E(\alpha p^0, U_k)}{E(\alpha p^0, U_0)} = \frac{\alpha E(p^0, U_k)}{\alpha E(p^0, U_0)}$$

$$= \frac{E(p^0, U_k)}{E(p^0, U_0)} = AL_{0k}.$$

Darüber hinaus sind bei solchen proportionalen Preisänderungen offensichtlich auch die Werte von Laspeyres- und Paasche-Mengenindex gleich, so daß bei $p^k = \alpha p^0$, $\alpha > 0$, wegen

$$E(p^0, U_k) = p^0 \xi(p^0, U_k) = p^0 \xi(p^k/\alpha, U_k) = p^0 \xi(p^k, U_k) = p^0 x^k$$

und

$$E(p^k, U_0) = p^k \xi(p^k, U_0) = p^k \xi(\alpha p^0, U_0) = p^k \xi(p^0, U_0) = p^k x^0$$

unabhängig von der Art der Präferenzordnung gilt:

(9-40) *Für den Fall einer proportionalen Änderung sämtlicher Preise mit $p^k = \alpha p^0$, $\alpha > 0$, stimmen die Werte von Allen-, Pollak-, Laspeyres- und Paasche-Mengenindex überein, d.h.,*

$$PAM_{0k} = PO_{0k} = AL_{0k} = LAM_{0k} \quad, \quad k \in \{1, 2, \ldots, K\} \quad.$$

Zusammenfassend kann man festhalten, daß der Pollak-Index generell von unseren Zuverlässigkeitskriterien nur die Indikatorbedingung erfüllt und daher ausschließlich für Binärvergleiche geeignet ist. D.h., der Pollak-Index zeigt zuverlässig an, ob die Wohlfahrt infolge eines einzelnen Projektes zunimmt oder nicht. Beim Vergleich mehrerer Projekte muß zwischen sämtlichen Projektpaaren jeweils ein Binärvergleich vorgenommen werden, um zu einer der Präferenzordnung des Konsumenten entsprechenden Rangfolge zu gelangen. Für den Sonderfall einer homothetischen Präferenzordnung stimmt der Pollak-Index mit dem Allen- und dem Deaton/Muellbauer-Mengenindex überein, so daß er in diesem Fall auch die Ordnungs- und die Zirkularitätsbedingung erfüllt. Als Approximation erster Ordnung und zugleich Unterschranke für den Wert des Pollak-Indexes wurde der Paasche-Mengenindex ermittelt, dessen Verwendung immer dann in Betracht gezogen werden kann, wenn die Berechnung des Pollak-Indexes aus empirischen Gründen nicht möglich ist. Falls ein bestimmtes Projekt nur eine proportionale Änderung sämtlicher Preise oder eine Änderung des Pauscheinkommens bewirkt, stimmen die Werte von Allen-, Pollak-, Paasche- und Laspeyres-Mengenindex überein, so daß in diesen Fällen die Werte der funktionalen

Indizes über die einfacher zu berechnenden Werte der atomistischen Indizes ermittelt werden können.

Während die bisher dargestellten funktionalen Mengenindizes auf der Ausgabenfunktion basieren, sollen nun einige funktionale Mengenindizes betrachtet werden, deren Konstruktion auf dem Konzept der Distanzfunktion beruht.

B. Funktionale Mengenindizes auf Basis der Distanzfunktion

Wie im Anhang gezeigt wird, bietet die Distanzfunktion neben der Ausgabenfunktion und der direkten sowie der indirekten Nutzenfunktion eine weitere Möglichkeit zur vollständigen Darstellung der Präferenzordnung eines Konsumenten durch eine mathematische Funktion. Daher kommt die Distanzfunktion, ebenso wie die anderen genannten Funktionen, grundsätzlich für die Bildung von Wohlfahrtsmaßen und damit auch von Mengenindizes in Frage.

Bei den auf der Distanzfunktion basierenden Mengenindizes unterscheidet man zwei prinzipiell verschiedene Typen: den Malmquist-Index und den Deaton-Index. Der Malmquist-Index vergleicht zwei Situationen durch den Quotienten der Werte, welche die Distanzfunktion für die in den beiden Situationen jeweils konsumierten Güterbündel bei einem konstanten Referenznutzenniveau annimmt, während der Deaton-Index gleich dem Quotienten der Werte ist, welche die Distanzfunktion bei einem gegebenen Referenzgütervektor für die in beiden Situationen jeweils realisierten Nutzenniveaus annimmt. Schon aus diesem Unterschied in der Konstruktionsweise wird deutlich, daß der Deaton-Index auf den Vergleich zweier Nutzenniveaus abzielt und insofern schon im Hinblick auf die Wohlfahrtsmessung konzipiert ist, während der Malmquist-Index in erster Linie auf den (gewichteten und zu einem Skalar zusammengefaßten) Vergleich zweier Konsumgüterbündel ausgerichtet ist. Der Deaton-Index ist daher in unmittelbarer Analogie zu dem Deaton/Muellbauer-, Allen- oder Pollak-Index zu sehen, mit dem einzigen Unterschied, daß hier zwei Nutzenniveaus nicht auf der Basis eines Referenz-Preisvektors, sondern unter Verwendung eines Referenz-Güterbündels miteinander verglichen werden. Die Analogie zwischen diesen beiden Indexarten wird noch deutlicher, wenn man sich in Erinnerung ruft, daß die Distanzfunktion gemäß dem Shephardschen Dualitätstheorem, das im Anhang näher erläutert wird, als eine Art Ausgabenfunktion im Raum der normierten Preise interpretiert werden kann. Demgegenüber ist der Malmquist-Index als "echter" Mengenindex zu sehen und steht damit eher in konzeptioneller Nachbarschaft zu den weiter unten noch zu besprechenden Preisindizes, die ja primär auf die Erfassung der Preisentwicklung ausgerichtet sind, während ihre wohlfahrtstheoretische Eignung von eher nachgeordneter Bedeutung ist. Auch hier wird die unmittelbare Analogie zwischen dem Malmquist-Mengenindex einerseits und dem McKenzie/Pearce- bzw. Konüs-Preisindex andererseits wieder durch das Shephardsche Dualitätstheorem besonders deutlich. Die potentielle Eignung des Malmquist-Indexes als Wohlfahrtsmaß ist daher von vornherein mit einiger Skepsis zu betrachten.

Abschließend sei noch darauf hingewiesen, daß ein wesentlicher Unterschied zwischen den auf der Ausgabenfunktion und den auf der Distanzfunktion basierenden Wohlfahrtsmaßen darin besteht, daß das Konzept der Ausgabenfunktion kostenminimierendes Verhalten des Konsumenten voraussetzt, während dies für die Distanzfunktion ohne Bedeutung ist: Preise und Einkommen spielen für ihre Konstruktion keine Rolle, da sie ausschließlich auf Mengen (und den durch diese erzeugten Nutzenniveaus) basiert. Aus diesem Grunde ist das Konzept der Distanzfunktion als reines Gütermengenkonzept auch zur Konstruktion von Preisindizes ungeeignet[14].

Im folgenden sollen nun die beiden auf der Distanzfunktion basierenden Indextypen näher betrachtet werden.

a. Der Malmquist-Index

Wie oben bereits erwähnt wurde, ist der **Malmquist-Index**[15] für den Übergang von einer Situation 0 zu einer Situation $k \in \{1,2,...,K\}$ gleich dem Quotienten zweier Werte der Distanzfunktion für ein bestimmtes Referenznutzenniveau U_r und die in den Situationen 0 bzw. k jeweils konsumierten Gütervektoren x^0 bzw. x^k, d.h.,

---

[14] Diese Anmerkungen beziehen sich auf die Distanzfunktion als ökonomisches und nicht als allgemeines mathematisches Konzept zur Beschreibung konvexer Mengen, das sich selbstverständlich auch im Preisraum anwenden läßt. Insofern besteht hier auch kein Widerspruch zu Russell (1983), der die Indifferenzkurven aus dem Güterraum in den einkommensnormierten Preisraum überträgt (selbstverständlich unter der Annahme der Kostenminimierung!) und auf diese dann das mathematische Konzept der Distanzfunktion anwendet, da die so erhaltene Funktion ökonomisch gesehen natürlich nichts anderes als die altbekannte Ausgabenfunktion ist.

[15] Vergleiche Malmquist (1953).

$$(9\text{-}41) \quad MAL^r_{0k} = \frac{D(x^k, U_r)}{D(x^0, U_r)} \quad , \quad k \in \{1, 2, \ldots, K\} \quad ,$$

wobei MAL^r andeutet, daß es sich um den Malmquist-Index für das Referenznutzenniveau U_r handelt. Es ist offensichtlich, daß der Malmquist-Index in dieser allgemeinen Form sicher kein zuverlässiger Wohlfahrtsindikator ist, da er so noch nicht einmal die Indikatorbedingung erfüllt. Dies geht auch aus dem graphischen Gegenbeispiel in Abbildung 9-8 hervor, wo der Malmquist-Index mit

$$MAL^r_{0k} = \frac{OC/OD}{OA/OB} > 1$$

eine Erhöhung des Nutzens anzeigt, obwohl offensichtlich $U_k < U_0$ gilt.

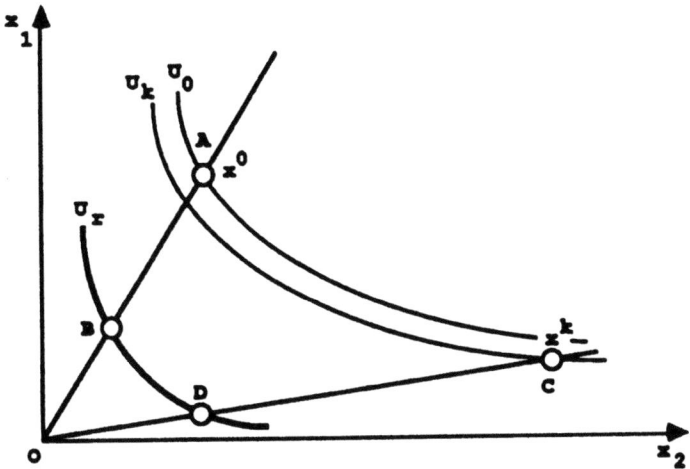

Abb. 9-8

Dieses Problem tritt dann nicht auf, wenn die Indifferenzkurve für das Referenznutzenniveau zwischen den beiden zu vergleichenden Indifferenzkurven liegt. Wie im Anhang gezeigt wird, gilt nämlich

$$(9\text{-}42) \qquad D(x,U_r) \geq 1 \quad \Longleftrightarrow \quad U(x) \geq U_r \quad ,$$

so daß für $U_0 \leq U_r \leq U_k$ immer $MAL^r_{0k} \geq 1$ und für $U_k \leq U_r \leq U_0$ immer $MAL^r_{0k} \leq 1$ sein muß. Daher kann die Erfüllung der Indikatorbedingung z.B. einfach dadurch sichergestellt werden, daß entweder das ursprüngliche Nutzenniveau U_0 oder das neue Nutzenniveau U_k als Referenznutzenniveau gewählt wird. Eine von den miteinander zu vergleichenden Gütervektoren völlig unabhängige Wahl des Referenznutzenniveaus scheidet dagegen unter wohlfahrtstheoretischen Gesichtspunkten aus. Man kann somit festhalten:

(9-43) *Falls das Referenznutzenniveau U_r zwischen den zu vergleichenden Nutzenniveaus U_0 und U_k liegt, erfüllt der Malmquist-Index die* **Indikatorbedingung**, *d.h.,*

$$MAL^r_{0k} > 1 \quad \Longleftrightarrow \quad U_k > U_0 \quad ,$$

$$MAL^r_{0k} = 1 \quad \Longleftrightarrow \quad U_k = U_0 \quad , \qquad k \in \{1,2,\ldots,K\} \quad .$$

Dies gilt insbesondere für $U_r = U_0$ und $U_r = U_k$.

Im folgenden sei daher stets von $U_0 \leq U_r \leq U_k$ bzw. $U_k \leq U_r \leq U_0$ ausgegangen.

Unabhängig davon gilt, daß der Malmquist-Index die Ordnungsbedingung (9-4) im allgemeinen nicht erfüllt, da aus

$$(9\text{-}44) \qquad \frac{MAL^r_{0k}}{MAL^r_{0j}} = \frac{D(x^k, U_r)}{D(x^j, U_r)} \geq 1$$

nicht generell auf $U_k \geq U_j$ geschlossen werden kann. Dies wird wieder aus Abbildung 9-8 deutlich, wenn man dort x^0 und U_0 durch x^j und U_j ersetzt, da hier trotz $MAL^r_{0k}/MAL^r_{0j} > 1$ offensichtlich $U_k < U_j$ gilt. Zu einem richtigen Ergebnis käme man hier nur dann, wenn das Referenznutzenniveau U_r zufällig zwischen U_k und U_j läge. Da die Ordnungsbedingung jedoch die simultane Vergleichbarkeit beliebig vieler verschiedener Projekte fordert und $U_k \leq U_r \leq U_0$ bzw. $U_0 \leq U_r \leq U_k$ wohl kaum für eine beliebige Anzahl von Projekten sichergestellt werden kann, ist die Ordnungsbedingung für den Malmquist-Index nicht generell erfüllt.

Eine Ausnahme bildet in diesem Zusammenhang wieder der Fall einer homothetischen Präferenzordnung: Da eine solche Präferenzordnung durch eine linear homogene Nutzenfunktion U(x) dargestellt werden kann, folgt aus der definitionsgemäß erfüllten Identität[16]

$$U\left[\frac{x^j}{D(x^j, U_r)}\right] \equiv U\left[\frac{x^k}{D(x^k, U_r)}\right] \quad (\equiv U_r)$$

unmittelbar

$$\frac{U(x^j)}{D(x^j, U_r)} = \frac{U(x^k)}{D(x^k, U_r)}$$

und damit

(9-45) $$\frac{MAL^r_{0k}}{MAL^r_{0j}} = \frac{D(x^k, U_r)}{D(x^j, U_r)} = \frac{U(x^k)}{U(x^j)}.$$

Hier ist (9-4) trivialerweise erfüllt. Aus (9-45) ist darüber hinaus ersichtlich, daß der Malmquist-Index bei Vorliegen einer homothetischen Präferenzordnung auch der Indikatorbedingung unabhängig von der Wahl des Referenznutzenniveaus genügt, so daß man festhalten kann:

---

[16] Vergleiche (A-53) im Anhang.

(9-46) *Der Malmquist-Index erfüllt die* **Ordnungsbedingung**

$$\frac{MAL^r_{0k}}{MAL^r_{0j}} \geq 1 \quad \Longleftrightarrow \quad U(x^k) \geq U(x^j)$$

zwar für den Fall einer homothetischen Präferenzordnung, jedoch nicht generell. Bei Vorliegen einer solchen Präferenzordnung erfüllt er auch die Indikatorbedingung unabhängig von der Wahl des Referenznutzenniveaus.

Auch der Zirkularitätsbedingung genügt der Malmquist-Index nicht generell, wie man leicht überprüfen kann. Für den Sonderfall einer homothetischen Präferenzordnung nimmt die Distanzfunktion jedoch die allgemeine Form

$$(9\text{-}47) \quad D(x,U) = \frac{d_2(x)}{d_1(U)}$$

an[17], so daß sich der Malmquist-Index beim Vorliegen einer solchen Präferenzordnung als

$$(9\text{-}48) \quad MAL^r_{0k} = \frac{d_2(x^k)/d_1(U_r)}{d_2(x^0)/d_1(U_r)} = \frac{d_2(x^k)}{d_2(x^0)}$$

ergibt. In dieser Form besteht er offensichtlich auch den Zirkularitätstest, so daß gilt:

(9-49) *Der Malmquist-Index erfüllt die* **Zirkularitätsbedingung**

$$MAL^r_{ij} \cdot MAL^r_{jm} = MAL^r_{im} \quad , \quad i,j,m \in \{0,1,2,\ldots,K\} \quad ,$$

zwar für eine homothetische Präferenzordnung, jedoch nicht generell.

---

[17] Siehe z.B. Blackorby/Primont/Russell (1978, S.90). Aus den im Anhang dargestellten allgemeinen Eigenschaften der Distanzfunktion folgt, daß d_1 streng monoton zunehmend in U und d_2 linear homogen, konkav und monoton zunehmend in x ist.

Ähnlich wie für den Allen- und den Pollak-Index lassen sich auch für den Malmquist-Index empirisch leichter zu ermittelnde funktionale Mengenindizes je nach Wahl des Referenznutzenniveaus als Ober- bzw. als Unterschranke angeben:

(9-50) *Der Wert des Malmquist-Indexes wird für das Referenznutzenniveau U_k nach unten durch den Paasche-Mengenindex und für das Referenznutzenniveau U_0 nach oben durch den Laspeyres-Mengenindex beschränkt, d.h.,*

$$PAM_{0k} \leq MAL_{0k}^{k} \quad und \quad MAL_{0k}^{0} \leq LAM_{0k} \, , \, k \in \{0,1,2,\ldots,K\} \, .$$

Diese beiden Abschätzungen ergeben sich aus der im Anhang[18] hergeleiteten Ungleichung

(9-51) $\quad E(p,U) \cdot D(x,U) \leq px \quad , \quad \forall x \in \mathbb{R}^{N++}, \, \forall p \in \mathbb{R}^{N++} \, ,$

die einen allgemeinen Zusammenhang zwischen Distanz- und Ausgabenfunktion herstellt. Bei Beachtung der definitorischen Beziehung $p^k x^k = E(p^k, U_k)$ ergibt sich aus Ungleichung (9-51)

$$p^k x^k \cdot D(x^0, U_k) = E(p^k, U_k) \cdot D(x^0, U_k) \leq p^k x^0$$

und damit[19]

(9-52) $\quad PAM_{0k} = \dfrac{p^k x^k}{p^k x^0} \leq \dfrac{1}{D(x^0, U_k)} = \dfrac{D(x^k, U_k)}{D(x^0, U_k)} = MAL_{0k}^{k} \, , \, \forall k \, .$

Analog erhält man unter Berücksichtigung von $p^0 x^0 = E(p^0, U_0)$ und $D(x^0, U_0) \equiv 1$ aus (9-51) die Ungleichung

---

[18] Siehe (A-54) im Anhang.
[19] Die in (9-52) verwendete Identität $D(x^k, U_k) \equiv 1$ folgt unmittelbar aus der Definition der Distanzfunktion. Siehe hierzu auch (A-56) im Anhang.

$$(9-53) \qquad MAL_{0k}^{0} = \frac{D(x^k, U_0)}{D(x^0, U_0)} = D(x^k, U_0) \leq \frac{p^0 x^k}{p^0 x^0} = LAM_{0k} \, , \quad \forall k \, .$$

Ähnlich wie bei den auf der Ausgabenfunktion basierenden funktionalen Mengenindizes können die statistischen Mengenindizes hier immer dann zur Abschätzung des Malmquist-Indexes herangezogen werden, wenn das vorhandene Datenmaterial zu seiner exakten Berechnung nicht ausreicht.

An dieser Stelle sei noch erwähnt, daß sich aus (9-51) auch eine Abschätzung des Malmquist-Indexes durch den Allen- bzw. Pollak-Index herleiten läßt, die hier wegen der unmittelbaren Analogie zu (9-50) ohne Beweis aufgeführt werden soll:

(9-54) *Der Wert des Malmquist-Indexes wird für das Referenznutzenniveau U_k nach unten durch den Allen-Index und für das Referenznutzenniveau U_0 nach oben durch den Pollak-Index beschränkt, d.h.,*

$$AL_{0k} \leq MAL_{0k}^{k} \quad \text{und} \quad MAL_{0k}^{0} \leq PO_{0k} \, , \quad k \in \{1, 2, \ldots, K\}.$$

Zusammenfassend läßt sich festhalten, daß der Malmquist-Index die Indikatorbedingung zwar bei Wahl eines geeigneten Referenznutzenniveaus erfüllt, daß er aber unter realistischen Bedingungen schon an diesem Kriterium scheitert und daher nicht als zuverlässiger Wohlfahrtsindikator empfohlen werden kann.

b. Der Deaton-Index

Anders als der Malmquist-Index, der zwei verschiedene Güterbündel bei konstantem Referenznutzenniveau miteinander vergleicht und damit von seiner Konstruktion her - ähnlich wie ein Preisindex in Bezug auf Preisänderungen - in erster Linie auf die Aggregation mehrerer verschiedener Gütermengenänderungen zu einem Skalar ausgerichtet ist, vergleicht der **Deaton-Index**[20]

---

[20] Siehe Deaton (1979, S.396-401).

$$(9-55) \quad DEA_{0k}^{\bar{x}} = \frac{D(x^r, U(x^0))}{D(x^r, U(x^k))} = \frac{D(x^r, U_0)}{D(x^r, U_k)}, \quad k \in \{0, 1, 2, \ldots, K\},$$

jeweils zwei verschiedene Nutzenniveaus U_k und U_0 bei konstantem Referenzgüterbündel x^r miteinander. Seine konzeptionelle Ausrichtung zielt damit - ähnlich wie bei dem Allen- bzw. Pollak-Index - unmittelbar auf den Vergleich zweier Nutzenniveaus. Während Allen- und Pollak-Index die zur Erreichung der jeweiligen Nutzenniveaus erforderlichen Mindestausgaben zueinander ins Verhältnis setzen, ist der Deaton-Index gleich dem Quotienten der entlang eines Strahls aus dem Ursprung durch das Referenzgüterbündel x^r gemessenen Abstände der beiden miteinander zu vergleichenden Indifferenzkurven vom Ursprung.

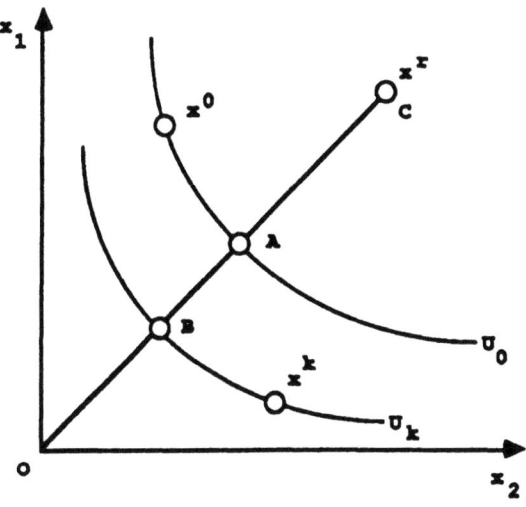

Abb. 9-9

Dies wird auch aus Abbildung 9-9 deutlich, wo der Deaton-Index für das Projekt k durch

$$DEA_{0k}^{\bar{x}} = \frac{OC/OA}{OC/OB} = \frac{OB}{OA}$$

gegeben ist.

Diese konstruktionsbedingte Ausrichtung des Deaton-Indexes auf den Vergleich zweier Nutzenniveaus läßt erwarten, daß er zumindest die **Indikatorbedingung**

$$(9\text{-}56) \qquad DEA_{0k}^r > 1 \quad \Longleftrightarrow \quad U_k > U_0 \; ,$$

$$\phantom{(9\text{-}56) \qquad} DEA_{0k}^r = 1 \quad \Longleftrightarrow \quad U_k = U_0 \; , \qquad k \in \{1,2,\ldots,K\} \; ,$$

erfüllt. Da die Distanzfunktion im Nutzen U streng monoton abnimmt, ist dies auch tatsächlich der Fall. Damit ist der Deaton-Index unabhängig von der Wahl des Referenzgüterbündels für binäre Wohlfahrtsvergleiche geeignet.

Die Erfüllung der **Ordnungsbedingung**

$$(9\text{-}57) \qquad \frac{DEA_{0j}^r}{DEA_{0k}^r} \geq 1 \quad \Longleftrightarrow \quad U_j \geq U_k \; , \qquad j,k \in \{1,2,\ldots,K\} \; ,$$

ist gewährleistet, solange das Referenzgüterbündel x^r projektunabhängig ist. Dies folgt wegen

$$(9\text{-}58) \qquad \frac{DEA_{0j}^r}{DEA_{0k}^r} = \frac{D(x^r,U_0)/D(x^r,U_j)}{D(x^r,U_0)/D(x^r,U_k)} = \frac{D(x^r,U_k)}{D(x^r,U_j)}$$

wieder aus der strengen Monotonie der Distanzfunktion in U. Aus demselben Grund erfüllt der Deaton-Index die Ordnungsbedingung auch dann, wenn man das Ausgangsgüterbündel x^0 als Referenzgüterbündel wählt (d.h. für $x^r = x^0$). Ist das Referenzgüterbündel dagegen gleich dem jeweils neuen Güterbündel (d.h. $x^r = x^k$), so ist die Ordnungsbedingung wegen

$$\frac{DEA_{0j}^j}{DEA_{0k}^k} = \frac{D(x^j,U_0)/D(x^j,U_j)}{D(x^k,U_0)/D(x^k,U_k)} = \frac{D(x^j,U_0)}{D(x^k,U_0)}$$

wieder nur für den Sonderfall einer homothetischen Präferenzordnung erfüllt.

Die Zirkularitätsbedingung

(9-59) $\quad DEA^r_{ij} \cdot DEA^r_{jm} = DEA^r_{im} \quad , \quad i,j,m \in \{0,1,2,\ldots,K\}$,

ist wegen

(9-60) $\quad \dfrac{D(x^r,U_i)}{D(x^r,U_j)} \cdot \dfrac{D(x^r,U_j)}{D(x^r,U_m)} = \dfrac{D(x^r,U_i)}{D(x^r,U_m)}$

ebenfalls immer dann erfüllt, wenn für sämtliche Projekte derselbe Referenzgütervektor gewählt wird. Wählt man statt dessen für jeden Einzelprojektvergleich einen anderen Referenzgütervektor, zum Beispiel das jeweilige Ausgangsgüterbündel, so wird (9-59) im allgemeinen verletzt sein, es sei denn, man hat es wieder mit einer homothetischen Präferenzordnung zu tun.

Damit kann man festhalten, daß der Deaton-Index bei Wahl eines einheitlichen Referenzgüterbündels für sämtliche miteinander zu vergleichenden Projekte unsere Zuverlässigkeitskriterien (9-3) bis (9-5) erfüllt und daher als zuverlässiger theoretischer Wohlfahrtsindikator bezeichnet werden kann. Im Gegensatz zu den auf der Ausgabenfunktion beruhenden Indexmaßen, deren empirische Berechenbarkeit im Zusammenhang mit den Hicksschen Variationsmaßen prinzipiell bereits diskutiert wurde, kann zu dem Kriterium der empirischen Operationalität in bezug auf den Deaton-Index an dieser Stelle noch kein Urteil abgegeben werden.

Bevor auf diese Frage näher eingegangen wird, soll jedoch noch kurz darauf hingewiesen werden, daß sich ähnlich wie bei dem Malmquist-Index auch der Wert des Deaton-Indexes je nach Wahl des Referenzgüterbündels durch andere (funktionale oder atomistische) Indizes abschätzen läßt. Die entsprechenden Herleitungen basieren wieder auf der allgemeinen Ungleichung (9-51) und sollen wegen ihrer Analogie zu den Herleitungen von (9-50) und (9-54) hier nicht noch einmal aufgeführt werden. Es gilt also:

(9-61)   *Der Deaton-Index nimmt für das Referenzgüterbündel x^0 die allgemeine Form*

$$DEA_{0k}^0 = \frac{1}{D(x^0, U_k)}$$

an und wird von unten durch den Allen- und den Paasche-Mengenindex beschränkt, d.h.,

$$AL_{0k} \leq DEA_{0k}^0 \quad und \quad PAM_{0k} \leq DEA_{0k}^0, \quad k \in \{1, 2, \ldots, K\}.$$

Für das Referenzgüterbündel x^k nimmt der Deaton-Index die allgemeine Form

$$DEA_{0k}^k = D(x^k, U_0)$$

an und wird durch den Pollak- und den Laspeyres-Mengenindex von oben beschränkt, d.h.,

$$DEA_{0k}^k \leq PO_{0k} \quad und \quad DEA_{0k}^k \leq LAM_{0k}, \quad k \in \{1, 2, \ldots, K\}.$$

Diese Abschätzungen sind immer dann von Interesse, wenn man den Wert des Deaton-Indexes wissen möchte, ohne über entsprechend geeignetes Datenmaterial zu verfügen.

Zusammenfassend kann man sagen, daß der Deaton-Index im Gegensatz zum Malmquist-Index ein zuverlässiger theoretischer Wohlfahrtsindikator ist, solange man sich auch beim Vergleich mehrerer Projekte auf einen gemeinsamen Referenzgütervektor festlegt. Im Gegensatz zu den auf der Ausgabenfunktion basierenden Indexmaßen, deren empirische Berechenbarkeit de facto bereits im Zusammenhang mit den ebenfalls auf der Ausgabenfunktion beruhenden Hicks-Maßen geklärt wurde, kann bisher noch keine Aussage über die empirische Eignung der auf der Distanzfunktion basierenden Maße, insbesondere des Deaton-Indexes, gemacht werden. Daher soll im nächsten Abschnitt kurz auf die wichtigsten Möglichkeiten zur empirischen Berechnung des Deaton-Indexes, der ja im Gegesatz zu dem Malmquist-Index zumindest unter theoretischen Gesichtspunkten ein zuverlässiger Wohlfahrtsindikator ist, bei unterschiedlicher Qualität der vorhandenen Datenbasis eingegangen werden.

C. Berechnungsverfahren

Da die Distanzfunktion selbst offensichtlich nicht unmittelbar empirisch beobachtbar ist, liegt es nahe, ihre Werte ähnlich wie bei der Nutzen- und der Ausgabenfunktion mittelbar aus den beobachtbaren Markthandlungen des Konsumenten durch Integration eines geeigneten Nachfragesystems abzuleiten.

Will man beispielsweise den Deaton-Index mit dem Referenzgüterbündel x^k

$$(9\text{-}62) \qquad DEA_{0k}^k = \frac{D(x^k, U_0)}{D(x^k, U_k)} = D(x^k, U_0) \quad , \quad k \in \{1, 2, \ldots, K\} \quad ,$$

auf diese Weise berechnen, so ergibt sich bei Berücksichtigung der Identität $D(x^0, U_0) \equiv 1$ und des Zweiten Hauptsatzes der Differential- und Integralrechnung

$$(9\text{-}63) \qquad DEA_{0k}^k = 1 + D(x^k, U_0) - D(x^0, U_0)$$

$$= 1 + \int_{x^0}^{x^k} \nabla_x D(x, U_0) \cdot dx \quad .$$

Wegen des Shephard-Hanoch-Lemmas[21], das besagt, daß der Gradient der Distanzfunktion bezüglich x gleich dem Vektor der kompensierten inversen Nachfragefunktionen $\phi(x, U)$ ist, folgt aus (9-63)

$$(9\text{-}64) \qquad DEA_{0k}^k = 1 + \int_{x^0}^{x^k} \phi(x, U_0) \cdot dx \quad , \quad k \in \{1, 2, \ldots, K\} \quad .$$

Der Deaton-Index kann also mit Hilfe des Integrals über die kompensierten inversen Nachfragefunktionen berechnet werden. Wie im Anhang gezeigt wird, sind die partiellen Ableitungen der kompensierten inversen Nachfragefunktionen $\phi(x, U)$ nach den Gütermengen gleich den entsprechenden Elementen der Antonelli-Matrix, so daß das

---

[21] Siehe (A-60) im Anhang.

Integral über die Funktionen φ(x,U) wegen der Symmetrie der Antonelli-Matrix pfadunabhängig und damit eindeutig bestimmbar ist.

Leider sind jedoch die kompensierten inversen Nachfragefunktionen φ(x,U) genau wie die kompensierten direkten Nachfragefunktionen ξ(p,U) empirisch nicht beobachtbar, so daß zur exakten Ermittlung des Deaton-Indexes ähnlich wie bei der Berechnung der Hicksschen Äquivalenten Variation als Integral über ξ(p,U) nach Wegen gesucht werden muß, die Integration über φ(x,U) durch einen geeigneten Algorithmus auf der Basis von unkompensierten Nachfragefunktionen zu "simulieren". Im folgenden Kapitel wird ein solcher in der Hanemann-Vartia-McKenzie/Ulph-Tradition[22] stehender Algorithmus, wie er schon im Zusammenhang mit der Äquivalenten Variation vorgestellt wurde, auf die Berechnung des Deaton-Indexes angewendet.

Während exakte Maße den Deaton-Index gemäß (9-64) als Integral über die inversen kompensierten Nachfragefunktionen bestimmen und dabei als Informationsgrundlage das gesamte System der unkompensierten inversen Nachfragefunktionen benötigen, kann eine Taylor-Approximation zweiter Ordnung des Deaton-Indexes schon bei Kenntnis bestimmter Punktelastizitäten der inversen Nachfragefunktionen vorgenommen werden. Wie im übernächsten Kapitel gezeigt wird, entspricht eine solche Approximation des Deaton-Indexes der Integration entlang einer linearisierten Form der inversen kompensierten Nachfragefunktionen, die immer dann zu empfehlen ist, wenn die vorhandene Datenbasis für eine exakte Berechnung des Deaton-Indexes nicht ausreicht.

Zunächst soll jedoch auf die exakte Berechnung des Deaton-Indexes auf der Basis des unkompensierten inversen Nachfragesystems des Konsumenten eingegangen werden.

a. Differentialgleichungsmethode

Zur exakten empirischen Berechnung des Deaton-Indexes muß also gemäß (9-64) das Integral über die kompensierten inversen Nachfragefunktionen berechnet werden. Bezeichnet man die durch dieses Integral ausgedrückte Differenz mit $\Delta_x D(x, U_0)$, so ist gemäß (9-63)

---

[22] Algorithmen dieser Art wurden von Hanemann (1981), McKenzie/Ulph (1982) und Vartia (1983) zur Berechnung der Hicksschen Variationsmaße verwendet.

(9-65) $DEA_{0k}^{k} = 1 + \Delta_x D(x, U_0)$

mit $\Delta_x D(x, U_0) = D(x^k, U_0) - D(x^0, U_0)$.

Wegen der Pfadunabhängigkeit des zur Bestimmung von $\Delta_x D(x, U_0)$ gemäß (9-64) zu berechnenden Integrals kann $\Delta_x D(x, U_0)$ auch als Summe sämtlicher Einzelintegrale über die einzelnen inversen kompensierten Nachfragefunktionen dargestellt werden. Diese Umformung entspricht der Festlegung eines bestimmten Integrationspfades, bei dem nacheinander über die einzelnen Gütermengen x_n, $n = 1, 2, ..., N$, und zwar jeweils über das Intervall $[x_n^0, x_n^k]$ integriert wird. D.h.,

(9-66) $\Delta_x D(x, U_0) = \int_{x^0}^{x^k} \phi(x, U_0) dx$

$$= \left[\int_{x_1^0}^{x_1^k} \phi_1(x_1, x_2^0, \ldots, x_N^0, U_0) dx_1 \right.$$

$$+ \int_{x_2^0}^{x_2^k} \phi_2(x_1^k, x_2, x_3^0, \ldots, x_N^0, U_0) dx_2 + \ldots +$$

$$\left. + \int_{x_N^0}^{x_N^k} \phi_N(x_1^k, \ldots, x_{N-1}^k, x_N, U_0) dx_N \right] .$$

Jedes dieser Einzelintegrale ist wegen des Shephard-Hanoch-Lemmas gleich der Differenz zweier Werte der Distanzfunktion an den entsprechenden Stellen. Aus diesem Grunde kann $\Delta_x D(x,U_0)$ durch N Differenzen zweier Distanzfunktionswerte ausgedrückt werden, wobei jede dieser Differenzen die jeweilige Wertänderung der Distanzfunktion bei Änderung einer einzigen Mengenvariablen angibt:

$$(9\text{-}67)\quad \Delta_x D(x,U_0) = [D(x_1^k, x_2^0, \ldots, x_N^0, U_0) - D(x^0, U_0)]$$
$$+ [D(x_1^k, x_2^k, x_3^0, \ldots, x_N^0, U_0) - D(x_1^k, x_2^0, \ldots, x_N^0, U_0)]$$
$$+ \ldots + [D(x^k, U_0) - D(x_1^k, \ldots, x_{N-1}^k, x_N^0, U_0)]$$

Während der Ausdruck $\Delta_x D(x,U_0)$ gemäß (9-63) und (9-65) als eine einzige Differenz zweier Werte der Distanzfunktion dargestellt werden kann, wobei diese Differenz eine Funktion sämtlicher N Gütermengen x_n ist, wird er in (9-67) aufgrund der Pfadunabhängigkeit des Integrals (9-66) durch N Einzeldifferenzen, die aber jeweils nur von einer einzigen Variablen x_n abhängen, ausgedrückt. Da die funktionale Form der Distanzfunktion wegen ihrer Abhängigkeit vom Nutzenniveau U empirisch nicht beobachtbar ist, ist eine unmittelbare Berechnung von $\Delta_x D(x,U_0)$ gemäß (9-67) nicht möglich, zumal nur ein einziger der gesuchten Funktionswerte der Distanzfunktion, nämlich $D(x^0, U_0) = 1$, bekannt ist. Zur Ermittlung der anderen Werte der Distanzfunktion muß daher über das Shephard-Hanoch-Lemma und die aus dem Anhang[23] bekannte Identität

$$(9\text{-}68)\quad \phi(x,U) = \hat{p}(x/D(x,U))$$

der Zusammenhang zwischen der Distanzfunktion einerseits und den beobachtbaren Markthandlungen des Konsumenten in Form der inversen Nachfragefunktionen $\hat{p}(x)$ andererseits hergestellt werden. Auf diese Weise lassen sich dann ausgehend von $D(x^0, U_0) = 1$ der Reihe nach die Werte von $D(x_1^k, x_2^0, \ldots, x_N^0, U_0)$, $D(x_1^k, x_2^k, x_3^0, \ldots, x_N^0, U_0)$ usw. bis $D(x^k, U_0)$ berechnen.

Für die Ermittlung von $D(x_1^k, x_2^0, \ldots, x_N^0, U_0)$ definiert man die Funktion

$$(9\text{-}69)\quad \delta_1(x_1) = D(x_1, x_2^0, \ldots, x_N^0, U_0)\quad,$$

---

[23] Siehe (A-62) im Anhang.

die ausschließlich von der Variablen x_1 abhängt. Berücksichtigt man das Shephard-Hanoch-Lemma und (9-68), so ergibt sich die Ableitung dieser Funktion als

$$(9\text{-}70) \quad d\delta_1(x_1)/dx_1 = \phi_1(x_1, x_2^0, \ldots, x_N^0, U_0)$$
$$= \hat{p}_1([x_1, x_2^0, \ldots, x_N^0]/D(x_1, x_2^0, \ldots, x_N^0, U_0)).$$

Wegen (9-69) folgt daraus die gewöhnliche Differentialgleichung erster Ordnung

$$(9\text{-}71) \quad d\delta_1(x_1)/dx_1 = \hat{p}_1([x_1, x_2^0, \ldots, x_N^0]/\delta_1(x_1)) \quad .$$

Löst man diese Differentialgleichung für die durch die Definition der Distanzfunktion bestimmte Anfangsbedingung

$$(9\text{-}72) \quad \delta_1(x_1^0) = D(x^0, U_0) = 1 \quad ,$$

so erhält man die Funktion $\delta_1(x_1)$, deren Auswertung an der Stelle x_1^k den gewünschten Funktionswert der Distanzfunktion

$$(9\text{-}73) \quad D(x_1^k, x_2^0, \ldots, x_N^0, U_0) = \delta_1(x_1^k)$$

ergibt. Damit sind bereits zwei der gesuchten Größen aus (9-67), nämlich $D(x^0, U_0)$ und $D(x_1^k, x_2^0, \ldots, x_N^0, U_0)$, bekannt. Falls sich durch das betrachtete staatliche Programm nur eine einzige Gütermenge geändert hat, ist die Berechnung von $\Delta_x D(x, U_0)$ an dieser Stelle beendet, da alle anderen Differenzen in (9-67) gleich Null sind, und das Ergebnis kann zur endgültigen Bestimmung des Deaton-Indexes in (9-65) eingesetzt werden.

Ändert sich dagegen auch die Menge des zweiten Gutes, so muß als nächstes der Wert von $D(x_1^k, x_2^k, x_3^0, \ldots, x_N^0, U_0)$ in (9-67) berechnet werden. Dazu definiert man analog zu (9-69) die Funktion

$$(9\text{-}74) \quad \delta_2(x_2) = D(x_1^k, x_2, x_3^0, \ldots, x_N^0, U_0) \quad ,$$

die ausschließlich von der Variablen x_2 abhängt. Aus der Ableitung von δ_2 nach x_2 ergibt sich bei Beachtung des Shephard-Hanoch-Lemmas sowie von (9-68) und (9-74) die gewöhnliche Differentialgleichung erster Ordnung

(9-75) $\quad d\delta_2(x_2)/dx_2 = \hat{p}_2([x_1^k, x_2, x_3^0, \ldots, x_N^0]/\delta_2(x_2))$,

deren Anfangsbedingung

(9-76) $\quad \delta_2(x_2^0) = D(x_1^k, x_2^0, x_3^0, \ldots, x_N^0, U_0) = \delta_1(x_1^k)$

aus (9-73) bekannt ist. Durch die Lösung von (9-75) erhält man die Funktion $\delta_2(x_2)$, aus deren Auswertung an der Stelle x^k sich der für (9-67) gesuchte Wert der Distanzfunktion

(9-77) $\quad D(x_1^k, x_2^k, x_3^0, \ldots, x_N^0, U_0) = \delta_2(x_2^k)$

ergibt. Ändert sich auch die Menge des dritten Gutes, so läßt sich nun analog zu (9-69) und (9-74) eine Funktion $\delta_3(x_3)$ definieren, deren Ableitung nach x_3 wieder zu einer gewöhnlichen Differentialgleichung erster Ordnung mit der Anfangsbedingung $\delta_3(x_3^0) = \delta_2(x_2^k)$, die aus (9-77) bekannt ist, führt. Dieser Prozeß läßt sich für sämtliche Güter fortsetzen, bis über die Definition von

(9-78) $\quad \delta_N(x_N) = D(x_1^k, \ldots, x_{N-1}^k, x_N, U_0)$

die Differentialgleichung

(9-79) $\quad d\delta_N(x_N)/dx_N = \hat{p}_N([x_1^k, \ldots, x_{N-1}^k, x_N]/\delta_N(x_N))$

mit der Anfangsbedingung

(9-80) $\quad \delta_N(x_N^0) = D(x_1^k, \ldots, x_{N-1}^k, x_N^0, U_0) = \delta_{N-1}(x_{N-1}^k)$

gelöst und so auch der letzte zur Bestimmung von $\Delta_x D(x, U_0)$ gemäß (9-67) benötigte Wert der Distanzfunktion mit

(9-81) $D(x^k, U_0) = \delta_N(x_N^k)$

gefunden ist. Setzt man den so berechneten Wert von $\Delta_x D(x,U_0)$ in (9-65) ein, so erhält man den Wert des Deaton-Indexes mit dem Referenzgüterbündel x^k für das k-te Projekt.

Diese Methode zur Bestimmung des Deaton-Indexes zeichnet sich dadurch aus, daß sie einerseits auf empirisch beobachtbaren Daten beruht und andererseits mit relativ geringem rechnerischem Aufwand Ergebnisse von beliebig großer Genauigkeit liefert. Die inversen unkompensierten Nachfragefunktionen, die hier verwendet werden, sind ökonometrisch ohne weiteres ermittelbar, und fertige Programmkonserven zur Lösung gewöhnlicher Differentialgleichungen erster Ordnung sind in jedem Rechenzentrum verfügbar. Die Genauigkeit, mit der durch diese Methode der Deaton-Index tatsächlich berechnet wird, hängt letztlich von der gewählten Schrittweite bei dem zur Lösung der Differentialgleichungen verwendeten Computerprogramm ab, so daß bei einer entsprechend engen Schrittweite von einer "exakten" Berechnung des Deaton-Indexes gesprochen werden kann.

Die wesentlichen Schritte bei der Verwendung des hier vorgestellten Algorithmus lassen sich folgendermaßen zusammenfassen: Man zerlegt die Differenz

(9-82) $\Delta_x D(x, U_0) = D(x^k, U_0) - D(x^0, U_0)$

gemäß (9-67) in eine Summe von Einzeldifferenzen

(9-83) $D(x_1^k, \ldots, x_n^k, x_{n+1}^0, \ldots, x_N^0) - D(x_1^k, \ldots, x_{n-1}^k, x_n^0, \ldots, x_N^0)$,

wobei sich bei jeder dieser Einzeldifferenzen jeweils nur eine einzige Gütermenge x_n ändert. Eine unmittelbare Berechnung dieser Differenzen kommt ebensowenig in Frage wie ihre mittelbare Berechnung durch Integration der kompensierten inversen Nachfragefunktionen, da die funktionalen Formen der Distanzfunktion bzw. der kompensierten inversen Nachfragefunktionen empirisch nicht beobachtbar ist. Statt dessen definiert man N Funktionen

(9-84) $\quad \delta_n(x_n) = D(x_1^k, \ldots, x_{n-1}^k, x_n, x_{n+1}^0, \ldots, x_N^0)$, $n=1,2,\ldots,N$,

die jeweils nur von einer Gütermenge x_n abhängen und deren funktionale Form natürlich ebenfalls unbekannt ist. Die Ableitung dieser Funktionen ergibt bei Berücksichtigung des Shephard-Hanoch-Lemmas, der Identität (9-68) und der Definition (9-84) ein System gewöhnlicher Differentialgleichungen erster Ordnung

(9-85) $\quad d\delta_n(x_n)/dx_n = \hat{p}_n([x_1^k, \ldots, x_{n-1}^k, x_n, x_{n+1}^0, \ldots, x_N^0])/\delta_n(x_n))$,

die nacheinander für $n=1,2,\ldots,N$ gelöst werden und als deren Lösung man die Funktionen $\delta_n(x_n)$ erhält. Die Anfangsbedingung $\delta_n(x_n^0)$ für jede der Differentialgleichungen (9-85) ergibt sich für $n=2,3,\ldots,N$ aus der Auswertung der jeweils zuvor gelösten Differentialgleichung an der Stelle x_{n-1}^k gemäß

(9-86) $\quad \delta_n(x_n^0) = \delta_{n-1}(x_{n-1}^k)$, $n=2,3,\ldots,N$,

und aus $\delta_1(x_1^0) = 1$ gemäß (9-72) für $n=1$. Hat man auf diese Weise sämtliche Funktionen $\delta_n(x_n)$ ermittelt, so kann $\Delta_x D(x, U_0)$ wegen (9-67) und (9-84) durch

(9-87) $\quad \Delta_x D(x, U_0) = \sum_{n=1}^{N} [\delta_n(x_n^k) - \delta_n(x_n^0)]$

bestimmt werden. Der Deaton-Index ergibt sich daraus gemäß (9-65) durch Addition von eins.

Selbstverständlich ist die Anwendbarkeit dieses Verfahrens nicht davon abhängig, daß x^k als Referenzgütervektor gewählt wird. Zur Berechnung des Deaton-Indexes mit dem Referenzgüterbündel x^0

(9-88) $\quad DEA_{0k}^0 = \dfrac{1}{D(x^0, U_k)} = \dfrac{1}{1 + D(x^0, U_k) - D(x^k, U_k)}$

bildet man analog zu (9-63) und (9-64)

$$(9\text{-}89) \quad DEA^0_{0k} = 1 \;/\; \{1 + D(x^0, U_k) - D(x^k, U_k)\}$$

$$= 1 \;/\; \left\{1 + \int_{x^k}^{x^0} \nabla_x D(x, U_k) \cdot dx\right\}$$

$$= 1 \;/\; \left\{1 + \int_{x^k}^{x^0} \phi(x, U_k) \cdot dx\right\} \;.$$

Das weitere Vorgehen zur exakten Berechnung von $DEA^0{}_{0k}$ ist analog zu den in der Folge von (9-66) dargestellten Schritten zur Ermittlung von $DEA^k{}_{0k}$, so daß darauf an dieser Stelle nicht näher eingegangen werden soll. Vielmehr soll im folgenden kurz erläutert werden, mit welchen Methoden man sich helfen kann, wenn das vorliegende Datenmaterial für eine exakte Berechnung des Deaton-Indexes nicht ausreicht.

b. Taylor-Approximationen

Wie im vorangegangenen Abschnitt gezeigt wurde, beruht die exakte Berechnung des Deaton-Indexes auf der Kenntnis der funktionalen Formen der inversen unkompensierten Nachfragefunktionen. Ist das Verhalten dieser Funktionen dagegen nur in einer kleinen Umgebung einzelner Gleichgewichtspunkte bekannt, so muß der Wert des Deaton-Indexes für ein bestimmtes Projekt approximiert werden.

Wählt man zur Demonstration dieses Verfahrens wieder den Deaton-Index

$$(9\text{-}90) \quad DEA^k_{0k} = \frac{D(x^k, U_0)}{D(x^k, U_k)} = D(x^k, U_0) \quad , \quad k \in \{1, 2, \ldots, K\} \quad ,$$

mit dem Gütervektor x^k als Referenzgüterbündel, so ergibt sich als Taylor-Approximation zweiter Ordnung für den Wert der Distanzfunktion an der Stelle $[x^k, U_0]$

(9-91) $\quad D(x^k, U_0) \approx D(x^0, U_0) + [x^k - x^0]\nabla_x D(x^0, U_0)$

$\qquad + \tfrac{1}{2}[x^k - x^0]\nabla^2_{xx} D(x^0, U_0)[x^k - x^0]$.

Wegen des Shephard-Hanoch-Lemmas ist der Gradient der Distanzfunktion bezüglich x an der Stelle $[x^0, U_0]$ gleich dem Preisvektor $\hat{p}^0$. Aus dem Anhang ist ferner bekannt, daß die Hesse-Matrix der Distanzfunktion bezüglich x an der Stelle $[x^0, U_0]$ gleich der Antonelli-Matrix A^0 für die Ausgangssituation 0 ist[24] und daß das Produkt aus der Antonelli-Matrix und dem Gütervektor x für dieselbe Situation gleich dem Nullvektor ist[25]. Weiterhin weiß man, daß das Produkt aus $\hat{p}^0$ und x^0 gleich dem Wert der Distanzfunktion an der Stelle $[x^0, U_0]$ ist.[26] Berücksichtigt man diese Zusammenhänge, so läßt sich die Approximation des Deaton-Indexes gemäß (9-91) folgendermaßen weiterentwickeln:

$$DEA^k_{0k} \approx D(x^0, U_0) + [x^k - x^0]\hat{p}^0 + \tfrac{1}{2}[x^k - x^0]A^0[x^k - x^0]$$

$$= \hat{p}^0 x^k + \tfrac{1}{2} x^k A^0 x^k$$

Da die Elemente der Antonelli-Matrix gemäß (A-71) im Anhang gleich den entsprechenden partiellen Ableitungen der kompensierten inversen Nachfragefunktionen nach den Gütermengen sind, folgt daraus:

(9-92) $\quad DEA^k_{0k} \approx \sum_{n=1}^{N} \hat{p}^0_n x^k_n + \tfrac{1}{2} \left(\sum_n^N \sum_m^N x^k_n (\partial \phi_n / \partial x_m)^0 x^k_m \right)$.

Die Antonelli-Effekte $(\partial \phi_n / \partial x_m)^0$ sind als partielle Ableitungen der kompensierten inversen Nachfragefunktionen natürlich nicht direkt beobachtbar, aber man kann sie über die im Anhang hergeleitete Antonelli-Gleichung (A-76') aus den empirisch beobachtbaren unkompensierten inversen Nachfragefunktionen ermitteln als

---

[24] Siehe (A-70) im Anhang.
[25] Siehe (A-73) im Anhang.
[26] Siehe (A-64) im Anhang.

$$(9\text{-}93) \qquad (\partial\phi_n/\partial x_m)^0 = (\partial\hat{p}_n/\partial x_m)^0 - \hat{p}_m^0 \sum_{i=1}^{N} (\partial\hat{p}_n/\partial x_i)^0 x_i^0 \quad .$$

Falls statt der partiellen Ableitungen $(\partial\hat{p}_n/\partial x_m)^0$ der Funktionen $\hat{p}(x)$ nur ihre Punktelastizitäten

$$(9\text{-}94) \qquad \hat{\eta}_{nm}^0 = (\partial\hat{p}_n/\partial x_m)^0 \cdot (x_m^0/\hat{p}_n^0) \quad , \quad n,m=1,2,\ldots,N \quad ,$$

für die Ausgangssituation bekannt sind, kann (9-93) auch mit Hilfe dieser Elastizitäten ausgedrückt werden als

$$(9\text{-}95) \qquad (\partial\phi_n/\partial x_m)^0 = \frac{\hat{p}_n^0}{x_m^0} \left[\hat{\eta}_{nm}^0 - \hat{p}_m^0 x_m^0 \sum_{i=1}^{N} \hat{\eta}_{ni}^0 \right] \quad .$$

Berücksichtigt man (9-95) in (9-92), so erhält man als Taylor-Approximation zweiter Ordnung des Deaton-Indexes den Ausdruck

$$(9\text{-}96) \qquad DEA_{0k}^k = \sum_{n=1}^{N} \hat{p}_n^0 x_n^k$$

$$+ \tfrac{1}{2} \left(\sum_{n}^{N} \sum_{m}^{N} x_n^k \frac{\hat{p}_n^0}{x_m^0} \left[\hat{\eta}_{nm}^0 - \hat{p}_m^0 x_m^0 \sum_{i=1}^{N} \hat{\eta}_{ni}^0 \right] x_m^k \right) \quad .$$

Als Information zur Berechnung dieses Näherungswertes benötigt man somit ausschließlich die inversen Preiselastizitäten der Ausgangssituation $\hat{\eta}_{nm}^0$, die Ausgangspreise $\hat{p}^0$ und die Gütervektoren x^0 und x^k.

In Abbildung 9-10 ist der approximierte Deaton-Index graphisch für den Fall dargestellt, daß sich ausschließlich die Menge des ersten Gutes ändert. Zum Verständnis der graphischen Analyse ist es sinnvoll, die - wegen (9-91) - zu (9-96) bzw. (9-92) äquivalente Darstellungsform

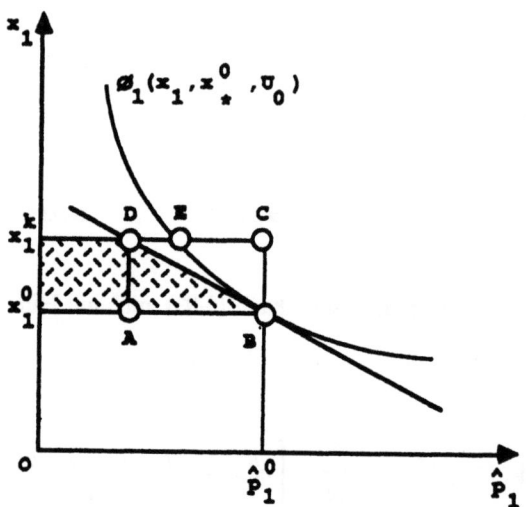

Abb. 9-10

$$(9\text{-}97) \quad DEA_{0k}^{k} \approx 1 + \sum_{n=1}^{N} \hat{p}_{n}^{0} [x_{n}^{k} - x_{n}^{0}]$$

$$+ \tfrac{1}{2} \left(\sum_{n}^{N} \sum_{m}^{N} [x_{n}^{k} - x_{n}^{0}](\partial \phi_{n}/\partial x_{m})^{0} [x_{m}^{k} - x_{m}^{0}] \right)$$

des Deaton-Indexes zu betrachten. Nimmt man zur Vereinfachung an, daß sich nur die Menge des ersten Gutes ändert, so wird (9-97) zu

$$(9\text{-}98) \quad DEA_{0k}^{k} \approx 1 + \hat{p}_{1}^{0} [x_{1}^{k} - x_{1}^{0}]$$

$$+ \tfrac{1}{2} [x_{1}^{k} - x_{1}^{0}](\partial \phi_{1}/\partial x_{1})^{0} [x_{1}^{k} - x_{1}^{0}] \quad .$$

Der Ausdruck

(9-99) $\quad \hat{p}_1^0 [x_1^k - x_1^0] + \frac{1}{2} [x_1^k - x_1^0](\partial \phi_1 / \partial x_1)^0 [x_1^k - x_1^0]$

läßt sich nun in Abbildung 9-10 folgendermaßen identifizieren: $\hat{p}_1^0[x_1^k-x_1^0]$ entspricht der Fläche $x_1^0 BC x_1^k$; $(\partial \phi_1/\partial x_1)^0[x_1^k-x_1^0]$ entspricht der Strecke AB, da $(\partial \phi_1/\partial x_1)^0[x_1^k-x_1^0]$ die Differenz der Ordinatenwerte einer Geraden mit der Steigung $(\partial \phi_1/\partial x_1)^0$ an den Stellen x_1^k einerseits und x_1^0 andererseits beschreibt, wobei $(\partial \phi_1/\partial x_1)^0$ gleich der Steigung der kompensierten inversen Nachfragefunktion $\phi_1(x_1, x_{\bullet}^0, U_0)$ an der Stelle x_1^0 ist. Der Ausdruck $[x_1^k-x_1^0](\partial \phi_1/\partial x_1)^0[x_1^k-x_1^0]$ ist damit gleich der Fläche ABCD, und $\frac{1}{2}[x_1^k-x_1^0](\partial \phi_1/\partial x_1)^0[x_1^k-x_1^0]$ entspricht der Fläche BCD. Da die Steigung der kompensierten inversen Nachfragefunktion ϕ_1 negativ ist, entspricht der Ausdruck (9-99) der Differenz der Flächen $x_1^0 BC x_1^k$ und BCD und damit der Fläche $x_1^0 BD x_1^k$. Diese Fläche ist offensichtlich gleich dem Integral über die Tangente an die kompensierte inverse Nachfragefunktion $\phi_1(x_1, x_{\bullet}^0, U_0)$ an der Stelle x_1^0 zwischen den Integrationsgrenzen x_1^k und x_1^0, so daß der approximierte Deaton-Index gleich dieser Fläche plus Eins ist. Der exakte Wert des Deaton-Indexes gemäß (9-64) ist für den hier beschriebenen Sonderfall gleich Eins plus dem Integral über die kompensierte inverse Nachfragefunktion $\phi_1(x_1, x_{\bullet}^0, U_0)$ zwischen den Integrationsgrenzen x_1^k und x_1^0 und damit gleich der Fläche $x_1^0 BE x_1^k$, so daß der Approximationsfehler bei dem hier vorgestellten Näherungsverfahren gleich der Fläche BED ist. Dieser Fehler entsteht dadurch, daß die kompensierte inverse Nachfragefunktion $\phi_1(x_1, x_{\bullet}^0, U_0)$, die eigentlich zur exakten Berechnung des Deaton-Indexes integriert werden müßte, bei diesem Verfahren durch ihre Tangente an der Stelle x_1^0 linear approximiert wird.

Die in diesem Abschnitt bisher dargestellte Approximation des Deaton-Indexes mit dem Referenzgütervektor x^k gemäß (9-97) erfordert die Kenntnis entweder der unkompensierten inversen Nachfragefunktionen oder der inversen Preiselastizitäten bzw. der inversen Substitutionseffekte für die Ausgangssituation 0. Sind statt dessen nur die inversen Preiselastizitäten bzw. Substitutionseffekte für die neue Situation k bekannt, so approximiert man den Deaton-Index für das Referenzgüterbündel x^0. Die entsprechenden Formeln ergeben sich analog zu (9-92) bzw. (9-96) als

$$(9\text{-}100) \quad DEA^0_{0k} \approx \left[\sum_{n=1}^{N} \hat{p}_n^k x_n^0 + \tfrac{1}{2} \left(\sum_{n}^{N} \sum_{m}^{N} x_n^0 (\partial \phi_n / \partial x_m)^k x_m^0 \right) \right]^{-1}$$

bzw.

$$(9\text{-}101) \quad DEA^0_{0k} \approx \left[\sum_{n=1}^{N} \hat{p}_n^k x_n^0 \right.$$

$$\left. + \tfrac{1}{2} \left(\sum_{n}^{N} \sum_{m}^{N} x_n^0 \frac{\hat{p}_n^k}{x_m^k} \left[\hat{\eta}_{nm}^k - \hat{p}_m^k x_m^k \sum_{i=1}^{N} \hat{\eta}_{ni}^k \right] x_m^0 \right) \right]^{-1}.$$

Auch diese Approximation basiert wieder auf der Integration der Tangenten an die kompensierten inversen Nachfragefunktionen zwischen den neuen und den alten Gütermengen, und zwar handelt es sich in diesem Fall um die Tangenten an $\phi(x, U_k)$ in dem durch x^k gekennzeichneten neuen Haushaltsgleichgewicht.

Das Wesen der hier dargestellten Approximationsverfahren besteht also darin, daß zur Berechnung des Deaton-Indexes jeweils linearisierte Formen der kompensierten inversen Nachfragefunktionen anstelle dieser Nachfragefunktionen selbst integriert werden. Der Approximationsfehler ist dementsprechend um so größer, je stärker die kompensierten inversen Nachfragefunktionen gekrümmt sind. Dies wird auch aus Abbildung 9-10 deutlich. Generell ist einer solchen Approximation natürlich immer die exakte Berechnung des Deaton-Indexes vorzuziehen, sofern die inversen Nachfragefunktionen über den relevanten Bereich bekannt sind. Dabei ist allerdings zu beachten, daß der rein rechnerische Aufwand für die exakte Bestimmung des Deaton-Indexes wesentlich höher ist als für die hier dargestellte Approximation, deren Berechnung letztlich mit Hilfe eines einfachen Taschenrechners möglich ist.

4. Würdigung

Zu Beginn dieses Kapitels wurden in Analogie zu den schon zuvor aufgestellten Zuverlässigkeitsbedingungen für Variationsmaße einige Kriterien formuliert, die ein

Mengenindex erfüllen muß, um als Wohlfahrtsmaß eingesetzt werden zu können. In der Folge wurden dann die bekanntesten statistischen und funktionalen Mengenindizes daraufhin untersucht, ob sie diese Kriterien erfüllen.

Dabei zeigte sich, daß unter den funktionalen Mengenindizes vor allem der auf der Ausgabenfunktion beruhende Deaton/Muellbauer-Index und der auf der Distanzfunktion basierende Deaton-Index (sofern man beim Vergleich mehrerer Projekte jeweils dasselbe Referenzgüterbündel zugrunde legt) sämtliche Kriterien für zuverlässige Wohlfahrtsmaße erfüllen, während die übrigen funktionalen Mengenindizes nur in Sonderfällen zur Wohlfahrtsmessung geeignet sind. So scheitert beispielsweise der Allen-Index für nichthomothetische Präferenzordnungen am Zirkularitätskriterium; er kann allerdings immer dann als Wohlfahrtsmaß eingesetzt werden, wenn mehrere Projekte mit derselben Ausgangssituation miteinander verglichen und alle diese Projekte jeweils in einem Zuge verwirklicht werden sollen, so daß die Erfüllung des Zirkularitätskriteriums nicht erforderlich ist. Sind unter denselben Bedingungen nur zwei Projekte miteinander zu vergleichen, so kann auch der Pollak-Index verwendet werden. Für homothetische Präferenzordnungen erübrigen sich diese Unterscheidungen, da in diesem Fall Deaton/Muellbauer-, Allen- und Pollak-Index übereinstimmen. Der auf der Distanzfunktion basierende Malmquist-Index ist von allen betrachteten funktionalen Mengenindizes zur Wohlfahrtsmessung am wenigsten geeignet, da er selbst die Indikatorbedingung nur unter speziellen Voraussetzungen erfüllt.

Es konnte ferner gezeigt werden, daß die statistischen Mengenindizes im allgemeinen nicht als zuverlässige Wohlfahrtsmaße betrachtet werden können, da sie als Taylor-Approximationen erster Ordnung der entsprechenden funktionalen Mengenindizes nur zu deren Abschätzung verwendet werden können. So bildet der Laspeyres-Mengenindex eine Oberschranke für den Wert des Allen-Indexes, während der Paasche-Mengenindex eine Unterschranke für den Pollak-Index markiert. Daher folgt bei der wohlfahrtstheoretischen Beurteilung eines einzigen Projektes aus einem Wert des Laspeyres-Indexes von kleiner oder gleich Eins, daß die Wohlfahrt infolge dieses Projektes nicht gestiegen ist, während aus einem Wert größer Eins keine wohlfahrtstheoretischen Schlüsse gezogen werden können. Analog kann aus einem Wert von größer oder gleich Eins des Paasche-Indexes geschlossen werden, daß die Wohlfahrt infolge des betrachteten Projektes nicht abgenommen hat, während ein Wert kleiner Eins keine wohlfahrtstheoretische Bedeutung hat. Ähnliche Zusammenhänge wurden auch für die Abschätzung des Deaton-Indexes durch statistische Indizes aufgezeigt. Der Vorteil der statistischen Indizes besteht in ihrer relativen Anspruchslosigkeit in bezug auf das benötigte statistische Material und in der Einfachheit ihrer Berechnung. Aus diesem Grunde empfiehlt es sich, bevor man sich auf die viel aufwendigere Berechnung eines funktionalen Indexes einläßt, zunächst zu prüfen, ob man nicht auch schon mit einem der statistischen Indizes zu eindeutigen wohlfahrtstheoretischen Ergebnissen gelangt.

Nachdem sowohl die exakte als auch die approximative Bestimmung einzelner Werte der Ausgabenfunktion auf der Basis eines Marshall-Nachfragesystems schon im Zusammenhang mit den Variationsmaßen dargestellt wurde, haben wir uns in diesem Kapitel darauf beschränkt, die empirische Berechenbarkeit der Distanzfunktion auf der Basis eines unkompensierten inversen Nachfragesystems zu untersuchen. Dabei wurde sowohl ein Algorithmus zu ihrer exakten Berechnung als auch ein Approximationsverfahren, das mit wesentlich geringerem Aufwand durchgeführt werden kann, vorgestellt. Der Nachweis der Berechenbarkeit bestimmter Werte sowohl der Ausgaben- als auch der Distanzfunktion auf der Basis empirisch beobachtbarer Daten zeigt, daß der Deaton/Muellbauer- und der Deaton-Index sämtliche Kriterien für zuverlässige Wohlfahrtsmaße erfüllen, so daß beide Mengenindizes uneingeschränkt zur Wohlfahrtsmessung empfohlen werden können.

Literatur

P. A. Samuelson / S. Swamy (1974)

A. Deaton (1979)

A. Deaton / J. Muellbauer (1980, S.179-182)

W. E. Diewert (1981, 1983)

G. W. McKenzie (1983, S.125-136)

R. A. Pollak (1983a)

B. Genser (1985, S.101-113)

S. Fuchs-Seliger (1988)

B. Genser (1988)

KAPITEL 10

PREISINDIZES

Bekannter und mit einer wesentlich längeren Tradition behaftet als das Konzept der Mengenindizes ist das der Preisindizes. Die Motivation für dieses Konzept erklärt sich aus dem Wunsch, die Vielfalt der während einer bestimmten Periode anfallenden Änderungen verschiedener Preise zu einem einzigen Skalar zusammenzufassen und damit auf einfache Weise darstellbar zu machen. Ein typischer individueller Preisindex charakterisiert die zwischen zwei Zeitpunkten stattfindende Veränderung sämtlicher für einen Konsumenten relevanten Preise durch den Vergleich der Ausgaben, die dieser bei Gültigkeit der Preise der alten und der neuen Situation jeweils tätigen muß, um einen bestimmten (Referenz-)Lebensstandard zu wahren.

Wird ein solcher Index nach eher technischen Bildungsgesetzen auf der Basis statistischer Einzelbeobachtungen konstruiert, so handelt es sich um einen **atomistischen** bzw. statistischen **Preisindex**. Ist dieser Index dagegen unter Berücksichtigung haushaltstheoretischer Zusammenhänge konzipiert, so spricht man von einem **funktionalen Preisindex**. Der Unterschied zwischen beiden Indexarten zeigt sich bei den hier betrachteten Preisindizes vor allem in der konkreten Ausgestaltung des Gedankens des "konstanten Lebensstandards", der ja für das Konzept eines Preisindexes elementar ist. Während diese Idee bei den atomistischen Preisindizes einfach durch ein konstantes Güterbündel, das der Konsument unter verschiedenen Preissituationen nachfragt, ausgedrückt wird, geschieht dies bei den funktionalen Preisindizes durch ein konstantes Nutzenniveau, das mit einer Vielzahl unterschiedlicher Güterbündel vereinbar ist. Damit trägt die Konstruktion der funktionalen Preisindizes der Tatsache Rechnung, daß ein Konsument auch bei konstantem Nutzenniveau auf Änderungen der Preisrelationen normalerweise mit Änderungen seiner Konsumstruktur antwortet. Diesem theoretischen Vorteil der funktionalen Preisindizes steht der empirische Nachteil gegenüber, daß ein konstantes Nutzenniveau im Gegensatz zu einem konstanten Güterbündel empirisch nicht beobachtbar ist, so daß die konkrete empirische Berechnung der funktionalen Preisindizes weitaus mehr Probleme aufwirft als die der atomistischen.

Da ein Preisindex ausschließlich zur Beschreibung der Preisentwicklung konzipiert ist und die Preise alleine nicht die Wohlfahrt eines Konsumenten determinieren

- jede Preisänderung kann durch eine geeignete Einkommensänderung vollständig kompensiert werden -, kann ein Preisindex für sich alleine kein Wohlfahrtsindikator sein. Ehe aber nun näher auf die Rolle, die ein Preisindex dennoch im Rahmen der Wohlfahrtsmessung spielen kann, eingegangen wird, sollen zunächst einige generelle technische Eigenschaften, die einen typischen Preisindex charakterisieren, dargestellt werden.

1. Allgemeine Eigenschaften von Preisindizes

Unabhängig von der Frage, ob ein bestimmter Preisindex im Rahmen der Wohlfahrtsmessung Verwendung finden kann oder nicht, gibt es eine Reihe formaler Kriterien, die einen Preisindex als solchen kennzeichnen und daher grundsätzlich von jedem Preisindex erfüllt werden müssen. Diese formalen Eigenschaften leiten sich historisch aus den bereits erwähnten Tests von Irving Fisher[1] ab, in denen dieser seine Anforderungen an Indexmaße formulierte. Allerdings handelt es sich hier nur um denjenigen Teil dieser Tests, der auch für die moderne Verwendung von Indexmaßen sinnvoll erscheint. Eine vollständige und unveränderte Adaption der Fisher-Tests käme schon deswegen nicht in Frage, weil die Erfüllung sämtlicher Tests durch einen einzigen Index gar nicht möglich ist, wie bereits Ragnar Frisch[2] gezeigt hat.

Im folgenden sollen die einen Preisindex kennzeichnenden Axiome zunächst im einzelnen aufgeführt und im Anschluß daran kurz erläutert werden.

(10-1) *Ein* **Preisindex**

$$P_{0k} = P(p^0, p^k) \quad , \quad k \in \{0,1,2,\ldots,K\} \quad ,$$

erfüllt die folgenden Axiome:

(a) Monotonie-Axiom:

$$p^k > p^j \implies P(p^0, p^k) > P(p^0, p^j)$$

---

[1] Siehe Fisher (1927).
[2] Siehe Frisch (1936) oder auch Eichhorn/Voeller (1976, S.25-27).

$$p^0 > p^i \implies P(p^0,p^k) < P(p^i,p^k)$$

(b) Identitäts-Axiom:

$$P(p^0,p^0) = 1$$

(c) Linear-Homogenitäts-Axiom:

$$P(p^0,\alpha p^k) = \alpha P(p^0,p^k) \quad , \quad \alpha \in \mathbb{R}^{++}$$

(d) Dimensionalitäts-Axiom:

$$P(\alpha p^0,\alpha p^k) = P(p^0,p^k) \quad , \quad \alpha \in \mathbb{R}^{++}$$

Das Identitäts-Axiom legt fest, welchen Wert ein Preisindex annimmt, wenn alle Preise unverändert bleiben, während durch das Monotonie-Axiom die Richtung bestimmt wird, in der sich der Wert eines Preisindexes bei Variationen der Ausgangs- bzw. der neuen Preise ändert. Bei gleichen Ausgangspreisen ist der Wert eines Preisindexes nach dem Monotonie-Axiom um so höher, je höher die Preise der neuen Situation sind. Umgekehrt ist sein Wert bei gleichen Endpreisen um so geringer, je höher die Ausgangspreise sind. Das Linear-Homogenitäts-Axiom legt das Ausmaß dieser Wertänderungen fest: Sind zwei verschiedene neue Preisvektoren p^j und p^k proportional zueinander, so stehen die Werte der entsprechenden Preisindizes bei gleichen Ausgangspreisen p^0 in demselben Verhältnis zueinander wie p^j und p^k. In Verbindung mit dem Identitäts-Axiom ergibt sich daraus auch, daß bei einer gegenüber der Ausgangssituation proportionalen Änderung sämtlicher Preise der Wert des Preisindexes gleich dem Verhältnis zwischen Ausgangs- und neuen Preisen ist, d.h.,

(10-2) $\quad P(p^0,\alpha p^0) = \alpha \quad , \quad \alpha \in \mathbb{R}^{++}$.

Das Dimensionalitäts-Axiom schließlich fordert, daß der Wert eines Preisindexes nicht von der Währungseinheit, in der die Preise gemessen werden, abhängen darf. Der Wert eines Preisindexes, den man für DM-Preise in der Bundesrepublik Deutschland berechnet hat, darf sich demnach nicht einfach dadurch ändern, daß man diese Preise in US-Dollar umrechnet.

Insgesamt stellen diese Axiome eine Konvention zur Normierung der Maßeigenschaften von Preisindizes dar: Das Identitäts-Axiom legt den "Basiswert" fest, den ein Preisindex annimmt, wenn alle Preise unverändert bleiben, während das Monotonie-Axiom die Richtung bestimmt, in der sich der Wert eines Preisindexes bei Preisänderungen bewegt. Das Linear-Homogenitäts-Axiom ist eine konkrete Skalierungsvorschrift, die darüber hinaus auch den Umfang der Wertänderung eines Preisindexes bei proportionalen Preisänderungen festschreibt. Das Dimensionalitäts-Axiom bestimmt, daß der Wert eines Preisindexes bei proportionaler Änderung sämtlicher Anfangs- und Endpreise konstant bleibt. Insgesamt sind damit die Meßvorschriften für Preisindizes wesentlich detaillierter festgelegt als für Mengenindizes.

Nach dieser Darstellung der allgemeinen Maßeigenschaften, die allen Preisindizes gemeinsam sind, soll im folgenden auf die spezielle Bedeutung, die den einzelnen Preisindizes im Rahmen der Wohlfahrtsmessung zukommt, und auf die Kriterien, die sie dazu erfüllen müssen, eingegangen werden.

2. Kriterien für die wohlfahrtstheoretische Bedeutsamkeit von Preisindizes

Wie bereits erwähnt wurde, kann ein Preisindex für sich alleine kein Wohlfahrtsindikator sein, da er ausschließlich Preisänderungen anzeigt und da jede Preisänderung durch eine geeignete Änderung des Pauscheinkommens nutzenmäßig kompensiert werden kann, so daß es nicht möglich ist, von Preisänderungen auf Wohlfahrtsänderungen zu schließen. Andererseits ist die Wohlfahrt des Konsumenten durch Preise und Pauscheinkommen gemeinsam vollständig determiniert, und so liegt es nahe, einen Preis- und einen Pauscheinkommensindex zum Zwecke der Wohlfahrtsmessung zu einem gemeinsamen Index zu kombinieren. Dies geschieht üblicherweise dadurch, daß man einen Nominaleinkommensindex[3] I_k/I_0 mit Hilfe eines Preisindexes P_{0k} deflationiert und auf diesem Wege einen **Realeinkommensindex**

$$(10-3) \qquad Y_{0k} = Y(p^0, I_0, p^k, I_k) = \frac{I_k/I_0}{P(p^0, p^k)} = \frac{I_k/I_0}{P_{0k}}$$

erzeugt. Dieser Realeinkommensindex berücksichtigt die Änderung sowohl der Preise als auch des Pauscheinkommens und kommt damit prinzipiell als Wohlfahrtsindikator in Frage.

Falls nun der auf der Basis eines bestimmten Preisindexes P_{0k} gebildete Realeinkommensindex Y_{0k} tatsächlich ein zuverlässiger Wohlfahrtsindikator ist, so wird der Preisindex P_{0k} im folgenden als "wohlfahrtstheoretisch bedeutsam" bezeichnet. Dies ist genau dann der Fall, wenn Y_{0k} die Kriterien für einen zuverlässigen Wohlfahrtsindex erfüllt. Wir definieren also:

(10-4) *Ein Preisindex P_{0k} wird als* **wohlfahrtstheoretisch bedeutsam** *bezeichnet, wenn er auf der Basis unkompensierter direkter oder inverser Nachfragefunktionen eindeutig berechenbar ist und wenn der mit P_{0k} erzeugte Realeinkommensindex*

$$Y_{0k} = Y(p^0, I_0, p^k, I_k) = \frac{I_k/I_0}{P(p^0, p^k)}$$

(a) die Indikatorbedingung

$$Y_{0k} > 1 \quad <==> \quad U_k > U_0 \quad ,$$

$$Y_{0k} = 1 \quad <==> \quad U_k = U_0 \quad ,$$

---

[3] Bei dem Nominaleinkommens"index" I_k/I_0 handelt es sich einfach um den Quotienten der beiden miteinander zu vergleichenden Nominaleinkommen, da hier die Notwendigkeit zur Aggregation mehrerer Größen zu einem einzigen Skalar wie bei Preis- und Mengenindizes entfällt.

(b) die Ordnungsbedingung

$$Y_{0k}/Y_{0j} \geq 1 \quad <==> \quad U_k \geq U_j \quad,$$

(c) die Zirkularitätsbedingung

$$Y_{ij} \cdot Y_{jm} = Y_{im} \quad, \quad i,j,m \in \{0,1,2,\ldots,K\} \quad,$$

erfüllt.

An dieser Stelle sollte darauf hingewiesen werden, daß (10-4) natürlich kein generelles Gütekriterium für Preisindizes ist, da man mit der Verwendung von Preisindizes ja verschiedene Ziele verfolgen kann. Im Rahmen dieser Untersuchung geht es uns jedoch ausschließlich um die Eignung der betrachteten Konzepte zur Wohlfahrtsmessung, und diese Eignung besteht für einen Preisindex aus den bereits genannten Gründen eben darin, daß er als Deflator einen Realeinkommensindex erzeugt, der die Kriterien für ein zuverlässiges Wohlfahrtsmaß erfüllt.

Es stellt sich nun weiterhin die Frage nach der Bedeutung des Realeinkommensindexes als Konzept zur Wohlfahrtsmessung neben dem bereits ausführlich besprochenen Mengenindexkonzept. Zur Beantwortung dieser Frage muß man sich den sogenannten "Schwachen Faktorumkehrtest" von Samuelson und Swamy[4] in Erinnerung rufen. Dieser Test sucht nach theoretisch sinnvollen Paarungen von jeweils einem Mengen- und einem Preisindex, wobei sich eine solche Paarung dadurch auszeichnet, daß das Produkt aus einem Preisindex und dem mit ihm kompatiblen Mengenindex gleich dem Nominaleinkommensindex für die betrachteten Perioden ist. D.h.,

(10-5) *Nach dem Schwachen Faktorumkehrtest sind ein Preisindex* $P_{0k} = P(p^0, p^k)$ *und ein Mengenindex* $Q_{0k} = Q(x^0, x^k)$ *miteinander theoretisch kompatibel, wenn gilt, daß*

---

[4] Dieser Test beruht auf dem strengeren, aber in seiner ursprünglichen Form für die moderne Anwendung nicht geeigneten "factor reversal test" von Irving Fisher. (Siehe Samuelson/Swamy (1974, S.572) und Fisher (1927, S.125 ff.)).

$$P(p^0,p^k) \cdot Q(x^0,x^k) = \frac{p^k x^k}{p^0 x^0} = \frac{I_k}{I_0}.$$

Ein Vergleich mit (10-3) zeigt, daß der mit Hilfe eines Preisindexes P_{0k} erzeugte Realeinkommensindex gemäß (10-3) wertgleich mit dem dem Preisindex P_{0k} durch den Schwachen Faktorumkehrtest zugeordneten Mengenindex Q_{0k} ist. Dennoch sind beide Konzepte natürlich nicht etwa miteinander identisch, denn während der Mengenindex Q_{0k} eine Funktion der Gütermengen x^0 und x^k ist, gehen in die Berechnung des Realeinkommensindexes Y_{0k} die Preis-Einkommen-Vektoren $[p^0,I_0]$ und $[p^k,I_k]$ der miteinander zu vergleichenden Situationen als Argumente ein. Daher sind Mengen- und Realeinkommensindizes von ihrer Konzeption her in derselben Weise zueinander "dual" wie die direkte und die indirekte Nutzenfunktion: Die Wohlfahrt in einer Situation k ist durch den Gütervektor x^k genauso vollständig bestimmt wie durch den Preis-Einkommen-Vektor $[p^k,I_k]$, so daß diese Wohlfahrt alternativ als Funktion der Gütermengen x^k oder als Funktion der Preise p^k und des Einkommens I_k beschrieben werden kann; ebenso kann die Wohlfahrtsänderung von einer Situation 0 zu einer Situation k alternativ durch einen Mengenindex als Funktion der Gütervektoren x^0 und x^k oder durch einen Realeinkommensindex als Funktion der Preis-Einkommen-Vektoren $[p^0,I_0]$ und $[p^k,I_k]$ ausgedrückt werden. Für welche der beiden Möglichkeiten man sich bei einer konkreten Anwendung entscheidet, hängt zum einen von dem (primalen oder dualen) Aufbau des Modells, in dessen Rahmen man argumentieren will, und zum andern von dem verfügbaren Datenmaterial ab. Man kann somit festhalten:

(10-6) *Ein durch den Schwachen Faktorumkehrtest mit einem Preisindex $P_{0k}=P(p^0,p^k)$ verbundener Mengenindex $Q_{0k}=Q(x^0,x^k)$ ist wertgleich mit dem auf der Basis desselben Preisindexes gebildeten Realeinkommensindex $Y_{0k}=Y(p^0,I_0,p^k,I_k)$, d.h.,*

$$Q(x^0,x^k) = \frac{I_k/I_0}{P(p^0,p^k)} = Y(p^0,I_0,p^k,I_k),$$

wobei $x^0=x(p^0,I_0)$ und $x^k=x(p^k,I_k)$.

Aus dieser Wertgleichheit von Mengen- und Realeinkommensindex, wenn beide mit demselben Preisindex verbunden sind, folgt ferner, daß $Y(p^0, I_0, p^k, I_k)$ das Indikator-, Ordnungs- und Zirkularitätskriterium genau dann erfüllt, wenn auch $Q(x^0, x^k)$ diesen Kriterien genügt. Dieser Zusammenhang ist für unser weiteres Vorgehen insofern von Bedeutung, als er die Überprüfung der wohlfahrtstheoretischen Bedeutsamkeit von Preisindizes gemäß (10-4) erheblich vereinfacht: Bei der Untersuchung der einzelnen Preisindizes werden wir jeweils die ihnen durch den Schwachen Faktorumkehrtest zugeordneten Mengenindizes bestimmen; da die meisten dieser Mengenindizes bereits im vorangegangenen Kapitel auf ihre Zuverlässigkeit als Wohlfahrtsindikatoren geprüft wurden, kann damit meist unmittelbar beurteilt werden, ob der jeweilige Preisindex wohlfahrtstheoretisch bedeutsam ist oder nicht. Die Überprüfung der empirischen Berechenbarkeit erübrigt sich bei den hier zu betrachtenden Preisindizes ebenfalls, da diese entweder als atomistische Indizes ohnehin nur auf einzelnen Preis- bzw. Mengenbeobachtungen beruhen oder als funktionale Preisindizes mit Hilfe der Ausgabenfunktion, deren empirische Berechenbarkeit bereits dokumentiert wurde, dargestellt werden.

Daher läßt sich die wohlfahrtstheoretische Bedeutsamkeit von Preisindizes alternativ zu (10-4) auch folgendermaßen definieren:

(10-7)   *Ein* **Preisindex** P_{0k} *wird als* **wohlfahrtstheoretisch bedeutsam** *bezeichnet, wenn er auf der Basis unkompensierter direkter oder inverser Nachfragefunktionen eindeutig berechenbar ist und wenn der P_{0k} durch den Schwachen Faktorumkehrtest zugeordnete Mengenindex*

$$Q(x^0, x^k) = \frac{I_k / I_0}{P(p^0, p^k)}$$

das Indikator-, das Ordnungs- und das Zirkularitätskriterium erfüllt.

Im folgenden sollen nun einige aus der Literatur bekannte Preisindizes kurz dargestellt und auf der Basis von (10-7) auf ihre wohlfahrtstheoretische Bedeutsamkeit hin untersucht werden.

3. Atomistische Preisindizes

Wie in der Einleitung bereits erwähnt wurde, unterscheiden sich atomistische von funktionalen Preisindizes dadurch, daß bei der Konstruktion der atomistischen Indizes haushaltstheoretische Zusammenhänge unberücksichtigt bleiben. Statt dessen folgt die Bildung dieser Indizes eher technischen Gesetzen, bei denen die empirischen Daten als Einzelbeobachtungen eingehen und nicht in einen funktionalen Zusammenhang gestellt werden. Eine der einfachsten Möglichkeiten zur Konstruktion eines atomistischen Preisindexes besteht darin, jeweils eine gewichtete Summe aller beobachteten Preise für die Situation vor und nach Durchführung eines Projektes zu bilden und beide Summen durcheinander zu dividieren. Das Ergebnis ist dann ein gewichteter Mittelwert sämtlicher Preisänderungen in Indexform.

Nach genau diesem Verfahren werden die beiden bekanntesten atomistischen Preisindizes, der Laspeyres- und der Paasche-Preisindex, konstruiert, wobei die Preise bei dem Laspeyres-Index mit den Konsumgütermengen der Ausgangssituation und bei dem Paasche-Index mit den Konsumgütermengen der neuen Situation gewichtet werden. Der **Laspeyres-Preisindex** ist somit durch

$$(10\text{-}8) \qquad LAP_{0k} = \frac{p^k x^0}{p^0 x^0} = \frac{p^k x^0}{I_0} \quad , \quad k \in \{1, 2, \ldots, K\} \quad ,$$

und der **Paasche-Preisindex** durch

$$(10\text{-}9) \qquad PAP_{0k} = \frac{p^k x^k}{p^0 x^k} = \frac{I_k}{p^0 x^k} \quad , \quad k \in \{1, 2, \ldots, K\} \quad ,$$

gegeben. Die strukturelle Ähnlichkeit zwischen diesen Indizes einerseits und dem Laspeyres- bzw. Paasche-Mengenindex andererseits ist offensichtlich. Ähnlich wie bei diesen Mengenindizes lassen sich auch für die Werte der atomistischen Preisindizes Ober- und Unterschranken gemäß

$$(10\text{-}10) \quad \min_{n \in N} \left\{ \frac{p_n^k}{p_n^0} \right\} \leq \text{LAP}_{0k} \leq \max_{n \in N} \left\{ \frac{p_n^k}{p_n^0} \right\} ,$$

$$N = \{1, 2, \ldots, N\} ,$$

und

$$(10\text{-}11) \quad \min_{n \in N} \left\{ \frac{p_n^k}{p_n^0} \right\} \leq \text{PAP}_{0k} \leq \max_{n \in N} \left\{ \frac{p_n^k}{p_n^0} \right\} ,$$

$$N = \{1, 2, \ldots, N\} ,$$

angeben, wobei der Beweis hier in Analogie zu dem Beweis der Ober- bzw. Unterschranken der entsprechenden Mengenindizes geführt werden kann.

Zur Beantwortung der Frage, ob die beiden hier betrachteten atomistischen Preisindizes wohlfahrtstheoretisch bedeutsam sind, muß nach den Erkenntnissen des vorangegangenen Kapitels zunächst zu jedem der beiden Preisindizes der mit ihm über den Schwachen Faktorumkehrtest verbundene Mengenindex ermittelt und dann geprüft werden, ob es sich bei diesem um einen zuverlässigen Wohlfahrtsindikator handelt oder nicht.

Wendet man den Schwachen Faktorumkehrtest auf den Laspeyres-Preisindex an, so ergibt sich der zugehörige Mengenindex $Q(\text{LAP})_{0k}$ gemäß (10-5) als

$$(10\text{-}12) \quad Q(\text{LAP})_{0k} = \frac{I_k / I_0}{\text{LAP}_{0k}} = \frac{I_k / I_0}{p^k x^0 / I_0} = \frac{p^k x^k}{p^k x^0} = \text{PAM}_{0k} .$$

Analog erhält man den durch den Schwachen Faktorumkehrtest mit dem Paasche-Preisindex verbundenen Mengenindex $Q(\text{PAP})_{0k}$ als

$$(10\text{-}13) \quad Q(\text{PAP})_{0k} = \frac{I_k / I_0}{\text{PAP}_{0k}} = \frac{I_k / I_0}{I_k / p^0 x^k} = \frac{p^0 x^k}{p^0 x^0} = \text{LAM}_{0k} .$$

Damit ist über den Schwachen Faktorumkehrtest der Laspeyres-Preisindex mit dem Paasche-Mengenindex und der Paasche-Preisindex mit dem Laspeyres-Mengenindex verbunden. In dem Kapitel über Mengenindizes wurde gezeigt, daß weder der Laspeyres- noch der Paasche-Mengenindex ein zuverlässiger Wohlfahrtsindikator ist. Wegen der Wertgleichheit des mit dem Laspeyres-Preisindex deflationierten Realeinkommensindexes

$$(10\text{-}14) \qquad Y(LAP)_{0k} = \frac{I_k/I_0}{LAP_{0k}} = \frac{I_k/I_0}{p^k x^0/I_0}$$

mit dem Paasche-Mengenindex und der Wertgleichheit des mit dem Paasche-Mengenindex deflationierten Realeinkommensindexes

$$(10\text{-}15) \qquad Y(PAP)_{0k} = \frac{I_k/I_0}{PAP_{0k}} = \frac{I_k/I_0}{I_k/p^0 x^k}$$

mit dem Laspeyres-Mengenindex folgt daraus, daß keiner der beiden hier betrachteten atomistischen Preisindizes als wohlfahrtstheoretisch bedeutsam bezeichnet werden kann. Die mit diesen Preisindizes deflationierten Realeinkommensindizes sind daher als Wohlfahrtsmaße nicht generell geeignet.

Wir haben es vielmehr bei diesen mit atomistischen Preisindizes deflationierten Realeinkommensindizes genau bei wie den mit ihnen assoziierten atomistischen Mengenindizes mit "halbseitigen" Wohlfahrtsindikatoren zu tun. Da Paasche- und Laspeyres-Preisindizes leicht zu berechnen und daher sehr populär sind, kann es vorkommen, daß man zu Beginn einer Untersuchung die entsprechenden Nominaleinkommens- und Preisindexreihen schon vorfindet. In einem solchen Fall ist es sinnvoll, bevor man die viel aufwendigere Berechnung eines funktionalen Mengenindexes auf sich nimmt, zunächst einmal zu untersuchen, ob nicht einer der mit atomistischen Preisindizes gebildeten Realeinkommensindizes zu einem wohlfahrtstheoretisch eindeutig interpretierbaren Ergebnis führt.

Somit haben die mit atomistischen Preisindizes deflationierten Realeinkommensindizes, obwohl sie keine zuverlässigen Wohlfahrtsindikatoren sind, durchaus ihre Daseinsberechtigung neben den wohlfahrtstheoretisch zuverlässigeren funktionalen Indizes.

4. Funktionale Preisindizes

Wie weiter oben bereits näher erläutert wurde, ist das Kennzeichen funktionaler Preisindizes ihre Einbettung in das Gedankengebäude der mikroökonomischen Haushaltstheorie, die sich vor allem in der Modellierung des "konstanten Lebensstandards", der ja ein wesentlicher Bestandteil des Preisindexkonzepts ist, ausdrückt. Bei funktionalen Preisindizes wird der konstante Lebensstandard üblicherweise durch ein konstantes Nutzenniveau berücksichtigt, wobei ein typischer funktionaler Preisindex in Quotientenform die Ausgaben vergleicht, die ein Konsument in zwei verschiedenen Preissituationen jeweils tätigen muß, um dieses (Referenz-)Nutzenniveau zu realisieren. Da alle hier betrachteten funktionalen Preisindizes auf der Ausgabenfunktion basieren, wird zu ihrer empirischen Berechnung wieder der im Zusammenhang mit den Hicks-Maßen vorgestellte Algorithmus von McKenzie und Ulph empfohlen.

Der allgemeinste Fall eines funktionalen Preisindexes wird durch den **Deaton/Muellbauer-Preisindex**[5]

$$(10\text{-}16) \quad DMP_{0k} = \frac{E(p^k, U_r)}{E(p^0, U_r)} \quad , \quad k \in \{1, 2, \ldots, K\} \quad ,$$

verkörpert. Bei diesem Preisindex ist das Referenznutzenniveau von dem jeweils betrachteten Projekt völlig unabhängig, und man legt bei der Beurteilung sämtlicher Projektalternativen stets dasselbe einmal gewählte Referenznutzenniveau zugrunde.

Im Gegensatz dazu wird bei dem sogenannten "Wahren Lebenshaltungskostenindex" von Konüs[6]

$$(10\text{-}17) \quad KO_{0k} = \frac{E(p^k, U_0)}{E(p^0, U_0)} \quad , \quad k \in \{1, 2, \ldots, K\} \quad ,$$

---

[5] Nach Deaton/Muellbauer (1980, S.170 ff.).
[6] Nach Konüs (1939).

das Nutzenniveau der jeweiligen Ausgangssituation und bei dem **McKenzie/Pearce-Preisindex**[7]

$$(10\text{-}18) \quad MCP_{0k} = \frac{E(p^k, U_k)}{E(p^0, U_k)} \quad , \quad k \in \{1, 2, \ldots, K\} \quad ,$$

das jeweils neue Nutzenniveau U_k als Referenznutzenniveau zugrunde gelegt. Der konzeptionelle Unterschied zwischen diesen beiden Indizes einerseits und dem Deaton/Muellbauer-Index andererseits besteht darin, daß auch bei dem Vergleich mehrerer Projekte mit unterschiedlichen Ausgangs- und Endsituationen das Referenznutzenniveau bei dem Deaton/Muellbauer-Index für sämtliche Projekte immer dasselbe ist, während es bei dem Konüs-Index mit unterschiedlichen Ausgangssituationen und bei dem McKenzie/Pearce-Index mit unterschiedlichen Endsituationen jeweils wechselt. Verwendet man diese Preisindizes beispielsweise zur Bildung von Zeitreihen, so wird bei dem Konüs- und dem McKenzie/Pearce-Index der Referenzlebensstandard von Periode zu Periode aktualisiert, während er bei dem Deaton/Muellbauer-Index stets konstant und damit auch ohne jeden inhaltlichen Bezug zu den jeweils betrachteten Perioden bleibt.

Für homothetische Präferenzordnungen sind alle drei Indizes gleich, da die Ausgabenfunktion in diesem Fall multiplikativ separabel zwischen den Preisen einerseits und dem Nutzenniveau andererseits ist, so daß gilt

$$(10\text{-}19) \quad E(p, U) = e_1(U) \cdot e_2(p) \quad .$$

Bei Vorliegen einer solchen Ausgabenfunktion eliminieren sich die auf das Referenznutzenniveau bezogenen Teilfunktionen $e_1(U)$ in den einzelnen Indexformeln jeweils gegenseitig, so daß die betrachteten Preisindizes von den sie unterscheidenden Referenznutzenniveaus unabhängig sind. Man kann daher festhalten:

---

[7] Nach McKenzie/Pearce (1976).

(10-20) *Falls die Präferenzordnung des Konsumenten homothetisch ist, gilt*

$$DMP_{0k} = KO_{0k} = MCP_{0k} = \frac{e_2(p^k)}{e_2(p^0)} \ .$$

Ebenso wie bei den Mengenindizes können auch die Werte der funktionalen Preisindizes durch entsprechende atomistische Preisindizes nach oben bzw. unten abgeschätzt werden. Aus der Definition der Ausgabenfunktion folgt

$$E(p^k, U_0) \leq p^k x^0 \quad \text{und} \quad E(p^0, U_k) \leq p^0 x^k \ ,$$

so daß der Konüs-Index nach oben durch den Laspeyres-Preisindex gemäß

(10-21) $\quad KO_{0k} = \dfrac{E(p^k, U_0)}{I_0} \leq \dfrac{p^k x^0}{I_0} = LAP_{0k}$

und der McKenzie/Pearce-Index nach unten durch den Paasche-Preisindex gemäß

(10-22) $\quad PAP_{0k} = \dfrac{I_k}{p^0 x_k} \leq \dfrac{I_k}{E(p^0, U_k)} = MCP_{0k}$

beschränkt wird. Die praktische Bedeutung dieser Abschätzungen liegt wieder darin, daß die atomistischen Indizes empirisch wesentlich einfacher zu berechnen sind als die funktionalen Preisindizes, die auf der Ausgabenfunktion beruhen.

Weiterhin lassen sich die atomistischen Preisindizes wieder als lineare Approximationen der entsprechenden funktionalen Indizes interpretieren. Dabei gilt im einzelnen:

(10-23) *Der Laspeyres-Preisindex ist eine lineare Taylor-Approximation des Konüs-Indexes, und der Paasche-Preisindex ist eine lineare Taylor-Approximation des McKenzie/Pearce-Indexes.*

Die Beweisführung ist analog zu den Beweisen, die im Zusammenhang mit dem entsprechenden Verhältnis zwischen atomistischen und funktionalen Mengenindizes geführt wurden, und soll daher an dieser Stelle nicht noch einmal wiederholt werden.

Für den Fall einer homothetischen Präferenzordnung lassen sich die Abschätzungen (10-10), (10-11), (10-21) und (10-22) mit (10-20) folgendermaßen zusammenfassen:

(10-24) *Bei Vorliegen einer homothetischen Präferenzordnung gilt*

$$\min_{n \in N}\left\{\frac{p_n^k}{p_n^0}\right\} \leq PAP_{0k} \leq DMP_{0k} = KO_{0k} = MCP_{0k} \leq LAP_{0k} \leq \max_{n \in N}\left\{\frac{p_n^k}{p_n^0}\right\}.$$

Ändern sich sämtliche Preise im gleichen Verhältnis, so folgt unabhängig von der Art der Präferenzordnung aus der Linear-Homogenität der Ausgabenfunktion in den Preisen, daß alle der hier betrachteten Preisindizes gleich sind. D.h.,

(10-25) *Bei einer proportionalen Änderung aller Preise mit $p^k = \alpha p^0$, $\alpha > 0$, gilt*

$$LAP_{0k} = DMP_{0k} = KO_{0k} = MCP_{0k} = PAP_{0k} = \alpha \ .$$

Nachdem nunmehr die Beziehungen zwischen den verschiedenen Preisindizes dargelegt wurden, stellt sich natürlich die Frage, ob die hier betrachteten funktionalen Preisindizes überhaupt wohlfahrtstheoretisch bedeutsam sind. Um dies zu klären, wendet man wieder den Schwachen Faktorumkehrtest auf jeden dieser Indizes an und prüft, ob der so gebildete Mengenindex und damit der entsprechende Realeinkommensindex ein zuverlässiger Wohlfahrtsindikator ist oder nicht.

Bei dem Deaton/Muellbauer-Preisindex mit einem konstanten und von dem jeweils betrachteten Projekt unabhängigen Referenznutzenniveau U_r führt diese Prozedur zu dem Mengenindex $Q(DMP)_{0k}$ mit:

$$(10\text{-}26) \quad Q(DMP)_{0k} = \frac{I_k/I_0}{DMP_{0k}} = \frac{E(p^k,U_k)/E(p^0,U_0)}{E(p^k,U_r)/E(p^0,U_r)}$$

$$= \frac{E(p^k,U_k) \cdot E(p^0,U_r)}{E(p^k,U_r) \cdot E(p^0,U_0)}.$$

Eine eindeutige wohlfahrtstheoretische Interpretation dieses Mengenindexes und damit auch des entsprechenden (mit DMP_{0k} deflationierten) Realeinkommensindexes ist offensichtlich nur dann möglich, wenn das Referenznutzenniveau U_r auf irgendeinen Wert zwischen U_k und U_0 festgelegt wird, d.h., wenn entweder $U_0 \leq U_r \leq U_k$ oder $U_k \leq U_r \leq U_0$ gilt. In diesen Fällen ist wegen der strengen Monotonie der Ausgabenfunktion im Nutzen $Q(DMP)_{0k} > 1$ äquivalent zu $U_k > U_0$ bzw. $Q(DMP)_{0k} = 1$ äquivalent zu $U_k = U_0$, so daß Q(DMP) die Indikatorbedingung erfüllt.

Nimmt man nun an, daß eine entsprechende Wahl des Referenznutzenniveaus getroffen wurde und Q(DMP) somit die Indikatorbedingung erfüllt, so ergibt sich bei der Überprüfung der Ordnungsbedingung bei einem für alle Projekte einheitlichen U_r

$$(10\text{-}27) \quad \frac{Q(DMP)_{0k}}{Q(DMP)_{0j}} = \frac{E(p^k,U_k) \cdot E(p^0,U_r)/E(p^k,U_r) \cdot E(p^0,U_0)}{E(p^j,U_j) \cdot E(p^0,U_r)/E(p^j,U_r) \cdot E(p^0,U_0)}$$

$$= \frac{E(p^k,U_k) \cdot E(p^j,U_r)}{E(p^k,U_r) \cdot E(p^j,U_j)}.$$

Die Ordnungsbedingung ist hier offensichtlich nur dann erfüllt, wenn U_r zwischen den jeweils neuen Nutzenniveaus U_k und U_j der beiden miteinander zu vergleichenden Projekte liegt. Vergleicht man zwei weitere Projekte h und i, die ebenfalls von der Situation 0 ausgehen, miteinander, so muß U_r zugleich auch zwischen den durch diese Projekte erzeugten Nutzenniveaus U_h und U_i liegen, damit die Ordnungsbedingung erfüllt ist. Es ist leicht einzusehen, daß kein Referenznutzenniveau existiert, das für alle denkbaren Paare von Projekten mit derselben Ausgangssituation 0 zwischen den durch diese Projekte bedingten Nutzenniveaus liegt, so daß die Ordnungsbedingung durch

Q(DMP) nicht generell erfüllt wird. Der Grund hierfür liegt in der Invarianz des Referenznutzenniveaus des Deaton/Muellbauer-Indexes in bezug auf die jeweils untersuchten Projekte, die es unmöglich macht, ein Referenznutzenniveau zu finden, das (10-27) für alle denkbaren Projektpaare zu einer wohlfahrtstheoretisch eindeutig interpretierbaren Größe macht.

Andererseits ist diese Konstanz des Referenznutzenniveaus ein Vorteil in bezug auf das Zirkularitätskriterium, das gerade wegen dieser Rigidität von Q(DMP) erfüllt wird. Es gilt nämlich

$$(10\text{-}28) \quad Q(DMP)_{ij} \cdot Q(DMP)_{jm} = \frac{E(p^j, U_j) \cdot E(p^i, U_r)}{E(p^j, U_r) \cdot E(p^i, U_i)}$$

$$\cdot \frac{E(p^m, U_m) \cdot E(p^j, U_r)}{E(p^m, U_r) \cdot E(p^j, U_j)}$$

$$= \frac{E(p^m, U_m) \cdot E(p^i, U_r)}{E(p^m, U_r) \cdot E(p^i, U_i)} = Q(DMP)_{im} .$$

Somit erfüllt der dem Deaton/Muellbauer-Preisindex über den Schwachen Faktorumkehrtest zugeordnete Mengenindex Q(DMP) und damit auch das entsprechende Realeinkommen zwar das Zirkularitätskriterium und unter besonderen Bedingungen auch das Indikatorkriterium, aber eine generelle Erfüllung des Ordnungskriteriums ist bei diesem Index nicht sicherzustellen. Man muß daher festhalten:

(10-29) *Der Deaton/Muellbauer-Preisindex ist kein wohlfahrtstheoretisch bedeutsamer Preisindex, da das mit ihm deflationierte Realeinkommen kein zuverlässiges Wohlfahrtsmaß ist.*

Im Gegensatz zu dem Deaton/Muellbauer-Preisindex variiert das Referenznutzenniveau bei dem "Wahren Lebenshaltungskostenindex" von Konüs und bei dem McKenzie/Pearce-Index mit den jeweils betrachteten Projekten. Und zwar ist das Referenznutzenniveau bei dem Konüs-Index immer gleich dem Nutzenniveau der jeweiligen

Ausgangssituation, während es bei dem McKenzie/Pearce-Index gleich dem Nutzenniveau der jeweiligen Endsituation ist. Zur Überprüfung der wohlfahrtstheoretischen Bedeutsamkeit dieser beiden Indizes unterwirft man sie wieder dem Schwachen Faktorumkehrtest und erhält auf diese Weise für den Konüs-Index als korrespondierenden Mengenindex

$$(10\text{-}30) \quad Q(KO)_{0k} = \frac{I_k/I_0}{KO_{0k}} = \frac{E(p^k,U_k)/E(p^0,U_0)}{E(p^k,U_0)/E(p^0,U_0)}$$

$$= \frac{E(p^k,U(x^k))}{E(p^k,U(x^0))} = PO_{0k}$$

den im vorigen Kapitel bereits vorgestellten Pollak-Index, während der McKenzie/Pearce-Index über den Schwachen Faktorumkehrtest mit dem ebenfalls schon bekannten Allen-Index verbunden ist, d.h.,

$$(10\text{-}31) \quad Q(MCP)_{0k} = \frac{I_k/I_0}{MCP_{0k}} = \frac{E(p^k,U_k)/E(p^0,U_0)}{E(p^k,U_k)/E(p^0,U_k)}$$

$$= \frac{E(p^0,U(x^k))}{E(p^0,U(x^0))} = AL_{0k} \quad .$$

Aus dem Kapitel über Mengenindizes ist bekannt, daß der Pollak-Index kein zuverlässiger Wohlfahrtsindikator ist, da er die Ordnungsbedingung nicht erfüllt und somit nur für binäre Wohlfahrtsvergleiche geeignet ist. Der Allen-Index hingegen erfüllt zwar die Ordnungsbedingung, scheitert jedoch an dem Zirkularitätskriterium. D.h., man kann mit dem Allen-Index zwar die Wohlfahrtseffekte mehrerer Projekte, die alle von derselben Ausgangssituation ausgehen, simultan miteinander vergleichen; bei Projekten mit unterschiedlichen Ausgangssituationen jedoch, insbesondere bei der Zerlegung einzelner Projekte in Teilprojekte und der anschließenden Verkettung der entsprechenden Indizes, können bei dem Allen-Index Konsistenzprobleme auftreten, wie in dem Kapitel über Mengenindizes gezeigt wurde. Der Grund hierfür ist, daß bei dem Allen-Index der Referenzpreisvektor mit der jeweiligen Ausgangssituation wechselt, so daß bei der Verkettung der Allen-Indizes für mehrere aneinander anschließende Teilprojekte, wie dies bei dem Zirkularitätstest geschieht, jeder Einzelindex auf einem anderen Referenzpreisvektor basiert, so daß die einzelnen Indizes nicht mehr miteinander kompatibel sind. Wegen der Übereinstimmung dieser Mengenindizes mit den entsprechenden Realeinkommensindizes kann man dies folgendermaßen zusammenfassen:

(10-32) *Der mit dem Konüs-Index deflationierte Realeinkommensindex*

$$Y(KO)_{0k} = \frac{E(p^k, V(p^k, I_k))}{E(p^k, V(p^0, I_0))}$$

erfüllt weder die Ordnungs- noch die Zirkularitätsbedingung, während der mit dem McKenzie/Pearce-Index deflationierte Realeinkommensindex

$$Y(MCP)_{0k} = \frac{E(p^0, V(p^k, I_k))}{E(p^0, V(p^0, I_0))}$$

nur die Zirkularitätsbedingung verletzt. Daher ist weder der "Wahre Lebenshaltungskostenindex" von Konüs noch der McKenzie/Pearce-Index ein wohlfahrtstheoretisch bedeutsamer Preisindex.

Liegt allerdings eine homothetische Präferenzordnung vor, so nimmt die Ausgabenfunktion die allgemeine Form (10-19) an, und alle hier betrachteten Preisindizes sind von dem jeweiligen Referenznutzenniveau unabhängig und daher identisch. Ermittelt man über den Schwachen Faktorumkehrtest den zugehörigen Mengenindex (und damit den entsprechenden Realeinkommensindex), so ergibt sich bei Beachtung von (10-20)

(10-33) $Q(DMP)_{0k} = Q(KO)_{0k} = Q(MCP)_{0k} =$

$$= \frac{e_1(U_k) \cdot e_2(p^k)/e_1(U_0) \cdot e_2(p^0)}{e_2(p^k)/e_2(p^0)} = \frac{e_1(U(x^k))}{e_1(U(x^0))} .$$

Wegen der strengen Monotonie von e_1 in U erfüllt dieser Mengenindex offensichtlich alle Kriterien für einen zuverlässigen Wohlfahrtsindikator, so daß gilt:

(10-34) *Für den Fall einer homothetischen Präferenzordnung sind sowohl der Deaton/Muellbauer- als auch der Konüs- und der McKenzie/Pearce-Index wohlfahrtstheoretisch bedeutsame Preisindizes, da die mit ihnen deflationierten Realeinkommensindizes*

$$Y(DMP)_{0k} = Y(KO)_{0k} = Y(MCP)_{0k}$$

zuverlässige Wohlfahrtsindikatoren sind.

Das Fazit dieser Untersuchung ist, daß keiner der hier betrachteten Preisindizes wohlfahrtstheoretisch bedeutsam in dem Sinne ist, daß der mit ihm deflationierte Realeinkommensindex generell ein zuverlässiger Wohlfahrtsindikator ist. Der mit dem McKenzie/Pearce-Index deflationierte Realeinkommensindex erfüllt jedoch das Indikator- und das Ordnungskriterium, so daß er immerhin für den simultanen wohlfahrtstheoretischen Vergleich beliebig vieler Projekte, die alle dieselbe Ausgangssituation haben, geeignet ist, während der mit dem Konüs-Index deflationierte Realeinkommensindex nur die Indikatorbedingung erfüllt und somit nur für binäre Wohlfahrtsvergleiche in Frage kommt. Bei dem mit dem Deaton/Muellbauer-Preisindex gebildeten Realeinkommensindex schließlich sind selbst solche Binärvergleiche nur dann sinnvoll möglich, wenn das mit diesem Preisindex verbundene Privileg der unabhängigen Wahl des Referenznutzenniveaus aufgegeben bzw. drastisch eingeschränkt wird. Für den Sonderfall einer homothetischen Präferenzordnung hingegen sind alle hier untersuchten funktionalen Preisindizes wohlfahrtstheoretisch bedeutsam.

5. Würdigung

Die Behandlung der verschiedenen Preisindizes erfolgte in diesem Kapitel ausschließlich unter dem Aspekt ihrer Verwendbarkeit zur Wohlfahrtsmessung. Da Preisindizes nur Preisänderungen wiedergeben und Preisänderungen alleine die Wohlfahrt eines Individuums nicht determinieren, können Preisindizes selbst keine Wohlfahrtsmaße sein. Ihre Rolle bei der Wohlfahrtsmessung kann vielmehr nur darin bestehen, einen Nominaleinkommensindex so zu deflationieren, daß der daraus resultierende Realeinkommensindex ein zuverlässiger Wohlfahrtsindikator im Sinne unserer Kriterien ist.

Auch bei den Preisindizes ließ sich wieder eine Unterscheidung zwischen atomistischen und funktionalen Indizes treffen, wobei die Bildung der funktionalen Preisindizes auf der Grundlage der mikroökonomischen Haushaltstheorie erfolgt, während die atomistischen Preisindizes auf statistischen Einzelbeobachtungen basieren und unter eher technischen Gesichtspunkten konstruiert sind. Es zeigte sich, daß keiner der atomistischen Preisindizes zu einem Realeinkommensindex führt, der auch nur das Indikatorkriterium vollständig erfüllt. Bei den funktionalen Preisindizes hingegen wurde dieses Kriterium sowohl von dem mit dem Konüs- als auch von dem mit dem McKenzie/Pearce-Index gebildeten Realeinkommensindex erfüllt. Der letztgenannte Realeinkommensindex genügt darüber hinaus auch dem Ordnungskriterium und ist somit zum simultanen wohlfahrtstheoretischen Vergleich beliebig vieler Projekte mit derselben Ausgangssituation geeignet. Abschließend wurde gezeigt, daß für den Fall einer homothetischen Präferenzordnung alle untersuchten funktionalen Preisindizes zu Realeinkommensindizes führen, die nicht nur das Indikator- und das Ordnungskriterium, sondern auch das Zirkularitätskriterium erfüllen und somit auch im Hinblick auf Projekte mit unterschiedlichen Anfangs- und Endsituationen theoretisch konsistent sind.

Literatur

I. Fisher (1927)

R. Frisch (1936)

P.A. Samuelson / S. Swamy (1974)

A. Deaton / J. Muellbauer (1980, S.170-178)

W.E. Diewert (1981, 1983)

G.W. McKenzie (1983, S.125-136)

R.A. Pollak (1983a) und (1990)

M. Krtscha (1988)

W.E. Diewert (1990a)

W. Eichhorn / J. Voeller (1990)

Abschließende Bemerkungen

Bei der Darstellung der Indexmaße wurde in erster Linie Wert auf die Beantwortung der Frage gelegt, inwieweit solche Indizes zur Messung von Wohlfahrtsänderungen herangezogen werden können. Zur Prüfung dieser Frage wurden Kriterien aufgestellt, in denen unter Berücksichtigung der speziellen Konstruktionsform von Indexmaßen die allgemeinen Anforderungen an zuverlässige Wohlfahrtsindikatoren formuliert wurden. Dabei zeigte sich, daß es primär die Mengenindizes sind, die zur Wohlfahrtsmessung geeignet sind, da sie die Änderungen der jeweils konsumierten Gütermengen erfassen, die ihrerseits ja die Wohlfahrt eines Konsumenten vollständig determinieren. Demgegenüber sind Preisindizes nur indirekt zur Wohlfahrtsmessung verwendbar, nämlich über die Deflationierung von Nominaleinkommensindizes, wobei die so entstandenen Realeinkommensindizes unter bestimmten Bedingungen als Wohlfahrtsmaße in Frage kommen. Es wurde ferner auf die Unterscheidung zwischen atomistischen und funktionalen Indizes eingegangen und dabei gezeigt, daß die bekannten atomistischen Indizes als lineare Approximationen der entsprechenden funktionalen Indizes und zu deren Abschätzung verwendet werden können. Dies ist insofern von Bedeutung, als diese Abschätzungen unter bestimmten Umständen auch wohlfahrtstheoretische Bedeutung besitzen und daüberhinaus empirisch wesentlich einfacher zu berechnen sind als die bekannten funktionalen Indizes.

Selbstverständlich konnte hier nur eine kleine Auswahl der bekannten atomistischen und funktionalen Indexmaße behandelt werden. Und auch diese wurden nur unter einem ganz bestimmten Aspekt, nämlich dem ihrer potentiellen Eignung zur Wohlfahrtsmessung, und in einem ganz bestimmten Modellrahmen untersucht. Darüber hinaus gibt es eine ganze Reihe von Spezialproblemen, die zwar durchaus von Interesse sind, deren Behandlung jedoch den Rahmen dieses Buches sprengen würden. Zu diesen Problemkreisen gehört unter anderem die Berücksichtigung von Qualitätsänderungen und neueingeführten Gütern im Rahmen der Indextheorie, die Bildung von Subindizes und die Frage, wie Indexmaße vor einem gegenüber dem hier gewählten Ansatz veränderten Modellhintergrund, etwa auf der Basis des

Lancasterschen Haushaltsproduktionsansatzes oder der Theorie der offenbarten Präferenzen, zu behandeln sind. Zu all diesen Aspekten der Indextheorie wie auch zur Darstellung weiterer alternativer Indexformen sei hier auf die sehr umfangreiche Spezialliteratur[8] zu diesen Themen verwiesen.

---

[8] Eine vielzahl spezieller Untersuchungen zur Indextheorie findet sich in Diewert/Montmarquette (1983) und in Diewert (1990). Die Eigenschaften einiger spezieller funktionaler Indizes werden u.a. in Diewert (1976), Diewert (1982) und in Diewert (1990a) behandelt. Pollak (1975) beschäftigt sich mit dem Problem der Subindizes, während Pollak (1983b) auf die Behandlung von Qualitätsänderungen im Rahmen der Indextheorie eingeht. Zur Bildung von Indexmaßen auf der Basis offenbarter Präferenzen sei auf Fuchs-Seliger/Pfingsten (1986) verwiesen, während die Stellung von Indizes im Rahmen des Haushaltsproduktionsansatzes von Pollak (1978) behandelt wird.

Teil IV

MESSUNG PREIS-/EINKOMMENSINDUZIERTER WOHLFAHRTSÄNDERUNGEN IM INTERTEMPORALEN KONTEXT

Bislang haben wir uns ausschließlich auf Wohlfahrtsmaße konzentriert, die die Änderung des individuellen Nutzens aus dem Güterkonsum einer einzelnen Periode erfassen sollen. Unberücksichtigt blieben hiermit jene Nutzeneffekte staatlicher Projekte, die der Haushalt in den der jeweiligen Betrachtungsperiode folgenden Zeitabschnitten erfährt.

Weiterhin ist davon auszugehen, daß die Konsumenten bei ihren heutigen Güterkaufentscheidungen berücksichtigen, daß heutige Dispositionsmittelfonds in spätere Perioden transferiert werden können, um auch dort über den Konsumgütererwerb Nutzen zu bewirken. Entzieht also der Fiskus dem Haushalt über die Erhebung von Steuern heute Kaufkraft, so impliziert dies in der Regel auch Einschränkungen im zukünftigen Konsum. Schließlich kann bei Kreditaufnahmemöglichkeiten und Erwartung zukünftiger Einkommen hierüber schon heute disponiert und damit konsumiert werden. Zu erwartende Steuerzahlungsverpflichtungen in späteren Perioden werden dann u.U. auch den heutigen Güterkonsum und damit den heutigen Nutzen reduzieren.

Geht man unter diesen Aspekten davon aus, daß die Haushalte ihre Konsumentscheidungen auf der Basis einer intertemporalen Nutzenfunktion und einer intertemporalen Budgetrestriktion treffen, stellt sich auch die Frage nach der Verfügbarkeit eines zuverlässigen intertemporalen Wohlfahrtsmaßes. Diese Problemstellung werden wir im Kapitel 11 auf der Basis eines vereinfachten Entscheidungsmodells in Hinblick auf die Ableitung eines intertemporalen Nutzeinkommen-Variationsmaßes aufbereiten.

Traditionell wird im Rahmen einer Nutzen-Kosten-Analyse staatlicher Projekte, die in mehr als einer Periode wirken, die Summe der abdiskontierten periodischen Nettonutzen als Vorteilhaftigkeitsmaß verwendet. In Kapitel 12 gehen wir der Frage nach, ob ein solches Konzept zuverlässige Projektrangordnungen garantiert. Hierbei werden wir als periodische Wohlfahrtsmaße die im Kapitel 6 dargestellten Nutzeinkommensvariationen verwenden.

KAPITEL 11

WOHLFAHRTSMASSE AUF DER BASIS INTERTEMPORALER NUTZEINKOMMENSFUNKTIONEN

Zur Ableitung eines intertemporalen individuellen Wohlfahrtsmaßes sei aus Vereinfachungsgründen davon ausgegangen, daß der Konsument vollständige Voraussicht bezüglich der zukünftigen Marktpreise, seiner zukünftigen Steuerverpflichtungen und seiner zukünftigen Pauscheinkommen besitzt. Weiterhin bestehe ein vollkommener Kapitalmarkt und die Gewißheit, daß der heutige Zinssatz r auch zukünftig gelte. Also gehen die Haushalte bei ihren intertemporalen Konsumausgabenplanungen davon aus, zum Zinsatz r in beliebiger Höhe Kredite eingeräumt zu bekommen und Dispositionsmittel verleihen zu können.

Der repräsentative Konsument treffe seine sich von der heutigen Periode 1 bis zur entferntesten zukünftigen Periode T des Planungszeitraums erstreckenden Konsumentscheidungen auf der Basis der intertemporalen Nutzenfunktion

$$(11\text{-}1) \quad U = U(x_1,\ldots,x_T) = U(x) \quad , \quad x_t = [x_{1t},\ldots,x_{Nt}] \in \mathbb{R}^{N+},$$

$$t = 1,2,\ldots,T \quad , \quad \text{so daß} \quad x \in \mathbb{R}^{(T \cdot N)+}.$$

$U(x)$ besitze die üblichen Eigenschaften einer Nutzenfunktion wie z.B. Stetigkeit, Quasikonkavität etc.. Weiterhin sei additive Separabilität in den Periodenkonsumvektoren x_t in der Weise gegeben, daß man auch

$$(11\text{-}2) \quad U = U^*(U_1(x_1),\ldots,U_T(x_T))$$

schreiben kann, womit also die Existenz periodischer Nutzenniveaus U_t, $t=1,2,\ldots,T$, fixiert wird.

Ausgangspunkt für die Ableitung der intertemporalen Budgetbeschränkung sind auf der Verwendungsseite die periodischen Konsumausgaben

$$(11\text{-}3) \quad C_t = \sum_{n=1}^{N} p_{nt} x_{nt} = p_t x_t \quad , \quad p_t = [p_{1t},\ldots,p_{Nt}] \in \mathbb{R}^{N+},$$

und auf der Entstehungsseite die periodischen Dispositionsfonds

(11-4) $Y_t = (1+r)A_{t-1} + I_t - A_t$.

r : Marktzins

I_t : Pauscheinkommen der Periode t

A_t : Wertpapier-($A_t > 0$) bzw. Schuldenbestand ($A_t < 0$) am Ende der Periode t

In jeder Konsumperiode gilt

(11-5) $C_t = Y_t$

bzw.

(11-6) $p_t x_t = \dfrac{1}{\alpha} A_{t-1} + I_t - A_t$,

wobei α gemäß

(11-7) $\alpha = \dfrac{1}{1+r}$

den Diskontierungsfaktor darstellt. Auf der Grundlage von (11-6) und bei Vernachlässigung eines Erbschaftsmotivs kann man dann folgende zeitliche Entwicklung des Vermögensbestandes ableiten:

(11-8) $A_1 = \dfrac{1}{\alpha} A_0 + I_1 - p_1 x_1$

$A_1 = \alpha p_2 x_2 - \alpha I_2 + \alpha A_2$

$A_2 = \alpha p_3 x_3 - \alpha I_3 + \alpha A_3$

. . . .
. . . .
. . . .

$$A_{T-1} = \alpha p_T x_T - \alpha I_T + \alpha A_T$$

$$A_T = 0$$

Ersetzt man sukzessive die Vermögensbestände A_t durch ihre jeweiligen Bestimmungsterme in der nächsten Gleichung, so erhält man die intertemporale Budgetbeschränkung

$$(11\text{-}9) \qquad \sum_{t=1}^{T} \alpha^{t-1} p_t x_t = \frac{1}{\alpha} A_0 + \sum_{t=1}^{T} \alpha^{t-1} I_t$$

bzw. in reduzierter Schreibweise

$$(11\text{-}10a) \qquad \sum_{t=1}^{T} \pi_t x_t = W \quad , \quad \pi_t = \alpha^{t-1} p_t \in \mathbb{R}^{N++}$$

oder

$$(11\text{-}10b) \qquad \pi x = W \quad , \quad \pi = [\pi_1, \ldots, \pi_T] \in \mathbb{R}^{(N \cdot T)++} \quad ,$$

wobei

$$(11\text{-}10c) \qquad W = \frac{1}{\alpha} A_0 + \sum_{t=1}^{T} \alpha^{t-1} I_t \quad .$$

Die intertemporalen Preise π_t sind gleich den auf die erste Periode abdiskontierten periodischen Güterpreisen p_t. W entspricht dem Gegenwartswert (in Periode 1) aller dem Konsumenten im Planungszeitraum zugeflossenen Dispositionsmittel.

Die Maximierung von U gemäß (11-1) unter der Nebenbedingung (11-10) führt zum maximalen individuellen Lebenszeitnutzen $V(\pi,W)$, wobei

$$(11\text{-}11) \qquad V(\pi,W) = \max_{x} \{U(x) \mid \pi x \leq W\} \quad .$$

Zu der indirekten intertemporalen Nutzenfunktion $V(\pi,W)$ gehört dann auch eine entsprechende Ausgabenfunktion $E(\pi,U)$, die bezüglich der Preise π und des Nutzenniveaus U die üblichen Eigenschaften aufweist.

Auf dieser Grundlage gibt es für jeden Preis-Einkommen-Vektor $[\pi^k,W^k]$, $k \in \{0,1,2,...,K\}$, und damit für jede hiermit korrespondierende Konsumsituation x^k ein intertemporales Nutzeinkommen M^k, das gemäß

(11-12a) $\quad M^k = E(\pi^r, V(\pi^k, W^k)) = E(\pi^r, U^k)$

bestimmt ist und

(11-12b) $\quad U^k = V(\pi^r, M^k)$

impliziert. M^k ist hierbei also gleich jener Summe der abdiskontierten Dispositionsmittel, die dem Konsumenten mindestens gegeben werden muß, damit er bei den Referenzpreisen π^r den intertemporalen Nutzen U^k realisieren kann. Über M^k läßt sich dann ein intertemporales Wohlfahrtsmaß MV^{0k} bilden, das der Differenz zwischen zwei Gegenwartswerten aller im Planungszeitraum gegebenen Dispositionsmittel wie folgt entspricht:

(11-13) $\quad MV^{0k} = E(\pi^r, U^k) - E(\pi^r, U^0) \quad , \quad k \in \{1, 2, \ldots, K\}$.

Da die Ausgabenfunktion streng monoton zunehmend in U ist, kann man ähnlich wie bei der Diskussion des Nutzeinkommen-Variationsmaßes im Kapitel 6 unschwer nachweisen, daß das intertemporale Variationsmaß die Indikator-, Ordnungs- und Zirkularitätsbedingung erfüllt. Würde sich das zu $V(\pi,U)$ gehörende Nachfragesystem

(11-14) $\quad x = x(\pi,W)$

empirisch ermitteln lassen, wäre - z.B. über die Anwendung der Differentialgleichungsmethode - auch die eindeutige Berechenbarkeit des intertemporalen Wohlfahrtsmaßes gewährleistet. Wie u.a. aus dem Survey von Blundell (1988) hervorgeht, gehört die empirische Repräsentation intertemporaler Konsumfunktionen allerdings zu einem äußerst komplexen Feld theoretischer und empirischer Nachfrageforschung. Die eingangs aus Veranschaulichungsgründen getroffenen Annahmen bezüglich der Struktur der intertemporalen Präferenzordnung und der Informationen über zukünftige Preis-Einkommen-Vektoren sind natürlich unter empirischen Gesichtspunkten nicht haltbar. Allein die Modellierung unsicherer Erwartungen führt zu neuen Konsumentscheidungsmodellen und damit - wie beispielsweise bei Boadway / Bruce (1984, S. 224-234) skizziert - zu modifizierten Wohlfahrtsmaßkonzepten.

Literatur

J. C. Hause (1975, S. 1171-1178)

A. Deaton (1980, S. 26-30)

R. Boadway / N. Bruce (1984, S.223-226)

P.-O. Johansson (1987, S.147-162)

KAPITEL 12

DIE SUMME ABDISKONTIERTER PERIODISCHER NUTZEINKOMMENSVARIATIONEN ALS WOHLFAHRTSMASS

Zur Bewertung von Projekten, die sich über mehrere Perioden erstrecken, werden im Rahmen von Nutzen-Kosten-Analysen häufig die Nettonutzen für jede Periode ermittelt und auf den Entscheidungszeitpunkt abdiskontiert. Die Summe der abdiskontierten periodischen Nettonutzen stellt dann den Kapitalwert eines staatlichen Projektes dar. Ist dieser positiv, wird gegenüber der Ausgangssituation auf eine Wohlfahrtssteigerung geschlossen. Weitergehend werden Projekte mit größeren Kapitalwerten solchen mit kleineren vorgezogen. Blackorby u.a. (1984) haben demgegenüber den Nachweis erbracht, daß die Summe von abdiskontierten periodischen Nutzeinkommensvariationen kein generell zuverlässiger intertemporaler Wohlfahrtsindikator sein kann.

Sie zeigten weiterhin, daß die Summe der abdiskontierten periodischen Äquivalenten Variationen eine obere Schranke für die tatsächliche intertemporale EV bildet, während die Summe der abdiskontierten periodischen Kompensierenden Variationen eine untere Schranke für die tatsächliche intertemporale CV ist. Folglich kommen die Gegenwartswerte der periodischen EVs bzw. CVs nur als halbseitige Wohlfahrtsindikatoren in Frage. Damit erlaubt eine positive Summe der abdiskontierten periodischen Kompensierenden Variationen den Schluß, daß der intertemporale Nutzen des Konsumenten nach Durchführung eines staatlichen Projektes gestiegen sein muß. Falls die Summe der abdiskontierten periodischen Äquivalenten Variationen negativ ist, weist dies zuverlässig auf einen projektbedingten Nutzenverlust hin.

Im folgenden wollen wir den Nachweis für diesen Test zur Ermittlung der Richtung des intertemporalen Wohlfahrtseffektes dokumentieren.

Ausgangspunkt für eine derartige Analyse ist zunächst der periodische Maximalnutzen $V_t(p_t, Y_t)$, der unter Berücksichtigung der im Kapitel 11 entwickelten Terminologie und Symbolik gemäß

$$(12\text{-}1) \quad V_t(p_t, Y_t) = \max_{x_t} \{U_t(x_t) | p_t x_t \leq Y_t\}, \quad t \in \{1, 2, \ldots, T\},$$

bestimmt ist. In diesem Falle werden die periodischen Dispositionsfonds Y_t als gegeben betrachtet.

Zu den periodischen indirekten Nutzenfunktionen $V_t(p_t, Y_t)$ existieren periodische Ausgabenfunktionen $E_t(p_t, U_t)$. Damit lassen sich für gegebene periodische Referenzpreise p_t^r die periodischen Nutzeinkommen

(12-2a) $\quad M_t^k = E_t(p_t^r, V_t(p_t^k, Y_t^k)) = E_t(p_t^r, U_t^k)$

definieren, was auch

(12-2b) $\quad U_t^k = V_t(p_t^r, M_t^k) \quad , \quad k \in \{0, 1, 2, \ldots, K\}$,

impliziert. Die periodischen Nutzeinkommensvariationen aus einem staatlichen Projekt können hiernach entsprechend

(12-3) $\quad MV_t^{0k} = E_t(p_t^r, U_t^k) - E_t(p_t^r, U_t^0)$

spezifiziert werden.

Unter der Annahme, daß die direkte intertemporale Nutzenfunktion $U(x)$ bezüglich der periodischen Nutzenfunktionen $U_t(x_t)$ additiv separabel ist, läßt sich das intertemporale Nutzenmaximierungsproblem (11-11) in zwei voneinander getrennte Stufen zerlegen. In der ersten Stufe entscheidet der Konsument durch die Lösung des Optimierungsproblems[1]

(12-4) $\quad V(\pi, W) = \max_{Y_t} \{U^*(\{V_t(p_t, Y_t)\}) \mid \sum_t \alpha^{t-1} Y_t \leq W\}$

über die Aufteilung seines Gesamtdispositionsfonds in periodenbezogene Dispositionsfonds Y_t. In der zweiten Stufe entscheidet der Konsument durch die Lösung des Optimierungsproblems (12-1) über die Aufteilung somit gegebener Y_t auf die Ausgaben für einzelne Güter[2].

---

[1] Hierbei sei $\{V_t(p_t, Y_t)\} = V_1(p_1, Y_1), \ldots, V_T(p_T, Y_T)$.

[2] Vgl. hierzu Phlips (1983, S.66 ff.)

Grundsätzlich kann der Konsument bei einem intertemporal frei wählbaren Arrangement seiner periodischen Dispositionsfonds Y_t - wie in (12-4) angenommen - im Rahmen des gleichen gegebenen Gesamtdispositionsfonds auch einen für ihn günstigeren intertemporalen Gütervektor x realisieren als bei periodischer Fixierung seines Einkommens. Das Optimierungsproblem (12-4) impliziert somit die Ungleichung

$$(12\text{-}5) \qquad V(\pi, W) \geq U^*(\{V_t(p_t, Y_t)\}) \quad , \quad \forall\, Y_t : \sum_t \alpha^{t-1} Y_t \leq W \quad ,$$

die für optimale Y_t als Gleichung erfüllt ist.

Für einen gegebenen Vektor $[\pi^k, W^k]$ erhält man aus (12-4) den Vektor der optimalen periodischen Dispositionsfonds $[Y_1^k, Y_2^k, ..., Y_T^k]$, der den Vektor der Periodennutzen $[U_1^k, U_2^k, ..., U_T^k]$ determiniert. Es gilt somit

$$(12\text{-}6) \qquad U^k = U^*(\{U_t^k\}) \quad .$$

Das gleiche intertemporale Nutzenniveau würde der Konsument mit den periodischen Dispositionsfonds $[M_1^k, M_2^k, ..., M_T^k]$ erreichen können, wobei M_t^k gemäß (12-2) jene Ausgaben angibt, die der Konsument in der Periode t bei Gültigkeit der Preise p_t^r mindestens tätigen muß, um den Periodennutzen U_t^k zu realisieren. Also gilt auch

$$(12\text{-}7) \qquad U^k = U^*(\{V_t(p_t^r, M_t^k)\})$$

und wegen (11-12) schließlich

$$(12\text{-}8) \qquad V(\pi^r, M^k) = U^*(\{V_t(p_t^r, M_t^k)\}) \quad ,$$

worin M^k den intertemporalen Gesamtdispositionsfonds darstellt, der bei den Preisen π^k zur Realisierung des Nutzenniveaus U^k mindestens erforderlich ist.

Betrachtet man jetzt eine Situation, in der dem Konsumenten ein intertemporaler Dispositionsfonds

$$(12\text{-}9) \qquad W^* = \sum_t \alpha^{t-1} M_t^k$$

gegeben ist, so erhält man gemäß (12-4) als Lösung des entsprechenden intertemporalen Nutzenmaximierungsproblems

(12-10) $\quad V(\pi^r,W^*) = \max_{Y_t} \{U^*(\{V_t(p_t^r,Y_t)\}) \mid \sum_t \alpha^{t-1} Y_t \leq W^*\}$.

Wegen (12-9) gilt dann auch

(12-11) $\quad V(\pi^r,W^*) \geq U^*(\{V_t(p_t^r,M_t^k)\})$

und in Verbindung mit (12-8)

(12-12) $\quad V(\pi^r, \sum_t \alpha^{t-1} M_t^k) \geq V(\pi^r,M^k)$.

Zur ökonomischen Interpretation von (12-12) vergegenwärtige man sich, daß das Gesamtvermögen M^k dem Konsumenten gemäß (12-8) den gleichen Nutzen stiftet wie das Gesamtvermögen W^* unter der einschränkenden Nebenbedingung fester periodischer Dispositonsfonds M_t^k. Es leuchtet unmittelbar ein, daß der Konsument mit dem gleichen Vermögen W^* ohne eine derartige zusätzliche Nebenbedingung kein schlechteres intertemporales Nutzenniveau realisiert.

Da die indirekte Nutzenfunktion $V(\pi,W)$ streng monoton zunehmend in W ist, kann man von (12-12) auf

(12-13a) $\quad \sum_t \alpha^{t-1} M_t^k \geq M^k$

bzw. - unter Berücksichtigung der Definitionen (11-12) und (12-2) - auf

(12-13b) $\quad \sum_t \alpha^{t-1} E_t(p_t^r,U_t^k) \geq E(\pi^r,U^k)$, $k \in \{0,1,2,\ldots,K\}$,

schließen.

Als erstes wollen wir diese Ungleichung auf $[U_t^0,U^0]$, d.h. auf die Nutzenkonstellation in der Ausgangssituation vor Durchführung eines staatlichen Projektes anwenden. Ferner sei $r=k$, $k \in \{1,2,\ldots,K\}$, so daß die Referenzpreise gemäß $[p_t^r,\pi^r] = [p_t^k,\pi^k]$

mit den Preisen nach Durchführung des Projektes variieren. Unter diesen Annahmen erhalten wir für (12-13b) die spezielle Version

$$(12\text{-}14) \qquad \sum_t \alpha^{t-1} E_t(p_t^k, U_t^0) \geq E(\pi^k, U^0)$$

und unter Bezugnahme auf (11-13) und (12-3) die Wohlfahrtsmaßwerte (= Kompensierenden Variationen)

$$(12\text{-}15a) \qquad CV^{0k} = E(\pi^k, U^k) - E(\pi^k, U^0)$$
$$= W^k - E(\pi^k, U^0) \quad,$$

$$(12\text{-}15b) \qquad CV_t^{0k} = E_t(p_t^k, U_t^k) - E_t(p_t^k, U_t^0)$$
$$= Y_t^k - E_t(p_t^k, U_t^0) \quad.$$

Mit (12-15) in (12-14) folgt dann

$$(12\text{-}16) \qquad \sum_t \alpha^{t-1} [Y_t^k - CV_t^{0k}] \geq W^k - CV^{0k}$$

bzw. wegen

$$(12\text{-}17) \qquad \sum_t \alpha^{t-1} Y_t^k = W^k$$

die Relation

$$(12\text{-}18) \qquad \sum_t \alpha^{t-1} CV_t^{0k} \leq CV^{0k} \quad.$$

Das intertemporale Wohlfahrtsmaß CV^{0k} ist zuverlässig in dem Sinne, daß es sowohl Wohlfahrtserhöhungen als auch Wohlfahrtsverminderungen korrekt anzeigt. Ist die Summe der abdiskontierten periodischen Kompensierenden Variationen CV_t^{0k} positiv, so kann folglich in Verbindung mit (12-18) auch zuverlässig eine projektbedingte Erhöhung des intertemporalen Nutzens deduziert werden. Es gilt somit die zentrale Beziehung

(12-19) $\quad \sum_t \alpha^{t-1} CV_t^{0k} \geq 0 \quad \Longrightarrow \quad CV^{0k} \geq 0 \quad \Longleftrightarrow \quad U^k \geq U^0$.

Ist die Summe der abdiskontierten periodischen CVs kleiner Null, kann $CV^{0k} \geq 0$ oder $CV^{0k} \leq 0$ gelten. Eine Aussage über die Nutzenänderung ist in diesem Falle nicht möglich.

Eine weitere Anwendung der Ungleichung (12-13) erfolge bezüglich $[U_t^k, U^k]$, $k \in \{1,2,...,K\}$, d.h. der Nutzenkonstellation nach Durchführung eines staatlichen Projektes. Wird als Referenzpreisvektor der vor Durchführung irgendeines staatlichen Projektes gültige Preisvektor $[p_t^0, \pi^0]$ gewählt, so erhält (12-13b) die spezielle Form

(12-20) $\quad \sum_t \alpha^{t-1} E_t(p_t^0, U_t^k) \geq E(\pi^0, U^k)$,

und als Wohlfahrtsmaßwerte folgen die Äquivalenten Variationen

(12-21a) $\quad EV^{0k} = E(\pi^0, U^k) - E(\pi^0, U^0)$

$\qquad \qquad \quad = E(\pi^0, U^k) - W^0$,

(12-21b) $\quad EV_t^{0k} = E_t(p_t^0, U_t^k) - E_t(p_t^0, U_t^0)$

$\qquad \qquad \quad = E_t(p_t^0, U_t^k) - Y_t^0$.

Berücksichtigt man jetzt (12-21) in (12-20), so resultiert

(12-22) $\quad \sum_t \alpha^{t-1} [Y_t^0 + EV_t^{0k}] \geq W^0 + EV^{0k}$

bzw. wegen

(12-23) $\quad \sum_t \alpha^{t-1} Y_t^0 = W^0$

dann

$$(12-24) \quad \sum_t \alpha^{t-1} EV_t^{0k} \geq EV^{0k} \quad .$$

Da das Wohlfahrtsmaß EV^{0k} Änderungen des intertemporalen Nutzens zuverlässig anzeigt, gilt die zweite zentrale Beziehung

$$(12-25) \quad \sum_t \alpha^{t-1} EV_t^{0k} \leq 0 \implies EV^{0k} \leq 0 \iff U^k \leq U^0 \quad .$$

Damit ist die Summe der abdiskontierten EVs nur ein zuverlässiger Indikator für Wohlfahrtsverminderungen.

Als Fazit ergibt sich aus (12-19) und (12-25): Die Summe der abdiskontierten Hicks-Maße erlaubt immer dann keine wohlfahrtstheoretische Interpretation, wenn

$$(12-26) \quad \sum_t \alpha^{t-1} CV_t^{0k} \leq 0$$

oder

$$(12-27) \quad \sum_t \alpha^{t-1} EV_t^{0k} \geq 0$$

gegeben sein sollte. Hat ein staatliches Projekt die Konsequenz, daß der Nutzen U_t in einigen Perioden sinkt und in den übrigen Perioden steigt, kann nicht ausgeschlossen werden, daß (12-26) oder (12-27) zutrifft. Die auf der Basis der CV_t oder EV_t gebildeten Kapitalwerte öffentlicher Projekte sind daher auch keine zuverlässigen Wohlfahrtsindikatoren.

Literatur

C. Blackorby / D. Donaldson / D. Moloney (1984)
P.-O. Johansson (1987, S.147-153)

TEIL V

KAPITEL 13

WOHLFAHRTSMESSUNG BEI RATIONIERTEN MÄRKTEN

Bei unseren bisherigen Betrachtungen sind wir stets davon ausgegangen, daß der Konsument beliebige Mengen eines jeden Gutes zu den entsprechenden Marktpreisen erwerben kann. Dabei fragt er genau so viel von einem Gut nach, daß der von der letztgekauften Einheit dieses Gutes erzeugte Grenznutzen gleich seinem (durch Multiplikation mit dem Grenznutzen des Einkommens in Nutzeneinheiten überführten) Marktpreis ist, d.h., es besteht ein unmittelbarer Zusammenhang zwischen dem für ein Gut gezahlten Marktpreis und dem Nutzen, den es für den Konsumenten erzeugt. Dieser Zusammenhang zwischen dem empirisch beobachtbaren Marktverhalten eines Konsumenten und seiner - nicht beobachtbaren - Präferenzordnung bildet die theoretische Grundlage für die Konstruktion der bisher vorgestellten Wohlfahrtsmaße, die alle davon ausgehen, daß sich der Konsument auf jedem Markt entsprechend seines aus seiner Präferenzordnung ableitbaren Nachfragesystems verhält, so daß von seinem Marktverhalten auf seine Präferenzordnung geschlossen werden kann.

Ein solcher unmittelbarer Zusammenhang besteht nicht mehr, wenn der einzelne Haushalt in seiner Konsumwahl nicht nur durch Preise und Einkommen, sondern zusätzlich durch extern vorgegebene Mengenrestriktionen eingeschränkt ist. Das krasseste Beispiel einer solchen Beschränkung ist die in Kriegs- oder Krisenzeiten praktizierte Rationierung lebenswichtiger Güter. Eine solche Maßnahme soll sicherstellen, daß die Preise dieser Güter nicht entsprechend ihrer Knappheit steigen können, da ärmere Haushalte sonst von ihrem Konsum völlig ausgeschlossen würden. Der Staat hält statt dessen die Preise künstlich, d.h. durch Verordnung, niedrig und teilt jedem Haushalt, etwa durch die Ausgabe von Lebensmittelkarten, bestimmte Mengen der betreffenden Güter zu. Die typische Folge dieser Art von Rationierung ist, daß die Haushalte bei den gegebenen Preisen gerne mehr von den betreffenden Gütern konsumieren würden, da der Grenznutzen der letzterworbenen Einheit jeweils größer ist als ihr (in Nutzeneinheiten ausgedrückter) Preis. Eine am gezahlten Preis orientierte Bewertung des von diesen Gütern erzeugten Nutzens würde somit zu einer systematischen Fehleinschätzung dieses Nutzens führen.

In Abbildung 13-1 ist ein solcher Fall dargestellt: Während Gut x frei verkäuflich ist, ist die Menge des Gutes z auf z^0 beschränkt. Der Preis des frei verkäuflichen Gutes ist p, der des rationierten Gutes ist q, und die Budgetgerade des Konsumenten ist durch AB gegeben. Wie im Anhang gezeigt wird, maximiert der Konsument seinen Nutzen unter den hier gegebenen Rationierungsbedingungen im Punkt [x^0, z^0], obwohl die Grenzrate der Substitution $(\partial U/\partial z)/(\partial U/\partial x)$ in diesem Punkt größer als das entsprechende Preisverhältnis (q/p) ist, so daß die Budgetgerade die Indifferenzkurve in [x^0, z^0] nicht tangiert wie in einem nichtrationierten Haushaltsgleichgewicht, sondern von unten schneidet. Dies bedeutet, daß der Konsument das rationierte Gut z hier relativ stärker schätzt, als durch das Preisverhältnis (p/q) ausgedrückt wird, denn ohne die Mengenrestriktion $z = z^0$ würde er bei den in Abbildung 13-1 herrschenden Preisverhältnissen das Güterbündel [x^*, z^*] wählen, das weniger von Gut x und mehr von Gut z enthält und das ihm das (höhere) Nutzenniveau U^* erzeugt.

Solche Situationen ergeben sich natürlich nicht nur bei dem Extremfall der krisen- bzw. knappheitsbedingten Rationierung, sondern auch in normalen Zeiten, wenn der Staat etwa aus sozialen Gründen regulierend in die Güterverteilung eingreift, z.B. durch die Ausgabe von Essensmarken für Armenspeisungen oder von Berechtigungsscheinen für verbilligte Lebensmittel, Kleidung, Telefonanschlüsse oder Unterkünfte (Sozialwohnungen) oder auch durch die von manchen Ländern praktizierte Vergabe von Benzingutscheinen an Touristen. Allen diesen Maßnahmen ist gemeinsam, daß die für die entsprechenden Leistungen zu zahlenden (verbilligten) Preise nur für ganz bestimmte Mengen der betreffenden Güter und nicht etwa unbegrenzt gelten. Auch öffentliche Güter, die völlig kostenlos zur Verfügung gestellt werden und auf deren Menge der einzelne Haushalt keinen Einfluß hat, sind in unserem Sinne rationiert, wobei es keine Rolle spielt, ob der Haushalt lieber mehr oder weniger als die vorgeschriebene Menge konsumieren würde. Denn natürlich kann Rationierung auch bedeuten, daß der Haushalt von dem betreffenden Gut im Zweifelsfall lieber weniger als die tatsächlich bereitgestellte Menge konsumieren würde, wie dies beispielsweise bei den in einem bestimmten Turnus vorgeschriebenen technischen Untersuchungen für Kraftfahrzeuge der Fall sein dürfte oder auch bei der regelmäßigen kostenpflichtigen Erneuerung von Pässen und Personalausweisen, um nur zwei Beispiele zu nennen. Das Rationierungsphänomen kann auch ohne staatlichen Eingriff und bei marktgehandelten Gütern auftreten, wenn z.B. beim Kauf hohe Transaktionskosten auftreten oder wenn vertragliche Bindungen einer unmittelbaren Reaktion des Konsumenten auf Änderung im Preisgefüge entgegenstehen. Typisches Beispiel hierfür ist der Wohnungsmarkt, wo hohe Umzugskosten und langfristige Mietverträge einen häufigen Wohnungswechsel und damit die Anpassung an veränderte Mieten verhindern. Dasselbe gilt auch für den Besitz von Immobilien und generell für die meisten hochwertigen Konsumgüter, bei denen Kauf und Verkauf mit erheblichem Aufwand und hohen Kosten verbunden sind.

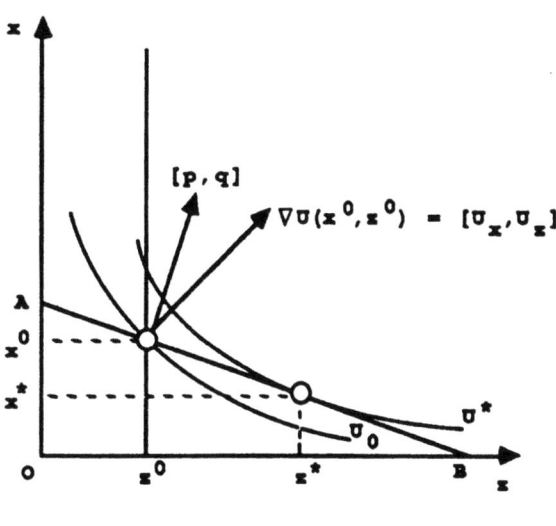

Abb. 13-1

Uns interessiert nun die Frage, wie man individuelle Wohlfahrtsänderungen messen kann, wenn der betrachtete Haushalt bei seiner Konsumwahl durch Mengenrestriktionen in bezug auf einige der von ihm nachgefragten Güter eingeschränkt ist, so daß von seinen Markthandlungen nicht wie bisher unmittelbar auf seine Präferenzordnung geschlossen werden kann. Dieses Problem soll zunächst anhand eines graphischen Beispiels verdeutlicht werden.

In Abbildung 13-2 sind x und z wieder die Mengen des frei verkäuflichen und des rationierten Gutes, während p und q die entsprechenden Preise symbolisieren. Das nichtrationierte Gut x sei Numéraire mit $p^0 = p^k = 1$, so daß die Einkommensgrößen unmittelbar an der x-Achse abgelesen werden können. Durch ein staatliches Wohlfahrtsprogramm erhöhe sich nun die Menge des rationierten Gutes von z^0 auf z^k, während gleichzeitig der Preis dieses Gutes von q^0 auf q^k gesenkt werde, so daß sich bei konstantem Pauscheinkommen I die Budgetgerade des Konsumenten von AB nach AC dreht. In der neuen Situation wählt der Konsument das Güterbündel [x^k, z^k] und realisiert damit das Nutzenniveau U_k, so daß die durch dieses Programm verursachte Nutzensteigerung gleich der Differenz ($U_k - U_0$) ist. Zur Messung dieser Differenz steht prinzipiell wieder das gesamte bereits vorgestellte Spektrum von Maßen zur Bestimmung des Abstandes zwischen zwei Indifferenzkurven zur Verfügung. Die empirische Berechnung dieser Maße basiert üblicherweise auf der Integration geeigneter Nachfragefunktionen zwischen Integrationsgrenzen, die durch Haushaltsgleichgewichte bestimmt sind. Da bei Existenz rationierter Märkte keine Haushaltsgleichgewichte realisiert werden, die einen unmittelbaren Schluß von dem Marktverhalten des Konsumenten auf seine Präferenzordnung zulassen, erscheint es sinnvoll, zur empirischen Berechnung von Wohlfahrtsänderungen unter Rationierungsbedingungen ein Wohlfahrtsmaß zu verwenden, das die Besonderheiten der rationierten Haushaltssituation explizit berücksichtigt.

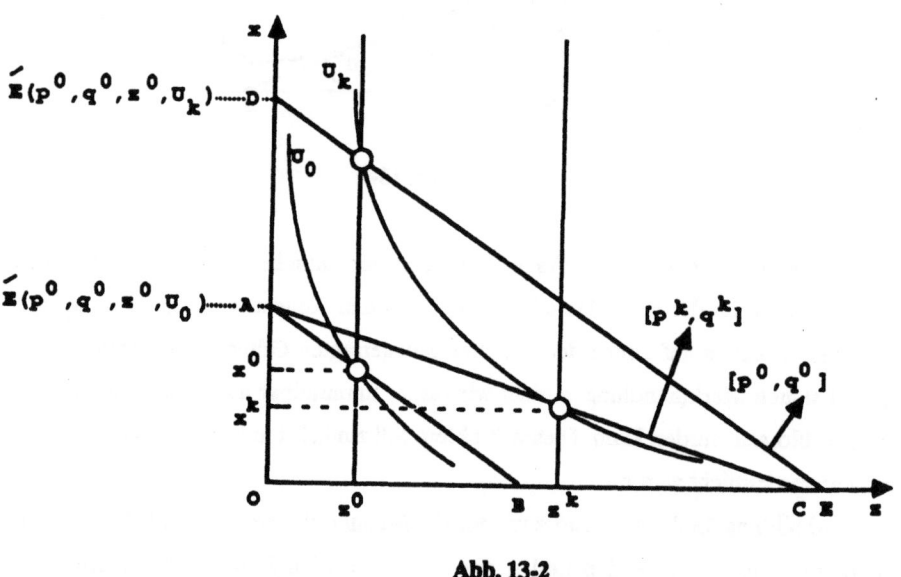

Abb. 13-2

Aufgrund der in den vorangegangenen Kapiteln gesammelten Erkenntnisse ist es naheliegend, das Prinzip der Hicksschen Äquivalenten Variation auf die Wohlfahrtsmessung bei rationierten Märkten zu übertragen, indem man die

Minimalausgaben miteinander vergleicht, die bei Konstanz der exogen gegebenen Parameter p, q, und z zur Realisierung der Nutzenniveaus U_0 und U_k jeweils erforderlich sind. Bezeichnet man dieses Maß zur Unterscheidung von der Äquivalenten Variation und wegen seiner Ähnlichkeit mit dem Hicksschen "equivalent surplus" ebenfalls als Äquivalenten Surplus (ES)[1], so ergibt sich die formale Definition unter Verwendung der im Anhang ausführlich erläuterten rationierten Ausgabenfunktion É als

(13-1) $ES_{0k} = É(p^0,q^0,z^0,U_k) - É(p^0,q^0,z^0,U_0)$,

$k \in \{1,2,\ldots,K\}$,

wobei $É(p^0,q^0,z^0,U_k)$ die Ausgaben angibt, die der Konsument bei Gültigkeit der Preise p^0 und q^0 und der Rationierungsmenge $z=z^0$ mindestens tätigen muß, um das Nutzenniveau U_k zu realisieren.

In Abbildung 13-2 wurde das frei verkäufliche Gut x als Numéraire gewählt, so daß die beiden Werte $É(p^0,q^0,z^0,U_k)$ und $É(p^0,q^0,z^0,U_0)$ unmittelbar als Schnittpunkte der Budgetgeraden DE bzw. AB mit der x-Achse abgelesen werden können, und das Wohlfahrtsmaß ES_{0k} ergibt sich hier als Differenz OD−OA=DA. Diese Differenz entspricht dem Einkommensbetrag, den man dem Konsumenten in der Ausgangssituation zusätzlich mindestens geben müßte, um ihm bei Beibehaltung der ursprünglichen Rationierungsmenge z^0 und der Preise $[p^0,q^0]$ die Realisierung des neuen Nutzenniveaus U_k zu ermöglichen. Selbstverständlich ist dieses Maß nicht auf den Zwei-Güter-Fall beschränkt, sondern kann für eine beliebige Anzahl rationierter und nichtrationierter Güter erweitert werden, so daß wir im folgenden für den allgemeinen Fall von $x \in R^{N+}$, $z \in R^{M+}$, $p \in R^{N++}$ und $q \in R^{M++}$ ausgehen. Als nächstes gilt es nun zu klären, ob der Äquivalente Surplus ein zuverlässiger Wohlfahrtsindikator ist, d.h., ob er die entsprechenden Kriterien erfüllt.

---

[1] Der Hickssche "equivalent surplus" mißt den Abstand zweier Indifferenzkurven in Einheiten eines (Numéraire-) Gutes bei Konstanz aller übrigen Gütermengen und kann somit als Spezialfall des hier verwendeten Maßes ES betrachtet werden (siehe Hicks (1943, S.36)). Analoge Maße, die allerdings nur auf die Messung der Wohlfahrtseffekte isolierter Änderungen der Rationierungsmengen angewandt werden, finden sich u.a. bei Cornwall (1984, S.591 ff.), Johansson (1987, S.63 ff.) und Lankford (1988).

Das erste dieser Kriterien, unsere **Indikatorbedingung**, verlangt, daß der ES zuverlässig anzeigt, ob ein bestimmtes Projekt eine Wohlfahtserhöhung impliziert oder nicht, d.h.,

(13-2) $\quad ES_{0k} > 0 \quad <==> \quad U_k > U_0$,

$\qquad\quad ES_{0k} = 0 \quad <==> \quad U_k = U_0 \quad , \quad k \in \{1,2,\ldots,K\}$.

Aus der Definition des Äquivalenten Surplus (13-1) folgt unmittelbar, daß diese Bedingung wegen der strengen Monotonie der Ausgabenfunktion im Nutzen erfüllt ist.

Zur Überprüfung der **Ordnungsbedingung**

(13-3) $\quad ES_{0k} \geq ES_{0j} \quad <==> \quad U_k \geq U_j \quad , \quad k,j \in \{1,2,\ldots,K\}$,

erhalten wir aus (13-1)

$$ES_{0k} - ES_{0j} = \acute{E}(p^0,q^0,z^0,U_k) - \acute{E}(p^0,q^0,z^0,U_j) \ .$$

Wegen der strengen Monotonie der Ausgabenfunktion im Nutzen ist diese Differenz genau dann größer oder gleich Null, wenn $U_k \geq U_j$ gilt, so daß auch die Ordnungsbedingung (13-3) erfüllt ist. Man kann also mit Hilfe des Äquivalenten Surplus eine beliebige Anzahl verschiedener Projekte, die alle von derselben Ausgangssituation ausgehen, in Übereinstimmung mit der Präferenzordnung des Konsumenten unter dem Wohlfahrtsaspekt ordnen.

Die **Zirkularitätsbedingung**

(13-4) $\quad ES_{ij} + ES_{jm} = ES_{im} \quad , \quad i,j,m \in \{0,1,2,\ldots,K\}$,

verlangt darüber hinaus, daß die Äquivalenten Surplusmaße für aneinander anschließende Projekte konsistent miteinander verknüpft werden können. Diese Bedingung ist offensichtlich nicht erfüllt, wie man leicht sehen kann. Setzt man nämlich (13-1) in (13-4) ein, so erhält man

$$
\begin{aligned}
(13\text{-}5) \quad ES_{ij} + ES_{jm} &= \hat{E}(p^i,q^i,z^i,U_j) - \hat{E}(p^i,q^i,z^i,U_i) \\
&\quad + \hat{E}(p^j,q^j,z^j,U_m) - \hat{E}(p^j,q^j,z^j,U_j) \\
&\neq \hat{E}(p^i,q^i,z^i,U_m) - \hat{E}(p^i,q^i,z^i,U_i) \\
&= ES_{im} \quad ,
\end{aligned}
$$

d.h., die Zirkularitätsbedingung wird im allgemeinen nicht erfüllt sein. Daher kann man mit dem Äquivalenten Surplus nur solche Projekte konsistent miteinander vergleichen, die jeweils dieselbe Ausgangssituation haben.

Im Hinblick auf die theoretische Konsistenz ist der Äquivalente Surplus somit mit der Äquivalenten Variation gleichzusetzen. Die Überprüfung des **Kriteriums der empirischen Operationalität** stößt bei diesem Maß erwartungsgemäß auf größere Schwierigkeiten, da Daten über rationierte Nachfragefunktionen oder auch über rationierte Ausgabenfunktionen normalerweise nicht unmittelbar vorliegen. Das Problem hierbei ist, daß aufgrund der Festlegung aller rationierten Haushalte auf dieselbe Gütermenge und durch die zeitliche Rigidität dieser Restriktionen weder Quer- noch Längsschnittsuntersuchungen eine ausreichende Anzahl empirischer Beobachtungen erlauben, um die entsprechenden rationierten Nachfragefunktionen direkt zu schätzen. Um Prognosen über die Wohlfahrts- und auch sonstigen Effekte staatlicher Programme, die Änderungen der Rationierungsmaßnahmen implizieren, aufzustellen, genügt es jedoch nicht, das Nachfrageverhalten des Konsumenten in nur einem einzigen Punkt zu kennen.

In empirischen Untersuchungen löst man dieses Problem meistens dadurch, daß man auf nichtrationierte Nachfragedaten nach denselben Gütern zurückgreift. Dies ist dann unproblematisch, wenn von den Rationierungsmaßnahmen nur ein Teil der Haushalte betroffen ist, wie z.B. bei den bereits erwähnten Wohlfahrtsprogrammen des Staates, etwa der preislichen Unterstützung von Sozialwohnungen, Lebensmitteln und ähnlichen Bedürfnissen, die alle Haushalte, die nicht die entsprechenden sozialen Voraussetzungen erfüllen, über den freien Markt decken müssen. In solchen Fällen bestimmt man über Querschnittsuntersuchungen die nichtrationierten Nachfragefunktionen nach den betreffenden Gütern und schließt über die im Anhang dargestellten theoretischen Zusammenhänge zwischen rationierten und nichtrationierten Nachfragefunktionen auf die entsprechenden rationierten Nachfragefunktionen. Gelten Rationierungsmaßnahmen für alle Konsumenten gleichzeitig, so muß zur Schätzung der nichtrationierten Nachfragefunktionen auf Daten aus der Zeit vor Einführung der Rationierung zurückgegriffen werden, falls solche Daten vorliegen. Für eine exakte Bestimmung des Äquivalenten Surplus ist in jedem Fall die Kenntnis des nichtrationierten Nachfrageverhaltens bezüglich der rationierten Güter erforderlich.

Wir werden im folgenden verschiedene Vorgehensweisen zur Berechnung des Äquivalenten Surplus, die von der jeweiligen Datenlage abhängen, kurz skizzieren und uns dabei die im Anhang ausführlich hergeleiteten theoretischen Grundlagen rationierten Konsumentenverhaltens zunutze machen.

Der ES ist gemäß (13-1) als Differenz zweier Werte der rationierten Ausgabenfunktion definiert. Eine Möglichkeit zu seiner empirischen Berechnung besteht nun darin, die rationierte Ausgabenfunktion indirekt über die nichtrationierte Ausgabenfunktion $E(p,q,U)$, in der die Güter z wie Marktgüter behandelt werden, gemäß der im Anhang hergeleiteten Identität

$$(13\text{-}6) \qquad \acute{E}(p,q,z,U) = E(p,\pi(p,z,U),U) + [q-\pi(p,z,U)] \cdot z$$

zu bestimmen, wobei die Funktionen

$$(13\text{-}7) \qquad \pi_m(p,z,U_k) = \pi_m^* = \frac{\partial U/\partial z_m}{\nu^*}, \qquad m=1,2,\ldots,M,$$

die in Geldeinheiten überführten Grenznutzen der rationierten Güter in der aktuellen Situation und damit ihre Schattenpreise angeben, die ja von den tatsächlich verlangten Preisen q_m abweichen. Anders ausgedrückt sind diese sogenannten "virtuellen Preise" π^* diejenigen Preise, bei denen der Konsument auch ohne Rationierung die aktuellen Gütermengen z nachfragen würde. Zur Bestimmung der rationierten Ausgabenfunktion gemäß (13-7) muß somit zum einen die nichtrationierte Ausgabenfunktion und zum andern der Vektor der virtuellen Preise bekannt sein.

Dieser Weg, der z.B. von Deaton (1981) eingeschlagen wird, macht zunächst die Spezifikation einer allgemeinen funktionalen Form für die nichtrationierte Ausgabenfunktion notwendig. Über Shephard's Lemma erhält man daraus die funktionale Form der kompensierten Nachfragefunktionen, die durch Einsetzen der durch Inversion aus der Ausgabenfunktion gewonnenen indirekten Nutzenfunktion gemäß

$$\xi(p,V(p,I)) \equiv x(p,I)$$

in die funktionale Form der Marshall-Nachfragefunktionen überführt werden. Die Parameter dieser Funktionen können nun für die nichtrationierten Haushalte empirisch geschätzt werden, so daß nach diesem Schritt sowohl die nichtrationierten Marshall-Nachfragefunktionen als auch - nach entsprechendem Einsetzen dieser Parameter, die ja auch das Aussehen der Ausgabenfunktion bestimmen - die konkrete Form der nichtrationierten Ausgabenfunktion bekannt ist. Zur Bestimmung der virtuellen Preise π^* macht man sich die Identität

(13-8) $\quad \nabla_q E(p,\pi(p,z,U),U) \equiv z$

zunutze, die unmittelbar aus Shephard's Lemma und der Definition der virtuellen Preise als diejenigen Preise, bei denen der Konsument auch ohne Rationierung die aktuellen Gütermengen z konsumieren würde, folgt. Da die Ausgabenfunktion für positive Gütermengen z streng monoton zunehmend in q ist, sind hier die Voraussetzungen für die Anwendung des Theorems der impliziten Funktionen erfüllt, und (13-8) kann nach $\pi(p,z,U)$ aufgelöst werden. Durch Einsetzen der virtuellen Preise π^* und der nichtrationierten Ausgabenfunktion $E(p,\pi(p,z,U),U)$ in (13-6) erhält man die rationierte Ausgabenfunktion $\acute{E}(p,q,z,U)$.[2]

Um auf der Basis der so gewonnenen rationierten Ausgabenfunktion den Äquivalenten Surplus gemäß (13-1) zu bestimmen, macht man sich zunutze, daß

(13-9) $\quad \acute{E}(p,q,z,\tilde{v}(p,q,z,I)) \equiv I$,

wobei $\tilde{v}(p,q,z,I)$ die rationierte indirekte Nutzenfunktion an der Stelle [p,q,z,I] ist. Wegen der strengen Monotonie der Ausgabenfunktion im Nutzen kann man (13-9) nach $\tilde{v}(p,q,z,I)$ auflösen, um so die rationierte indirekte Nutzenfunktion in expliziter Form zu erhalten. Setzt man nun die rationierte Ausgabenfunktion unter Verwendung der indirekten Nutzenfunktion in die Definition (13-1) des Äquivalenten Surplus ein, so erhält man

---

[2] Ein konkretes Beispiel für diesen Weg zur Ermittlung der rationierten Ausgabenfunktion findet sich bei Deaton (1981a, S.60 ff.).

(13-10) $\quad ES_{0k} = \acute{E}(p^0,q^0,z^0,\tilde{v}(p^k,q^k,z^k,I_k)) - I_0$,

wobei alle zur Berechnung des Äquivalenten Surplus in dieser Form benötigten Daten normalerweise verfügbar sind.

Der hier dargestellte Weg zur Berechnung des Äquivalenten Surplus hat den Nachteil, daß die A-priori-Spezifikation einer funktionalen Form für die nicht-rationierte Ausgabenfunktion je nach Flexibilität dieser Form eine mehr oder weniger deutliche Festlegung der Präferenzordnung des Konsumenten von vornherein impliziert. Dieser Nachteil läßt sich natürlich auch dann nicht völlig vermeiden, wenn man unmittelbar vom Marktverhalten des Konsumenten ausgeht und direkt seine (nicht-rationierten) Nachfragefunktionen schätzt, aber die Flexibilität bezüglich der Präferenzordnung ist bei diesem Ansatz größer als bei dem soeben geschilderten Vorgehen. Aus diesem Grunde soll im folgenden kurz skizziert werden, wie der Äquivalente Surplus unmittelbar auf der Basis der nichtrationierten Nachfragefunktionen ermittelt werden kann.

Zu diesem Zweck muß der Äquivalente Surplus zunächst in eine Form gebracht werden, die den Zusammenhang zu den Nachfragefunktionen des Konsumenten herstellt. Ausgehend von der Definition (13-1) und von den im Anhang dargestellten theoretischen Eigenschaften der rationierten Ausgabenfunktion, insbesondere ihren Ableitungseigenschaften, ergibt sich bei Beachtung des schon mehrfach verwendeten Zweiten Hauptsatzes der Differential- und Integralrechnung

$$
\begin{aligned}
(13\text{-}11) \quad ES_{0k} &= \acute{E}(p^0,q^0,z^0,U_k) - \acute{E}(p^0,q^0,z^0,U_0) \\
&= \acute{E}(p^0,q^0,z^0,U_k) - \acute{E}(p^k,q^k,z^k,U_k) + \Delta I \\
&= \int_{[p^k,q^k,z^k]}^{[p^0,q^0,z^0]} [\nabla_p \acute{E}(p,q,z,U_k), \nabla_q \acute{E}(p,q,z,U_k), \nabla_z \acute{E}(p,q,z,U_k)] \begin{bmatrix} dp \\ dq \\ dz \end{bmatrix} + \Delta I
\end{aligned}
$$

$$[p^0,q^0,z^0]$$
$$= \int\limits_{[p^k,q^k,z^k]} [\zeta(p,z,U_k),\ z,\ [q-\pi(p,z,U_k)]] \begin{bmatrix} dp \\ dq \\ dz \end{bmatrix} + \Delta I\ ,$$

wobei $\zeta(p,z,U_k)$ der Vektor der kompensierten rationierten (Hicks-) Nachfragefunktionen $\zeta_n(p,z,U_k)$, $n=1,2,...,N$, nach den nichtrationierten Gütern *unter Berücksichtigung der rationierten Gütermengen z* ist, während $\pi(p,z,U_k) = \pi^*$ wieder den Vektor der virtuellen Preise der rationierten Güter bezeichnet.

Nachdem in (13-11) über den Gradienten der Funktion É bezüglich [p,q,z] integriert wird, ist dieses Integral pfadunabhängig, und es kann ein beliebiger Integrationsweg wie z.B.

$$(13-12)\quad ES_{0k} = \int_{z^k}^{z^0} [q^k - \pi(p^k,z,U_k)]dz + \int_{q^k}^{q^0} z^0 dq + \int_{p^k}^{p^0} \zeta(p,z^0,U_k)dp + \Delta I$$

$$= \int_{z^k}^{z^0} [q^k - \pi(p^k,z,U_k)]dz + \int_{p^k}^{p^0} \zeta(p,z^0,U_k)dp + z^0[q^0-q^k] + \Delta I$$

gewählt werden. Die numerische Bestimmung dieser Integrale auf der Basis der entsprechenden nichtrationierten Marshall-Nachfragefunktionen erfolgt wieder mit Hilfe des bereits bei der Berechnung der Äquivalenten Variation dargestellten Algorithmus von McKenzie/Ulph (1982), wobei allerdings vor allem die im Zusammenhang mit dem Integral über $[q^k-\pi(p^k,z,U_k)]$ anzustellenden Berechnungen hier deutlich aufwendiger sind. Ein explizites Beispiel für die Anwendung dieses Verfahrens findet sich bei Lankford (1988). Schwab (1985) verwendet eine dem McKenzie/Ulph-Verfahren ähnliche Methode zur Berechnung des Äquivalenten Surplus eines staatlichen Sozialwohnungsbauprogramms, die von de Borger (1989) verallgemeinert wurde.

Fehlen für eine Anwendung der beiden bisher erläuterten Methoden zur exakten Berechnung des Äquivalenten Surplus entweder die technischen oder die datenmäßigen Voraussetzungen, etwa weil kein mit den rationierten Nachfragefunktionen korrespondierendes nichtrationiertes Nachfragesystem existiert bzw. geschätzt werden kann, so bleibt nur die Möglichkeit einer approximativen Berechnung des ES. Beschränkt man sich hierbei auf eine Taylor-Reihe erster Ordnung, so läßt sich ausgehend von Definition (13-1) unter Berücksichtigung der Ableitungseigenschaften der rationierten Ausgabenfunktion folgende Approximation entwickeln:

$$
\begin{aligned}
(13\text{-}13) \quad ES_{0k} &= \acute{E}(p^0,q^0,z^0,U_k) - \acute{E}(p^0,q^0,z^0,U_0) \\
&= \acute{E}(p^0,q^0,z^0,U_k) - \acute{E}(p^k,q^k,z^k,U_k) + \Delta I \\
&\approx \nabla_p \acute{E}(p^k,q^k,z^k,U_k)[p^0-p^k] \\
&\quad + \nabla_q \acute{E}(p^k,q^k,z^k,U_k)[q^0-q^k] \\
&\quad + \nabla_z \acute{E}(p^k,q^k,z^k,U_k)[z^0-z^k] + \Delta I \\
&= \zeta(p^k,z^k,U_k)[p^0-p^k] + z^k[q^0-q^k] \\
&\quad + [q^k - \pi(p^k,z^k,U_k)][z^0-z^k] + \Delta I \quad .
\end{aligned}
$$

Nach Vereinfachung der Schreibweise erhält man

$$
(13\text{-}14) \quad ES_{0k} \approx x^k[p^0-p^k] + z^k[q^0-q^k] + [q^k-\pi^{*k}] \cdot [z^0-z^k] + \Delta I.
$$

Unter empirischen Gesichtspunkten ist hier nur die Bestimmung der virtuellen Preise π^* problematisch. Zu ihrer exakten Berechnung über Identität (13-8) ist die Ermittlung der nichtrationierten Ausgabenfunktion bzw. die Kenntnis des entsprechenden nichtrationierten Nachfragesystems notwendig. Kann ein solches Nachfragesystem nicht geschätzt werden, weil die hier betrachteten Güter z für alle Konsumenten gleichermaßen rationiert sind und weil auch in der Vergangenheit kein Markt für diese Güter bestand, so muß nach einer Hilfslösung zur Bestimmung von π^{*k} gesucht werden.

Für den Fall, daß ein Zusammenhang zwischen der Nachfrage nach nichtrationierten Gütern und der angebotenen Menge einzelner rationierter Güter nachgewiesen werden kann, schlägt Deaton (1980) folgendes Hilfsverfahren vor: Man bestimmt den

Einfluß einer Ausweitung der rationierten Gütermenge z_m auf die Nachfrage nach einem Marktgut x_n, etwa den Einfluß einer Vergrößerung des Angebots an Fernsehprogrammen auf die Nachfrage nach Fernsehgeräten, und interpretiert den entsprechenden Reaktionskoeffizienten als "Substitutionseffekt" $\partial\zeta_n/\partial z_m$. Wegen Shephard's Lemma ist dieser Effekt gleich der entsprechenden zweiten Ableitung der rationierten Ausgabenfunktion, so daß bei zweimal stetiger Differenzierbarkeit der rationierten Ausgabenfunktion und der daraus folgenden Symmetrie ihrer Hesse-Matrix

$$(13\text{-}15) \qquad \frac{\partial \zeta_n}{\partial z_m} = \frac{\partial^2 \acute{E}}{\partial p_n \partial z_m} = \frac{\partial^2 \acute{E}}{\partial z_m \partial p_n} = -\frac{\partial \pi_m}{\partial p_n}$$

gilt. Führt man diese Prozedur für sämtliche Marktgüter durch, deren Konsum durch eine Änderung von z_m beeinflußt wird, so erhält man auf diese Weise den Gradienten der Funktion $\pi_m(p,z,U)$ bezüglich p und durch Integration dieses Gradienten schließlich den virtuellen Preis $\pi_m{}^*$. Natürlich ist dieses Verfahren alles andere als exakt, unter anderem schon alleine deshalb, weil es bei Separabilität der Präferenzordnung zwischen z_m und einigen der Marktgüter nicht funktionieren kann. Denn schließlich kann ein rationiertes Gut auch dann Nutzen erzeugen, wenn sein Konsum nicht die (kompensierte) Nachfrage nach anderen Gütern beeinflußt. Daher wird diese Methode den Schattenpreis eines rationierten Gutes kaum vollständig erfassen können.

Die Qualität der Approximation des Äquivalenten Surplus steht und fällt mit der Zuverlässigkeit, mit der die virtuellen Preise π^* für die neue Situation k ermittelt werden können. Ist es nicht möglich, zu diesem Zweck für die rationierten Güter die mit ihnen korrespondierenden nichtrationierten Nachfragefunktionen zu schätzen, so muß auf das Integrationsverfahren von Deaton zurückgegriffen werden, das jedoch nur sehr ungenaue Ergebnisse liefert.

Abschließend sollte noch darauf hingewiesen werden, daß es natürlich auch möglich ist, in Analogie zu der Hicksschen Kompensierenden Variation einen Kompensierenden Surplus als

$$(13\text{-}16) \qquad CS_{0k} = \acute{E}(p^k,q^k,z^k,U_k) - \acute{E}(p^k,q^k,z^k,U_0)$$

zu definieren, der allerdings ebenso wie schon die Kompensierende Variation den Nachteil hat, daß er die Ordnungsbedingung nicht erfüllt und somit nur für binäre Wohlfahrtsvergleiche geeignet ist.

In diesem Kapitel konnte gezeigt werden, daß die Messung von Wohlfahrtseffekten staatlicher Programme auch bei Existenz rationierter Märkte prinzipiell möglich ist. Als ein für diesen Zweck geeignetes Wohlfahrtsmaß wurde der Äquivalente Surplus vorgestellt, dessen Konstruktion und Eigenschaften sich an der Hicksschen Äquivalenten Variation orientieren. Die Überprüfung der Kriterien für zuverlässige Wohlfahrtsmaße ergab, daß der Äquivalente Surplus sowohl die Indikator- als auch die Ordnungsbedingung erfüllt, während er an der Zirkularitätsbedingung scheitert. Daher ist dieses Maß ohne Einschränkung nur zum simultanen Vergleich einer beliebigen Anzahl von Projekten, die alle dieselbe Ausgangssituation haben, geeignet. Die Überprüfung des Kriteriums der empirischen Operationalität ergab, daß Verfahren zur exakten Berechnung des Äquivalenten Surplus zur Verfügung stehen, die allerdings auf der Kenntnis der nichtrationierten Nachfragefunktionen nach den rationierten Gütern beruhen. Läßt sich ein solches Nachfragesystem nicht ermitteln, so kann der Äquivalente Surplus nur approximativ berechnet werden. Für das dabei auftretende Problem der Bestimmung der virtuellen Preise für die rationierten Güter konnte keine befriedigende Lösung gefunden werden, so daß die Approximation des Äquivalenten Surplus bei weitem schlechtere Ergebnisse hervorbringt als etwa die Approximation der Äquivalenten Variation.

Grundsätzlich umschließt der in diesem Kapitel behandelte Problemkreis auch die Messung von Wohlfahrtsänderungen bei Existenz öffentlicher Güter, da der Konsument ja auf die von ihm konsumierten Mengen solcher Güter definitionsgemäß keinen Einfluß hat, so daß auch hier kein unmittelbarer Zusammenhang zwischen dem von ihm gezahlten Preis, der oft gleich Null ist, und dem von diesen Gütern für ihn erzeugten Grenznutzen besteht. Daher tritt bei Messung der Wohlfahrtseffekte öffentlicher Güter grundsätzlich dasselbe Problem wie bei Mengenrationierungen auf, daß von dem Marktverhalten des Konsumenten nicht auf seine Präferenzordnung geschlossen werden kann. Bei öffentlichen Gütern wird dieses Problem jedoch dadurch verschärft, daß diese Güter unter anderem wegen des Auftretens externer Effekte für eine Verteilung über den Markt grundsätzlich ungeeignet sind, so daß hier nicht auf "Parallelmärkte" oder Vergangenheitsmärkte zur Ermittlung nichtrationierter Nachfragefunktionen nach diesen Gütern zurückgegriffen werden kann, da solche Märkte gar nicht existieren. Daher können die in diesem Kapitel vorgestellten Verfahren zur indirekten Ermittlung der Präferenzen für rationierte Güter über die Bestimmung der entsprechenden nichtrationierten Nachfragefunktionen für die Messung der Wohlfahrtseffekte öffentlicher Güter nicht ohne weiteres angewendet werden. Statt dessen muß nach anderen Wegen zur empirischen Feststellung der "virtuellen" Preise dieser Güter gesucht werden, deren Kenntnis ja, wie gezeigt wurde, zur Berechnung der entsprechenden Wohlfahrtsänderungen unerläßlich ist. Die Literatur zu diesem Problemkreis ist fast unüberschaubar, und der Gedanke, dieses Thema im Rahmen eines einzelnen Kapitels dieses Buches abzuhandeln, verbietet sich angesichts der Fülle entsprechender Vorschläge und Verfahren von selbst. Statt dessen sei hier auf die sehr ausführliche Arbeit von Pommerehne (1987) verwiesen, die einen umfassenden Überblick über die in Wissenschaft und Praxis diskutierten Methoden zur empirischen Erfassung der Präferenzen für öffentliche Güter gibt.

Literatur:

A. Deaton / J. Muellbauer (1980, S.109-115)

A. Deaton (1981a)

R. M. Schwab (1985)

P. - O. Johansson (1987, S. 56-71)

W. W. Pommerehne (1987)

R. H. Lankford (1988)

B. de Borger (1989)

ANHANG

Haushaltstheoretische Grundlagen

1. Die Präferenzordnung

Ausgangspunkt der ordinalen Nutzentheorie ist die Präferenzordnung des Konsumenten, aus der sich die Motivation seines ökonomischen Handelns erklären läßt. Die konkreten Markthandlungen des Konsumenten (d.h. die Auswahl der für ihn optimalen Güterbündel) ergeben sich aus der Konfrontation seiner durch die Präferenzordnung beschriebenen Wünsche mit seinen tatsächlichen ökonomischen Möglichkeiten, die durch seine Budgetrestriktion ausgedrückt werden.

Im folgenden werden zunächst die formalen Eigenschaften der Präferenzordnung behandelt. Danach werden die vier wichtigsten Möglichkeiten vorgestellt, eine Präferenzordnung jeweils vollständig mit Hilfe einer mathematischen Funktion darzustellen. Bei diesen Funktionen handelt es sich um die direkte und die indirekte Nutzenfunktion, die Ausgabenfunktion und die Distanzfunktion. Solche funktionalen Darstellungsweisen sind von wesentlicher Bedeutung, da es außerordentlich umständlich wäre, komplexere theoretische Modelle auf der Basis einer Ordnungsrelation statt einer Funktion zur Beschreibung der Präferenzen eines Konsumenten zu konstruieren.

Bei den weiteren Betrachtungen sei von einem Konsumentenmodell ausgegangen, bei dem der Konsument beliebige nichtnegative Mengen aller N verschiedenen Güter konsumieren kann, d.h., die Menge der für ihn **physisch** erreichbaren Güter ist gleich dem nichtnegativen Orthanten R^{N+} des N-dimensionalen euklidischen Raumes. Zur Bildung einer Präferenzordnung wird auf der Menge aller Güterbündel $x=[x_1,x_2,...,x_N]\in R^{N+}$ die Binärrelation "$\succsim$" ("wird mindestens so geschätzt wie") mit den folgenden Eigenschaften definiert:

(A-1) Die Binärrelation "$\succsim$" ordne die Menge aller $x\in R^{N+}$ vollständig und sei reflexiv, transitiv, stetig, monoton, streng konvex und glatt.

Diese Eigenschaften der Präferenzordnung sind im einzelnen folgendermaßen definiert:[1]

(A-1a) **Vollständigkeit:**
$$\forall\ x^k, x^j \in R^{N+} \quad : x^k \succsim x^j \ \vee\ x^j \succsim x^k$$

(A-1b) **Reflexivität:**
$$\forall\ x^k \in R^{N+} \quad : x^k \succsim x^k$$

(A-1c) **Transitivität:**
$$\forall\ x^i, x^j, x^k \in R^{N+} : x^k \succsim x^i \succsim x^j \implies x^k \succsim x^j$$

Vollständigkeit der Präferenzordnung impliziert, daß der Konsument für jedes beliebige Paar nichtnegativer Güterbündel bestimmen kann, wie er die beiden in Relation zueinander schätzt. Bei der Reflexivität handelt es sich um eine rein technische Eigenschaft, während die Forderung nach Transitivität, die häufig auch als "Rationalitätspostulat" bezeichnet wird, sicherstellt, daß in der Präferenzordnung des Konsumenten keine Widersprüche auftreten. Eine Relation, die vollständig, reflexiv und transitiv ist, heißt **vollständige Quasiordnung** ("$\succsim$" wäre eine vollständige "Ordnung", falls zusätzlich noch $x^0 \succsim x^1 \wedge x^1 \succsim x^0 \implies x^1 = x^0$ gälte).

Diese drei Eigenschaften der Präferenz"ordnung" erlauben die Konstruktion folgender Mengen:[2]

Bessermengen: $\quad B(x^0) = \{x \mid x \in R^{N+},\ x \succsim x^0\}$

Indifferenzmengen: $\quad I(x^0) = \{x \mid x \in R^{N+},\ x \sim x^0\}$

Schlechtermengen: $\quad Z(x^0) = \{x \mid x \in R^{N+},\ x^0 \succsim x\}$

---

[1] Die Superskripte $k \in \{0,1,2,...,K\}$ bezeichnen verschiedene Konsumgüterbündel, während mit den Subskripten $n \in \{1,2,...,N\}$ die einzelnen Gütermengen unterschieden werden, d.h., mit x^k ist ein Vektor und mit x_n^k ein Skalar gemeint.

[2] Zur Vereinfachung wird hier folgende Schreibweise verwendet:
$$x^1 \sim x^0 \iff x^1 \succsim x^0 \wedge x^0 \succsim x^1$$
$$x^1 \succ x^0 \iff x^1 \succsim x^0 \wedge x^0 \not\succsim x^1$$

Eine weitere wichtige Eigenschaft der Präferenzordnung ist ihre Stetigkeit.

(A-1d) Stetigkeit:

Für jedes Güterbündel $x^0 \in R^{N+}$ sind die entsprechenden Bessermengen $B(x^0)$ und Schlechtermengen $Z(x^0)$ abgeschlossen.

Eine Menge heißt **abgeschlossen**, wenn sie alle ihre Randpunkte enthält. Stetigkeit verhindert "Sprünge" innerhalb der Präferenzordnung. Durch diese Annahme werden z.B. lexikographische Präferenzordnungen ausgeschlossen, wie in Abbildung A-1 für den Zwei-Güter-Fall gezeigt wird: Hier ist offensichtlich die Bessermenge $B(x^0)$ nicht abgeschlossen, da das Randsegment zwischen den Punkten x^0 und $[x_1^0, 0]$ nicht in $B(x^0)$ liegt.

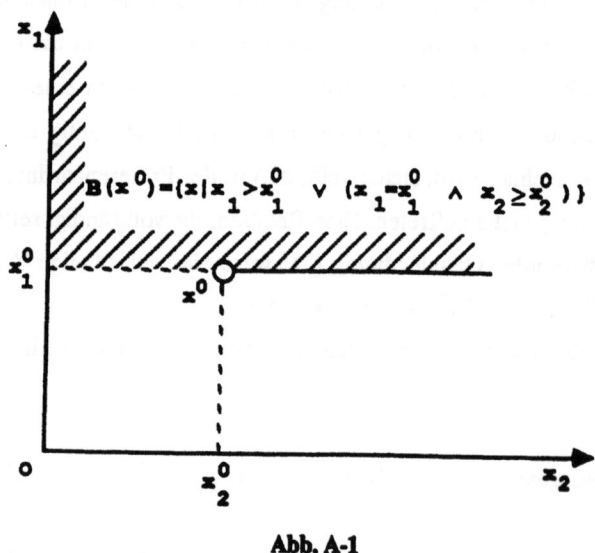

Abb. A-1

Während die Stetigkeitsannahme rein technischer Natur ist, wird mit der Monotonie der Präferenzordnung eine eher psychologische Eigenschaft unterstellt, nämlich die

Unersättlichkeit des Konsumenten:[3]

(A-1e) **Monotonie:**
$$x^0, x^1 \in R^{N+}: \quad x^1 > x^0 \Rightarrow x^1 \succsim x^0$$

Ein Güterbündel wird also um so mehr geschätzt, je größer die Gütermengen sind, die es enthält. Eine ebenfalls mehr psychologische Eigenschaft der Präferenzordnung ist die der strengen Konvexität:

(A-1f) **Strenge Konvexität:**
$$x^0 \succsim x^1 \Rightarrow (1-\alpha)x^0 + \alpha x^1 > x^1 \quad , \quad 0 < \alpha < 1$$

Strenge Konvexität der Präferenzordnung impliziert, daß die *Indifferenzkurven streng konvex* sind, d.h., sie enthalten keine linearen Segmente. In Abbildung A-2 ist eine Indifferenzkurve dargestellt, die aus einer konvexen, aber nicht streng konvexen Präferenzordnung ableitbar ist.
Als Linearkombination der Punkte x^0 und x^1 müßte der Punkt x^2 in Abbildung A-2 bei Vorliegen einer streng konvexen Präferenzordnung gemäß (A-1f) den Güterbündeln x^0 und x^1 streng vorgezogen werden und könnte daher bei einer solchen Präferenzordnung nicht auf derselben Indifferenzkurve liegen wie x^0 und x^1. Der in Abbildung A-2 dargestellte Fall ist also durch Annahme (A-1f) ausgeschlossen. Der Konsument zieht somit immer eine ausgewogene Kombination zweier Güterbündel den "extremeren", unausgewogeneren Güterbündeln vor. Aus (A-1f) folgt, daß die entsprechenden *Bessermengen konvex* sind, d.h.,[4]

$$x^1, x^2 \in B(x^0) \Rightarrow (1-\alpha)x^1 + \alpha x^2 \in B(x^0) \quad , \quad 0 \leq \alpha \leq 1 \; .$$

---

[3] Bezüglich des Größenverhältnisses zwischen zwei Vektoren x^1 und x^0 gelte folgende Schreibweise:
$$x^1 = x^0 \iff x_n^1 = x_n^0 \,, \forall n$$
$$x^1 \geq x^0 \iff x_n^1 \geq x_n^0 \,, \forall n$$
$$x^1 > x^0 \iff x^1 \geq x^0 \wedge x^1 \neq x^0$$
$$x^1 \gg x^0 \iff x_n^1 > x_n^0 \,, \forall n$$

[4] Für Präferenzordnungen, bei denen die Indifferenzkurven die Güterachsen nicht schneiden, sind auch die Bessermengen streng konvex.

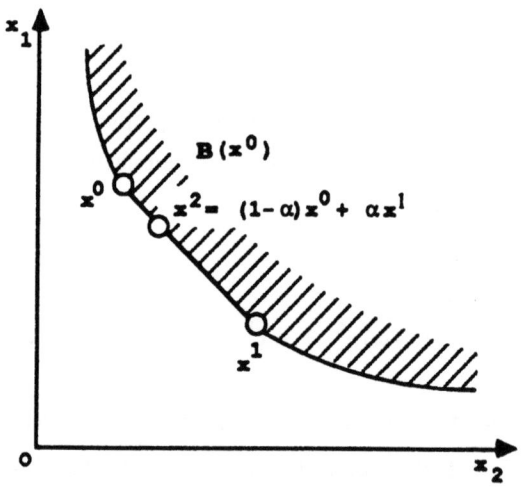

Abb. A-2

Aus der Monotonie und der strengen Konvexität folgt, daß die Präferenzordnung sogar streng monoton ist, wie man leicht zeigen kann.[5] Eigenschaft (A-1e) kann also ersetzt werden durch

(A-1e') Die Präferenzordnung des Konsumenten ist streng monoton, d.h.:
$$x^0, x^1 \in \mathbb{R}^{N+}: \quad x^1 > x^0 \Rightarrow x^1 \succ x^0$$

---

[5] Die *Behauptung* lautet: (A-1e) ∧ (A-1f) ⇒ (A-1e')
(*Anmerkung*: (A-1e) ⇔ $[x^0 \succ x^1 \Rightarrow x^1 \not\succsim x^0]$)
Definition: $x^3 = (1-\alpha)x^1 + \alpha x^0$, $0<\alpha<1$
Beweis: (Beweis durch Widerspruch)
Annahme: $x^1 > x^0$
$\Rightarrow x^1 \succsim x^0$ (wegen (A-1e))
Es sei $x^1 \sim x^0 \Rightarrow (x^1 \succsim x^0) \wedge (x^0 \succsim x^1)$
$\Rightarrow (x^3 \succ x^0) \wedge (x^3 \succ x^1)$ (wegen (A-1f))
$\Rightarrow x^1 \not\succsim x^3$ (wegen (A-1e) gem. Anmerkung)
⇒ *Widerspruch!* Da wegen der Annahme
$x^3 = (1-\alpha)x^1 + \alpha x^0 < (1-\alpha)x^1 + \alpha x^1 = x^1$ ist.
Es muß daher gelten: $x^1 > x^0 \Rightarrow x^1 \succ x^0$ q.e.d.

Daraus folgt insbesondere, daß ein Güterbündel um so höher geschätzt wird, je weiter es vom Ursprung entfernt ist, d.h., $\alpha x^0 > x^0$, $\forall \alpha > 1$. Ferner impliziert strenge Monotonie, daß die Indifferenzmengen den unteren Rand der jeweiligen Bessermengen bilden und die Dimension (N-1) haben. Das Auftreten sogenannter "dicker" Indifferenzkurven ist damit ebenso ausgeschlossen wie das Vorkommen lokaler Sättigungspunkte, bei denen eine Indifferenzkurve plötzlich eine positive Steigung annimmt. Vielmehr folgt aus (A-1e'), daß die Indifferenzkurven stets negative Steigung haben müssen, so daß auch sogenannte Leontief-Indifferenzkurven, die parallel zu den Achsen verlaufen, nicht auftreten können. Vielmehr werden alle Güterbündel, die von mindestens einem Gut mehr und von keinem Gut weniger enthalten als ein Güterbündel x^0, diesem streng vorgezogen, so wie x^0 allen Güterbündeln streng vorgezogen wird, die von mindestens einem Gut weniger und von keinem Gut mehr enthalten als x^0. Dies ist in Abbildung A-3 für den Zwei-Güter-Fall graphisch dargestellt: Alle Güterbündel, die rechts und/oder oberhalb von x^0 liegen, werden dem Güterbündel x^0 streng vorgezogen, während x^0 allen Güterbündeln streng vorgezogen wird, die links und/oder unterhalb von x^0 liegen.

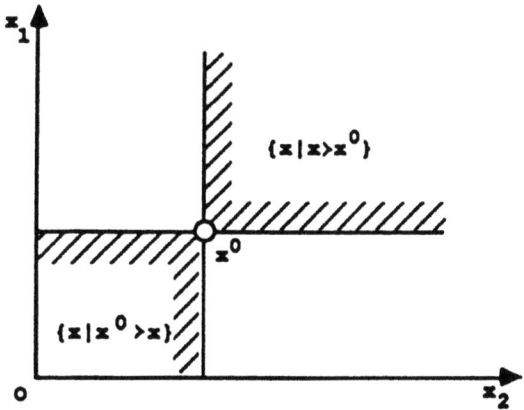

Abb. A-3

Die letzte Eigenschaft der Präferenzordnung soll in Anlehnung an Debreu[6] nur indirekt definiert werden:

(A-1g) **Glattheit:**
Glattheit einer Präferenzordnung ist äquivalent zu der Annahme einer zweimal stetig differenzierbaren Nutzenfunktion und hinreichend für das Vorliegen glatter Indifferenzkurven.

Eine Indifferenzkurve heißt "glatt", wenn sie in jedem Punkt von nur einer einzigen Hyperebene tangiert wird. Glattheit der Präferenzordnung impliziert somit, daß die Indifferenzkurven keine "Knicke" haben.

Es konnte also gezeigt werden, daß aus einer Präferenzordnung mit den Eigenschaften (A-1) die Existenz eines Systems von stetigen (wegen (A-1a,b,c,d)), glatten (wegen (A-1g)), streng konvexen (wegen (A-1f)), negativ geneigten (wegen (A-1e')) Indifferenzkurven, die zudem den unteren Rand der jeweiligen Bessermengen bilden (wegen (A-1e')), folgt.

Weiterhin implizieren die Eigenschaften (A-1) der Präferenzordnung die Existenz eines Systems von Bessermengen, für die gilt:

(A-2) Die aus einer Präferenzordnung mit den Eigenschaften (A-1) ableitbaren **Bessermengen** sind
- Teilmengen des R^{N+},
- konvex,
- abgeschlossen,
- nach unten beschränkt (durch die jeweilige glatte Indifferenzkurve),
- nach oben unbeschränkt.

Jedes Güterbündel $x \in R^{N+}$ ist Element mindestens einer Bessermenge dieses Systems, und für zwei beliebige Bessermengen $B(x^0)$ und $B(x^1)$ gilt entweder $B(x^1) c B(x^0)$ oder $B(x^0) c B(x^1)$ oder beides.[7] Ferner gilt:

---

[6] Siehe Debreu (1972, S.610).

[7] Dies bedeutet, daß zwei verschiedene Bessermengen weder einen leeren Durchschnitt haben noch sich nur partiell überschneiden können.

a) $x^1 \succeq x^0$ <==> $B(x^1) \subset B(x^0)$
b) $x^1 \geq x^0$ ==> $B(x^1) \subset B(x^0)$
c) $x^1 > x^0$ ==> $B(x^1) \subset B(x^0) \wedge B(x^1) \neq B(x^0)$

2. Die direkte Nutzenfunktion

Man kann nun zeigen, daß eine Präferenzordnung mit den Eigenschaften (A-1) in äquivalenter Weise durch ein Bessermengensystem mit den Eigenschaften (A-2) dargestellt werden kann. Diese Äquivalenz beruht darauf, daß ein Bessermengensystem gem. (A-2) als oberes Niveaumengensystem einer Funktion $U: R^N \rightarrow R$ aufgefaßt werden kann, die folgende Eigenschaften besitzt:

(A-3)   Die Funktion U ist in $x \in R^{N++}$

     a) streng monoton zunehmend,

     b) streng quasikonkav,

     c) zweimal stetig differenzierbar,

     und es gilt

     d) $x^1 \succeq x^0$ <==> $U(x^1) \geq U(x^0)$.

Die obere Niveaumenge der Funktion U für das Niveau U_1 ist definiert als

(A-4) $\overline{U}(U_1) = \{x \mid x \in R^{N+}, U(x) \geq U_1\}$.

Ein Vergleich von (A-4) mit der Definition der Bessermengen zeigt, daß wegen (A-3d) gelten muß:

(A-5) $\overline{U}(U_1) = B(x^1)$ für $U_1 = U(x^1)$

Aus (A-5) folgt, daß die Nutzenfunktion U aus der Präferenzordnung über das entsprechende Bessermengensystem hergeleitet werden kann. Da allerdings alle Funktionen, die aus einer Funktion U durch eine stetige, streng monoton zunehmende Transformation gewonnen werden können, dasselbe obere Niveaumengensystem haben wie U, ist die direkte Nutzenfunktion U nur bis auf eine stetige, streng monoton zunehmende Transformation bestimmt (dies gilt natürlich nur für die ordinale Nutzentheorie, die ja auf dem Konzept der Präferenzordnung basiert).

(A-6) Eine stetige Funktion F: $R \rightarrow R$, die auf dem Wertebereich der Nutzenfunktion U definiert ist und für die

$$U_1 > U_0 \Longleftrightarrow F(U_1) > F(U_0)$$

gilt, heißt **stetige, streng monoton zunehmende Transformation** der Nutzenfunktion U.

Mit Hilfe der Transformation F gem. (A-6) läßt sich aus einer Nutzenfunktion $U(x)$ eine andere Nutzenfunktion $\tilde{U}(x)$ gemäß

$$\tilde{U}(x) = F(U(x)) \quad , \quad \forall x \in R^{N+} \quad ,$$

erzeugen, die dasselbe obere Niveaumengensystem besitzt wie U.

Eine Präferenzordnung mit den Eigenschaften (A-1) ist somit äquivalent zu einer Klasse von direkten Nutzenfunktionen mit den Eigenschaften (A-3), deren einzelne Funktionen miteinander durch stetige, streng monoton zunehmende Transformationen gemäß (A-6) verbunden sind.

Jede der Eigenschaften (A-3) der direkten Nutzenfunktion läßt sich aus den Eigenschaften (A-1) der Präferenzordnung des Konsumenten herleiten, so daß durch (A-3) keine neuen Annahmen bezüglich des Konsumentenverhaltens postuliert werden. Im einzelnen sind die Eigenschaften der direkten Nutzenfunktion gemäß (A-3) folgendermaßen definiert:

(A-3a) **Strenge Monotonie:**
$$x^1 > x^0 \Rightarrow U(x^1) > U(x^0)$$

Diese Annahme entspricht der strengen Monotonie der Präferenzordnung und stellt sicher, daß der Gradient der Nutzenfunktion, d.h. der Vektor ihrer ersten partiellen

Ableitungen, an jeder Stelle positiv ist und daß ihre Niveaukurven ein um so höheres Nutzenniveau bezeichnen, je weiter sie vom Ursprung entfernt liegen.

(A-3b) **Strenge Quasikonkavität:**

$$U(x^1) \geq U(x^0) \Rightarrow U((1-\alpha)x^0 + \alpha x^1) > U(x^0)$$

bzw.

$$U((1-\alpha)x^0 + \alpha x^1) > \min\{U(x^0), U(x^1)\}, \quad 0<\alpha<1$$

Die strenge Quasikonkavität der direkten Nutzenfunktion entspricht der strengen Konvexität der Präferenzordnung und impliziert, daß die oberen Niveaumengen der direkten Nutzenfunktion gemäß (A-4) konvex sind und daß die Niveaukurven der direkten Nutzenfunktion keine linearen Segmente besitzen (vgl. Abbildung A-2). Ferner bestätigt (A-3b), daß die direkte Nutzenfunktion weder ein inneres Minimum (Abbildung A-4a) noch sogenannte "Plateaus" (Abbildung A-4b) besitzt.

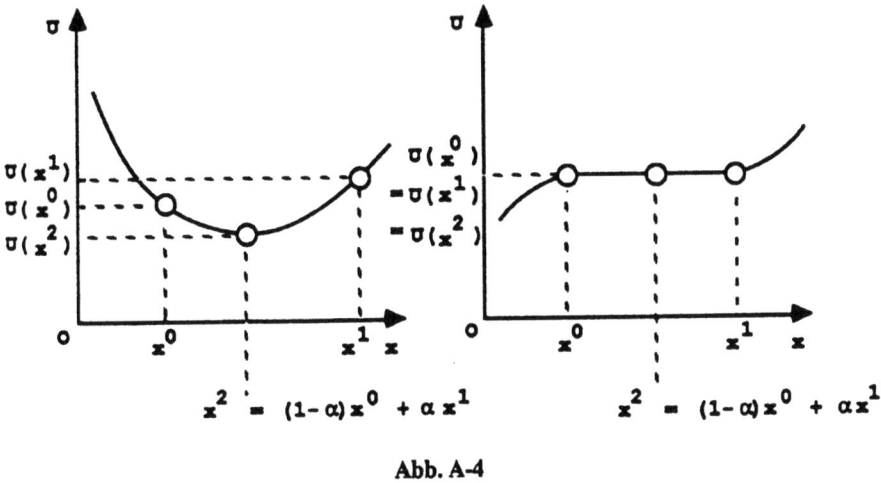

Abb. A-4

Aus der Glattheitsannahme bezüglich der Präferenzordnung folgt, daß die direkte Nutzenfunktion zweimal stetig differenzierbar ist:

(A-3c) **Zweimal stetige Differenzierbarkeit:**
Alle ersten und zweiten Ableitungen der Funktion U nach ihren Argumenten x_n existieren und sind stetig.

Diese Eigenschaft impliziert nach dem Satz von Young[8], daß die Hesse-Matrix der Nutzenfunktion U, d.h. die Matrix ihrer zweiten partiellen Ableitungen, symmetrisch ist und daß ihre Niveaukurven glatt sind.

Die Präferenzordnung des Konsumenten kann also durch eine Nutzenfunktion U mit den Eigenschaften (A-3) vollständig dargestellt werden. Die Äquivalenz dieser beiden Darstellungsarten bezieht sich natürlich nur auf diejenigen Eigenschaften der direkten Nutzenfunktion, die von stetigen, streng monoton zunehmenden Transformationen unabhängig sind, da nur diese Eigenschaften die Form der Niveaukurven der direkten Nutzenfunktion beeinflussen. Diese Niveaukurven, die ja jeweils alle Güterbündel, die dasselbe Nutzenniveau erzeugen, miteinander verbinden und daher gleich den Indifferenzkurven sind, stellen somit das entscheidende Bindeglied zwischen der Präferenzordnung des Konsumenten einerseits und seiner direkten Nutzenfunktion andererseits dar.

Marktverhalten und direkte Nutzenfunktion

Wie eingangs bereits erwähnt wurde, kommen die Marktentscheidungen des Konsumenten dadurch zustande, daß er das von ihm am meisten geschätzte Güterbündel unter der Nebenbedingung seiner ökonomischen Möglichkeiten, die durch sein Einkommen und durch die für ihn gültigen Preise determiniert werden, auswählt. Er maximiert dabei seine direkte Nutzenfunktion U unter der Nebenbedingung eines gegebenen Preisvektors $p \in R^{N++}$ und eines beschränkten Budgets $I > 0$; d.h., er löst das Optimierungsproblem

$$(A-7) \quad \max_{x \in X(p,I)} U(x) \quad , \quad X(p,I) = \{x \mid x \in R^{N+}, px \leq I, p \in R^{N++}, I \in R^{++}\} \; .$$

Dieses Optimierungsproblem ist in Abbildung A-5 graphisch dargestellt.

---

[8] Siehe z.B. Sydsæter (1981, S.68).

Die Menge X(p,I) ist die Menge der für den Konsumenten bei einem Pauscheinkommen I und bei Gültigkeit der Preise p ökonomisch erreichbaren Güterbündel. Aus dieser Menge wählt der Konsument dasjenige Güterbündel aus, das er am meisten schätzt. Mathematisch löst er dieses Problem, indem er seine (streng quasikonkave) Nutzenfunktion U über den R^{N+} unter der Nebenbedingung seiner Budgetbeschränkung maximiert. Das Maximum einer streng quasikonkaven Zielfunktion unter der Nebenbedingung einer konvexen Beschränkungsfunktion (die Budgetbeschränkung ist linear und damit auch konvex) ergibt sich bekanntlich als Sattelpunkt einer sogenannten **Lagrange-Funktion**, die hier die Form

(A-8) $\quad L(x,\lambda) = U(x) + \lambda(I-px)$

hat. Bezeichnet man den Sattelpunkt mit $[x^*,\lambda^*]$, so gilt definitionsgemäß

(A-9) $\quad L(x,\lambda^*) \leq L(x^*,\lambda^*) \leq L(x^*,\lambda) \quad , \quad \forall\ x \in R^{N+},\ \lambda \in R^+\ .$

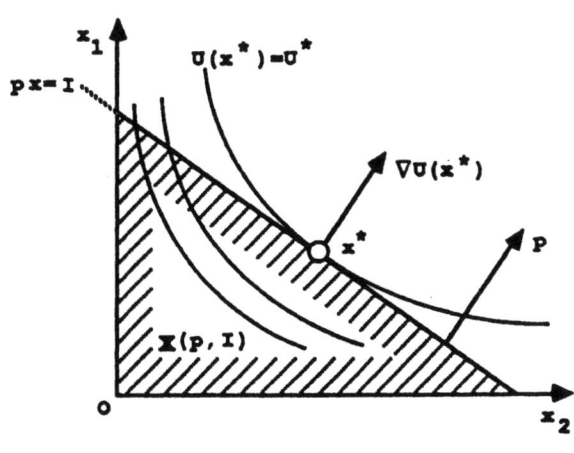

Abb. A-5

Wegen der strengen Quasikonkavität der Zielfunktion und der Konvexität der Beschränkungsfunktion sind für die Lagrange-Funktion (A-8) die Bedingungen zweiter Ordnung für einen Sattelpunkt gemäß (A-9) stets erfüllt, so daß nur die Bedingungen erster Ordnung überprüft werden müssen. Diese sogenannten **Kuhn-Tucker-Bedingungen**[9] haben folgende Form:[10]

(A-10) (a) $\nabla_x L(x^*, \lambda^*) = \nabla U(x^*) - \lambda^* p \leq 0_N$

(b) $x^* \nabla_x L(x^*, \lambda^*) = x^* \nabla U(x^*) - \lambda^* x^* p = 0$, (c) $x^* \geq 0_N$

(d) $\dfrac{\partial L}{\partial \lambda}(x^*, \lambda^*) = I - px^* \geq 0$

(e) $\lambda^* \dfrac{\partial L}{\partial \lambda}(x^*, \lambda^*) = \lambda^*(I - px^*) = 0$ (f) $\lambda^* \geq 0$

Ungleichheitsbedingungen wie (A-10a) und (A-10d) sind mathematisch wesentlich schwerer zu handhaben als Gleichheitsbedingungen, so daß sich die Frage stellt, ob diese Bedingungen nicht ohne größere Verluste an ökonomischer Plausibilität in Gleichheitsbedingungen überführt werden können.

Aus der strengen Monotonie der direkten Nutzenfunktion folgt, daß Güterbündel, die im Innern der Menge X(p,I) liegen, sicher keine Lösungen des Nutzenmaximierungsproblems (A-7) sein können, da zu jedem solchen Güterbündel x^k mindestens ein anderes Bündel existiert, das auf der Budgethyperebene px=I liegt und größer ist als x^k. Aus diesem Grunde können nur solche Güterbündel Lösungen des Maximierungsproblems (A-7) sein, die auf der Budgethyperebene px=I liegen. Daher ist Bedingung (A-10d) für Lösungen des Maximierungsproblems (A-7) stets als Gleichung erfüllt. Dies impliziert ferner, daß für optimale Güterbündel x^* die Bedingung

---

[9] Für eine ausführliche Darstellung dieses Konzepts siehe z.B. Mangasarian (1969, S.92 ff.).

[10] Mit $\nabla_x L(x^*, \lambda^*)$ wird der **Gradient**, d.h. der Vektor der ersten partiellen Ableitungen, der Funktion L bezüglich der Gütermengen x an der Stelle $[x^*, \lambda^*]$ bezeichnet. Somit gilt $\nabla_x L(x^*, \lambda^*) = [\partial L/\partial x_1, \partial L/\partial x_2, ..., \partial L/\partial x_N]$. Populär ausgedrückt steht der Gradient einer Funktion senkrecht auf ihren Niveaukurven an der entsprechenden Stelle und weist in die Richtung, in der die Funktion am steilsten ansteigt. Analog hierzu wird mit $\nabla^2_{xx} L(x^*, \lambda^*)$ die sogenannte **Hesse-Matrix**, d.h. die Matrix der zweiten partiellen Ableitungen, der Funktion L bezüglich x an der Stelle $[x^*, \lambda^*]$ bezeichnet. Das Symbol 0_N kennzeichnet den **N-dimensionalen Nullvektor**.

(A-10e) automatisch für beliebige Werte von λ immer erfüllt ist und somit entfallen kann.

Für positive Gütervektoren x^* muß wegen (A-10b) die Bedingung (A-10a) ebenfalls stets als Gleichung erfüllt sein. Wegen der strengen Monotonie der direkten Nutzenfunktion ist deren Gradient stets positiv, so daß für positive Lösungsvektoren x^* der Gradient der Nutzenfunktion wegen $p \in \mathbb{R}^{N++}$ positiv kollinear zu dem Preisvektor p sein muß. In diesem Fall, der in Abbildung A-5 dargestellt ist, gilt die bekannte Bedingung, daß die Grenzrate der Substitution zwischen zwei beliebigen Gütern gleich dem Verhältnis ihrer Preise ist. Falls einzelne Gütermengen gleich Null sind, kann diese Bedingung ebenfalls erfüllt sein, sie muß jedoch nicht mehr gelten, wie aus (A-10a) und (A-10b) hervorgeht. Vielmehr kann in solchen Fällen auch der relative Grenznutzen des Gutes, dessen nachgefragte Menge im Nutzenmaximum gleich Null ist, kleiner sein als sein relativer Preis. Aus Vereinfachungsgründen wird dieser Fall jedoch häufig dadurch ausgeschlossen, daß Bedingung (A-10a) als Gleichheitsbedingung formuliert wird. In diesem Fall ist Bedingung (A-10b) redundant, da sie dann sozusagen "automatisch" erfüllt ist.

Unter Berücksichtigung dieser Modifikationen vereinfachen sich die Optimalitätsbedingungen (A-10) zu:

(A-11) (a) $\nabla U(x^*) - \lambda^* p = 0_N$ (b) $\lambda^* \geq 0$

(c) $I - px^* = 0$ (d) $x^* \geq 0_N$

Wie oben bereits erwähnt wurde, impliziert die strenge Monotonie der direkten Nutzenfunktion, daß ihr Gradient positiv ist, so daß wegen $p \gg 0_N$ auch der sogenannte **Lagrange-Multiplikator** λ positiv sein muß. Daher gilt (A-11b) als strenge Ungleichung, und gemäß Bedingung (A-11a) ist der Gradient der direkten Nutzenfunktion positiv kollinear zu dem Preisvektor p. Ferner liegt der optimale Gütervektor x^* auf der Budgethyperebene $px = I$.

Die Lösung $[x^*, \lambda^*]$ des Optimierungsproblems (A-7) wird durch die Parameter p und I bestimmt, so daß x^* und λ^* als Funktionen von p und I ausgedrückt werden können:

(A-12) $x^* = x(p,I)$

$\lambda^* = \lambda(p,I)$

Die einzelnen Funktionen x_n, $n = 1,2,...,N$, sind die sogenannten **Marshallschen Nachfragefunktionen**. Diese Funktionen geben die Güternachfrage des Konsumenten in Abhängigkeit von den Preisen und dem Pauscheinkommen an. Aus der Ableitung der Optimalbedingung (A-11c) nach dem Pauscheinkommen I ergibt sich, daß die Marshallschen Nachfragefunktionen die sogenannte **Adding-up-Bedingung** erfüllen:

(A-13) $\sum_{n=1}^{N} p_n \dfrac{\partial x_n(p,I)}{\partial I} = 1$

Ökonomisch besagt diese Bedingung, daß jede Erhöhung des Pauscheinkommens vollständig für Güterkäufe ausgegeben wird, und stellt damit die Erfüllung der Budgetrestriktion auch bei Pauscheinkommensänderungen sicher.

Eine weitere wichtige Eigenschaft der Marshall-Nachfragefunktionen ist ihre **Homogenität**:

(A-14)   Die Marshall-Nachfragefunktionen $x_n(p,I)$ sind homogen vom Grade 0 in p und I, d.h.,

$x(\alpha p, \alpha I) = x(p,I)$, $\alpha > 0$.

Diese Bedingung besagt, daß eine proportionale Änderung sämtlicher Preise und des Pauscheinkommens die Güternachfrage des Konsumenten unverändert läßt. Damit wird ausgeschlossen, daß der Konsument einer sogenannten "Geldillusion" unterliegt und sich beispielsweise nach einer proportionalen Preis-Einkommen-Erhöhung reicher fühlt als zuvor.

Der gesamte Nachfrageeffekt einer partiellen Preisänderung läßt sich bekanntlich in einen Einkommenseffekt und einen Substitutionseffekt zerlegen. Dieser Zusammenhang wird durch die sogenannte **Slutsky-Gleichung** ausgedrückt:

$$\text{(A-15)} \quad \frac{\partial x_n}{\partial p_m} = \left.\frac{\partial x_n}{\partial p_m}\right|_{U\text{-konst.}} - x_m \frac{\partial x_n}{\partial I}$$

$$= S_{nm} - x_m \frac{\partial x_n}{\partial I} \quad , \quad m,n=1,2,\ldots,N$$

Hierbei symbolisiert S_{nm} den reinen **Substitutionseffekt** einer Erhöhung des Preises von Gut m auf die Nachfrage nach Gut n. Dieser Effekt gibt an, wie sich die Nachfrage nach dem n-ten Gut ändert, wenn der Preis des m-ten Gutes (marginal) steigt und der Konsument durch entsprechende Pauschzahlungen so kompensiert wird, daß er immer das gleiche Nutzenniveau realisieren kann. Der Ausdruck $x_m \cdot (\partial x_n / \partial I)$ ist der sogenannte **Einkommenseffekt**, der die Reaktion der Nachfrage nach dem n-ten Gut auf eine (marginale) Erhöhung des Pauscheinkommens I bei konstanten Preisen angibt.

Die NxN-Matrix der Substitutionseffekte

$$\text{(A-16)} \quad S = \begin{bmatrix} S_{11} & \cdots & S_{1m} & \cdots & S_{1N} \\ \vdots & \cdots & \vdots & \cdots & \vdots \\ S_{n1} & \cdots & S_{nm} & \cdots & S_{nN} \\ \vdots & \cdots & \vdots & \cdots & \vdots \\ S_{N1} & \cdots & S_{Nm} & \cdots & S_{NN} \end{bmatrix}$$

ist die sogenannte **Slutsky-Matrix**, deren Eigenschaften im Zusammenhang mit der Ausgabenfunktion noch ausführlicher untersucht werden.

3. Die Ausgabenfunktion

Wie weiter oben bereits erläutert wurde, kann die Präferenzordnung des Konsumenten, die ja den Ausgangspunkt der ordinalen Nutzentheorie bildet, durch ein System konvexer Mengen, nämlich durch das System der Bessermengen des Konsumenten, vollständig repräsentiert werden. Im vorangegangenen Abschnitt wurde gezeigt, daß dieses Bessermengensystem - und damit die Präferenzordnung des Konsumenten - in äquivalenter Weise durch die direkte Nutzenfunktion des Konsumenten dargestellt werden kann.

Als weitere Möglichkeit zur funktionalen Darstellung konvexer Mengen ist aus der Mathematik die sog. Stützfunktion bekannt, die eine abgeschlossene konvexe Menge durch "Abtasten" ihres Randes mit Hilfe sämtlicher Stützebenen ("Tangenten") dieser Menge vollständig beschreibt. Abgeleitet aus dem mathematischen Konzept der Stützfunktion ist die sogenannte **Ausgabenfunktion** $E:R^{N+1} \rightarrow R$ mit

(A-17) $\quad E(p,U) = \min_{x \in U(\bar{U})} px \quad , \quad p \in R^{N++} \quad ,$

die für jedes Niveau U der Nutzenfunktion gleich der Stützfunktion der entsprechenden oberen Niveaumenge U(U) ist. Die Ausgabenfunktion E(p,U) gibt die Höhe der Ausgaben an, die der Konsument bei Gültigkeit der Preise p mindestens tätigen muß, um das Nutzenniveau U zu realisieren. Das Minimierungsproblem (A-17) ist in Abbildung A-6 graphisch dargestellt, wobei die Minimalausgaben E(p,U) durch die Strecke 0A gegeben sind, falls Gut 1 als Numéraire-Gut (mit $p_1 = 1$) gewählt wird:

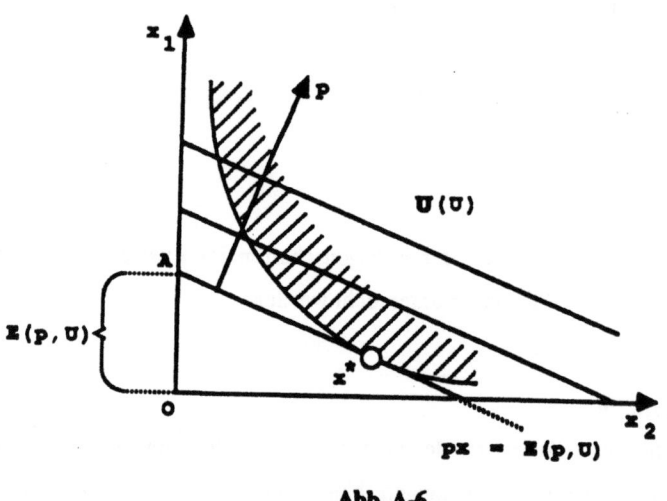

Abb. A-6

Folgende Eigenschaften kennzeichnen die Ausgabenfunktion:

(A-18)   Die Ausgabenfunktion E(p,U) ist für $p \in \mathbf{R}^{N++}$ und für $U \in \mathbf{R}^{++}$

(a) stetig in p und U,

(b) streng monoton zunehmend in U,

(c) positiv linear-homogen in p,

(d) monoton zunehmend in p,

(e) zweimal stetig differenzierbar in p,

(f) konkav in p.

Diese Eigenschaften sollen im folgenden etwas näher erläutert werden.

(A-18a)   **Stetigkeit in p und U:**

Die oberen und unteren Niveaumengen der Ausgabenfunktion sind für sämtliche Werte von E abgeschlossen.

(A-18b)   **Strenge Monotonie in U:**

$U_1 > U_0$ => $E(p, U_1) > E(p, U_0)$

Diese Eigenschaft erscheint unmittelbar einleuchtend: Bei konstanten Preisen muß der Konsument um so mehr ausgeben, je höher das Nutzenniveau ist, das er erreichen will. Dies kann man sich auch anhand von Abbildung A-6 einfach klarmachen: Wollte der Konsument ein höheres Nutzenniveau als U realisieren, so müßte er ein Güterbündel auf einer Indifferenzkurve auswählen, die weiter vom Ursprung entfernt ist als die eingezeichnete Indifferenzkurve für das Nutzenniveau U. Eine Tangente mit derselben Steigung wie die alte Budgetgerade an diese neue Indifferenzkurve hat zwangsläufig einen größeren Achsenabschnitt und entspricht somit einem höheren Ausgabenniveau als die ursprüngliche Budgetgerade px = E(p,U).

(A-18c)   **Positive Linearhomogenität in p:**

$E(\alpha p, U) = \alpha E(p, U)$, $\alpha > 0$

Auch diese Eigenschaft ist offensichtlich: Wenn sich alle Preise proportional ändern, wird der Konsument zur kostenminimalen Realisierung des ursprünglichen Nutzenniveaus wieder dasselbe Güterbündel auswählen wie zuvor, da das Verhältnis zwischen den einzelnen Preisen - und damit die Steigung der Isoausgabenlinien - unverändert geblieben ist. Die Kosten für dieses Güterbündel ändern sich dann um den gleichen Proportionalitätsfaktor wie die Preise. Ist das bei den ursprünglichen Preisen p^0 zur kostenminimalen Realisierung des Nutzenniveaus U optimale Güterbündel gleich dem Vektor x^* in Abbildung A-6, so sind die ursprünglichen Minimalausgaben gleich $E(p^0,U) = p^0 x^*$. Ändern sich die Preise proportional zu $p^1 = \alpha p^0$ mit $\alpha > 0$, so sind die neuen Minimalausgaben durch $E(p^1,U) = p^1 x^* = \alpha p^0 x^* = \alpha E(p^0,U)$ gegeben, da das kostenminimale Güterbündel x^* unverändert bleibt.

(A-18d) **Monotonie in p:** $\quad p^1 > p^0 \quad \Rightarrow \quad E(p^1,U) \geq E(p^0,U)$

Die Aussage von (A-18d) ist, daß die Minimalkosten für die Realisierung eines bestimmten Nutzenniveaus bei Erhöhung mindestens eines Preises und Konstanz aller übrigen Preise nicht sinken können.

(A-18e) **Zweimal stetige Differenzierbarkeit in p:**
Die ersten und zweiten partiellen Ableitungen der Ausgabenfunktion bezüglich p existieren und sind stetig.

Die zweimal stetige Differenzierbarkeit der Ausgabenfunktion in p impliziert wieder, daß ihre Hesse-Matrix bezüglich p existiert und symmetrisch ist. Die Bedeutung dieser eher technischen Eigenschaft für die ökonomische Analyse wird weiter unten in dem Abschnitt über die Ableitung von Markthandlungen mit Hilfe der Ausgabenfunktion näher erläutert.

(A-18f) **Konkavität in p:**
$$E((1-\alpha)p^0 + \alpha p^1, U) \geq (1-\alpha)E(p^0,U) + \alpha E(p^1,U) \quad , \quad 0 \leq \alpha \leq 1$$

Diese Eigenschaft der Ausgabenfunktion ist intuitiv weniger unmittelbar einleuchtend als ihre übrigen Eigenschaften und soll daher kurz hergeleitet werden: Das bei den

Preisen p^0 zur Realisierung des Nutzenniveaus U kostenminimale Güterbündel sei x^0, so daß gemäß Definition (A-17) gilt:

$$E(p^0, U) \leq p^0 x \quad , \quad \forall \ x \in U(U)$$

Entsprechend ist

$$E(p^1, U) \leq p^1 x \quad , \quad \forall \ x \in U(U) \ .$$

Bezeichnet man das bei den Preisen $[(1-\alpha)p^0 + \alpha p^1]$ und dem Nutzenniveau U kostenminimale Güterbündel mit x^α, so gilt wegen $x^\alpha \in U(U)$ offensichtlich

$$\begin{aligned} E((1-\alpha)p^0 + \alpha p^1, U) &= (1-\alpha) p^0 x^\alpha + \alpha p^1 x^\alpha \\ &\geq (1-\alpha) E(p^0, U) + \alpha E(p^1, U) \ . \end{aligned}$$

Damit ist die Konkavität der Ausgabenfunktion in p gemäß (A-18f) bewiesen.[11] Notwendig und hinreichend für die Konkavität einer zweimal stetig differenzierbaren Funktion ist die Negativ-Semidefinitheit ihrer Hesse-Matrix,[12] so daß gilt:

(A-19) Die Hesse-Matrix der Ausgabenfunktion bezüglich p ist negativ-semidefinit.

Marktverhalten und Ausgabenfunktion

Der entscheidende Zusammenhang zwischen der Ausgabenfunktion und den Markthandlungen des Konsumenten ergibt sich aus **Shephard's Lemma**:

(A-20) Der Gradient der Ausgabenfunktion E(p,U) bezüglich der Preise p an einer Stelle [p,U] ist gleich dem Lösungsvektor x^* des Minimierungsproblems (A-17) für den Preisvektor p und das Nutzenniveau U; d.h.,

$$\nabla_p E(p, U) = x^* \quad \text{bzw.} \quad \frac{\partial E(p, U)}{\partial p_n} = x_n^* \quad , \quad n = 1, 2, \ldots, N \ .$$

---

[11] Ein graphischer Beweis dieser Eigenschaft findet sich bei Diewert (1982, S.539-541).
[12] Siehe Mangasarian (1969, S.89).

Der Beweis für Shephard's Lemma (A-20) folgt aus den mathematischen Eigenschaften der Stützfunktion.

Der Gradient der Ausgabenfunktion an einer Stelle [p,U] ist also gemäß (A-20) gleich dem Güterbündel, mit dem der Konsument bei den Preisen p zu den geringsten Kosten das Nutzenniveau U realisieren kann. Daher kann man dieses optimale Güterbündel gemäß (A-20) generell als Funktion der Preise und des Nutzens darstellen, d.h.,

(A-21) $\quad \nabla_p E(p,U) \equiv \xi(p,U) = x^*$.

Die Funktionen ξ_n, n=1,2,...,N, werden als **kompensierte** oder **Hickssche Nachfragefunktionen** bezeichnet. Sie geben die Nachfrage eines Konsumenten nach einem Gut n in Abhängigkeit von den Preisen p und dem Nutzenniveau U an, wobei der Konsument bei isolierten Preisänderungen einkommensmäßig so kompensiert wird, daß er vor und nach der Preisänderung dasselbe Nutzenniveau realisiert; d.h., er bewegt sich bei einer solchen Preisänderung entlang ein und derselben Indifferenzkurve.

Ein Vergleich des Nutzenmaximierungsproblems (A-7) mit dem Ausgabenminimierungsproblem (A-17) zeigt, daß beide Optimierungsprobleme spiegelbildlich zueinander sind: Die Beschränkungsfunktion des einen Problems ist die Zielfunktion des anderen und umgekehrt. Gilt für beide Optimierungsprobleme derselbe Preisvektor p, so ist auch die Lösung x^* für beide Probleme dieselbe, falls bei dem Nutzenmaximierungsproblem (A-7) mit dem maximal erreichbaren Nutzenniveau U^* als Nebenbedingung dasjenige Einkommen I^* vorgegeben wird, das man als Lösung des Ausgabenminimierungsproblems (A-17) erhält, wenn man dort in der Beschränkungsfunktion das Nutzenniveau U^* postuliert. D.h.,

$$\max_{x \in X(p, I_*)} U(x) = U(x^*) = U_* \quad <==> \quad \min_{x \in U(U_*)} px = px^* = I_* \quad .$$

Diese Zusammenhänge werden auch aus einem Vergleich der Abbildungen A-5 und A-6 deutlich, wo die Menge oberhalb der höchsten erreichbaren Indifferenzkurve von Abbildung A-5 gleich der Beschränkungsmenge in Abbildung A-6 ist, während umgekehrt die Fläche unterhalb der niedrigsten erreichbaren Isoausgabenlinie in Abbildung A-6 gleich der Beschränkungsmenge in Abbildung A-5 ist.

Aus dieser Spiegelbildlichkeit der Optimierungsprobleme, aus denen die Nachfragefunktionen x(p,I) und ξ(p,U) abgeleitet werden, ergibt sich der folgende Zusammenhang zwischen diesen beiden Arten von Nachfragefunktionen:[13]

(A-22) $\quad \xi(p,U) \equiv x(p,E(p,U)) \quad$ bzw. $\quad \xi_n(p,U) \equiv x_n(p,E(p,U)) \; , \; \forall n$

Leitet man (A-22) partiell nach einem Preis p_m ab, so erhält man

$$\frac{\partial \xi_n}{\partial p_m} \equiv \frac{\partial x_n}{\partial p_m} + \frac{\partial x_n}{\partial E} \cdot \frac{\partial E}{\partial p_m} \qquad n,m = 1,2,\ldots,N \; .$$

Unter Berücksichtigung von Shephard's Lemma folgt daraus:

(A-23) $\quad \dfrac{\partial \xi_n}{\partial p_m} \equiv \dfrac{\partial x_n}{\partial p_m} + \dfrac{\partial x_n}{\partial I} \cdot x_m \qquad n,m = 1,2,\ldots,N \; .$

Ein Vergleich mit (A-15) zeigt, daß es sich bei (A-23) offensichtlich um die **Slutsky-Gleichung** handelt. Aus dieser Herleitung der Slutsky-Gleichung wird die Interpretation von $(\partial x_n/\partial I)\cdot x_m = (\partial x_n/\partial E)\cdot(\partial E/\partial p_m)$ als Einkommenseffekt besonders deutlich: Die partielle Ableitung $(\partial E(p,U)/\partial p_m)$ gibt offenbar den Einkommensbetrag an, mit dem der Konsument nach der Erhöhung von p_m so kompensiert werden kann, daß er wieder das ursprüngliche Nutzenniveau U erreicht, während der Ausdruck $(\partial x_n/\partial E)$ den Effekt einer Erhöhung des Pauscheinkommens um eine Einheit auf die Nachfrage nach Gut n bezeichnet. Das Produkt $(\partial x_n/\partial E)\cdot(\partial E/\partial p_m)$ gibt dann den Effekt einer die Erhöhung von p_m kompensierenden Pauscheinkommensänderung auf die Nachfrage

---

[13] Ein exakter Beweis dieser Identität unter Verwendung der indirekten Nutzenfunktion findet sich weiter unten in dem Abschnitt über "Markthandlungen und indirekte Nutzenfunktion".

nach Gut n und damit den Einkommenseffekt in seiner traditionellen Interpretation wieder. Addiert man zu dem Gesamteffekt $\partial x_n/\partial p_m$ einer Erhöhung von p_m diesen Einkommenseffekt, der den Konsumenten wieder auf sein ursprüngliches Nutzenniveau zurückversetzt, so erhält man als Ergebnis den reinen Substitutionseffekt $\partial \xi_n/\partial p_m$, d.h. die Reaktion der Nachfrage nach Gut n auf eine Erhöhung von p_m unter der Nebenbedingung eines konstanten Nutzenniveaus.

Aus (A-23) folgt somit bei Beachtung von (A-15), daß die Elemente der Slutsky-Matrix gleich den entsprechenden partiellen Ableitungen der kompensierten Nachfragefunktionen nach den Preisen sind, d.h.,

$$(A\text{-}24) \quad S_{nm}(p,U) = \frac{\partial \xi_n(p,U)}{\partial p_m} \quad , \quad n,m = 1,2,\ldots,N \quad .$$

Man kann somit festhalten:

(A-25) Die Hesse-Matrix der Ausgabenfunktion bezüglich der Preise p an einer Stelle [p,U] ist gleich der Slutsky-Matrix an dieser Stelle.

Da die Ausgabenfunktion gemäß (A-18c) zweimal stetig differenzierbar ist, ist nach dem bereits erwähnten Satz von Young ihre Hesse-Matrix symmetrisch, und es gilt bei Beachtung von Shephard's Lemma:

(A-26) Die Kreuzableitungen der kompensierten Hicksschen Nachfragefunktionen nach den Preisen sind symmetrisch:

$$\frac{\partial \xi_n(p,U)}{\partial p_m} = \frac{\partial \xi_m(p,U)}{\partial p_n} \quad , \quad n,m = 1,2,\ldots,N \quad .$$

Wegen (A-24) ist dies gleichbedeutend mit:

(A-27) Die Slutsky-Matrix ist symmetrisch, d.h.,

$$S_{nm} = S_{mn} \quad , \quad n,m = 1,2,\ldots,N \quad .$$

Aus der Übereinstimmung der Hesse-Matrix der Ausgabenfunktion mit der Slutsky-Matrix folgt ferner gemäß (A-19) wegen der Konkavität der Ausgabenfunktion in p:[14]

(A-28) Die Slutsky-Matrix ist negativ-semidefinit, so daß

$$S_{nn} \leq 0 \quad \text{bzw.} \quad \frac{\partial \xi_n}{\partial p_n} \leq 0, \quad n=1,2,\ldots,N.$$

Eigenschaft (A-27) der Slutsky-Matrix besagt, daß der Effekt einer marginalen Erhöhung des Preises des m-ten Gutes auf die Nachfrage nach dem n-ten Gut gleich dem Effekt einer marginalen Erhöhung des n-ten Preises auf die Nachfrage nach dem m-ten Gut ist, wenn der Konsument durch entsprechende Kompensationszahlungen auf einem konstanten Nutzenniveau gehalten wird. Aus Eigenschaft (A-28) folgt, daß die Nachfrage nach einem Gut bei einer marginalen Erhöhung seines eigenen Preises nicht zunehmen kann, wenn das Nutzenniveau des Konsumenten konstant gehalten wird.

Aus der Linearhomogenität der Ausgabenfunktion in den Preisen gemäß (A-18c) folgt wegen des Euler-Theorems[15]:

(A-29) $p \cdot \xi(p,U) = E(p,U)$

Die Minimalausgaben zur Realisierung des Nutzenniveaus U bei Gültigkeit der Preise p sind also gleich dem Produkt aus dem Preisvektor p und dem Vektor der Hicksschen

---

[14] Notwendig und hinreichend für die Konkavität einer zweimal stetig differenzierbaren Funktion ist die Negativ-Semidefinitheit ihrer Hesse-Matrix. Dies impliziert, daß die Elemente der Hauptdiagonale dieser Matrix nicht positiv sein können (siehe z.B. Takayama (1974, S.119 und 121)).

[15] Das Euler-Theorem besagt: Eine auf einer offenen Teilmenge des R^N stetig differenzierbare Funktion $f: R^N \to R$ ist genau dann homogen vom Grade r in $x \in R^N$, wenn gilt: $x \cdot \nabla f(x) = r \cdot f(x)$. Für $r=1$ folgt daraus (A-29) bei Beachtung von Shephard's Lemma.

Nachfragefunktionen an der Stelle [p,U]. Aus der Linearhomogenität der Ausgabenfunktion in p folgt ferner:[16]

(A-30)   Die kompensierten Nachfragefunktionen $\xi_n(p,U)$ sind homogen vom Grade Null in den Preisen; d.h.,

$$\xi_n(\alpha p, U) = \xi_n(p, U) \quad , \quad \forall \alpha > 0 .$$

Das von dem Konsumenten nachgefragte Güterbündel reagiert also nicht auf proportionale Änderungen sämtlicher Preise, wenn der Konsument durch entsprechende Kompensationszahlungen auf einem konstanten Nutzenniveau gehalten wird. Anwendung des Euler-Theorems auf die kompensierten Nachfragefunktionen ergibt wegen (A-30):

(A-31) $p \cdot \nabla_p \xi_n(p,U) = 0 \quad , \quad n = 1, 2, \ldots, N .$

Ökonomisch bedeutet dies, daß für die Nachfrage nach jedem Gut die Summe aller kompensierten Preiselastizitäten gleich Null ist, wie man aus (A-31) nach Division durch ξ_n sieht:

(A-32) $\sum_{m=1}^{N} \dfrac{\partial \xi_n}{\partial p_m} \cdot \dfrac{p_m}{\xi_n} = 0 \quad , \quad n = 1, 2, \ldots, N .$

Wegen (A-24) und (A-27) folgt daraus:

(A-33)   Die Slutsky-Matrix ist singulär. Insbesondere gilt:

$$S(p,U) \cdot p = p \cdot S(p,U) = 0_N$$

---

[16] Für homogene Funktionen gilt: Eine stetig differenzierbare Funktion $f : R^N \to R$ sei homogen vom Grade r in $x \in R^N$; dann sind die ersten partiellen Ableitungen von f nach x homogen vom Grade (r-1) in x (siehe z.B. Sydsæter (1981, S.128)).

Die Übereinstimmung der Slutsky-Matrix mit der Hesse-Matrix der Ausgabenfunktion erlaubte es uns somit, die drei wesentlichen Eigenschaften der Slutsky-Matrix, nämlich Symmetrie, Negativ-Semidefinitheit und Singularität, auf einfache Weise aus den Eigenschaften der Ausgabenfunktion herzuleiten. Die Erfüllung dieser Bedingungen durch die Slutsky-Matrix ist von entscheidender Bedeutung für die theoretische Bedeutsamkeit eines empirisch geschätzten Nachfragesystems. Nachfragesysteme, die diese Bedingungen nicht erfüllen, können für Wohlfahrtsanalysen nicht herangezogen werden, wie weiter unten noch näher erläutert wird.

Zunächst soll jedoch nach der direkten Nutzenfunktion und der Ausgabenfunktion mit der indirekten Nutzenfunktion auf eine weitere Möglichkeit zur Darstellung der Präferenzordnung des Konsumenten mit Hilfe einer mathematischen Funktion eingegangen werden.

4. Die indirekte Nutzenfunktion

Durch das Konzept der Ausgabenfunktion wurde der unmittelbare Zusammenhang, der zwischen Nutzenniveau, Preisen und Konsumausgaben besteht, deutlich. Während die Ausgabenfunktion die Minimalausgaben, die bei gegebenen Preisen zur Erzielung eines bestimmten Nutzenniveaus notwendig sind, angibt, läßt sich umgekehrt zu jedem gegebenen Preisvektor p und Einkommen I das maximal erreichbare Nutzenniveau U angeben. Dieses maximal erreichbare Nutzenniveau U ergibt sich als Resultat des Haushaltsmaximierungsproblems (1-7). Man kann daher das unter bestimmten Preis-Einkommen-Verhältnissen maximal erreichbare Nutzenniveau als Funktion der Preise p und des Einkommens I ausdrücken. Diese Funktion sei zur Unterscheidung von der direkten Nutzenfunktion $U(x)$ mit $V: R^{N+1} \rightarrow R$ bezeichnet und folgendermaßen definiert:

(A-34) $V(p,I) = \max_{x \in X(p,I)} U(x)$, $X(p,I) = \{x \mid x \in R^{N+}, px \leq I, p \in R^{N++}, I \in R^{++}\}$

Die Funktion V wird als **indirekte Nutzenfunktion** bezeichnet. Man erhält sie gemäß (A-34) aus der direkten Nutzenfunktion dadurch, daß man in die direkte Nutzenfunktion diejenigen Gütervektoren einsetzt, die bei den Preisen p und dem Einkommen I jeweils das höchstmögliche Nutzenniveau erzeugen, d.h. die Lösungsvektoren x^* des Maximierungsproblems (A-34) bzw. (A-7). Dies sind, wie im Zusammenhang mit (A-7) bereits gezeigt wurde, die Marshallschen Nachfragefunktionen x(p,I). Es gilt daher:

(A-35) $V(p,I) = U(x(p,I))$

Im Gegensatz zu der direkten Nutzenfunktion setzt das Konzept der indirekten Nutzenfunktion offensichtlich Optimalverhalten des Konsumenten (im Sinne der Nutzenmaximierung) voraus.
Die wichtigsten Eigenschaften der indirekten Nutzenfunktion lassen sich folgendermaßen zusammenfassen:

(A-36)   Die indirekte Nutzenfunktion V(p,I) ist für $p \in R^{N++}$ und $I \in R^{++}$
(a) stetig in [p,I],
(b) monoton abnehmend in p,
(c) streng monoton zunehmend in I,
(d) streng quasikonvex in p,
(e) zweimal stetig differenzierbar in p,
(f) homogen vom Grade Null in p und I.

Diese Eigenschaften sind im einzelnen folgendermaßen definiert:

(A-36a) **Stetigkeit in p und I:**
Die oberen und unteren Niveaumengen von V bezüglich p und I sind für alle Werte von V abgeschlossen.

(A-36b) **Monotonie in p:**
$p^1 > p^0 \Rightarrow V(p^1,I) \leq V(p^0,I)$

Steigt bei konstantem Einkommen mindestens ein Preis, ohne daß ein anderer Preis sinkt, so kann der maximal realisierbare Nutzen nicht zunehmen.

(A-36c) **Strenge Monotonie in I:**
$$I_1 > I_0 \Rightarrow V(p,I_1) > V(p,I_0)$$

Bei gegebenen Preisen ist das maximal erreichbare Nutzenniveau um so höher, je höher das Pauscheinkommen I ist. Analog zur strengen Quasikonkavität der direkten Nutzenfunktion in den Gütermengen ist die indirekte Nutzenfunktion streng quasikonvex in den Preisen:

(A-36d) **Strenge Quasikonvexität in p:**
$$V(p^0,I) \geq V(p^1,I) \Rightarrow V((1-\alpha)p^0+\alpha p^1,I) < V(p^0,I)$$
bzw.
$$V((1-\alpha)p^0+\alpha p^1,I) < \max\{V(p^0,I), V(p^1,I)\}, \quad 0<\alpha<1$$

Aus den Eigenschaften (A-36c) und (A-36d) folgt, daß für gegebenes Pauscheinkommen I die Niveaukurven der indirekten Nutzenfunktion im Preisraum streng konvex sein müssen (also keine linearen Segmente besitzen dürfen) und daß sie ein um so niedrigeres Nutzenniveau bezeichnen, je weiter sie vom Ursprung entfernt sind. Weiterhin ist ausgeschlossen, daß bei der indirekten Nutzenfunktion innere Minima oder sogenannte "Plateaus", d.h. Wendepunkte mit horizontaler Tangente, auftreten können.

(A-36e) **Zweimal stetige Differenzierbarkeit in p:**

Die ersten und zweiten partiellen Ableitungen der indirekten Nutzenfunktion nach p existieren und sind stetig.

Im Zusammenhang mit der Monotonie der indirekten Nutzenfunktion in p impliziert dies, daß der Gradient der indirekten Nutzenfunktion bezüglich p für alle positiven Preise existiert und keine positiven Elemente enthält. Darüber hinaus folgt aus (A-36e), daß die Hesse-Matrix der indirekten Nutzenfunktion bezüglich p existiert und symmetrisch ist.

(A-36f) Homogenität vom Grade Null in p und I:

$$V(\alpha p, \alpha I) = V(p, I) \quad , \quad \forall \ \alpha > 0$$

Diese Eigenschaft korrespondiert mit der Homogenität der Marshall-Nachfragefunktionen in Preisen und Einkommen: Bei einer proportionalen Änderung sämtlicher Preise und des Einkommens bleibt das von dem Konsumenten ausgewählte Güterbündel unverändert, so daß sich das Nutzenniveau, das unmittelbar ja von dem konsumierten Güterbündel bestimmt wird, ebenfalls nicht ändern kann. Diese Argumentation wird durch die Identität (A-35) belegt.

Differenziert man beide Seiten von (A-35) partiell nach dem Einkommen, so ergibt sich

$$\frac{\partial V}{\partial I} = \sum_{n=1}^{N} \frac{\partial U}{\partial x_n} \cdot \frac{\partial x_n}{\partial I} \ .$$

Einsetzen der Optimalbedingung (A-11a) ergibt:

$$\frac{\partial V}{\partial I} = \sum_{n=1}^{N} \lambda^* p_n \cdot \frac{\partial x_n}{\partial I}$$

Wegen der Adding-up-Bedingung (A-13) folgt daraus ein weiterer wichtiger Zusammenhang zwischen der direkten und der indirekten Nutzenfunktion, nämlich

(A-37) $\quad \dfrac{\partial V}{\partial I}(p, I) = \lambda(p, I) = \lambda^* \ .$

Der Lagrange-Multiplikator des Nutzenmaximierungsproblems (A-7), bei dem die direkte Nutzenfunktion unter der Nebenbedingung eines beschränkten Budgets maximiert wird, ist gleich der partiellen Ableitung der indirekten Nutzenfunktion nach dem Pauscheinkommen. Dies entspricht der traditionellen Interpretation eines Lagrange-Multiplikators als "Schattenertrag" einer marginalen Lockerung der jeweiligen Beschränkung in bezug auf den Optimalwert der Zielfunktion: Eine marginale Lockerung der Budgetbeschränkung entspricht einer marginalen Erhöhung des Pauscheinkommens, und der Zielertrag dieser Lockerung besteht in der dadurch ermöglichten Erhöhung des maximal erreichbaren Nutzenniveaus, so daß die Interpretation von λ als Grenznutzen des Einkommens auch unter diesem Aspekt naheliegt.

Aus der oben beschriebenen Spiegelbildlichkeit der beiden Optimierungsprobleme, aus denen sich die indirekte Nutzenfunktion (Nutzenmaximierung) und die Ausgabenfunktion (Ausgabenminimierung) ergeben, folgt unmittelbar:

(A-38)   (a) $V(p,E(p,U)) = U$ bzw.   (b) $E(p,V(p,I)) = I$

Diese beiden Identitäten dokumentieren, daß die Ausgabenfunktion und die indirekte Nutzenfunktion invers zueinander sind. Kennt man eine der beiden Funktionen, so kann man sie durch einfaches Auflösen nach der entsprechenden Variablen in die jeweils andere überführen, da V streng monoton zunehmend in I und E streng monoton zunehmend in U ist, so daß die Voraussetzungen für die Anwendung des Theorems der impliziten Funktionen erfüllt sind.[17]

Markthandlungen und indirekte Nutzenfunktion

Differenziert man (A-38b) partiell nach einem Güterpreis p_n, so ergibt sich:

$$\frac{\partial E}{\partial p_n}(p,V(p,I)) + \frac{\partial E}{\partial U}(p,V(p,I)) \cdot \frac{\partial V}{\partial p_n}(p,I) = 0 \quad , \quad \forall\, n$$

Aus der strengen Monotonie der Ausgabenfunktion im Nutzen folgt

$$\frac{\partial E}{\partial U}(p,V(p,I)) = \left[\frac{\partial V}{\partial I}(p,I)\right]^{-1},$$

so daß unter Berücksichtigung von Shephard's Lemma gilt:

---

[17] Zum Theorem der impliziten Funktionen siehe z.B. Mangasarian (1969, S.204).

$$\xi_n(p,V(p,I)) = -\frac{\partial V/\partial p_n}{\partial V/\partial I}(p,I) = x_n^*, \quad n=1,2,\ldots,N$$

Der bei den Preisen p und dem Einkommen I optimale Gütervektor $x^* = x(p,I)$ kann somit als Quotient aus dem Gradienten der indirekten Nutzenfunktion bezüglich p und dem Grenznutzen des Einkommens und damit als Funktion von p und I ausgedrückt werden, so daß

(A-39) $\quad \xi(p,V(p,I)) = x(p,I)$

und

(A-40) $\quad x(p,I) = -\dfrac{\nabla_p V(p,I)}{\partial V/\partial I}$.

Dies ist die sogenannte **Roy-Identität**, die den unmittelbaren Zusammenhang zwischen der indirekten Nutzenfunktion und den Marshall-Nachfragefunktionen wiedergibt. Diese Identität ist nicht nur für die Theorie, sondern auch für die empirische Forschung von Bedeutung, da sie eines der wesentlichen Bindeglieder zwischen den beobachtbaren Markthandlungen des Konsumenten, nämlich seinem Nachfrageverhalten, einerseits und seiner - nicht beobachtbaren - Präferenzordnung, der ja z.B. das Interesse der Wohlfahrtstheorie gilt, andererseits darstellt.

Analog zu der Herleitung von (A-39) erhält man die weiter oben erwähnte Identität (A-22), nämlich $x(p,E(p,U)) \equiv \xi(p,U)$, durch partielles Differenzieren von (A-38a) nach p_n unter Berücksichtigung von (A-40). Die beiden Identitäten (A-39) und (A-22) sind alternative Möglichkeiten zur Beschreibung des Schnittpunktes zwischen einer Marshall-Nachfragefunktion und der entsprechenden Hicks-Nachfragefunktion im jeweiligen Haushaltsgleichgewicht.

Die einkommensnormierte indirekte Nutzenfunktion

Der enge Zusammenhang zwischen direkter und indirekter Nutzenfunktion läßt die Frage auftauchen, ob nicht in Analogie zu (A-34) ein Optimierungsproblem existiert, über das die direkte Nutzenfunktion aus der indirekten Nutzenfunktion gewonnen werden kann. Wegen der Homogenität vom Grade Null in ihren Argumenten kann eine

Extremierung der indirekten Nutzenfunktion jedoch nicht zu einer eindeutigen Lösung führen, da jedes beliebige positive Vielfache eines einmal gefundenen Lösungsvektors ebenfalls eine Lösung der entsprechenden Extremierungsaufgabe ist. Aus diesem Grunde ist die Funktion V(p,I) als Zielfunktion eines solchen Optimierungsproblems nicht geeignet. Andererseits ist es aufgrund ihrer Homogenität vom Grade Null ohne Einschränkung der Allgemeinheit möglich, die indirekte Nutzenfunktion in der Weise zu normieren, daß man alle N+1 Argumente [p,I] entweder durch einen der Preise p_n oder durch das Pauscheinkommen I dividiert, ohne daß sich dabei ihr Wert ändert. Die daraus resultierende normierte indirekte Nutzenfunktion hängt dann nur noch von den verbleibenden N (normierten) Variablen ab und generiert bei ihrer Extremierung eindeutige Lösungsvektoren in Einheiten dieser normierten Variablen.

Wählt man zur Normierung das Pauscheinkommen I, so ergibt sich aus dem beschriebenen Verfahren die **einkommensnormierte indirekte Nutzenfunktion** $\hat{v}: \mathbf{R}^N \to \mathbf{R}$ mit

(A-41) $\quad \hat{v}(\hat{p}) = V(p/I, 1) = V(\hat{p}, 1)$.

Die einkommensnormierte indirekte Nutzenfunktion erhält man aus der direkten Nutzenfunktion durch Lösung eines zu (A-7) analogen Maximierungsproblems, wobei die Beschränkungsfunktion in normierter Form angegeben wird:

(A-42) $\quad \hat{v}(\hat{p}) = \max_{x \in \hat{X}(\hat{p})} U(x) \quad , \quad \hat{X}(\hat{p}) = \{x \mid x \in \mathbf{R}^{N+}, \hat{p}x \leq 1\}$

$\qquad\qquad\qquad\qquad\qquad\qquad\quad = \{x \mid x \in \mathbf{R}^{N+}, [p/I] \cdot x \leq 1\} = X(p,I)$

Die "normierte" Beschränkungsmenge $\hat{X}(\hat{p})$ ist für $\hat{p} = p/I$ offensichtlich dieselbe wie die nichtnormierte Beschränkungsmenge X(p,I), da die Budgetrestriktion als Beschränkungsfunktion homogen vom Grade Null in p und I ist. Dies bestätigt, daß die Normierung keinen Einfluß auf den jeweiligen Optimalwert der Nutzenfunktion hat. Die Funktion $\hat{v}(\hat{p})$ ist streng quasikonvex, streng monoton abnehmend und stetig differenzierbar in $\hat{p} \in \mathbf{R}^{N++}$.

Nach dieser Normierung läßt sich nun auch die direkte Nutzenfunktion mit Hilfe eines Optimierungsansatzes aus der indirekten Nutzenfunktion gewinnen. Dies geschieht, indem man die einkommensnormierte indirekte Nutzenfunktion über die normierten Preise unter Berücksichtigung der in bezug auf die normierten Preise formulierten Budgetbeschränkung minimiert, d.h.,

(A-43) $U(x) = \min_{\hat{p} \in P(x)} \hat{v}(\hat{p})$, $P(x) = \{\hat{p} | \hat{p} \in R^{N+}, \hat{p}x \leq 1, x \in R^{N++}\}$.

Dieses Optimierungsproblem ist graphisch in Abbildung A-7 dargestellt.

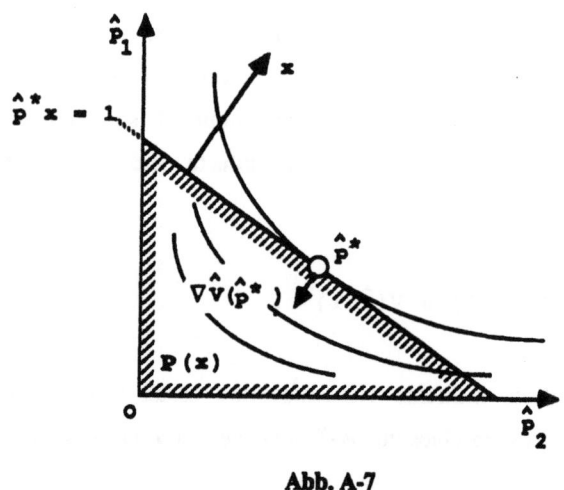

Abb. A-7

Marktverhalten und einkommensnormierte indirekte Nutzenfunktion
Notwendig und hinreichend für die Lösung des Minimierungsproblems (A-43) sind wieder die entsprechenden Kuhn-Tucker-Bedingungen, die als Ungleichheitsbedingungen bei der tatsächlichen Berechnung solcher Probleme natürlich etwas umständlich in der Handhabung sind. Allerdings lassen sich diese Ungleichheitsbedingungen wieder ohne allzu große Verluste an ökonomischer Plausibilität in Gleichheitsbedingungen überführen, wie dies schon bei der Maximierung der direkten Nutzenfunktion möglich war. Die so gewonnenen Optimalbedingungen des Minimierungsproblems (A-43) verlangen, daß die ersten partiellen Ableitungen der Lagrange-Funktion

(A-44) $L(\hat{p},\mu) = \hat{v}(\hat{p}) + \mu(\hat{p}x-1)$

nach ihren Argumenten im Optimum gleich Null sind; d.h.:

(A-45)   (a) $\nabla_{\hat{p}} L(\hat{p}^*,\mu^*) = \nabla\hat{v}(\hat{p}^*) + \mu^* x = 0_N$, $\mu^* \geq 0$

(b) $\dfrac{\partial L}{\partial \mu}(\hat{p}^*,\mu^*) = \hat{p}^* x - 1 = 0$, $\hat{p}^* \geq 0_N$

Da die in (A-43) als Beschränkungsparameter fungierenden Gütermengen x positiv sind, folgt aus der strengen Monotonie der normierten indirekten Nutzenfunktion in $\hat{p}$, daß der Lagrange-Multiplikator μ^* (streng) positiv ist. Aus (A-45) ergibt sich dann, daß im Optimum der Gradient der indirekten Nutzenfunktion $\hat{v}$ senkrecht auf der Budgetbeschränkung $\hat{p}x=1$ stehen und negativ kollinear zu dem Beschränkungsvektor x sein muß. Dies ist in Abbildung A-7 graphisch verdeutlicht.

Der Lösungsvektor $\hat{p}^*$ dieses Minimierungsproblems gibt diejenigen normierten Preise an, die der Konsument unter Berücksichtigung seiner Präferenzordnung bei gegebenem Budget für ein bestimmtes Güterbündel maximal zu zahlen bereit ist.[18] Diese Optimalpreise sind offensichtlich Funktionen des Güterbündels x, das die Beschränkungsfunktion des Minimierungsproblems (A-43) determiniert, d.h.,

(A-46) $\hat{p}^* = \hat{p}(x)$.

Die Funktionen $\hat{p}_n(x)$ sind die sogenannten **einkommensnormierten inversen Nachfragefunktionen** des Konsumenten, und die direkte Nutzenfunktion ergibt sich dann durch Einsetzen des Lösungsvektors $\hat{p}^*$ in die Zielfunktion $\hat{v}(\hat{p})$:

$u(x) \equiv \hat{v}(\hat{p}(x))$

---

[18] Anders ausgedrückt ist $\hat{p}^*$ der Vektor derjenigen (normierten) Preise, bei denen der Konsument gerade das Güterbündel x konsumiert.

Analog zur Roy-Identität (A-40) lassen sich die inversen Nachfragefunktionen mit Hilfe der sogenannten **Hotelling-Wold-Identität** unmittelbar aus der direkten Nutzenfunktion herleiten:[19]

$$(A\text{-}47) \qquad \hat{p}_n^* = \frac{\partial U / \partial x_n}{x \nabla U}(x) \equiv \hat{p}_n(x) \quad , \quad n=1,2,\ldots,N$$

Die Hotelling-Wold-Identität ist genau wie die Roy-Identität ein Bindeglied zwischen den beobachtbaren Markthandlungen des Konsumenten, die hier durch seine inversen Nachfragefunktionen ausgedrückt werden, und seiner Präferenzordnung, die durch seine direkte Nutzenfunktion repräsentiert wird.

Die einkommensnormierte Form der Marshall-Nachfragefunktionen

$$(A\text{-}48) \qquad \hat{x}(\hat{p}) = x(p/I, 1) \quad ,$$

die man als Lösung des Nutzenmaximierungsproblems (A-42) erhält, läßt sich analog zur traditionellen Form der Roy-Identität (A-40) durch eine **einkommensnormierte Version der Roy-Identität** gemäß[20]

$$(A\text{-}49) \qquad x_n^* = \frac{\partial \hat{v} / \partial \hat{p}_n}{\hat{p} \nabla \hat{v}}(\hat{p}) \equiv \hat{x}_n(\hat{p}) \quad , \quad n=1,2,\ldots,N$$

aus der normierten indirekten Nutzenfunktion gewinnen.

In diesem Kapitel konnten somit drei verschiedene Verbindungen zwischen den Markthandlungen und der Präferenzordnung eines Konsumenten aufgezeigt werden: zwei unterschiedliche Versionen der Roy-Identität, die den Zusammenhang zwischen den nachgefragten Güterbündeln und der einkommensnormierten bzw. der nichtnormierten Form der indirekten Nutzenfunktion herstellen, sowie die Hotelling-Wold-

---

[19] Die Optimalbedingungen zu (A-42) verlangen, daß $\nabla U(x) = \lambda \hat{p}$ und $\hat{p}x = 1$. Multipliziert man die erste dieser beiden Bedingungen mit x und berücksichtigt die zweite, so ergibt sich (A-47).

[20] Diese Form der Roy-Identität erhält man aus den Optimalbedingungen (A-45), indem man zunächst die Bedingung (A-45a) mit $\hat{p}$ multipliziert und dann (A-45b) berücksichtigt.

Identität, aus der die Verbindung zwischen der direkten Nutzenfunktion des Konsumenten und seinen inversen Nachfragefunktionen folgt.

5. Die Distanzfunktion

Wie bereits mehrfach erwähnt wurde, wird die Präferenzordnung des Konsumenten in äquivalenter Weise durch ein System konvexer Mengen, nämlich das System seiner Bessermengen, repräsentiert. Die Darstellung der Präferenzordnung mit Hilfe mathematischer Funktionen beruht primär darauf, daß diese Funktionen in der Lage sind, das Besssermengensystem des Konsumenten vollständig zu beschreiben und damit alle Informationen über die Präferenzordnung, die in dem Bessermengensystem "gespeichert" sind, vollständig wiederzugeben. Als Funktionen, die hierzu geeignet sind, wurden bisher die Ausgabenfunktion, die direkte und die indirekte Nutzenfunktion vorgestellt. Eine weitere Alternative zur Beschreibung konvexer Mengen durch eine mathematische Funktion bietet die sogenannte **Distanzfunktion** $D:R^{N+1} \rightarrow R$, die von R.W. Shephard[21] erstmals in expliziter Form in die mikroökonomische Theorie eingeführt wurde. Sie ist folgendermaßen definiert:

$$(A-50) \quad D(x,U) = \max_{\gamma \in \Gamma(x,U)} \gamma, \quad \Gamma(x,U) = \{\gamma \mid \gamma \in R^{++}, [x/\gamma] \in U(U), x \in R^{N++}\}$$
$$= \{\gamma \mid \gamma \in R^{++}, U(x/\gamma) \geq U, x \in R^{N++}\}$$

Der Wert der Distanzfunktion an einer Stelle [x,U] ist gemäß dieser Definition gleich dem größten positiven Skalar γ, durch den man den Vektor x dividieren kann, so daß der daraus resultierende Vektor [x/γ] mindestens das Nutzenniveau U erzeugt. Aus dieser Definition folgt, daß der Vektor x'=[x/γ] immer ein Randpunkt der Menge U(U) sein muß. Dies wird auch aus Abbildung A-8 deutlich.

Aus Abbildung A-8 geht ferner hervor, daß D(x,U) gleich dem Verhältnis der Strecken 0A und 0B und damit gleich dem Verhältnis der Normen ("Beträge") der Vektoren x und x' ist. D.h.,

---

[21] Vgl. Shephard (1953). Zur Darstellung der Distanzfunktion siehe auch Diewert (1982, S.559 ff.).

$$\text{(A-51)} \quad D(x,U) = \frac{OA}{OB} = \frac{\|x\|}{\|x'\|} = \frac{\sqrt{xx}}{\sqrt{x'x'}} ,$$

wobei

$$\text{(A-52)} \quad x' = \frac{x}{D(x,U)} = x \cdot \frac{\|x'\|}{\|x\|}$$

und

$$\text{(A-53)} \quad U(x') = U(\frac{x}{D(x,U)}) = U .$$

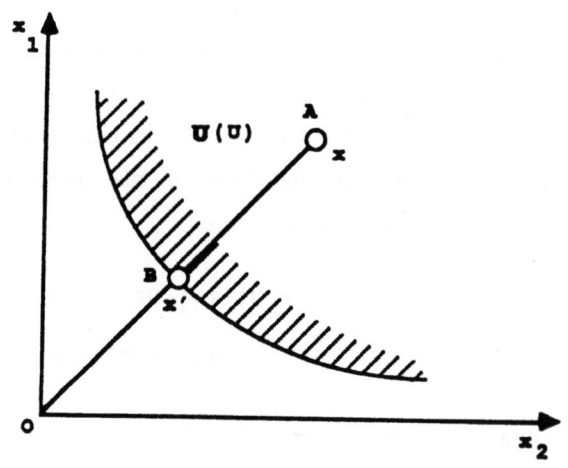

Abb. A-8

Mit Hilfe dieser Identität läßt sich ein wichtiger Zusammenhang zwischen Distanzfunktion und Ausgabenfunktion, nämlich die Ungleichung

$$\text{(A-54)} \quad E(p,U) \cdot D(x,U) \leq px \quad , \quad \forall\, x \in R^{N++}, \; \forall\, p \in R^{N++}$$

herleiten: Aus der Definition (A-17) der Ausgabenfunktion erhält man

$$E(p,U) = \min_{x \in U(U)} px \leq px \quad , \quad \forall x \in U(U) .$$

Wegen (A-53) ist [x/D(x,U)]∈U(U), so daß

$$E(p,U) \leq p \cdot \frac{x}{D(x,U)} = \frac{px}{D(x,U)},$$

woraus sich unmittelbar die Ungleichung (A-54) ergibt.

Aus der Definition der Distanzfunktion folgt, daß sie für alle Randpunkte der Menge U(U) den Wert Eins annimmt, während sie für alle inneren Punkte von U(U) größer als Eins und für alle Punkte x∈R^{N++}, die nicht in U(U) liegen, kleiner als Eins ist. Man kann also zusammenfassend festhalten:

(A-55) $D(x,U) \gtreqless 1 \iff U(x) \gtreqless U$

Daraus ergibt sich unmittelbar die Identität:

(A-56) $D(x,U(x)) = 1$

Eine weitere Implikation von (A-55) ist - nach stetiger Ergänzung der Distanzfunktion auf den gesamten R^{N+} - die Übereinstimmung der oberen Niveaumenge der Distanzfunktion D(x,U) bezüglich x für das Niveau Eins mit der oberen Niveaumenge der direkten Nutzenfunktion für das Niveau U, d.h.,

(A-57) $D(U) = \{x \mid x \in R^{N+}, D(x,U) \geq 1\} = \{x \mid x \in R^{N+}, U(x) \geq U\} = U(U).$

Da (A-57) für alle Nutzenniveaus U gilt, können somit sämtliche oberen Niveaumengen der direkten Nutzenfunktion und damit - wegen (A-5) - sämtliche Bessermengen des Konsumenten mit Hilfe der Distanzfunktion vollständig charakterisiert werden. Das bedeutet, daß die Distanzfunktion ebenso wie die Ausgabenfunktion, die direkte und die indirekte Nutzenfunktion eine selbständige Funktion zur vollständigen Beschreibung der Präferenzordnung des Konsumenten ist.

Von zentraler Bedeutung für das Verständnis der Distanzfunktion und ihrer Eigenschaften ist das sogenannte Shephardsche Dualitätstheorem, das die Distanzfunktion als Pendant zur Ausgabenfunktion im Raum der normierten Preise darstellt:[22]

(A-58) $\quad D(x,U) = \min_{\hat{p}\in\hat{v}(U)} \hat{p}x \quad , \quad \hat{v}(U) = \{\hat{p}|\hat{p}\in R^{N+}, \hat{v}(\hat{p})\leq U\}, x\in R^{N++}\}$

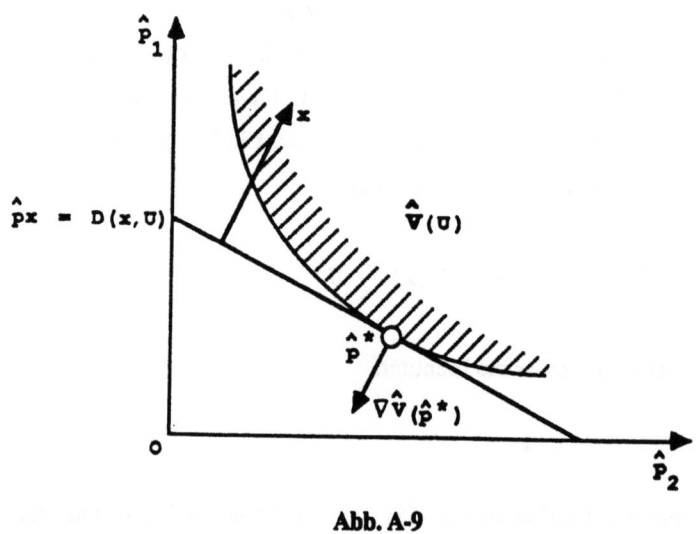

Abb. A-9

Dieses Minimierungsproblem ist in Abbildung A-9 dargestellt. Im Punkt $\hat{p}^*$ erreicht das Skalarprodukt $\hat{p}x$ sein Minimum über alle normierten Preise $\hat{p}$ aus der unteren Niveaumenge der indirekten Nutzenfunktion für das Nutzenniveau U. Ein Vergleich mit Abbildung A-6 zeigt die Analogie zwischen dem Konzept der Ausgabenfunktion und dem der Distanzfunktion nach dem Shephardschen Dualitätstheorem.

Nachdem die Distanzfunktion von ihrer funktionalen Form her somit als "indirekte" Ausgabenfunktion im einkommensnormierten Preisraum interpretiert werden kann, leuchtet es unmittelbar ein, daß sie bezüglich der Gütermengen x dieselben Eigenschaften besitzen muß wie die Ausgabenfunktion bezüglich der Preise p. Aus der Definition der Distanzfunktion folgt jedoch als wesentlicher Unterschied zwischen

---

[22] Zum Beweis dieses Theorems siehe z.B. Field (1976) oder Jacobsen (1972).

beiden Funktionen, daß der Wert der Distanzfunktion anders als der der Ausgabenfunktion mit steigendem Nutzenniveau U nicht zu-, sondern abnimmt. Die wesentlichen Eigenschaften der Distanzfunktion lassen sich folgendermaßen zusammenfassen:

(A-59) Die Distanzfunktion $D(x,U)$ ist für $x \in R^{N++}$ und $U \in R^{++}$

    (a) stetig in x und U,

    (b) streng monoton abnehmend in U,

    (c) positiv linear-homogen in x,

    (d) monoton zunehmend in x,

    (e) zweimal stetig differenzierbar in x,

    (f) konkav in x.

Im einzelnen bedeutet dies:

(A-59a) **Stetigkeit in x und U:**

Die oberen und unteren Niveaumengen der Distanzfunktion sind für alle Werte von D abgeschlossen.

(A-59b) **Strenge Monotonie in U:**

$$U_1 > U_0 \Rightarrow D(x,U_1) < D(x,U_0)$$

Diese Eigenschaft wird aus Abbildung A-8 deutlich: Mit steigendem U "rückt" die Indifferenzkurve, deren Abstand zu einem gegebenem Gütervektor x durch die Distanzfunktion bestimmt wird, näher an diesen Gütervektor heran, so daß der entlang eines Strahls aus dem Ursprung gemessene Abstand zwischen x und der Indifferenzkurve mit steigendem U kleiner wird.

(A-59c) **Positive Linearhomogenität in x:**

$$D(\alpha x, U) = \alpha D(x,U) \quad , \quad \alpha > 0$$

Dies folgt unmittelbar aus (A-51): Aus dieser Gleichung ist ersichtlich, daß eine proportionale Änderung des Gütervektors x bei Konstanz des Nutzenniveaus und damit Konstanz von $\|x'\|$ zu einer Änderung des Wertes der Distanzfunktion im gleichen Verhältnis führt.

(A-59d) **Monotonie in x:**
$$x^1 > x^0 \;\Rightarrow\; D(x^1,U) \geq D(x^0,U)$$

Wegen der Monotonie der Präferenzordnung können die Indifferenzkurven des Konsumenten keine positive Steigung haben. Aus diesem Grunde bedeutet eine Vergrößerung von x bei konstantem U, daß das vergrößerte x auch einen größeren relativen Abstand von der (konstanten) Indifferenzkurve für das Nutzenniveau U hat.

(A-59e) **Zweimal stetige Differenzierbarkeit in x:**
Die ersten und zweiten partiellen Ableitungen der Distanzfunktion nach x existieren und sind stetig

Diese Eigenschaft der Distanzfunktion impliziert, daß ihre Hesse-Matrix bezüglich x existiert und symmetrisch ist.

(A-59f) **Konkavität in x:**
$$D((1-\alpha)x^0 + \alpha x^1, U) \geq (1-\alpha)D(x^0,U) + \alpha D(x^1,U) \;,\; 0 \leq \alpha \leq 1$$

Die Konkavität der Distanzfunktion in x ist analog zur Konkavität der Ausgabenfunktion in den Preisen.

Markthandlungen und Distanzfunktion

Aus der Interpretation der Distanzfunktion als Ausgabenfunktion im Preisraum gemäß dem Shephardschen Dualitätstheorem folgt in unmittelbarer Analogie zu Shephard's Lemma das sogenannte **Shephard-Hanoch-Lemma:**

(A-60) Der Gradient der Distanzfunktion D(x,U) bezüglich x an einer Stelle [x,U] ist gleich dem Lösungsvektor $\hat{p}^*$ des Ausgabenminimierungsproblems (A-58) für den Gütervektor x und das Nutzenniveau U, d.h.,

$$\nabla_x D(x,U) = \hat{p}^* \quad \text{bzw.} \quad \frac{\partial D(x,U)}{\partial x_n} = \hat{p}_n^* \;,$$
$$n = 1, 2, \ldots, N \;.$$

Damit kann der Lösungsvektor $\hat{p}^*$ des Minimierungsproblems (A-58) als Funktion des Gütervektors x und des Nutzenniveaus U dargestellt werden:

(A-61) $\quad \nabla_x D(x,U) = \phi(x,U) = \hat{p}^*$

Die Funktionen $\phi_n(x,U)$, $n = 1,2,...,N$, sind die sogenannten **einkommensnormierten kompensierten inversen Nachfragefunktionen**. Sie bezeichnen diejenigen normierten Preise, bei denen der Konsument einen zu x proportionalen Gütervektor konsumiert, der das Nutzenniveau U erzeugt. Diese Preise geben somit die marginalen Zahlungsbereitschaften des Konsumenten für die Elemente eines solchen Güterbündels wieder. Der Proportionalitätsfaktor, um den x vergrößert oder gekürzt werden muß, damit das Nutzenniveau U realisiert wird, ist definitionsgemäß gleich dem Wert der Distanzfunktion an der Stelle [x,U], so daß gilt:

(A-62) $\quad \phi_n(x,U) = \hat{p}_n\left(\dfrac{x}{D(x,U)}\right) \quad , \quad n=1,2,\ldots,N$

Umgekehrt gilt natürlich auch:

(A-63) $\quad \hat{p}_n(x) = \phi_n(x,U(x)) \quad , \quad n=1,2,\ldots,N$

Aus der Linearhomogenität der Distanzfunktion in den Gütermengen x und dem Shephard-Hanoch-Lemma folgt wegen des Euler-Theorems:

(A-64) $\quad D(x,U) = x \cdot \phi(x,U)$

Der Wert der Distanzfunktion an einer Stelle [x,U] ist somit gleich dem Produkt aus dem Gütervektor x und dem Vektor der kompensierten inversen Nachfragefunktionen an der Stelle [x,U], der wiederum gleich dem optimalen Preisvektor $\hat{p}^*$ des Ausgabenminimierungsproblems (A-58) ist.

Ferner folgt aus der Linearhomogenität der Distanzfunktion und dem Shephard-Hanoch-Lemma:

(A-65) Die inversen kompensierten Nachfragefunktionen sind homogen vom Grade Null in den Gütermengen, d.h.,

$$\phi(\alpha x, U) = \phi(x, U) \quad , \quad \alpha > 0 \; .$$

Wegen des Euler-Theorems folgt daraus:

(A-66) $\quad x \cdot \nabla_x \phi_n(x, U) = 0 \quad , \quad n=1,2,\ldots,N$

Nach dem bereits erwähnten Satz von Young ist die Hesse-Matrix der Distanzfunktion bezüglich x symmetrisch, da die Distanzfunktion bezüglich x zweimal stetig differenzierbar ist. Wegen des Shephard-Hanoch-Lemmas sind die zweiten Ableitungen der Distanzfunktion nach den Gütermengen gleich den ersten Ableitungen der entsprechenden inversen kompensierten Nachfragefunktionen nach den Gütermengen, d.h.,

(A-67) $\quad \dfrac{\partial^2 D}{\partial x_n \partial x_m}(x, U) \equiv \dfrac{\partial \phi_n}{\partial x_m}(x, U) \quad , \quad n,m=1,2,\ldots,N \; ,$

so daß gilt:

(A-68) Die Kreuzableitungen der inversen kompensierten Nachfragefunktionen sind symmetrisch, d.h.,

$$\frac{\partial \phi_n}{\partial x_m}(x, U) = \frac{\partial \phi_m}{\partial x_n}(x, U) \quad , \quad n,m=1,2,\ldots,N \; .$$

Wegen der Konkavität der Distanzfunktion in x ist ihre Hesse-Matrix negativ-semidefinit, so daß gelten muß:

(A-69) $\quad \dfrac{\partial \phi_n}{\partial x_n}(x, U) \leq 0 \quad , \quad n=1,2,\ldots,N$

Bei einer Erhöhung der Menge eines Gutes kann somit die marginale Zahlungsbereitschaft des Konsumenten für dieses Gut nicht zunehmen.

Die Matrix der Mengenableitungen der inversen kompensierten Nachfragefunktionen ist als die sogenannte **Antonelli-Matrix** in die Literatur eingegangen.[23] Sie ist das Pendant zur Slutsky-Matrix im Raum der normierten Preise. Unter Berücksichtigung des Shephard-Hanoch-Lemmas gilt daher:

(A-70)   Die Hesse-Matrix der Distanzfunktion bezüglich der Gütermengen x ist gleich der Antonelli-Matrix.

Bezeichnet man das Element der n-ten Zeile und der m-ten Spalte dieser Matrix mit A_{nm}, so folgt daraus:

(A-71) $A_{nm} = \dfrac{\partial \phi_n}{\partial x_m}$, $n, m = 1, 2, \ldots, N$

Wegen (A-68) und (A-69) hat die Antonelli-Matrix folgende Eigenschaften:

(A-72)   Die Antonelli-Matrix ist symmetrisch und negativ-semidefinit, so daß gilt:

$A_{nm} = A_{mn}$ und $A_{nn} \leq 0$, $n, m = 1, 2, \ldots, N$

Aus (A-71) folgt wegen der Homogenität der kompensierten inversen Nachfragefunktionen vom Grade null ferner:

(A-73) Die Antonelli-Matrix ist singulär; insbesondere gilt

$A \cdot x = x \cdot A = 0_N$.

---

[23] Zur näheren Beschreibung der Antonelli-Matrix siehe z.B. Deaton/Muellbauer (1980, S.57).

Ebenso wie die Reaktion der direkten Nachfrage nach einem Gut auf Preisänderungen gemäß der Slutsky-Gleichung (A-15) in einen Substitutions- und einen Einkommenseffekt zerlegt werden kann, ist dies auch bei der Reaktion der inversen Nachfrage (also des "Preisgebotes" des Konsumenten) auf Mengenänderungen möglich. Und ebenso wie der Substitutionseffekt der direkten Nachfrage als Preisableitung der entsprechenden kompensierten direkten Nachfragefunktion dargestellt werden konnte, ergibt sich der Substitutionseffekt der inversen Nachfrage als Mengenableitung der entsprechenden kompensierten inversen Nachfragefunktion. Wegen (A-71) sind daher die Substitutionseffekte der inversen Nachfrage gleich den entsprechenden Elementen der Antonelli-Matrix - auch dies in Analogie zu den direkten Substitutionseffekten, die gemäß (A-16) gleich den Elementen der Slutsky-Matrix sind.

Zur Herleitung dieser Zusammenhänge differenziert man beide Seiten von (A-62) partiell nach x_m und erhält so bei Berücksichtigung des Shephard-Hanoch-Lemmas (A-60):

$$(A-74) \quad \frac{\partial \phi_n}{\partial x_m} = \sum_{i=1}^{N} \frac{\partial \hat{p}_n}{\partial \tilde{x}_i} \cdot \frac{\partial \tilde{x}_i}{\partial x_m}$$

$$= \frac{\partial \hat{p}_n}{\partial \tilde{x}_m} \cdot \frac{1}{D(x,U)} + \sum_{i=1}^{N} \frac{\partial \hat{p}_n}{\partial \tilde{x}_i} \cdot \left[\frac{-x_i \hat{p}_m}{D(x,U)^2} \right] ,$$

wobei aus Vereinfachungsgründen die Schreibweise

$$\partial \hat{p}_n / \partial \tilde{x}_m = \partial \hat{p}_n / \partial (x_m / D(x,U)) \quad \text{mit} \quad \tilde{x} = x/D(x,U)$$

gewählt wurde. Wegen (A-62) kann man hierfür auch

$$(A-75) \quad \frac{\partial \phi_n}{\partial x_m} = \frac{\partial \hat{p}_n}{\partial \tilde{x}_m} \cdot \frac{1}{D(x,U)} + \frac{\partial \hat{p}_n}{\partial D} \cdot \hat{p}_m$$

schreiben. Die Ableitung $\partial \phi_n / \partial x_m$ interessiert - ebenso wie bei der Slutsky-Gleichung - natürlich nur im Haushaltsgleichgewicht, d.h. für solche Güterbündel x, die exakt das

Nutzenniveau U erzeugen, so daß $D(x,U) = 1$ und $\hat{x} = x$ gilt. Gleichung (A-75) wird dann - bei Berücksichtigung von (A-71) und der Defintion von ϕ - zu

$$(A-76) \quad \frac{\partial \hat{p}_n}{\partial x_m} = \frac{\partial \phi_n}{\partial x_m} - \hat{p}_m \frac{\partial \hat{p}_n}{\partial D}$$

$$= \left. \frac{\partial \hat{p}_n}{\partial x_m} \right|_{U=konst.} - \hat{p}_m \frac{\partial \hat{p}_n}{\partial D}$$

$$= A_{nm} - \hat{p}_m \frac{\partial \hat{p}_n}{\partial D} \quad , \quad m,n=1,2,\ldots,N$$

Dies ist die sogenannte **Antonelli-Gleichung**, die in Analogie zur Slutsky-Gleichung den Gesamteffekt einer Gütermengenänderung auf das Preisgebot eines Konsumenten in den **Substitutionseffekt** $\partial \phi_n / \partial x_m$, also die Preisreaktion auf die Gütermengenänderung bei Konstanz des Nutzenniveaus, und den sogenannten **Skaleneffekt** ($-\hat{p}_m (\partial \hat{p}_n / \partial D)$), d.h. die Reaktion des Preises auf eine proportionale Erhöhung sämtlicher Gütermengen, zerlegt.

Der Skaleneffekt ist natürlich in der Version ($-\hat{p}_m (\partial \hat{p}_n / \partial D)$) empirisch nicht unmittelbar beobachtbar. Für empirische Zwecke empfiehlt es sich daher, die Antonelli-Gleichung in der Version (A-74) bei Berücksichtigung von $D(x,U) \equiv 1$ zu verwenden, so daß (A-76) alternativ als

$$(A-76') \quad \frac{\partial \hat{p}_n}{\partial x_m} = \frac{\partial \phi_n}{\partial x_m} + \hat{p}_m \cdot \sum_{i=1}^{N} \frac{\partial \hat{p}_n}{\partial x_i} \cdot x_i \quad , \quad m,n=1,2,\ldots,N ,$$

ausgedrückt werden kann. Im Zusammenhang mit der approximativen empirischen Berechnung des auf der Distanzfunktion beruhenden Deaton-Indexes im Hauptteil des Buches wird gezeigt, wie (A-76') bei Kenntnis der - empirisch beobachtbaren - unkompensierten inversen Mengenelastizitäten $(\partial \hat{p}_n / \partial x_m) \cdot (x_m / \hat{p}_n)$ zur Berechnung der - empirisch nicht beobachtbaren - inversen Substitutionseffekte $\partial \phi_n / \partial x_m$ verwendet werden kann. Für didaktische Zwecke und zum Verständnis ihres ökonomischen Hintergrunds ist hingegen die erstgenannte Version (A-76) der Antonelli-Gleichung am besten geeignet. Aus diesem Grunde soll sie den weiteren Überlegungen zugrunde gelegt werden.

Aufgrund des Shephardschen Dualitätstheorems (A-58), das die Distanzfunktion als Stützfunktion im Raum der einkommensnormierten Preise darstellt, lassen sich die einzelnen Elemente der Antonelli-Gleichung (A-76) für den Zwei-Güter-Fall graphisch in Anknüpfung an Abbildung A-9 verdeutlichen.

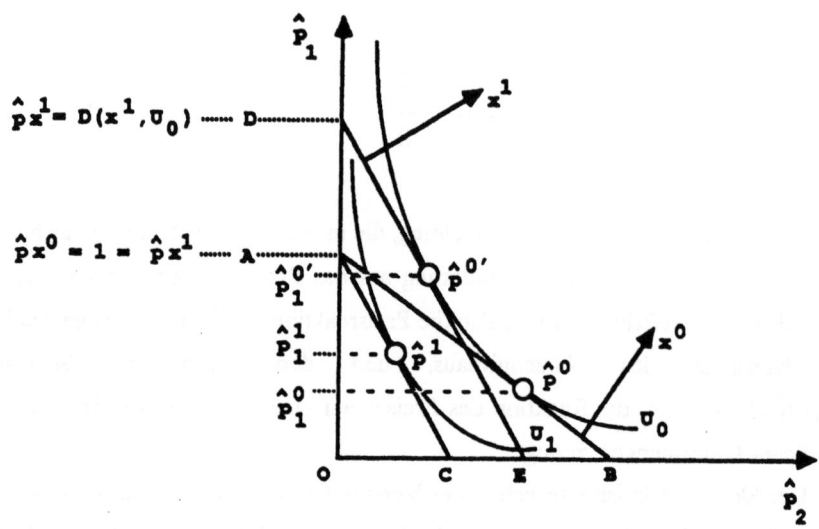

Abb. A-10

In Abbildung A-10 dreht sich die ursprüngliche Budgetgerade AB infolge einer Erhöhung von x_2 nach AC, so daß sich der gleichgewichtige Preisvektor von $\hat{p}^0$ zu $\hat{p}^1$ ändert und das Nutzenniveau sich von

auf
$$U_0 = U(x^0) = \hat{v}(\hat{p}^0)$$
$$U_1 = U(x^1) = \hat{v}(\hat{p}^1)$$

erhöht. Der Wert der Distanzfunktion ist für beide Budgetgeraden entsprechend der Einkommensnormierung der Budgetbeschränkung gleich Eins, so daß die Budgetgerade AB durch

$$\hat{p}x^0 = D(x^0, U_0) = 1$$

und die Budgetgerade AC durch

$$\hat{p}x^1 = D(x^1, U_1) = 1$$

beschrieben werden kann. Der Gesamteffekt der Erhöhung von x_2, die sich in einer Änderung des konsumierten Güterbündels von x^0 nach x^1 äußert, ist durch den Übergang von $\hat{p}^0$ zu $\hat{p}^1$ gegeben und läßt sich folgendermaßen in zwei Schritte zerlegen: Der erste Schritt beschreibt die Reaktion des Konsumenten auf die Erhöhung der Gütermenge x_2, wenn gleichzeitig sein daraus resultierendes neues Güterbündel x^1 proportional so gekürzt wird, daß er mit der auf diese Weise festgelegten Budgetgerade DE gemäß

$$\hat{p}x^1 = D(x^1, U_0)$$

wieder das ursprüngliche Nutzenniveau U_0 realisiert. In Abbildung A-10 folgt aus diesem Schritt, der in (A-76) der partiellen Ableitung der kompensierten inversen Nachfragefunktion ϕ_1 nach der Menge x_2 entspricht, der Übergang von dem Preisvektor $\hat{p}^0$ zu $\hat{p}^{0\,\prime}$, bei dem sich der Konsument entlang der ursprünglichen Indifferenzkurve für das Nutzenniveau U_0 bewegt. Der Zahlungsbereitschaftsvektor $\hat{p}^{0\,\prime}$ ergibt sich beim Konsum eines Güterbündels, das einerseits dieselbe relative Zusammensetzung wie das neue Güterbündel x^1 hat und andererseits das alte Nutzenniveau U_0 erzeugt; dieses Güterbündel ist daher durch $x^1/D(x^1, U_0)$ gegeben. Der zweite Schritt besteht in einer Parallelverschiebung der Budgetgeraden von DE nach AC und führt in Abbildung A-10 von $\hat{p}^{0\,\prime}$ zu dem neuen Preisvektor $\hat{p}^1$; er entspricht einer proportionalen Erhöhung sämtlicher Gütermengen, so daß die Richtung des Gütervektors gemäß x^1 unverändert bleibt und sich nur das Nutzenniveau von U_0 auf U_1 erhöht. Dieser Schritt ergibt sich als Differenz zwischen dem Gesamteffekt der Änderung von x_2, $\partial \hat{p}_1/\partial x_2$, und dem Substitutionseffekt $\partial \phi_1/\partial x_2$ und ist in der Antonelli-Gleichung gemäß (A-76) durch $(-\hat{p}_2(\partial \hat{p}_1/\partial D))$ gegeben.[24] Der Gesamteffekt $(\hat{p}_1^{\,1} - \hat{p}_1^{\,0})$ zerfällt in Abbildung A-10 somit in den

---

[24] Die ökonomische Interpretation des Skaleneffektes kann man sich folgendermaßen klarmachen: Wegen des Shephard-Hanoch-Lemmas gilt $\hat{p}_2 = \partial D(x,U)/\partial x_2$, d.h.,

Substitutionseffekt $(\hat{p}_1^{0'} - \hat{p}_1^{0})$ und den Skaleneffekt $(\hat{p}_1^{1} - \hat{p}_1^{0'})$. Natürlich gelten die in der Abbildung als endliche Größen dargestellten Effekte exakt nur für infinitesimal kleine Änderungen.

Diese Zusammenhänge lassen sich auch im Güterraum darstellen, wie in Abbildung A-11 gezeigt wird. Durch eine isolierte Erhöhung der konsumierten Menge des Gutes 2 ändert sich das Güterbündel von x^0 zu x^1. Um sicherzustellen, daß der Konsument das neue Güterbündel x^1 kauft, muß der normierte Preisvektor von $\hat{p}^0$ in $\hat{p}^1$ geändert werden, d.h., die Budgetgerade wird von AB zu CD. Die in Abbildung A-10 für den Preisraum dargestellte Zerlegung dieses Gesamteffektes in einen Substitutions- und einen Skaleneffekt kann nun auch im Güterraum verfolgt werden. Der Substitutionseffekt veranlaßt den Konsumenten durch die Änderung der Preise von $\hat{p}^0$ in $\hat{p}^{0'}$ bei der dann gültigen Budgetgerade EF zum Kauf des Güterbündels $x^{0'}$, das einerseits in seiner Zusammensetzung proportional zu dem neuen Güterbündel x^1 ist und andererseits das ursprüngliche Nutzenniveau U_0 erzeugt, d.h., $x^{0'}$ und x^1 liegen auf demselben Strahl aus dem Ursprung mit $x^{0'} = x^1/D(x^1, U_0)$. Der Skaleneffekt, der sich hier durch den Übergang von der Budgetgeraden EF zu der Budgetgeraden CD äußert, impliziert, wie in Abbildung A-10 gezeigt wurde, eine proportionale Erhöhung sämtlicher konsumierter Gütermengen von $x^{0'}$ auf x^1. Zusammenfassend kann man festhalten, daß der Substitutionseffekt $\partial\phi_1/\partial x_2$ im Güterraum eine Änderung des konsumierten Güterbündels entlang der ursprünglichen Indifferenzkurve von x^0 nach $x^{0'}$ bewirkt, wobei $x^{0'}$ proportional zu dem neuen Güterbündel x^1 ist. Der Skaleneffekt impliziert dagegen eine Bewegung entlang eines Strahls aus dem Ursprung durch $x^{0'}$ und führt zu einer proportionalen "Verlängerung" des Vektors $x^{0'}$ zu dem endgültigen Güterbündel x^1.

$\hat{p}_2$ ist gleich der ersten partiellen Ableitung der Distanzfunktion nach x_2 und damit gleich derjenigen proportionalen Kürzung der Konsumniveaus sämtlicher Güter, die nötig ist, um den Konsumenten nach einer partiellen Erhöhung von x_2 wieder auf sein ursprüngliches Nutzenniveau U_0 zurückzuführen. Der Skaleneffekt $\hat{p}_2(\partial\hat{p}_1/\partial D) = (\partial\hat{p}_1/\partial D)(\partial D/\partial x_2)$ ist daher gleich dem Effekt, den eine die Erhöhung von x_2 nutzenmäßig kompensierende proportionale Änderung sämtlicher Konsumniveaus auf die Zahlungsbereitschaft für Gut 1 hat. Diese Interpretation wird auch dadurch bestätigt, daß der reine Substitutionseffekt nach Umstellung von (A-76) als Summe aus dem Gesamteffekt, der ja eine Nutzenänderung impliziert, und dem diese Nutzenänderung kompensierenden Skaleneffekt dargestellt werden kann.

Die Analogie zwischen Antonelli- und Slutsky-Gleichung ist offensichtlich, obwohl der Kompensationsmechanismus, der den Konsumenten für den Substitutionseffekt auf ein und derselben Indifferenzkurve hält, natürlich für direkte und inverse Nachfragesysteme verschieden ist. Während die Kompensation bei direkten Nachfragesystemen über Änderungen des Pauscheinkommens erfolgt, ist dies bei inversen Nachfragesystemen schon deshalb nicht möglich, weil das Pauscheinkommen hier durch die Normierung konstant gleich Eins gesetzt wird. Daher erfolgt die Kompensation, die den Konsumenten auf derselben Indifferenzkurve im Preisraum hält, bei inversen Nachfragesystemen über proportionale Änderungen sämtlicher Gütermengen, d.h. über die Änderung der "Skala" bzw. des Niveaus des getätigten Konsums bei Konstanz seiner (relativen) Zusammensetzung.

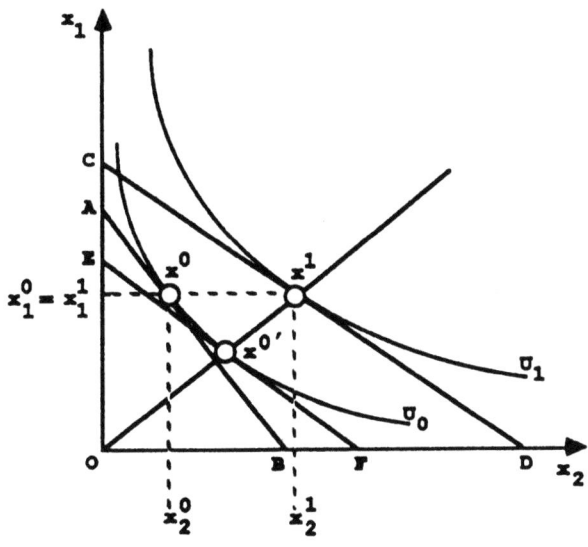

Abb. A-11

Mit der Distanzfunktion steht nunmehr neben der Ausgabenfunktion, der direkten und der indirekten Nutzenfunktion eine weitere Möglichkeit zur funktionalen Darstellung der Präferenzordnung des Konsumenten zur Verfügung. Es konnte gezeigt werden, daß diese Funktion bezüglich der Gütermengenvariablen x dieselben Eigenschaften besitzt wie die Ausgabenfunktion bezüglich der Preisvariablen p. Die Verbindung zwischen dieser funktionalen Darstellung der (nicht beobachtbaren) Präferenzordnung und den (beobachtbaren) Markthandlungen des Konsumenten stellt im Falle der Distanzfunktion das sogenannte Shephard-Hanoch-Lemma her, das die kompensierten inversen Nachfragefunktionen des Konsumenten als partielle Güterableitungen der Distanzfunktion und damit umgekehrt die Distanzfunktion als (wegen (A-68) eindeutig bestimmtes) Integral über die kompensierten inversen Nachfragefunktionen ausweist. Ferner konnte gezeigt werden, daß die Reaktion der inversen Nachfrage auf einzelne Gütermengenänderungen durch die sogenannte Antonelli-Gleichung in Analogie zur Slutsky-Gleichung in einen Substitutions- und einen Skaleneffekt zerlegt werden kann, wobei der Substitutionseffekt eine Änderung der Zusammensetzung des betrachteten Güterbündels bei konstantem Nutzen und der Skaleneffekt eine Änderung des Nutzenniveaus bei konstanter Zusammensetzung des Güterbündels impliziert.[25]

Nachdem nun die wichtigsten mathematischen Funktionen zur Beschreibung einer Präferenzordnung und die mit ihnen assoziierten Nachfragefunktionen vorgestellt wurden, erscheint es sinnvoll, einige wesentliche Beziehungen zwischen diesen verschiedenen Kategorien von Funktionen abschließend noch einmal zusammenzufassen. Dies geschieht in der in Abbildung A-12 dargestellten Übersicht.

---

[25] Für weitere Eigenschaften inverser Nachfragesysteme siehe z.B. Anderson (1980).

Einige wichtige Beziehungen
- zwischen den verschiedenen Funktionen zur Beschreibung der Präferenzordnung:

(a) $E(p,V(p,I)) \equiv I$ 　　　　　(b) $V(p,E(p,U)) \equiv U$

(c) $U\left(\dfrac{x}{D(x,U)}\right) \equiv U$ 　　　(d) $D(x,U(x)) \equiv 1$

(e) $E(p,U) \cdot D(x,U) \leq px$, 　$\forall\ x,p \in \mathbb{R}^{N++}$

- zwischen Nachfragefunktionen und Funktionen zur Beschreibung der Präferenzordung:

(f) $E(p,U) \equiv p \cdot \xi(p,U)$ 　　　(g) $D(x,U) \equiv x \cdot \phi(x,U)$

(h) $V(p,I) \equiv U(x(p,I))$ 　　　(i) $\hat{v}(\hat{p}) \equiv U(\hat{x}(\hat{p}))$

(j) $U(x) \equiv \hat{v}(\hat{p}(x))$ 　　　(k) $x(p,I) \equiv -\dfrac{\nabla_p V(p,I)}{\partial V/\partial I}$
　　　　　　　　　　　　　　　　　(Roy-Identität)

(l) $\hat{x}(\hat{p}) \equiv \dfrac{\nabla \hat{v}(\hat{p})}{\hat{p} \cdot \nabla \hat{v}(\hat{p})}$ 　　　(m) $\hat{p}(x) \equiv \dfrac{\nabla U(x)}{x \cdot \nabla U(x)}$
　(Roy-Id. f. norm. Preise) 　　　　(Hotelling-Wold-Id.)

(n) $\xi(p,U) \equiv \nabla_p E(p,U)$ 　　　(o) $\phi(x,U) \equiv \nabla_x D(x,U)$
　(Shephard's Lemma) 　　　　　(Shephard-Hanoch-Lemma)

- zwischen verschiedenen Arten von Nachfragefunktionen:

(p) $x(p,E(p,U)) \equiv \xi(p,U)$ 　　　(q) $\xi(p,V(p,I)) \equiv x(p,I)$

(r) $\hat{p}\left(\dfrac{x}{D(x,U)}\right) \equiv \phi(x,U)$ 　　(s) $\phi(x,U(x)) \equiv \hat{p}(x)$

- zwischen den partiellen Ableitungen verschiedener Arten von Nachfragefunktionen:

(t) $\dfrac{\partial \xi_n}{\partial p_m} = \dfrac{\partial x_n}{\partial p_m} + x_m \dfrac{\partial x_n}{\partial I}$ 　　　　　　　　　　(Slutsky)

(u) $\dfrac{\partial \phi_n}{\partial x_m} = \dfrac{\partial \hat{p}_n}{\partial x_m} + \hat{p}_m \cdot \dfrac{\partial \hat{p}_n}{\partial D} = \dfrac{\partial \hat{p}_n}{\partial x_m} - \hat{p}_m \cdot \sum_{j=1}^{N} \dfrac{\partial \hat{p}_n}{\partial x_j} \cdot x_j$ 　(Antonelli)

Abb. A-12

6. Eigenschaften empirisch ermittelter Nachfragesysteme

Während wir in unseren bisherigen Überlegungen stets von der Präferenzordnung des Konsumenten bzw. einer der sie beschreibenden Funktionen ausgegangen sind und von dieser Basis über die Nachfragefunktionen auf die Markthandlungen des Konsumenten geschlossen haben, wird in der empirischen Wirtschaftsforschung häufig der umgekehrte Weg beschritten: Ausgehend von den (beobachtbaren) Markthandlungen des Konsumenten schätzt man seine Nachfragefunktionen und versucht, von diesen auf seine Präferenzordnung zu schließen. Dieser Schluß ist jedoch nur dann möglich, wenn das empirisch ermittelte Nachfragesystem bestimmte formale Voraussetzungen erfüllt. Da im allgemeinen empirisch entweder das Marshall-Nachfragesystem oder das nichtkompensierte inverse Nachfragesystem eines Konsumenten ermittelt wird, seien im folgenden die Bedingungen für die theoretische Bedeutsamkeit jeder dieser beiden Arten von Nachfragesystemen, d.h. für ihre Kompatibilität mit der neoklassischen Haushaltstheorie, kurz aufgeführt.

Für ein empirisch ermitteltes Marshall-Nachfragesystem, von dem wir annehmen, es sei stetig differenzierbar, gilt:

(A-77) Damit ein empirisch ermitteltes stetig differenzierbares Marshall-Nachfragesystem als theoretisch bedeutsam betrachtet werden kann, müssen die entsprechenden Nachfragefunktionen
- die Adding-up-Bedingung erfüllen,
- homogen vom Grade Null in Preisen und Einkommen sein,
- eine symmetrische, negativ-semidefinite und singuläre Slutsky-Matrix besitzen.

Voraussetzung dafür, daß zu einem empirisch ermittelten Nachfragesystem überhaupt eine Präferenzordnung existiert, aus der das betreffende Nachfragesystem ableitbar ist, ist die Symmetrie der entsprechenden Slutsky-Matrix. Diese Bedingung wird häufig auch als die **Mathematische Integrabilitätsbedingung** bezeichnet. Die übrigen in (A-77) aufgeführten Bedingungen, die sogenannten **Ökonomischen Integrabilitätsbedingungen**, stellen sicher, daß die entsprechende Präferenzordnung ökonomisch sinnvolle Eigenschaften besitzt.

Empirisch ermittelte inverse Nachfragesysteme unterliegen ähnlichen Restriktionen, allerdings ohne Homogenitätsbedingung, da die inversen Nachfragefunktionen

$\hat{p}(x)$ von ihrer Konstruktion her den normierten direkten Nachfragefunktionen $\hat{x}(\hat{p})$ entsprechen, deren Homogenität durch die Normierung ja ebenfalls verlorengeht. Die Erfüllung der **Adding-up-Bedingung für inverse Nachfragesysteme** wird durch die Erfüllung der normierten Budgetbeschränkung

(A-78) $\hat{p}(x) \cdot x \equiv 1$

sichergestellt. Insgesamt muß also gelten:

(A-79) Damit ein empirisch ermitteltes stetig differenzierbares inverses Nachfragesystem als theoretisch bedeutsam betrachtet werden kann, müssen die entsprechenden inversen Nachfragefunktionen
- die Adding-up-Bedingung für inverse Nachfragefunktionen erfüllen,
- eine symmetrische, negativ-semidefinite und singuläre Antonelli-Matrix besitzen.

Auch hier gilt wieder die Symmetrie der Antonelli-Matrix als Mathematische Integrabilitätsbedingung, aus der die Existenz einer mit diesem Nachfragesystem korrespondierenden Präferenzordnung folgt, während die übrigen, die sogenannten Ökonomischen Intergabilitätsbedingungen, die ökonomische Sinnhaftigkeit der entsprechenden Präferenzordnung sicherstellen.

Erfüllt ein empirisch ermitteltes direktes oder inverses Nachfragesystem die obengenannten Bedingungen, so kann von den in diesem System enthaltenen Informationen auf die entsprechende Präferenzordnung des Konsumenten geschlossen werden.

7. Haushaltsentscheidungen bei rationierten Märkten

Wir sind bisher davon ausgegangen, daß der Haushalt von jedem Gut eine beliebige Menge zu einem bestimmten Preis erwerben und bei Änderungen der Preise oder seines Einkommens seine Güterkäufe der neuen Situation so anpassen kann, daß für alle Paare von Gütern jeweils das Verhältnis ihrer Preise gleich dem Verhältnis der von ihnen erzeugten Grenznutzen ist. Voraussetzung dafür ist, daß der Konsument vollständige Kontrolle über die von ihm konsumierten Gütermengen besitzt, um sich jederzeit eventuellen Änderungen des für ihn gültigen Preis-Einkommen-Vektors entsprechend der "Preisverhältnis = Grenzrate der Substitution" - Regel anpassen zu können. Solche vollständigen Anpassungsprozesse können unter anderem durch Marktunvollkommenheiten, mangelnde physische Teilbarkeit der konsumierten Güter, das Entstehen hoher Transaktionskosten bei Konsumänderungen oder durch staatliche Reglementierung der Güterbereitstellung verhindert werden. In allen diesen Fällen konsumiert der Haushalt von einzelnen Gütern mehr oder weniger, als er es bei der gegebenen Preis-Einkommen-Situation eigentlich gerne würde, und verletzt dabei zwangsläufig die weiter oben hergeleiteten Optimalbedingungen für ein Nutzenmaximum. Dies bewirkt, daß der Konsument in Fällen "bindender" Mengenrationierung, d.h. in Fällen, in denen er ohne Rationierung ein anderes Güterbündel als mit Rationierung gewählt hätte, einen geringeren als den in der aktuellen Situation eigentlich maximal erreichbaren Nutzen realisiert.

Im folgenden soll nun das von einem rationierten Haushalt zu lösende Optimierungsproblem in seiner Nutzenmaximierungs- und in seiner Kostenminimierungsvariante kurz dargestellt werden. Dabei wird allerdings nur auf solche Zusammenhänge Wert gelegt, die für das Grundverständnis des Rationierungsproblems und für die Darstellung der Wohlfahrtsmessung bei Mengenrestriktionen im Hauptteil des Buches von Bedeutung sind. Für weitere Ergebnisse sei auf das Literaturverzeichnis am Ende dieses Kapitels verwiesen. Unter historischen Gesichtspunkten sind vor allem die "klassischen" Beiträge von Rothbarth (1940-41), Tobin/Houthakker (1950-51) und Tobin (1952) von Interesse, während für eine moderne Darstellung des Rationierungsproblems der Aufsatz von Neary und Roberts (1980) empfohlen werden kann.

Das Nutzenmaximierungsproblem

Wir betrachten im folgenden einen Haushalt, der $N+M$ Güter konsumiert, wobei er die Gütermengen x_n ($n=1,2,...,N$) bei den Preisen p_n ($n=1,2,...,N$) frei wählen kann, während ihm die Gütermengen z_m ($m=1,2,...,M$) zu den Preisen q_m ($m=1,2,...,M$) fest vorgegeben sind. Durch Maximierung der direkten Nutzenfunktion[26] $U: R^{N+M} \rightarrow R$ über

---

[26] Nachdem das Symbol "U" bereits für die direkte Nutzenfunktion $U(x)$ verwendet wurde, müßte für $U(x,z)$ eigentlich ein neues Symbol gewählt werden. Da sich durch die Einführung der Mengenrationierung aber (abgesehen von der Anzahl der Argumente) qualitativ an dem Charakter der direkten Nutzenfunktion nichts geändert hat,

die von dem Konsumenten wählbaren Gütermengen x_n erhält man bei Beachtung der Budgetbeschränkung

(A-80) $\quad px + qz = I \quad , \quad x \in R^{N+}, \ z \in R^{M+}, \ p \in R^{N++}, \ q \in R^{M++}, \ I \in R^{++}$,

die rationierte indirekte Nutzenfunktion $\tilde{v} : R^{N+2M+1} \rightarrow R$

(A-81) $\quad \tilde{v}(p,q,z,I) = \max\limits_{x \in X(p,q,z,I)} U(x,z)$,

$$X(p,q,z,I) = \{x \mid x \in R^{N+}, \ px + qz \leq I\} \quad ,$$

als Funktion sämtlicher Preise, der rationierten Gütermengen und des Einkommens. Die Extremierung der entsprechenden Lagrange-Funktion

(A-82) $\quad L(x,\nu) = U(x,z) + \nu(I - px - qz)$

ergibt über die wieder in Gleichheitsbedingungen überführten Optimalbedingungen

(A-83) (a) $\quad \nabla_x L(x^*,\nu^*) = \nabla_x U(x^*,z) - \nu^* p = 0_N$,

(b) $\quad \dfrac{\partial L(x^*,\nu^*)}{\partial \nu} = I - px^* - qz = 0$,

(c) $\quad x^* \geq 0_N$, (d) $\quad \nu^* \geq 0$,

als Lösung die Marshallschen Nachfragefunktionen nach den nichtrationierten Gütern

(A-84) $\quad x^* = æ(p,q,z,I)$

und den Lagrange-Multiplikator

(A-85) $\quad \nu^* = \nu(p,q,z,I)$.

---

soll hier aus Vereinfachungsgründen an dem Symbol "U" festgehalten werden. Aus analogen Gründen wird auch das Mengensymbol X hier unverändert beibehalten.

Aus den Optimalbedingungen (A-83) folgt unmittelbar, daß die rationierten Marshall-Nachfragefunktionen æ homogen vom Grade Null in [p,q,I] sind.

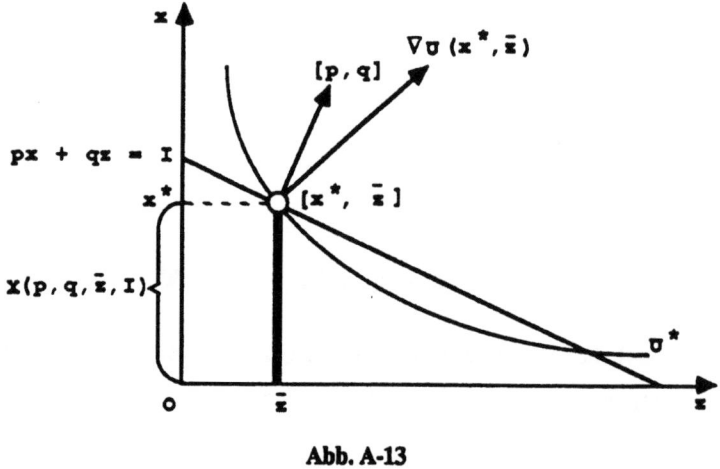

Abb. A-13

Das Nutzenmaximierungsproblem (A-81) ist in Abbildung A-13 für den Fall eines rationierten und eines nichtrationierten Gutes dargestellt, wobei das rationierte Gut auf die Menge $z=\bar{z}$ festgelegt ist. Damit liegt die Menge der für den Konsumenten ökonomisch realisierbaren Güterbündel $[x,\bar{z}]$ auf dem Teil der Parallelen zur x-Achse im Abstand $\bar{z}$, der unterhalb des Schnittpunktes dieser Parallelen mit der Budgetgeraden verläuft. Der Konsument sucht nun aus der Budgetmenge $X(p,q,\bar{z},I)$ diejenige Menge des Gutes x, die ihm in Kombination mit der vorgegebenen Menge $\bar{z}$ des rationierten Gutes den höchsten Nutzen bringt. In Abbildung A-13 entscheidet er sich für $x=x^*$ und realisiert mit dem Güterbündel $[x^*,\bar{z}]$ das Nutzenniveau U^*. Wie nicht anders zu erwarten, ist das Preisverhältnis der beiden Güter im rationierten Optimum $[x^*,\bar{z}]$ nicht gleich ihrer Grenzrate der Substitution, d.h., der Gradient der Nutzenfunktion ist an dieser Stelle nicht kollinear zu dem Preisvektor [p,q], so daß die Budgetgerade die Indifferenzkurve für das Nutzenniveau U^* im Optimum nicht tangiert, sondern schneidet. (Aus der Optimalbedingung (A-83a) geht hervor, daß demgegenüber der Gradient der Nutzenfunktion bezüglich der nichtrationierten Gütermengen x im Optimum positiv kollinear zu dem Vektor der Preise dieser Güter sein muß, d.h., bezüglich der nichtrationierten Güter gelten die traditionellen Optimalitätsbedingungen.) In unserem Zwei-Güter-Beispiel ist die Steigung der Budgetgeraden kleiner als die Steigung der Indifferenzkurve im Optimum, so daß der Konsument bei dem Preisverhältnis q/p lieber eine größere Menge des Gutes z konsumieren und damit ein Güterbündel rechts von $\bar{z}$ realisieren würde. Da dieser Teil der Budgetgeraden im Innern der Bessermenge des Güterbündels $[x^*, \bar{z}]$ verläuft, würde er im Fall einer Lockerung oder gar Aufhebung der Rationierung ein höheres Nutzenniveau als U^* realisieren.

Setzt man die Nachfragefunktionen æ gemäß (A-84) und damit die optimalen Nachfragemengen der nichtrationierten Güter x in die Budgetbeschränkung (A-80) ein, so ergibt sich die Identität

(A-86) $\quad p \ae(p,q,z,I) + qz \equiv I$,

aus deren partieller Ableitung nach den Argumenten p, q, z und I man die Beziehungen

(A-87) (a) $\sum_{j=1}^{N} p_j \frac{\partial \ae_j}{\partial I} \equiv 1$, $\qquad$ (b) $x_n \equiv -\sum_{j=1}^{N} p_j \frac{\partial \ae_j}{\partial p_n}$,

(c) $z_m \equiv -\sum_{j=1}^{N} p_j \frac{\partial \ae_j}{\partial q_m}$, $\qquad$ (d) $q_m \equiv -\sum_{j=1}^{N} p_j \frac{\partial \ae_j}{\partial z_m}$,

$$n=1,2,\ldots,N \quad , \quad m=1,2,\ldots,M \quad ,$$

erhält. Die **Adding-up-Bedingung** (A-87a) ist erwartungsgemäß unverändert gegenüber dem nichtrationierten Fall, d.h., auch bei Mengenrationierung müssen isolierte Einkommenszuwächse vollständig zum Kauf der nichtrationierten Güter x verwendet werden.

Setzt man den optimalen Gütervektor x^* gemäß (A-84) in die Zielfunktion U(x,z) des Nutzenmaximierungsproblems (A-81) ein, so erhält man die definitorische Identität

(A-88) $\quad \tilde{v}(p,q,z,I) \equiv U(\ae(p,q,z,I),z)$.

In Verbindung mit der Homogenität vom Grade Null der Nachfragefunktionen æ in [p,q,I] folgt aus (A-88), daß auch die rationierte indirekte Nutzenfunktion $\tilde{v}$ homogen vom Grade Null in Preisen und Einkommen, d.h. in [p,q,I] ist.

Durch partielle Differentiation von (A-88) nach den Argumenten I, p, q und z erhält man bei Beachtung der Optimalbedingungen (A-83) und der soeben hergeleiteten Beziehungen (A-87) eine Reihe wichtiger Zusammenhänge:

- Differentiation nach dem Einkommen I ergibt bei Berücksichtigung der Optimalbedingung (A-83a)

$$\frac{\partial \tilde{v}}{\partial I} = \sum_{j=1}^{N} \frac{\partial U}{\partial æ_j} \frac{\partial æ_j}{\partial I} = \nu^* \sum_{j=1}^{N} p_j \frac{\partial æ_j}{\partial I},$$

woraus wegen der Adding-up-Bedingung (A-87a) folgt, daß der Lagrange-Multiplikator ν^* des Nutzenmaximierungsproblems (A-82) im Optimum wieder gleich dem Grenznutzen des Einkommens ist:

(A-89) $\quad \dfrac{\partial \tilde{v}}{\partial I}(p,q,z,I) = \nu(p,q,z,I) = \nu^*$

- In analoger Weise erhält man durch partielle Differentiation von (A-88) nach dem Preis p_n eines beliebigen nichtrationierten Gutes

$$\frac{\partial \tilde{v}}{\partial p_n} = \sum_{j=1}^{N} \frac{\partial U}{\partial æ_j} \frac{\partial æ_j}{\partial p_n} = \nu^* \sum_{j=1}^{N} p_j \frac{\partial æ_j}{\partial p_n}, \quad n=1,2,\ldots,N.$$

Wegen (A-87b) und (A-89) folgt daraus die **Roy-Identität für nichtrationierte Güter**:

(A-90) $\quad \dfrac{\nabla_p \tilde{v}}{\partial \tilde{v}/\partial I}(p,q,z,I) = -æ(p,q,z,I) = -x^*$

- Bei entsprechendem Vorgehen führt die partielle Differentiation von (A-88) nach dem Preis q_m eines beliebigen rationierten Gutes m wegen (A-87c) zur **Roy-Identität für rationierte Güter:**

(A-91) $\quad \dfrac{\nabla_q \tilde{v}}{\partial \tilde{v}/\partial I}(p,q,z,I) = -z$

- Partielle Differentiation von (A-88) nach der Menge z_m eines rationierten Gutes ergibt schließlich

$$\frac{\partial \tilde{v}}{\partial z_m} = \sum_{j=1}^{N} \frac{\partial U}{\partial x_j} \frac{\partial x_j}{\partial z_m} + \frac{\partial U}{\partial z_m} \quad , \quad m=1,2,\ldots,M \; .$$

Bei Beachtung von (A-87d) folgt daraus

(A-92) $\quad \nabla_z \tilde{v}(p,q,z,I) \equiv - \nu^* \cdot q + \nabla_z U(x^*,z) \quad ,$

wobei x^* und ν^* wegen (A-84) und (A-85) jeweils Funktionen von p, q, z und I sind. Der Gesamteffekt einer Erhöhung der Rationierungsmenge z_m auf den Nutzen des Konsumenten läßt sich somit in einen direkten und einen indirekten Effekt zerlegen. Der (positive) direkte Effekt $\partial U / \partial z_m$ ist gleich dem Nutzen, den eine zusätzliche physische Einheit des m-ten Gutes stiftet, während der (negative) indirekte Effekt $(-\nu^* q_m)$, den man auch als "Budgeteffekt" bezeichnen könnte, durch die Mehrkosten in Höhe von q_m für die zusätzliche Einheit des m-ten Gutes und den dadurch bedingten Rückgang im Konsum der nichtrationierten Güter x verursacht wird. Denn um diese Mehrkosten verringert sich der frei verfügbare Teil px des Budgets zugunsten des fixen Budgetteils qz, so daß die Ausgaben für nichtrationierte Güter x um q_m Geldeinheiten zurückgehen. Der dadurch entstehende Nutzenverlust ist gleich dem Produkt aus q_m und dem Grenznutzen des Einkommens, wobei q_m durch die Multiplikation mit ν^* in Nutzeneinheiten überführt wird.

Im folgenden soll nun untersucht werden, welche Auswirkungen die Berücksichtigung rationierter Märkte auf das Kostenminimierungsproblem des Haushalts und damit auf seine Ausgabenfunktion hat.

Das Kostenminimierungsproblem

Die rationierte Ausgabenfunktion $\acute{E}: \mathbb{R}^{N+2M+1} \to \mathbb{R}$ ergibt sich analog zu der nichtrationierten Ausgabenfunktion aus dem Minimierungsansatz

(A-93) $\quad \acute{E}(p,q,z,U) = \min_{x \in \hat{u}(z,U)} px + qz = qz + \min_{x \in \hat{u}(z,U)} px \quad ,$

$$\hat{u}(z,U) = \{x \mid x \in \mathbb{R}^{N+}, \; U(x,z) \geq U\} \quad ,$$

wobei der Ausgabenteil qz von dem Konsumenten nicht beeinflußt werden kann. Aus der Extremierung der Lagrange-Funktion

(A-94) $L(x,\delta) = qz + px + \delta(U-U(x,z))$

erhält man über die Optimalbedingungen

(A-95) (a) $\nabla_x L(x^*,\delta^*) = p - \delta^* \nabla_x U(x^*,z) = 0_N$,

(b) $\dfrac{\partial L(x^*,\delta^*)}{\partial \delta} = U - U(x^*,z) = 0$,

(c) $x^* \geq 0_N$, (d) $\delta^* \geq 0$

als Lösung des Minimierungsproblems (A-93) den Vektor der rationierten Hicks-Nachfragefunktionen nach den nichtrationierten Gütern und den Lagrange-Multiplikator im Optimum:

(A-96) (a) $x^* = \zeta(p,z,U)$
(b) $\delta^* = \delta(p,z,U)$

Sowohl der Lagrange-Multiplikator δ als auch die kompensierten Nachfragefunktionen ζ sind offensichtlich von den Preisen q der rationierten Güter unabhängig, da diese nicht in die Optimalbedingungen (A-95) eingehen und somit auch keinen Einfluß auf x^* und δ^* haben. Aus (A-95) folgt ferner, daß die Funktionen ζ homogen vom Grade Null in den nichtrationierten Preisen p sind.

Das Kostenminimierungsproblem (A-93) ist in Abbildung A-14 graphisch wieder für den Fall eines rationierten und eines nichtrationierten Gutes dargestellt. Wegen der Rationierung von z gemäß $z = \bar{z}$ liegen alle Güterbündel [x,z̄], die mindestens das Nutzenniveau U erzeugen, auf dem Teil einer Parallelen zur x-Achse im Abstand z̄, der oberhalb des Schnittpunktes dieser Parallelen mit der Indifferenzkurve für das Nutzenniveau U verläuft. Der Konsument sucht nun aus seiner Beschränkungsmenge û(z̄,U) diejenige Menge des nichtrationierten Gutes x aus, die ihm in Kombination mit z̄ das Nutzenniveau U bei den geringsten Kosten stiftet. Graphisch wird also in Abbildung A-14 unter allen Geraden mit dem Normalenvektor [p,q], die mindestens einen Punkt mit dem fett gezeichneten Teil der Parallelen zur x-Achse gemeinsam haben, diejenige gesucht, die den kleinsten Achsenabschnitt besitzt. Auch hier gilt wieder, daß im Optimum [x*,z̄] der Gradient der Nutzenfunktion nicht kollinear zu dem Preisvektor [p,q] ist, so daß die Indifferenzkurve für das Nutzenniveau U in diesem Punkt von der kostenminimalen Budgetgeraden px+qz = É(p,q,z̄,U) nicht tangiert, sondern geschnitten wird. Ebenso wie bei dem Nutzenmaximierungsproblem würde auch hier eine Lockerung der Rationierung zu einer Verbesserung des Zielwertes, in diesem Fall also zu einer Verminderung der zur Realisierung des Nutzenniveaus U erforderlichen Ausgaben führen. Die Analogie zu dem in Abbildung A-13 dargestellten Nutzenmaximierungsproblem ist offensichtlich und entspricht der bereits ausführlich erörterten Spiegelbildlichkeit der beiden Optimierungsprobleme im nichtrationierten Fall, so daß auf diesen Punkt hier nicht näher eingegangen werden soll.

Einsetzen des Lösungsvektors x* in die Zielfunktion des Kostenminimierungsproblems (A-93) ergibt die Identität

(A-97)   É(p,q,z,U) = qz + pζ(p,z,U) .

Die rationierte Ausgabenfunktion É hat bezüglich der Preise [p,q] und des Nutzens U dieselben Eigenschaften wie die nichtrationierte Ausgabenfunktion. So ist sie insbesondere streng monoton in U sowie monoton, konkav und linear-homogen in [p,q] und zweimal stetig differenzierbar in p.

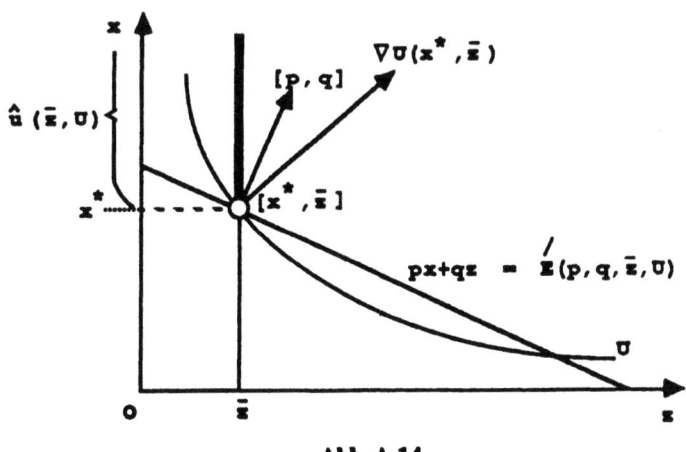

Abb. A-14

Aus (A-97) und der Homogenität vom Grade Null der kompensierten Nachfragefunktionen ζ bezüglich p folgt bei Beachtung des Euler-Theorems die Gültigkeit von **Shephard's Lemma für nichtrationierte Güter bei Existenz rationierter Märkte:**

(A-98) $\quad \nabla_p \acute{E}(p,q,z,U) = \zeta(p,z,U) = x^*$

Analog zu diesem Ergebnis gilt gemäß (A-97) trivialerweise auch **Shephard's Lemma für rationierte Güter:**

(A-99) $\quad \nabla_q \acute{E}(p,q,z,U) = z$,

d.h., die partiellen Ableitungen der rationierten Ausgabenfunktion bezüglich der Preise q sind gleich den rationierten Mengen z.

Der Zusammenhang zwischen der rationierten Ausgabenfunktion $\acute{E}$ und der rationierten indirekten Nutzenfunktion $\tilde{v}$ wird durch das Identitäten-Paar

(A-100) $\quad \acute{E}(p,q,z,\tilde{v}(p,q,z,I)) = I$

und

(A-101) $\quad \tilde{v}(p,q,z,\acute{E}(p,q,z,U)) = U$

hergestellt. In Verbindung mit der strengen Monotonie von $\acute{E}$ in U und von $\tilde{v}$ in I, wodurch die Voraussetzung für die Anwendung des Theorems der impliziten Funktionen erfüllt ist, folgt daraus, daß man die Ausgabenfunktion $\acute{E}$ jederzeit in die indirekte Nutzenfunktion $\tilde{v}$ überführen kann und umgekehrt.

Partielles Ableiten von (A-100) nach I bzw. von (A-101) nach U bestätigt, daß der Grenznutzen des Einkommens ν^* invers zu den "Grenzkosten des Nutzens" $\partial \acute{E}/\partial U$ ist. Aus (A-97) folgt darüber hinaus, daß $\partial \acute{E}/\partial U$ nicht von q abhängt. Es gilt somit bei Beachtung von (A-89)

(A-102) $\quad \dfrac{\partial \acute{E}}{\partial U}(p,z,U) = \dfrac{1}{\partial \tilde{v}/\partial I}(p,q,z,I) = \dfrac{1}{\nu^*}$,

$\qquad\qquad\qquad$ für $I = \acute{E}(p,q,z,U)$ bzw. $U = \tilde{v}(p,q,z,I)$.

Differenziert man die Identität (A-100) partiell nach der Menge z_m eines beliebigen rationierten Gutes, so erhält man bei Beachtung von (A-92)

$$\frac{\partial \acute{E}}{\partial z_m} + \frac{\partial \acute{E}}{\partial U}\frac{\partial \tilde{v}}{\partial z_m} = \frac{\partial \acute{E}}{\partial z_m} + \frac{\partial \acute{E}}{\partial U}\left[\frac{\partial U}{\partial z_m} - \nu^* \cdot q_m\right] = 0 \, ,$$

$$m = 1, 2, \ldots, M \, .$$

Auflösen nach $\partial \acute{E}/\partial z_m$ ergibt bei Berücksichtigung von (A-102) und (A-96a)

$$(A\text{-}103) \quad \frac{\partial \acute{E}}{\partial z_m}(p,q,z,U) = q_m - \frac{\partial \acute{E}}{\partial U}(p,z,U) \cdot \frac{\partial U}{\partial z_m}(x^*,z)$$

$$= q_m - \frac{\partial U/\partial z_m}{\nu^*} \, , \quad m = 1, 2, \ldots, M \, .$$

Die partielle Ableitung $\partial U(x^*,z)/\partial z_m$ ist gleich dem von dem m-ten Gut in der aktuellen (rationierten) Situation [x^*,z] erzeugten *direkten* Grenznutzen. Durch Multiplikation mit den Grenzkosten des Nutzens $\partial \acute{E}/\partial U$ bzw. - äquivalent dazu - Division durch den aktuellen Grenznutzen des Einkommens ν^* wird $\partial U/\partial z_m$ in Geldeinheiten übergeführt. Der Quotient dieser beiden Grenznutzen wird auch als "Schattenpreis" des rationierten Gutes m bezeichnet, weil er den Wert angibt, den der Konsument der letzten gekauften Einheit dieses Gutes in der aktuellen Situation beimißt. Bei nichtrationierten Gütern ist der entsprechende Schattenpreis $(\partial U/\partial x_m)/\nu^*$ im Haushaltsgleichgewicht gleich dem jeweiligen Marktpreis, da der Konsument auf vollkommenen Märkten entsprechend seinen Optimalbedingungen für ein Nutzenmaximum genau diejenige Menge eines Gutes nachfragt, bei der Schattenpreis und Marktpreis übereinstimmen. Bei rationierten Gütern wird jedoch die Nachfragemenge (ebenso wie der Marktpreis) extern und ohne Berücksichtigung der Konsumentenpräferenzen festgelegt, so daß der Marktpreis rationierter Güter normalerweise nicht mit ihrem Schattenpreis übereinstimmt. Da diese Schattenpreise jedoch genau den Wert angeben, den der Konsument den rationierten Gütern in der aktuellen Situation "tatsächlich" beimißt, sind sie gerade gleich denjenigen Preisen, bei denen der Konsument auch ohne Rationierung die aktuellen Gütermengen nachfragen würde.

Aus (A-103) geht hervor, daß diese Schattenpreise, die manchmal auch als **virtuelle Preise**[27] der rationierten Güter bezeichnet werden, wegen $x^* = \zeta(p,z,U)$ als Funktion von p,z und U ausgedrückt werden können. Benennt man den Vektor dieser Schattenpreise mit $\pi = [\pi_1, \pi_2, ..., \pi_M]$, so gilt

$$(A-104) \quad \pi^* = \frac{\nabla_z U(x^*, z)}{\nu^*} = \frac{\partial \acute{E}}{\partial U}(p,z,U) \cdot \nabla_z U(\zeta(p,z,U), z) = \pi(p,z,U) ,$$

und (A-103) wird zu

$$(A-105) \quad \nabla_z \acute{E}(p,q,z,U) = q - \pi(p,z,U) = q - \pi^* .$$

Diese Beziehung besagt, daß die partielle Ableitung der rationierten Ausgabenfunktion nach der Menge eines rationierten Gutes gleich der Differenz zwischen dem (extern festgelegten) Marktpreis dieses Gutes und seinem Schattenpreis ist. Ökonomisch ist dieses Ergebnis insofern plausibel, als eine Erhöhung der Rationierungsmenge z_m einerseits die Ausgaben des Konsumenten um den Preis q_m dieser Einheit erhöht und ihm andererseits zusätzlichen (direkten) Nutzen in Höhe von $\partial U/\partial z_m$ stiftet, dessen monetäres Äquivalent $(\partial U/\partial z_m)/\nu^*$ er nun beim Kauf der nichtrationierten Güter einsparen kann, ohne dabei einen geringeren Nutzen als in der Ausgangssituation zu realisieren.

Mit (A-98), (A-99), (A-102) und (A-105) sind sämtliche Reaktionskoeffizienten der rationierten Ausgabenfunktion bekannt. Im folgenden soll nun auf das Verhältnis zwischen den kompensierten und den nichtkompensierten rationierten Nachfragefunktionen eingegangen werden.

Der durch die Identitäten (A-100) und (A-101) ausgedrückte Zusammenhang zwischen der Ausgabenfunktion und der indirekten Nutzenfunktion läßt sich wie schon im nichtrationierten Fall auch auf das Verhältnis zwischen kompensierten und unkompensierten rationierten Nachfragefunktionen übertragen. So erhält man

$$(A-106) \quad \zeta(p,z,\tilde{v}(p,q,z,I)) = æ(p,q,z,I)$$

---

[27] Diese Bezeichnung wurde von Rothbarth (1940-41) in die Rationierungs-Literatur eingeführt und wird u.a. auch von Neary/Roberts (1980) und Johansson (1987) verwendet.

und

(A-107)   æ(p,q,z,É(p,q,z,U)) ≡ ζ(p,z,U) .

Ähnlich wie im nichtrationierten Fall läßt sich auch für die rationierten Nachfragefunktionen nach x eine Art **Slutsky-Gleichung** durch partielle Differentiation von (A-107) nach den entsprechenden Preisen ableiten. So erhält man bei Beachtung von Shephard's Lemma gemäß (A-98)

$$(\text{A-108}) \quad \frac{\partial \zeta_n}{\partial p_j} = \frac{\partial æ_n}{\partial p_j} + x_j \cdot \frac{\partial æ_n}{\partial I} \quad , \quad j,n=1,2,\ldots,N \quad ,$$

wobei die Substitutionseffekte $\partial \zeta_n / \partial p_j$ gleich den zweiten partiellen Ableitungen der rationierten Ausgabenfunktion nach den Preisen der nichtrationierten Güter sind. Die Matrix dieser Substitutionseffekte, d.h. die **rationierte Slutsky-Matrix** bezüglich der nichtrationierten Güter, ist aufgrund dieses Zusammenhangs *symmetrisch* und *negativ-semidefinit*, da die rationierte Ausgabenfunktion zweimal stetig differenzierbar und konkav in p ist. Sie ist darüber hinaus *singulär*, da die kompensierten rationierten Nachfragefunktionen ζ homogen vom Grade Null in p sind und somit das Euler-Theorem auf ihre partiellen Ableitungen bezüglich p anwendbar ist.

Ein ähnlicher Zusammenhang läßt sich für Variationen der rationierten Preise q nicht ableiten, da die rationierten Hicks-Nachfragefunktionen nach den nichtrationierten Gütern x nicht von den rationierten Preisen abhängen. Die Erhöhung eines rationierten Preises erzeugt somit keinen Substitutionseffekt, sondern nur einen Einkommenseffekt, wie die partielle Ableitung von (A-107) nach einem rationierten Preis q_m bei Beachtung von (A-99) zeigt:

$$(\text{A-109}) \quad \frac{\partial æ_n}{\partial q_m} = - z_m \cdot \frac{\partial æ_n}{\partial I} \quad , \quad n=1,2,\ldots,N \quad , \quad m=1,2,\ldots,M$$

Ökonomisch erklärt sich das Fehlen eines Substitutionseffekts dadurch, daß der Konsument auf eine Erhöhung von q_m nicht entsprechend der Änderung der relativen Preise mit einer Reduktion der Nachfragemenge z_m reagieren kann, die dann durch Erhöhung einer anderen Nachfragemenge im Hinblick auf ein konstantes Nutzenniveau kompensiert würde, da z_m für ihn fest vorgegeben ist. Somit bedeutet eine Erhöhung von q_m für den Konsumenten ausschließlich eine Erhöhung seines fixen Ausgabenteils qz, der sich als Verminderung seines frei verfügbaren Pauscheinkommens (I-qz) auswirkt und daher nur einen Einkommenseffekt erzeugt.

Einen zur Slutsky-Gleichung analogen Zusammenhang erhält man durch partielle Differentiation von (A-107) nach der Menge z_m eines rationierten Gutes unter Beachtung von (A-105):

$$(A-110) \quad \frac{\partial \zeta_n}{\partial z_m} = \frac{\partial æ_n}{\partial z_m} + [q_m - \pi_m^*] \cdot \frac{\partial æ_n}{\partial I} \quad , \quad n=1,2,\ldots,N \; , \quad m=1,2,\ldots,M \; ,$$

wobei $[q_m - \pi_m^*] = \partial \acute{E}/\partial z_m$ wieder gleich dem Einkommensbetrag ist, den der Konsument bei einer Erhöhung von z_m um eine Einheit aufwenden muß bzw. einsparen kann, um sein Nutzenniveau gegenüber der Ausgangssituation konstant zu halten. Dieser Betrag ist positiv, wenn der für Gut m tatsächlich geforderte Preis q_m höher als der entsprechende Schattenpreis π_m^* ist, und negativ, wenn $q_m < \pi_m^*$ gilt.

Dies läßt sich auch anhand von Abbildung A-14 verdeutlichen, wo $q_m < \pi_m^*$ gilt, so daß die Budgetgerade die ursprüngliche Indifferenzkurve im Optimalpunkt $[x^*, z_m]$ von unten schneidet. Bei diesem Preisverhältnis würde der Konsument gerne mehr von dem rationierten Gut konsumieren. Eine Erhöhung der Rationierungsmenge führt in Abbildung A-14 zu einem Güterbündel auf der Budgetgeraden, das rechts von $\bar{z}$ und damit oberhalb der Indifferenzkurve für das alte Nutzenniveau U liegt. Eine Erhöhung der Rationierungsmenge führt in diesem Fall somit zu einer Nutzenerhöhung, so daß der Konsument zur Erhaltung seines ursprünglichen (geringeren) Nutzenniveaus seine Ausgaben reduzieren kann. Gilt umgekehrt $q_m > \pi_m^*$, so schneidet die Budgetgerade die ursprüngliche Indifferenzkurve von oben, und der Konsument würde bei dem geltenden Preis von dem rationierten Gut lieber weniger als die Menge $\bar{z}$ konsumieren. Eine weitere Erhöhung der Rationierungsmenge führt in diesem Fall zu einem Güterbündel, das unterhalb der ursprünglichen Indifferenzkurve liegt, und damit zu einer Nutzeneinbuße, so daß der Konsument nur durch eine Erhöhung seiner Ausgaben sein ursprüngliches Nutzenniveau verteidigen kann.

Das Produkt $(\partial æ_n/\partial I)(\partial \acute{E}/\partial z_m)$ gibt demnach an, wie sich eine die Erhöhung von z_m kompensierende Pauscheinkommensvariation auf die Nachfrage nach Gut n auswirkt. Damit kann $[q_m - \pi_m^*](\partial x_n/\partial I)$ als Einkommenseffekt einer Lockerung der Rationierung des m-ten Gutes um eine Einheit interpretiert werden, während $\partial \zeta_n/\partial z_m$ den entsprechenden Substitutionseffekt, d.h. die Reaktion der Nachfrage nach Gut n auf eine marginale Erhöhung der rationierten Menge z_m unter der Nebenbedingung eines konstanten Nutzenniveaus, bezeichnet. Die Summe aus dem Substitutionseffekt und dem Negativen des Einkommenseffekts ergibt gemäß (A-110) den Gesamteffekt $\partial x_n/\partial z_m$. Gleichung (A-110) kann somit als eine Art **Slutsky-Gleichung für Änderungen der Rationierungsmengen** interpretiert werden.

Für empirische Arbeiten ist es häufig nützlich, einen Zusammenhang zwischen den rationierten Nachfragefunktionen eines Konsumenten einerseits und seinen nichtrationierten Nachfragefunktionen nach denselben Gütern andererseits herzustellen, um von den Eigenschaften der nichtrationierten Funktionen auf die Eigenschaften der entsprechenden rationierten Funktionen zu schließen. Aus demselben Grund ist auch das Verhältnis zwischen rationierter und nichtrationierter Ausgabenfunktion von Interesse.

Bezeichnet man die nichtrationierte Ausgabenfunktion aus Gründen der Einfachheit auch für den (N+M)-Güter-Fall mit dem Symbol E, so läßt sie sich wieder über das Kostenminimierungsproblem[28]

$$(A\text{-}111) \quad E(p,q,U) = \min_{[x,z] \in \tilde{U}(U)} px + qz ,$$

$$\tilde{U}(U) = \{[x,z] \mid [x,z] \in R^{(N+M)+}, U(x,z) \geq U\},$$

definieren, bei dem sämtliche Gütermengen variabel sind. Das Größenverhältnis zwischen der rationierten und der nichtrationierten Ausgabenfunktion ist durch

$$(A\text{-}112) \quad E(p,q,U) = \min_{z} \acute{E}(p,q,z,U)$$

gekennzeichnet. Dieser Zusammenhang folgt unmittelbar aus den Definitionen beider Funktionen. Beide entstehen durch Minimierung der Kosten (px+qz) über die Güter-

---

[28] In den vorangegangenen Kapiteln war die Funktion E über N Güterpreise definiert, während sie nun N+M Preis-Argumente besitzt. Da sich aber weder an ihren Eigenschaften noch an ihrer ökonomischen Bedeutung etwas geändert hat, soll das Funktionssymbol E beibehalten werden.

mengen unter der Nebenbedingung eines vorgegebenen Nutzenniveaus. Während bei diesem Minimierungsprozeß für die nichtrationierte Ausgabenfunktion E sämtliche Gütermengen variabel sind und somit auf ein optimales Niveau im Sinne der Kostenminimierung festgelegt werden können, sind bei dem entsprechenden Kostenminimierungsproblem unter Rationierungsbedingungen M dieser Gütermengen extern fixiert, so daß sie nicht mehr in den Minimierungsprozeß einbezogen werden können. Das rationierte Kostenminimierungsproblem ist also im Vergleich zu dem nichtrationierten Problem durch zusätzliche Nebenbedingungen eingeschränkt, so daß der entsprechende Lösungsraum kleiner ist und das Ergebnis nicht besser sein kann als bei dem nichtrationierten Problem. Mathematisch gesehen ist die nichtrationierte Ausgabenfunktion E gemäß (A-112) die Enveloppe oder "Einhüllende" der rationierten Ausgabenfunktionen É in bezug auf die verschiedenen Rationierungsniveaus z.

Bezeichnet man die nichtrationierten kompensierten Nachfragefunktionen nach den Gütern x wieder mit ξ und die entsprechenden Nachfragefunktionen nach den Gütern z mit h, so ergibt die Anwendung von Shephard's Lemma auf die nichtrationierte Ausgabenfunktion

(A-113) $\nabla_p E(p,q,U) = \xi(p,q,U)$

und

(A-114) $\nabla_q E(p,q,U) = h(p,q,U)$.

Wegen der Linear-Homogenität der Ausgabenfunktion in p und q folgt daraus in Verbindung mit dem Euler-Theorem

(A-115) $E(p,q,U) = p \cdot \xi(p,q,U) + q \cdot h(p,q,U)$.

Der Zusammenhang zwischen den rationierten und den nichtrationierten kompensierten Nachfragefunktionen läßt sich über das bereits eingeführte Konzept der virtuellen Preise π herstellen: Diese Preise sind als Schattenpreise der rationierten Güter so definiert, daß der Konsument bei ihrer Gültigkeit im nichtrationierten Fall dieselben Gütermengen konsumieren würde wie im rationierten Fall. D.h.,

(A-116) $\xi(p,\pi^*,U) = \xi(p,\pi(p,z,U),U) = \zeta(p,z,U)$

und

(A-117) $h(p,\pi^*,U) = h(p,\pi(p,z,U),U) = z$.

Dieser Zusammenhang läßt sich am Beispiel von Abbildung A-14 folgendermaßen verdeutlichen: Bei der Lösung des rationierten Kostenminimierungsproblems sucht der Konsument nach einem Güterbündel auf dem fett eingezeichneten (oberhalb der Indifferenzkurve für das Nutzenniveau U liegenden) Teil der Rationierungsbeschränkung, das zugleich Element der dem Ursprung am nächsten gelegenen Isoausgabenlinie mit dem Normalenvektor [p,q] ist. Im Optimum [$x^*,\bar{z}$] schneidet diese Isoausgabenlinie die Indifferenzkurve. Dasselbe Güterbündel [$x^*,\bar{z}$] wird der Konsument auch ohne Rationierung wählen, wenn er mit einer Budgetgeraden konfrontiert ist, die genau die gleiche Steigung wie die Indifferenzkurve im Punkt [$x^*,\bar{z}$] besitzt und diese daher in [$x^*,\bar{z}$] tangiert. Der Normalenvektor dieser Budgetgeraden ist gleich dem Preisvektor, wobei die Preise aufgrund der Optimalbedingungen für ein Nutzenmaximum jeweils gleich dem Verhältnis zwischen dem Grenznutzen des entsprechenden Gutes und dem Grenznutzen des Einkommens sind. Aus der Definition der virtuellen Preise gemäß (A-103) folgt, daß der Normalenvektor der Budgetgeraden, die als nichtrationiertes Optimum den Punkt [$x^*,\bar{z}$] erzeugt, gleich dem Vektor [p,π^*] = [$p,\pi(p,z,U)$] ist.

Wegen Shephard's Lemma gemäß (A-98,99) und (A-113,114) impliziert (A-116) bzw. (A-117), daß die Gradienten der nichtrationierten Ausgabenfunktion bezüglich der Preise p und q an der Stelle π^* jeweils mit den entsprechenden Gradienten der rationierten Ausgabenfunktion übereinstimmen, d.h.,

(A-118) $\nabla_p E(p,\pi^*,U) = \nabla_p E(p,\pi(p,z,U),U) = \nabla_p \acute{E}(p,q,z,U)$
$= \zeta(p,z,U)$

und

(A-119) $\nabla_q E(p,\pi^*,U) = \nabla_q E(p,\pi(p,z,U),U) = \nabla_q \acute{E}(p,q,z,U) = z$.

Diese Identitäten gelten grundsätzlich, da sich zu jedem Güterbündel [x,z] = [$\zeta(p,z,U),z$] ein Vektor virtueller Preise $\pi^* = \pi(p,z,U)$ finden läßt, so daß [p,π*,U] die Identitäten (A-116) und (A-117) und damit auch (A-118) und (A-119) erfüllt.[29]

Neben dem in (A-118) und (A-119) dargestellten Zusammenhang zwischen den Gradienten der rationierten und der nichtrationierten Ausgabenfunktion interessiert natürlich auch die Existenz einer entsprechenden Beziehung zwischen diesen Funktionen selbst. Diese Beziehung ergibt sich aus dem Vergleich von (A-97) mit (A-115), wenn man die nichtrationierte Ausgabenfunktion an der Stelle π^*, d.h. bei Gültigkeit der mit [p,z,U] korrespondierenden virtuellen Preise, betrachtet. An dieser Stelle wird (A-115) zu

$$(A\text{-}120) \quad E(p,\pi^*,U) = p \cdot \xi(p,\pi^*,U) + \pi^* \cdot h(p,\pi^*,U) \ .$$

Vergleicht man (A-120) mit (A-97), so ergibt sich bei Beachtung von (A-116) und (A-117) die entscheidende Beziehung zwischen der rationierten und der nichtrationierten Ausgabenfunktion als

$$(A\text{-}121) \quad \begin{aligned} \acute{E}(p,q,z,U) &= E(p,\pi(p,z,U),U) + [q - \pi(p,z,U)] \cdot z \\ &= E(p,\pi^*,U) + [q - \pi^*] \cdot z \ . \end{aligned}$$

Der Wert der nichtrationierten Ausgabenfunktion unterscheidet sich somit bei Gültigkeit der entsprechenden virtuellen Preise von dem Wert der rationierten Ausgabenfunktion durch die unterschiedliche Bewertung der rationierten Güter, d.h. durch das Produkt aus den rationierten Gütermengen und der Differenz zwischen den für diese Güter verlangten aktuellen Preisen q und den entsprechenden virtuellen Preisen π^*. Dies leuchtet unmittelbar ein, da in den beiden miteinander zu vergleichenden Situationen definitionsgemäß jeweils dieselben Gütermengen konsumiert werden und für die nichtrationierten Güter auch jeweils dieselben Preise gelten, so daß sich die Minimalausgaben zur Realisierung des Nutzenniveaus U nur durch die unterschiedlichen Ausgaben für die rationierten Güter unterscheiden. Dies wird durch (A-121) ausgedrückt.

---

[29] Der Beweis für die Existenz solcher Preise wird z.B. bei Neary/Roberts (1980, S.27-29) geführt.

Die Beziehungen (A-116) bis (A-121) erlauben es, je nach Datenlage vorhandene Informationen über das rationierte bzw. das nichtrationierte Nachfragesystem für die Konstruktion des jeweils anderen Systems zu verwenden. Solche Paare von rationierten und nichtrationierten Nachfragefunktionen nach denselben Gütern, die in der Literatur häufig als "matched pairs of demand systems"[30] bezeichnet werden, können in diesem Sinne unter anderem dann für die empirische Arbeit eingesetzt werden, wenn bestimmte Güter nur für einen Teil der Haushalte rationiert sind und für den Rest nicht, wie dies zum Beispiel bei der Ausgabe von Gutscheinen für verbilligte Lebensmittel für Bedürftige, bei Sozial- oder Dienstwohnungen, bei Jahreswagen und ähnlichen Spezialverkäufen der Fall ist, deren Vergünstigungen nur für bestimmte Mengen und auch nur für bestimmte Haushalte gelten, während alle übrigen Haushalte die entsprechenden Bedürfnisse unter nichtrationierten Bedingungen befriedigen müssen. In solchen Fällen existieren für die betreffenden Güter nichtrationierte Nachfragefunktionen, die empirisch beobachtet werden können und von denen Schlüsse auf die rationierten Nachfragefunktionen für dieselben Güter gezogen werden können. Eine weitere Möglichkeit, von nichtrationiertem Verhalten der Haushalte auf ihre rationierten Nachfragefunktionen zu schließen, ergibt sich bei der Neueinführung der Rationierung bestimmter Güter, für die noch Nachfragedaten aus den nichtrationierten Zeiten vorliegen. Ein konkretes Beispiel für die Berechnung solcher "matched pairs of demand functions" findet sich u.a. in Deaton (1981a).[31]

Außer den hier unter Verwendung des Konzepts der "virtuellen" Preise angeführten Beziehungen zwischen rationierten und nichtrationierten Nachfragefunktionen lassen sich natürlich noch weitere Zusammenhänge zwischen beiden Arten von Nachfragesystemen ableiten, auf deren Darstellung hier jedoch im Hinblick auf die Zielsetzung dieses Buches verzichtet werden soll. Für weitergehende Analysen rationierter Haushalte sei hier auf die Literatur, insbesondere auf Roberts und Neary (1980), Jackson (1991) und Madden (1991), verwiesen.

In diesem Kapitel wurden die Auswirkungen der Existenz einzelner rationierter Märkte auf die bekannten haushaltstheoretischen Beziehungen und Funktionen untersucht. Bei der Betrachtung der für diesen Sonderfall modifizierten Versionen der indi-

---

[30] Siehe z.B. Deaton (1986, S.1824) oder (1981a, S.60).
[31] Siehe Deaton (1981a, S.60 ff.).

rekten Nutzenfunktion und der Ausgabenfunktion zeigte sich, daß elementare Beziehungen wie die Roy-Identität, Shephard's Lemma und die Slutsky-Gleichung in modifizierter Form auch bei Existenz rationierter Märkte Gültigkeit haben. Darüber hinaus wurden im Hinblick auf die empirische Arbeit einige wesentliche Zusammenhänge zwischen rationierten und nichtrationierten Ausgabenfunktionen und zwischen den entsprechenden Nachfragefunktionen hergestellt. Die wichtigsten Ergebnisse dieses Kapitels sind in Abbildung A-15 noch einmal zusammengestellt.

Wichtige Beziehungen bei Existenz rationierter Märkte

- im Zusammenhang mit der rationierten indirekten Nutzenfunktion:

(a) $\dfrac{\nabla_p \tilde{v}}{\partial \tilde{v}/\partial I}(p,q,z,I) \equiv -\, æ(p,q,z,I) \equiv -\, x^*$ (Roy)

(b) $\dfrac{\nabla_q \tilde{v}}{\partial \tilde{v}/\partial I}(p,q,z,I) \equiv -\, z$ (Roy)

(c) $\nabla_z \tilde{v}(p,q,z,I) \equiv -\, \nu^* \cdot q + \nabla_z U(x^*,z)$

- im Zusammenhang mit der rationierten Ausgabenfunktion:

(d) $\nabla_p \acute{E}(p,q,z,U) \equiv x^* \equiv \zeta(p,z,U)$ (Shephard)

(e) $\nabla_q \acute{E}(p,q,z,U) \equiv z$ (Shephard)

(f) $\nabla_z \acute{E}(p,q,z,U) \equiv q - \pi(p,z,U) \equiv q - \pi^*$

- in der Tradition der Slutsky-Gleichung:

(g) $\dfrac{\partial æ_n}{\partial p_j} = \dfrac{\partial \zeta_n}{\partial p_j} - x_j \cdot \dfrac{\partial æ_n}{\partial I}$, $j,n=1,2,\ldots,N$

(h) $\dfrac{\partial æ_n}{\partial q_m} = -\, z_m \cdot \dfrac{\partial æ_n}{\partial I}$, $n=1,2,\ldots,N$, $m=1,2,\ldots,M$

(i) $\dfrac{\partial æ_n}{\partial z_m} = \dfrac{\partial \zeta_n}{\partial z_m} - [q_m - \pi_m^*] \cdot \dfrac{\partial æ_n}{\partial I}$, $n=1,2,\ldots,N$, $m=1,2,\ldots,M$

- zwischen der rationierten und der nichtrationierten Ausgabenfunktion:

(j) $\acute{E}(p,q,z,U) \equiv E(p,\pi(p,z,U),U) + [q - \pi(p,z,U)] \cdot z$

- zwischen den partiellen Preisableitungen der rationierten und der nichtrationierten Ausgabenfunktion:

(k) $\nabla_p E(p,\pi(p,z,U),U) \equiv \nabla_p \acute{E}(p,q,z,U) \equiv \zeta(p,z,U)$
$\equiv \xi(p,\pi(p,z,U),U)$

(l) $\nabla_q E(p,\pi(p,z,U),U) \equiv \nabla_q \acute{E}(p,q,z,U) \equiv z \equiv h(p,\pi(p,z,U),U)$

Abb. A-15

Literatur

Rothbarth (1940-41)

Tobin/Houthakker (1950-51)

Tobin (1952)

Blackorby/Primont/Russell (1978)

Deaton (1979), (1981a) und (1986, S.1823-1824)

Anderson (1980)

Deaton/Muellbauer (1980)

Neary/Roberts (1980)

Diewert (1982)

Jackson (1991)

Jehle (1991)

Literaturverzeichnis

Afriat, S.N. (1978), The price index, Cambridge.

Ahlheim, M. / Rose M. (1984), Alte und neue Maße individueller Steuerlasten, Finanzarchiv 42, S.274-339.

Ahlheim, M. (1988), On the economics of the Antonelli equation, European Journal of Political Economy 4, S.539-552.

Ahlheim M. / Wagenhals, G. (1988), Exakte Wohlfahrtsmaße in der Nutzen-Kosten-Analyse, Zeitschrift für Wirtschafts- und Sozialwissenschaften 108, S.169-193.

Ahlheim, M. (1991), Die Zusatzlast der Besteuerung, Das Wirtschaftsstudium 12, S.920-925.

Allen, R.G.D. (1949), The economic theory of index numbers, Economica 16, S.186-209.

Allen, R.G.D. (1975), Index numbers in theory and practice, Chicago.

Anderson, R.W. (1980), Some theory of inverse demand for applied demand analysis, European Economic Review 14, S.281-290.

Arrow, K.J. (1963), Social choice and individual values, 2nd ed., New York.

Arrow, K.J. / Intriligator, M.D. (Hrsg.) (1982), Handbook of mathematical economics, vol.II, Amsterdam.

Arrow, K.J. / Scitovsky, T. (Hrsg.) (1969), A.E.A. readings in welfare economics, Homewood/Ill.

Auerbach, A.J. (1985), The theory of excess burden and optimal taxation, in: Auerbach / Feldstein (1985), S.61-86.

Auerbach, A.J. / Feldstein, M. (Hrsg.) (1985), Handbook of public economics, vol.I, Amsterdam.

Auerbach, A.J. / Rosen, H.S. (1980), Will the real excess burden please stand up? (or, Seven measures in search of a concept), Discussion Paper No. 767, Harvard University, Cambridge, Mass.

Ballard, Ch. / Shoven, J.B. / Whalley, J. (1985), General equilibrium computations of the marginal welfare costs of taxes in the United States, American Economic Review 75, S.128-138.

Baye, M.R. / Black, D.A. (1986), Consumer behaviour, cost of living measures, and the income tax, Berlin.

Bergson, A. (1975), A note on consumer's surplus, Journal of Economic Literature 13, S.38-44.

Blackorby, Ch. / Donaldson, D. (1988), Money metric utility: A harmless normalization?, Journal of Economic Theory 46, S.120-129.

Blackorby, Ch. / Donaldson, D. / Moloney, D. (1984), Consumer's surplus and welfare change in a simple dynamic model, Review of Economic Studies LI, S.171-176.

Blackorby, Ch. / Primont, D. / Russell, R.R. (1978), Duality, separability, and functional structure: Theory and economic applications, New York.

Blundell, R. (1988), Consumer Behaviour: Theory and empirical evidence - A Survey, Economic Journal 98, S.16-65.

Boadway, R.W. (1974), The welfare foundations of cost-benefit analysis, Economic Journal 84, S.541-556.

Boadway, R.W. / Bruce N. (1984), Welfare economics, Oxford.

Boiteux, M. (1956), Sur la gestion des monopoles publics astreints à l'equilibre budgétaire, Econometrica 24, S.22-40.

Bös, D. / Rose, M. / Seidl, Ch. (Hrsg.) (1984), Beiträge zur neueren Steuertheorie, Berlin.

Bös, D. / Rose, M. / Seidl, Ch. (Hrsg.) (1988), Welfare and efficiency in public economics, Berlin.

Chipman, J.S. / Hurwicz, L. / Richter, M.K. / Sonnenschein, H.F. (Hrsg.) (1971), Preferences, utility and demand, New York.

Chipman, J.S. / Moore, J.C. (1976), The scope of consumer's surplus arguments, in: Tang / Westfield / Worley (1976), S.69-123.

Churchhouse, R.F. (Hrsg.) (1981), Handbook of applicable mathematics, vol.III, Numerical methods, Chichester

Cleeton, D.C. (1984), Wage and price measures of the excess burden from taxation, Public Finance 39, S.11-24.

Cornes, R. / Albon, R. (1981), Evaluation of welfare change in quantity-constrained regimes, The European Record 57, S.186-190.

Cornwall, R.R. (1984), Introduction to the use of general equilibrium analysis, Amsterdam.

Currie, J.M. / Murphy, J.A. / Schmitz, A. (1971), The concept of economic surplus and its use in economic analysis, Economic Journal 81, S.741-799.

Deaton, A. (1979), The distance function in consumer behaviour with applications to index numbers and optimal taxation, Review of Economic Studies 46, S.391-405.

Deaton, A. (1980), The measurement of welfare: Theory and practical guidelines, LSMS Working Paper No.7 (World Bank Development Research Center), Washington.

Deaton, A. (1981a), Theoretical and empirical approaches to consumer demand under rationing, in: Deaton (1981b), S.55-72.

Deaton, A. (1986), Demand analysis, in: Griliches / Intriligator (1986), S.1767-1839.

Deaton, A. (Hrsg.) (1981b), Essays in the theory and measurement of consumer behaviour, Cambridge.

Deaton, A. / Muellbauer, J. (1980), Economics and consumer behavior, Cambridge.

Debreu, G. (1951), The coefficient of resource utilization, Econometrica 19, S.273-282.

Debreu, G. (1954), A classical tax-subsidy problem, Econometrica, 22, S.14-22.

Debreu, G. (1972), Smooth preferences, Econometrica 40, S.610.

De Borger, B. (1986), The relation between alternative benefit measures for quantity constrained price subsidies, European Economic Review 30, S.893-907.

De Borger, B. (1989), Estimating the welfare implications of in-kind government programs, A general numerical approach, Journal of Public Economics 38, S.215-226.

Diamond, P. / McFadden, D. (1974), Some uses of the expenditure function in public finance, Journal of Public Economics 3, S.3-21.

Diewert, W.E. (1976), Exact and superlative index numbers, Journal of Econometrics 4, S.115-145.

Diewert, W.E. (1981), The economic theory of index numbers: A survey, in: Deaton (1981b), S.163-208.

Diewert, W.E. (1982), Duality approaches to microeconomic theory, in: Arrow/Intriligator (1982), S.535-599.

Diewert, W.E. (1983), The theory of the cost of living index and the measurement of welfare change, in: Diewert/Montmarquette (1983), S.163-233.

Diewert, W.E. (Hrsg.) (1990), Price level measurement, Amsterdam.

Diewert, W.E. (1990a), The theory of the cost-of-living index and the measurement of welfare change, in: Diewert (1990), S.79-147.

Diewert, W.E. / Montmarquette, C. (Hrsg.) (1983), Price level measurement: Proceedings from a conference, Ottawa.

Dooley, P.C. (1983), Consumer's surplus: Marshall and his critics, Canadian Journal of Economics 16, S.26-38.

Due J. (Hrsg.) (1964), The role of direct and indirect taxes in the federal revenue system, Princeton.

Dupuit, J. (1844), De la mésure de l'utilité des travaux publics, Annales des ponts et chaussées 8, S.332-375, übersetzt ("On the measurement of the utility of public works") in: Arrow / Scitovsky (1969), S.255-283.

Ebert, U. (1987), Axiomatic foundations of Hicksian measures of welfare change, Journal of Public Economics 33, S.115-124.

Ebert, U. (1988), On the evaluation of tax systems, in: Bös / Rose / Seidl (1988), S.263-280.

Edgeworth, F.Y. (1896), A defense of index numbers, The Economic Journal 6, S.132-142.

Eichhorn, W. (1978), What is an economic index? An attempt of an answer, in: Eichhorn/Henn/Opitz/Shephard (1978), S.3-42.

Eichhorn, W. (1988) (Hrsg.), Measurement in economics, Theory and applications of economic indices, Heidelberg

Eichhorn, W. / Henn, R. / Opitz, O. / Shephard, R.W. (Hrsg.) (1978), Theory and applications of economic indices, Würzburg.

Eichhorn, W. / Voeller, J. (1976), Theory of the price index. Fisher's test approach and generalizations, Berlin.

Eichhorn, W. / Voeller, J. (1990), Axiomatic foundation of price indexes and purchasing power parities, in: Diewert (1990), S.321-356.

Ekelund Jr., R.B. / Hébert, R.F. (1985), Consumer surplus: The first hundred years, History of Political Economy 17, S.419-454.

Erwe F. (1964), Differential- und Integralrechnung, Band 2, Mannheim.

Field, C.A. (1976), A note on Shephard's Duality Theorem, Journal of Economic Theory 12, S.494-495.

Fisher, F.M. / Shell, K. (1972), The economic theory of price indices, New York.

Fisher, I. (1927), The making of index numbers, A study of their varieties, tests, and reliability, 3rd edition (reprinted in 1967), New York.

Frisch, R. (1936), Annual survey of general economic theory: The problem of index numbers, Econometrica 4, S.1-39.

Fuchs-Seliger, S. (1988), On the role of income compensation functions as money-metric utility functions, in: Eichhorn (1988), S. 221-237.

Fuchs-Seliger, S. / Pfingsten, A. (1986), Cost of living indices based on demand functions, Journal of Economics/Zeitschrift für Nationalökonomie 46, S.49-64.

Funke, H. / Hacker, G. / Voeller, J. (1979), Fisher's circular test reconsidered, Schweizerische Zeitschrift für Volkswirtschaft und Statistik 115, S.677-688.

Genser, B. (1984), Zur Messung der Wohlfahrtseffekte der Steuerpolitik, in: Bös / Rose / Seidl (1984), S. 116-138.

Genser, B. (1985), Steuerlastindizes - Theorie und empirische Evidenz, Berlin.

Genser, B. (1988), Measuring the burden of taxation: An index number approach, in: Eichhorn (1988), S. 499-518.

Hammond, P.J. (1988), Theoretical progress in public economics: A provocative assessment, Discussion Paper A-171, Sonderforschungsbereich 303, "Informationen und die Koordination wirtschaftlicher Aktivitäten", Rheinische Friedrich-Wilhelms-Universität Bonn.

Hanemann, W.M. (1981), Some further results on exact consumer's surplus, Working Paper No. 190, Division of Agricultural Sciences, University of California, Berkeley.

Hanusch, H. (1987), Nutzen-Kosten-Analyse, München.

Harberger, A.C. (1964), Taxation, resource allocation, and welfare, in: J. Due (1964), S. 25-86.

Harberger, A.C. (1971), Three basic postulates for applied welfare analysis, Journal of Economic Literature 9, S.785-797.

Harberger, A.C. (1974), Taxation and welfare, Boston.

Hasenkamp, G. (1978), Economic and atomistic index numbers: Contrasts and similarities, in: Eichhorn/Henn/Opitz/Shephard (1978), S.207-243.

Hause, J.C. (1975), The theory of welfare cost measurement, Journal of Political Economy 83, S.1145-1182.

Heinhold J. / Behringer F. (1979), Einführung in die höhere Mathematik, Teil 3: Differentialgleichungen, München.

Hicks, J.R. (1939), Value and capital, London.

Hicks, J.R. (1943), The four consumer's surpluses, Review of Economic Studies 11, S.31-41.

Hicks, J.R. (1946), The generalized theory of consumer's surpluses, Review of Economic Studies 15, S.27-33.

Hicks, J.R. (1956), A revision of demand theory, Oxford.

Hicks, J.R. (1966 (1943)), Die vier Arten der Konsumentenrente; Übersetzung von "The four consumer's surpluses", in: Streißberg (1966), S.187-202.

Hotelling, H. (1938), The general welfare in relation to problems of taxation and of railway and utility rates, Econometrica 6, S.269-272.

Howard, D.H. (1977), Rationing, quantity constraints, and consumption theory, Econometrica 45, S.399-412.

Hurwicz L. / Uzawa, H. (1971), On the integrability of demand functions, in: Chipman / Hurwicz / Richter / Sonnenschein (1971), S.114-148.

Jackson, W.A. (1991), Generalized rationing theory, Scottish Journal of Political Economy 38, S.335-342.

Jacobsen, S.E. (1972), On Shephard's Duality Theorem, Journal of Economic Theory 4, S.458-464.

Jehle, G.A. (1991), Advanced microeconomic theory, Englewood Cliffs.

Johansson, P.-O. (1987), The economic theory and measurement of environmental benefits, Cambridge.

Jorgenson, D.W. / Slesnick, D.T. (1983), Individual and social cost of living indexes, Discussion Paper Nr. 973, Harvard Institute of Economic Research, Harvard University, Cambridge, Mass..

Jorgenson, D.W. / Slesnick, D.T. (1984), Aggregate consumer behaviour and the measurement of inequality, Review of Economic Studies 51, S.369-392.

Jorgenson, D.W. / Slesnick, D.T. (1987), Aggregate consumer behaviour and the measurement of poverty, Harvard Institute of Economic Research.

Just, R.E. / Hueth, D.L. / Schmitz, A. (1982), Applied welfare economics and public policy, Englewood Cliffs, N.J..

Kaldor, N. (1939), Welfare propositions and interpersonal comparisons of utility, Economic Journal XLIX, S.549-552.

Kay, J.A. (1980), The deadweight loss from a tax system, Journal of Public Economics 13, S.111-120.

Kay, J.A. / Keen, M. (1988), Measuring the inefficiencies of tax systems, Journal of Public Economics 35, S.265-287.

Keuschnigg, Ch. (1987), Ein kleines numerisches Gleichgewichtsmodell für Österreich, Institut für Finanzwissenschaft der Universität Innsbruck.

King, M.A. (1983), Welfare analysis of tax reforms using household data, Journal of Public Economics 21, S.183-214.

Konüs, A.A. (1939), The problem of the "True Index of the Cost of Living", Econometrica 7, S.10-29 (englische Übersetzung des in The Economic Bulletin of the Institute of Economic Conjuncture, Nr.9-10, Moskau 1924, S.64-71, erschienenen Artikels).

Krtscha, M. (1988), Axiomatic characterization of statistical price indices, in: Eichhorn (1988), S. 117-133.

Kühn, B. / Kungl, H. / Rose, M. (1988), Incidence effects of changing the German income tax rate schedule, in: Bös / Rose / Seidl (1988), S. 205-246.

Lange, O. / McIntyre, F. / Yntema, T.O. (Hrsg.) (1942), Studies in mathematical economics and econometrics, Chicago.

Lankford, R.H. (1988), Measuring welfare changes in settings with imposed quantities, Journal of Environmental Economics and Management 15, S.45-63.

Laspeyres, E. (1901), Statistische Untersuchungen zur Frage der Steuerüberwälzung, geführt an der Geschichte der preussischen Mahl- und Schlachtsteuer. Nach gedruckten und ungedruckten Quellen, Finanzarchiv 18, S.46-282.

Latham, R. (1980), Quantity constrained demand functions, Econometrica 48, S.307-313

Mackay, R.J. / Whitney, G.A. (1980), The comparative statics of quantity constraints and conditional demands: Theory and applications, Econometrica 48, S.1727-1744.

Madden, P. (1991), A generalization of Hicksian q substitutes and complements with application to demand rationing, Econometrica 59, S.1497-1508.

Malmquist, S. (1953), Index numbers and indifference surfaces, Trabajos de Estatistica 4, S.209-242.

Mangasarian, O.L. (1969), Nonlinear programming, New York.

Marshall, A. (1879), The pure theory of domestic values, in: Whitaker (1975).

Marshall, A. (1920 (1890)), Principles of economics, 8. Aufl., London 1920 (1. Aufl. 1890).

McKenzie, G.W. (1983), Measuring economic welfare, London.

McKenzie, G.W. / Pearce, I.F. (1976), Exact measures of welfare and the cost of living, Review of Economic Studies 43, S.465-468.

McKenzie, G.W. / Pearce, I.F. (1982), Welfare measurement - A synthesis, American Economic Review 72, S.669-682.

McKenzie, G.W. / Ulph, D. (1982), An exact welfare measure, Discussion Papers in Economics and Econometrics, No. 8121, University of Southampton, Southampton.

McKenzie, L. (1957), Demand theory without a utility index, Review of Economic Studies 24, S.185-189.

Mishan, E.J. (1981), Economic efficiency and social welfare, London.

Mohring, H. (1971), Alternative welfare gain and loss measures, Western Economic Journal 9, S.349-368.

Moroney, M.J. (1951), Facts from figures, London.

Neary, J.P. / Roberts, K.W.S. (1980), The theory of household behaviour under rationing, European Economic Review 13, S.25-42.

Pauwels, W. (1986), Correct and incorrect measures of the deadweight loss of taxation, Public Finance XXXXI, S.267-276.

Pazner, E.A. / Sadka, E. (1980), Excess-burden and economic surplus as consistent welfare indicators, Public Finance 35, S.439-449.

Phlips L. (1983), Applied consumption analysis, 2nd ed., Amsterdam.

Pierson, N.G. (1896), Further considerations on index-numbers, The Economic Journal 6, S.127-131.

Pollak, R.A. (1971), The theory of the cost of living index, Research Discussion Paper No.11, Research Division, Office of Prices and Living Conditions, U.S. Bureau of Labor Statistics.

Pollak, R.A. (1975), Subindices in the cost of living index, International Economic Review 16, S.135-150.

Pollak, R.A. (1978), Welfare evaluation and the cost-of-living index in the household production model, American Economic Review 68, S.285-299.

Pollak, R.A. (1983a), The theory of the cost of living index, in: Diewert/Montmarquette (1983), S.87-161.

Pollak, R.A. (1983b), The treatment of "quality" in the cost of living index, Journal of Public Economics 20, S.25-53.

Pollak, R.A. (1990), The theory of the cost-of-living index, in: Diewert (1990), S.5-77.

Pommerehne, W.W. (1987), Präferenzen für öffentliche Güter, Ansätze zu ihrer Erfassung, Tübingen.

Randall, A. / Stoll, J.R. (1980), Consumer's surplus in commodity space, American Economic Review 70, S.449-455.

Rosen, H.S. (1978), The measurement of excess burden with explicit utility functions, Journal of Political Economy 86, S.121-135.

Rothbarth, E. (1940-41), The measurement of changes in real income under conditions of rationing, Review of Economic Studies 8, S.100-107.

Russell, R.R. (1983), Comments on Diewert (1983), in: Diewert/Montmarquette (1983), S.234-239.

Samuelson, P.A. (1942), Constancy of the marginal utility of income, in: Lange / McIntyre / Yntema (1942), S.75-91.

Samuelson, P.A. (1974), Complementarity - An essay on the 40th anniversary of the Hicks-Allen revolution in demand theory, Journal of Economic Literature 12, S.1255-1289.

Samuelson, P.A. / Swamy, S. (1974), Invariant economic index numbers and canonical duality: Survey and synthesis, American Economic Review 64, S.566-593.

Schwab, R.M. (1985), The benefits of in-kind government programs, Journal of Public Economics 27, S.195-210.

Scitovsky, T. (1941), A note on welfare propositions in economics, Review of Economic Studies 9, S.77-88.

Shephard, R.W. (1953), Cost and production functions, Princeton, wiederabgedruckt in: Lecture Notes in Economics and Mathematical Systems, Nr. 194, Berlin 1981.

Silberberg, E. (1990), The structure of economics, A mathematical analysis, 2. Aufl., New York.

Sohmen, E. (1976), Allokationstheorie und Wirtschaftspolitik, Tübingen

Streißberg, E. und M. (Hrsg.) (1966), Konsum und Nachfrage, Köln.

Stuart, Ch.E. (1984), Welfare costs per dollar of additional tax revenue in the United States, American Economic Review 74, S.352-362.

Stutzer, M.J. (1982), Another note on deadweight loss, Journal of Public Economics 18, S.277-284.

Sydsæter, K. (1981), Topics in mathematical analysis for economists, London.

Takayama, A. (1974), Mathematical economics, Hinsdale/Illinois.

Takayama, A. (1984), Consumer's surplus, path independence, compensating and equivalent variations, Zeitschrift für die gesamte Staatswissenschaft 140, S.594-625.

Tang, A.M. / Westfield, F.M. / Worley, J.S. (Hrsg.) (1976), Evolution, welfare, and time in economics, Lexington.

Tobin, J. (1952), A survey of the theory of rationing, Econometrica 20, S.521-553.

Tobin, J. / Houthakker, H.S. (1950-51), The effects of rationing on demand elasticities, Review of Economic Studies 18, S.140-153.

Vartia, Y.O. (1983), Efficient methods of measuring welfare change and compensated income in terms of ordinary demand functions, Econometrica 51, S.79-98.

Whitaker, J.K. (Hrsg.) (1975), The early economic writings of Alfred Marshall, 1867-1890, London.

Woll, A. (1984), Wirtschaftspolitik, München.

Zabalza, A. (1982), Compensating and equivalent variations, and the deadweight loss of taxation, Economica 49, S.355-359.

Sachverzeichnis

A
Adding-up-Bedingung 262, 276, 300
- für inverse Nachfragesysteme 301
- bei Mengenrationierung 305

Allen-Index 156, 159 ff., 166 ff., 176
Antonelli-Gleichung 190 f., 299
- Herleitung 292 ff.

Antonelli-Matrix 291, 301
Arrows Unmöglichkeitstheorem 3
Ausgabenfunktion 156 ff., 240, 284 f., 321
- allgemeine Eigenschaften 263 ff.
- rationierte 307 ff., 321, 237 ff.

Ausgabenminimierung 264, 286
- bei Mengenrationierung 307 ff., 315

Äquivalente Variation
- nach Hicks 72 ff.
- intertemporale 231 f.
- im Zusatzlastmaß 112 ff.

Äquivalenter Surplus 237 ff., 242

B
Beobachtbarkeitskriterium 144
Bessermenge 249, 254
Binärrelation 248

D
Deaton-Index 176 ff.
Deaton/Muellbauer-
- Mengenindex 156 ff., 166 ff.
- Preisindex 208 ff., 213

Differentialgleichungsmethode
- zur Berechnung des Deaton-Indexes 182 ff.
- zur Berechnung der Nutzeinkommensvariation 86 ff.
- zur Berechnung der Äquivalenten Variation 86 ff.
- zur Berechnung der Kompensierenden Variation 86 ff.

Differenzierbarkeit, zweimal stetige 258, 266, 275, 288
Dimensionalitäts-Axiom 199
Distanzfunktion 169 ff.
- allgemeine Eigenschaften 283 ff.

E
Einkommenseffekt 263, 313
Euler-Theorem 41, 271, 290

F
Faktorumkehrtest, schwacher 202 f.
Fisher-Tests 144, 198

G
Glattheit 254
Gradient 256, 260, 267, 288
Grenznutzen des Einkommens 276 f.
- konstanter 41 ff.

H
Hesse-Matrix 260, 267, 270, 291
Hicks-Maße 59 ff.
Homogenität 262, 265, 272, 276, 287, 290, 300
Homothetie 44 ff. 162, 167, 174, 209 ff., 216
Hotelling-Wold-Identität 282, 299

I
Identitäts-Axiom
- für Mengenindizes 142
- für Preisindizes 199

Indifferenzkurven 258
Indifferenzmenge 249
Indikatorbedingung
- für Variationsmaße 12 f.
- für Indexmaße 142, 157 f., 160, 165, 172, 178, 201, 212, 238
- für Zusatzlastmaße 108
- bei Mengenrationierung 238

Integrabilitätsbedingungen 76, 96
- ökonomische 300
- mathematische 300

Integrationswege
- und Marshall-Maße 47 ff.
- beim Vartia-Verfahren 88
- beim McKenzie/Pearce-Verfahren 90

Intertemporale Wohlfahrtsmessung
220 ff.

K
Kompensierende Variation
- nach Hicks 67 ff.
- intertemporale 230 f.
Kompensierender Surplus 245 ff.
Konkavität 266, 288
Konsumentenpreise und Produzentenpreise 106
Konsumentenrente
- Definition und Konzept 34 ff.
- Variation 37 ff.
Konüs-Index 208 ff., 215
Konvexität der Präferenzordnung 251
Kostenminimierung 264, 286
- bei Mengenrationierung 307 ff., 315
Kriterium der empirischen Operationalität 18, 144., 239 ff.
Kuhn-Tucker-Bedingungen 260, 281, 303, 308

L
Lagrange-Funktion 259
Lagrange-Multiplikator 261, 276, 303
Laspeyres-
- Mengenindex 146 ff., 163, 167 f., 175, 178, 206
- Preisindex 205, 210
- Variation 20 ff.
Linear-Homogenitäts-Axiom 199
Linearhomogenität 265, 287

M
Malmquist-Index 170 ff.
Marshall-Maße
- verallgemeinerte 40 ff.
- bei Einkommensnormierung 42 ff.
- bei Preisnormierung 53 ff.
McKenzie/Pearce Berechnungsverfahren 77 ff.
McKenzie/Pearce-Index 209 ff., 215
McKenzie/Ulph Berechnungsverfahren 89 ff.

Mengenindizes 138, 141 ff.
- atomistische 145 ff.
- funktionale 155 ff., 169 ff.
Mengenrationierung 233 ff., 301 ff.
Money-metric utility 60 f.
monotone Transformation 256
Monotonie
- einer Funktion 266, 274, 288
- einer Präferenzordnung 251
Monotonie, strenge
- einer Funktion 256, 265, 275, 287
- einer Präferenzordnung 252
Monotonie-Axiom
- für Preisindizes 198
- für Mengenindizes 141

N
Nachfragefunktionen
- Marshallsche 262, 299
- kompensierte (Hickssche) 268, 299
- inverse 281, 299
- kompensierte inverse 289, 299
- rationierte Marshallsche 303
- rationierte Hickssche 308, 316 ff.
negativ-semidefinit 121, 267, 271, 290 f., 300
Niveaumenge 255
Norm eines Vektors 283 f.
Normierung 42 ff., 53 ff., 281 ff.
Nullvektor 260
Numéraire 237
Nutzeinkommen
- Definition 60
- Variation 60 ff., 224, 227
- Berechnung 76 ff.
- Funktion 78 f.
- intertemporales 224
- periodisches 227
Nutzenfunktion
- direkte 255 ff.
- indirekte 44, 273 ff.
- rationierte indirekte 241, 303
- einkommensnormierte indirekte 278 ff.

Nutzenmaximierung 258 ff.
- bei Mengenrationierung 302 ff.
- intertemporale 223 f., 226 f.

O
Operationalität, empirische 18, 144, 239 ff.
Ordnungsbedingung
- für Variationsmaße 13 f.
- für Indexmaße 142, 158, 160, 165, 172, 178, 202, 238
- für Zusatzlastmaße 109
- bei Mengenrationierung 238

P
Paasche-
- Mengenindex 151 ff., 166 ff., 175, 180, 206
- Preisindex 205, 210
- Variation 28 ff.
Pfadunabhängigkeit eines Integrals 51
Pollak-Index 156, 164 ff., 167 f., 176
Präferenzordnung 248 ff.
Preisindizes 138, 197 ff.
- atomistische 205 ff.
- funktionale 208 ff.
Produzentenpreise und Konsumentenpreise 106

Q
Quasikonkavität, strenge 257, 275
Quasikonvexität, strenge 275
Quasiordnung 249

R
Realeinkommensindex 139, 201, 207
Reflexivität 249
Roy-Identität 278, 299
- bei Einkommensnormierung 282, 299
- bei Mengenrationierung 306, 321

S
Sattelpunkt 259 f.
Schattenpreis 311
Schlechtermenge 249

Shephard's Lemma 240 ff., 267, 299, 321
- für rationierte Güter 310, 316, 321
Shephard-Hanoch-Lemma 183, 190, 288, 299
Shephardsches Dualitätstheorem 286
Singularität 272, 291, 300 f.
Skaleneffekt 293
Slutsky-Gleichung 262, 269, 299
- bei Mengenrationierung 313 f., 321
- für Änderungen von Rationierungsmengen 315, 321
Slutsky-Matrix 263, 270 ff., 300
- rationierte 313
Stetigkeit
- einer Präferenzordnung 250
- einer Funktion 265, 274, 287
Steuerlasten
- als Wohlfahrtsverluste 98 ff.
- eines Steuersystems 110
Steuerzahlung
- als Wohlfahrtsmaß 19 ff.
- graphische Darstellung 22 f., 115
Stützfunktion 264
Substitutionseffekt 263, 293, 313
- und Zusatzlast 105, 117 f.
Symmetrie
- der Antonelli-Matrix 291, 301
- der Slutsky-Matrix 270, 300
- der Preisableitungen 270
- der Mengenableitungen 290

T
Taylor-Approximation
- des Äquivalenten Surplus 244 ff.
- der Äquivalenten Variation 83 ff.
- von Indexmaßen 162, 166, 189 ff., 210
- der Nutzeinkommensvariation 77 ff.
- der Zusatzlast eines Steuersystems 119 ff.
Transformation einer Funktion 256
Transitivität 249

V
Variationsmaße, allgemeine funktionale Form 12

Vartia-Berechnungsverfahren 86 ff.
virtuelle Preise 312, 240 ff., 244 f.
Vollständigkeit 249

W
Werturteil, paretianisches 2
Wohlfahrtsfunktion, soziale 3 f.
Wohlfahrtsgewichte 3
Wohlfahrtsmaß
- Interpretationsmöglichkeit 6, 9
- und Nutzenfunktion 6, 10
- und Präferenzordnung 16 ff.
wohlfahrtstheoretische Bedeutsamkeit
  von Preisindizes 200 ff., 213, 215

Z
Zeitumkehrbedingung
- für Variationsmaße 15
- für Indexmaße 143
Zirkularitätsbedingung
- für Variationsmaße 14 f.
- für Indexmaße 142, 158, 161, 165, 174, 179, 202, 213
- bei Mengenrationierung 238
Zusatzlast
- einer Steuerreform 126 ff.
- eines Steuersystems 105 ff.
- und Substitutionseffekt 105, 117 f.
- Berechnung 122 ff.
- Interpretationsmöglichkeit 124 ff., 129 f.
- nach Harberger 130 ff.
Zuverlässigkeitskriterien
- für Variationsmaße 12 ff.
- für Indexmaße 141 ff.

B. Felderer, S. Homburg

Makroökonomik und neue Makroökonomik

5., verb. Aufl. 1991. XV, 455 S.
97 Abb. (Springer-Lehrbuch)
Brosch. DM 36,-
ISBN 3-540-53415-6

Aus einer Besprechung:
„... die Autoren bieten eine längst überfällige, übersichtliche Einführung in die verschiedenen makroökonomischen Schulen, die sich in den vergangenen 200 Jahren entwickelt haben und früher oder später jedem Studenten im VWL-Studium begegnen... eine willkommene Orientierungshilfe im „Dickicht" der widerstreitenden Makroschulen... ein komplexes Standardwerk, das über das gesamte Studium hinweg einen guten Wegbegleiter abgibt." *WISU 7/87*

Hierzu lieferbar:
B. Felderer, S. Homburg

Übungsbuch Makroökonomik

1991. DM 19,80 ISBN 3-540-53703-1

J. Schumann

Grundzüge der mikroökonomischen Theorie

6., überarb. u. erw. Aufl.
1992. Etwa 500 S.
(Springer-Lehrbuch)
Brosch. i. Vorb.
ISBN 3-540-55600-1

Dieses im deutschen Sprachgebiet weit verbreitete und auch ins Spanische übersetzte Buch ist für das wirtschaftswissenschaftliche Grund- und Hauptstudium gedacht. Es vermittelt solide Kenntnisse der mikroökonomischen Theorie und schafft Verständnis für das Funktionieren einer Marktwirtschaft.

A. Pfingsten

Mikroökonomik

Eine Einführung

1989. XIV, 240 S. 56 Abb.
Brosch. DM 29,80 ISBN 3-540-50971-2

Dieses Lehrbuch der Mikroökonomik vermittelt einen Einblick in grundlegende Fragestellungen, Methoden und Modelle mikroökonomischer Theorie. Nach kurzen Abschnitten über die Stellung der Mikroökonomik in den Wirtschaftswissenschaften, Grundprobleme des Wirtschaftens und wirtschaftswissenschaftliche Modellbildung folgen mehrere ausführliche Kapitel zur Haushaltstheorie, zur Gleichgewichts- und Wohlfahrtstheorie, sowie zur Produktionstheorie. Elastizitäten und ein kurzer Abstecher in die Preistheorie bilden den Abschluß.

U. Meyer, J. Diekmann

Arbeitsbuch zu den Grundzügen der mikroökonomischen Theorie

3., verb. Aufl. 1988. X, 250 S.
132 Abb. Brosch. DM 27,50
ISBN 3-540-50046-4

Preisänderungen vorbehalten

Druck: Weihert-Druck GmbH, Darmstadt
Bindearbeiten: Buchbinderei Schäffer, Grünstadt

MIX
Papier aus verantwortungsvollen Quellen
Paper from responsible sources
FSC® C105338

If you have any concerns about our products,
you can contact us on
ProductSafety@springernature.com

In case Publisher is established outside the EU,
the EU authorized representative is:
**Springer Nature Customer Service Center GmbH
Europaplatz 3, 69115 Heidelberg, Germany**

Printed by Libri Plureos GmbH
in Hamburg, Germany